MUTAÇÕES DISSONÂNCIAS DO PROGRESSO

Sesc

SERVIÇO SOCIAL DO COMÉRCIO
Administração Regional no Estado de São Paulo

Presidente do Conselho Regional
Abram Szajman
Diretor Regional
Danilo Santos de Miranda

Conselho Editorial
Ivan Giannini
Joel Naimayer Padula
Luiz Deoclécio Massaro Galina
Sérgio José Battistelli

Edições Sesc São Paulo
Gerente Iã Paulo Ribeiro
Gerente adjunta Isabel M. M. Alexandre
Coordenação editorial Clívia Ramiro, Cristianne Lameirinha, Francis Manzoni
Produção editorial Antonio Carlos Vilela
Coordenação gráfica Katia Verissimo
Produção gráfica Fabio Pinotti
Coordenação de comunicação Bruna Zarnoviec Daniel

Antonio Cicero • Céline Spector • Charles Girard • David Lapoujade • Eugênio Bucci • Francis Wolff • Franklin Leopoldo e Silva • Guilherme Wisnik • Jorge Coli • Luiz Alberto Oliveira • Marcelo Jasmin • Newton Bignotto • Oswaldo Giacoia Junior • Pedro Duarte • Vladimir Safatle

MUTAÇÕES
DISSONÂNCIAS DO PROGRESSO

ADAUTO NOVAES (ORG.)

edições sesc

© Adauto Novaes, 2019
© Edições Sesc São Paulo, 2019
Todos os direitos reservados

Tradução
Paulo Neves

Preparação
Leandro dos Santos Rodrigues

Revisão
Karinna A. C. Taddeo, Maiara Gouveia

Capa
Moema Cavalcanti

Diagramação
Negrito Produção Editorial

Artepensamento

Diretor
Adauto Novaes

Apoio cultural:

BDMG,
CULTURAL

M98   Mutações: dissonâncias do progresso / Organização de Adauto Novaes; Tradução de Paulo Neves. – São Paulo: Edições Sesc São Paulo, 2019.
336 p.

ISBN 978-85-9493-159-7

1. Filosofia. 2. Mutações. 3. Progresso. 4. Arte. 5. Técnica. 6. Ciência. I. Título. II. Subtítulo. III. Novaes, Adauto. IV. Neves, Paulo.
CDD 121

Edições Sesc São Paulo
Rua Cantagalo, 74 – 13º/14º andar
03319-000 – São Paulo SP Brasil
Tel.: 55 11 2227-6500
edicoes@edicoes.sescsp.org.br
sescsp.org.br/edicoes
 /edicoessescsp

Agradecimentos

Rogério Faria Tavares, José Jacinto de Amaral, Agostinho Resende Neves, Thiago Hasselmann, Marcellus Schnell, Hermano Taruma, Ricardo Bello, André Scoralick e Celise Niero.

Estes ensaios foram originalmente escritos para o ciclo de conferências "Mutações – Dissonâncias do progresso", concebido e realizado pelo Centro de Estudos Artepensamento em 2017. O ciclo aconteceu no Rio de Janeiro, em Belo Horizonte e Brasília, com o patrocínio do BDMG Cultural e o apoio da Embaixada da França e do Sesc Paraná, e foi reconhecido como curso de extensão universitária pelo Fórum de Ciência e Cultura da Universidade Federal do Rio de Janeiro.

Obras organizadas por Adauto Novaes

Anos 70 (1979)
O nacional e o popular na cultura brasileira – música, cinema, televisão, teatro, literatura e seminários (1982)
Um país no ar – televisão (1986)
Os sentidos da paixão (1987)
O olhar (1988)
O desejo (1990)
Rede imaginária – televisão e democracia (1991)
Ética (1992)
Tempo e História (1992)
Artepensamento (1994)
Libertinos libertários (1996)
A crise da razão (1996)
A descoberta do homem e do mundo (1998)
A outra margem do Ocidente (1999)
O avesso da liberdade (2002)
O homem-máquina (2003)
A crise do Estado-nação (2003)
Civilização e barbárie (2004)
Muito além do espetáculo (2004)
Poetas que pensaram o mundo (2005)
Anos 70 (segunda edição – 2005)
Oito visões da América Latina (2006)
O silêncio dos intelectuais (2006)
L'autre rive de l'Occident (2006)
Les aventures de la raison politique (2006)
Ensaios sobre o medo (2007)
O esquecimento da política (2007)
Mutações: ensaios sobre as novas configurações do mundo (2008)
Vida vício virtude (2009)
A condição humana (2009)
Mutações: a experiência do pensamento (2010)
Mutações: a invenção das crenças (2011)
Mutações: elogio à preguiça (2012) / Ganhador do Prêmio Jabuti
Mutações: o futuro não é mais o que era (2013)
Mutações: o silêncio e a prosa do mundo (2014)
Mutações: fontes passionais da violência (2015) / Ganhador do Prêmio Jabuti
Mutações: o novo espírito utópico (2016)
Mutações: entre dois mundos (2017)

Sumário

9   Apresentação – Ambivalências do progresso
DANILO SANTOS DE MIRANDA

11   Oito notas dissonantes
ADAUTO NOVAES

37   O que se entende por fim da Humanidade?
ou O fim do "progresso como fim"
LUIZ ALBERTO OLIVEIRA

65   Rumo a novas escravidões?
DAVID LAPOUJADE

79   O fim do progresso
PEDRO DUARTE

91   Civilização e desrazão: a ambivalência das Luzes
CÉLINE SPECTOR

111   A política desconstruída: a guerra de facções e seus outros
NEWTON BIGNOTTO

137   Progresso e democracia: o governo representativo segundo John Stuart Mill
CHARLES GIRARD

157   A força da revolução e os limites da democracia
VLADIMIR SAFATLE

171 Caminhos da razão e do progresso
ANTONIO CICERO

193 Civilização e violência: sobre alguns usos contemporâneos do conceito de civilização
MARCELO JASMIN

209 Dissonâncias e vicissitudes do humanismo nos tempos modernos
FRANCIS WOLFF

229 Progresso e barbárie civilizada
OSWALDO GIACOIA JUNIOR

247 Humanismo moderno: integração entre teoria e prática
FRANKLIN LEOPOLDO E SILVA

259 Não lugar, cidade genérica, planeta favela, cidade post-it
GUILHERME WISNIK

275 Pós-fatos, pós-imprensa, pós-política: a democracia e a corrosão da verdade
EUGÊNIO BUCCI

319 Entre desilusões e crenças
JORGE COLI

326 Sobre os autores
332 Índice onomástico

Apresentação

Ambivalências do progresso
Danilo Santos de Miranda
Diretor Regional do Sesc São Paulo

A adoção do progresso como motor da história dificultou, entre seus ideólogos e defensores, a percepção das ambivalências inerentes ao sistema de finalidades que, nos séculos recentes, guiou o transcurso das sociedades modernas. O vislumbre e a perseguição de causas finais, às quais seríamos conduzidos em função de um pretenso movimento evolutivo, não raro extraviou a compreensão de que as diferentes frentes do projeto desenvolvimentista não necessariamente se equivalem ou, ainda, de que elas não são naturalmente sincrônicas e convergentes.

Prova disso são os descompassos verificados entre, de um lado, o vertiginoso progresso técnico e científico e, de outro, os movimentos oscilantes nos domínios da moral, da cultura e da política, com dramáticas consequências para o processo civilizatório. São exemplos-limite dessa reiterada incongruência as duas guerras mundiais, o Holocausto e o advento e uso de armamento nuclear. O que se depreende desses eventos traumáticos é que o avanço numa determinada área da atividade humana não impede que se produzam retrocessos concomitantes em outras, ao contrário. Logo, não é possível conceber a ideia de progresso sem que se leve em conta a sua contraface regressiva, que parece manter-se sempre à espreita, paradoxalmente pronta para se manifestar ali onde o engenho humano se mostra mais hábil.

O problema de fundo, aqui, é que os critérios e parâmetros técnico-científicos – e seus respectivos poderes de planificação, intervenção e otimização – ganharam primazia em face da vida. Isso significa que a tecnociência se desenvolveu a tal ponto que sobrepujou demandas fundamentais do ser humano, ligadas às suas dimensões subjetiva, cognitiva e social, adquirindo temerária autonomia com relação a elas. Essa dinâmica de prevalência do escrutínio científico e do artifício técnico sobre as faculdades do espírito e a capacidade de imaginação sociopolítica pode ser traduzida, por exemplo, pela imagem do cachorro que corre atrás do próprio rabo. Ou seja, as sociedades historicamente comprometidas com o progresso se veem obrigadas a tentar alcançar e equalizar experimentos que evoluíram, muitas vezes, à revelia de necessidades essenciais à condição humana. Ao fazê-lo, tais sociedades giram (em falso) em torno de si mesmas, enquanto supõem progredir.

Dentre essas necessidades basilares está a do entendimento e cultivo do espírito como forma de inteligência e potência transformadora da realidade, mediante um tipo de criticidade propositiva frente a suas agruras e injustiças estruturais – algo que a velocidade e a superficialidade geradas pelo progresso compulsório frequentemente obliteram. Diga-se, além disso, que muitos são os modos de degradação da democracia na atual conjuntura global, acossada que é pelas injunções do capitalismo avançado. Não é possível afirmar, portanto, que o progresso tenha proporcionado saltos efetivos na direção de um mundo mais justo, igualitário e aberto às diferenças. Um novo mundo solicita uma nova maneira de conceber a política, contudo não é plausível dizer que esta tenha se desenvolvido no mesmo compasso que o progresso técnico-científico, com o qual convive de maneira visivelmente desarticulada.

Os ensaios reunidos neste que é o décimo primeiro livro da série *Mutações* discutem, a partir de diferentes perspectivas, os impasses que se evidenciam no cotejo entre os avanços logrados nos planos material e do conhecimento e, nas antípodas, a estagnação ou mesmo regressão dos valores que orientam os rumos da política, da organização social e do conjunto de costumes no presente. Difundir pensamentos capazes de auxiliar-nos no entendimento do processo histórico e, também, no enfrentamento das complexidades do contemporâneo é parte da ação educativa realizada pelo Sesc, que tem no estímulo às potencialidades críticas e reflexivas de seus públicos um compromisso central.

Oito notas dissonantes
Adauto Novaes

A Martha Carolina

> *Quando o recanto mais remoto do globo tiver sido conquistado pela técnica e explorado pela economia, quando qualquer acontecimento se tiver tornado acessível em qualquer lugar a qualquer hora e com uma rapidez qualquer, quando se puder viver simultaneamente um atentado a um rei na França e um concerto sinfônico em Tóquio, quando o tempo for apenas rapidez, momentaneidade e simultaneidade, e o tempo enquanto História tiver de todo desaparecido da existência de todos os povos, quando o pugilista for considerado o grande homem de um povo, quando os milhões de manifestantes constituírem um triunfo – então, mesmo então continuarão a pairar e estender-se, como fantasmas sobre toda essa maldição, as questões: para quê? Para onde? E depois, o quê? O declínio espiritual da Terra está tão avançado que os povos ameaçam perder sua última força espiritual [no que concerne ao destino do "Ser"], de modo a não permitir sequer ver e avaliar o declínio como tal. Essa simples constatação nada tem a ver com um pessimismo cultural, tampouco, como é óbvio, com um otimismo, pois o obscurecimento do mundo, a fuga dos deuses, a destruição da terra, a massificação do homem e a suspeita odienta contra tudo que é criador e livre atingiram, em toda a terra, proporções tais que categorias tão infantis como pessimismo e otimismo já há muito se tornaram ridículas.*
>
> MARTIN HEIDEGGER

OBSERVAÇÃO PRELIMINAR

A impressionante herança deixada pelas inúmeras formas do progresso da ciência e da técnica é incontestável: o mundo ganhou, mas também perdeu! A transformação radical das ideias de espaço e de tempo; os avanços na medicina e na biologia, que nos preservam de muitos males – progresso com inegáveis e perenes benefícios para a humanidade –; em contrapartida, o progresso cria rigor, velocidade, precisão na relação do homem com o meio físico, desaparecimento do vagar e da lentidão, hábitos dominados por métodos positivos governados pelas máquinas, bem como um modo científico de existência – ao qual "os espíritos se acostumam rapidamente, ainda que insensivelmente". Enquanto isso, como observa o poeta e filósofo Paul Valéry, as relações do homem com o homem permanecem dominadas "por um empirismo detestável que evidencia até mesmo, em diversos pontos, uma sensível regressão".

Fiquemos apenas com um pequeno exemplo que afeta o conjunto da sociedade. A tecnociência faz o que nenhuma predicação ou discurso ideológico conseguiu fazer: o celular reúne todos em torno de um só objeto; ao mesmo tempo, porém, dissolve-os na solidão individual, denotando um verdadeiro "egoísmo organizado". Hoje sabemos que todas essas transformações apresentam dois aspectos. Pode-se dizer que as invenções modernas não apenas são inócuas no esclarecimento do espírito como relegam ao esquecimento séculos de produções culturais e de pensamento memoráveis. Alain[1] descreve o "longo e sinuoso" caminho do progresso que, durante o percurso, vai semeando apenas esquecimento e melancolia ou, na melhor das hipóteses, vagas promessas: "Ainda um golpe! Ainda um ou dois pequenos massacres! O caminho do progresso é longo e sinuoso. A idade da pedra está bem longe, muito atrás de nós. Coragem! Se não vemos a justiça e a paz, nossos netos as verão! O dia chegará! [...] As guerras serão abolidas daqui a dois mil anos. Mas o que são dois mil anos?".

Poderíamos recorrer a vários pensadores que, a partir do século XIX, já observavam com ironia o avanço do progresso. Um exemplo disso é encontrado no prefácio (ou melhor, nos "Projetos de Prefácio") de Baudelaire ao livro *As flores do mal*: "Apesar da contribuição que alguns célebres

---

1. Pseudônimo de Émile-Auguste Chartier (1868-1951), jornalista, escritor e filósofo francês (N.E.).

pedantes deram à burrice natural do homem, jamais poderia acreditar que nossa pátria pudesse andar com tal velocidade no caminho do progresso. Este mundo adquiriu uma espessura de vulgaridade tal que dá ao desprezo do homem espiritual a violência de uma paixão". No segundo projeto de prefácio, Baudelaire é mais explícito: "A França atravessa uma fase de vulgaridade. Paris, centro e influência da burrice universal. Apesar de Molière e Béranger, jamais se poderia acreditar que a França tomaria tão depressa o caminho do Progresso. Questões artísticas, *terrae incognitae*". Baudelaire respondia às críticas que, para ele, eram sintomas de "crise do sensível" e atribuía a incompreensão de seus poemas à "luz moderna" do progresso.

Surgem então algumas questões: as ciências e as invenções ajudaram-nos a suprimir as injustiças? Pode-se falar em "progresso moral", entendendo por isso avanços em direção a um mundo mais civilizado, mais humano, não apenas no âmbito individual, mas também nos planos social e político? De onde vem essa regressão que leva à angústia e à melancolia dos homens de espírito? Certamente da instrumentalização do espírito. E mais: "O mundo moderno, em toda sua potência, de posse de um capital técnico prodigioso, inteiramente penetrado pelos métodos positivos", escreveu Valéry, "não soube, no entanto, criar uma política, uma moral, um ideal, nem leis civis ou penais que estivessem em harmonia com os modos de vida que ele criou e mesmo com os modos de pensamento que a difusão universal e o desenvolvimento de certo espírito científico impõem pouco a pouco a todos os homens".

Em síntese, o que se observa é um admirável progresso do ponto de vista material, associado à paralisia ou mesmo à regressão no que concerne a valores e à organização social e política. É inegável o progresso do espírito humano, se os olhos estiverem voltados para as ciências, mas é difícil reconhecê-lo se pensarmos no progresso moral. Ao menos, é o que nos lembra Rousseau.

Diante desse cenário, o presente livro retoma, pois, um dos objetos privilegiados da nossa série sobre as Mutações: a relação do homem com os progressos da ciência e da técnica. A esse respeito, voltemos novamente a Paul Valéry, que assim vê o progresso da civilização maquínica: "As máquinas mais temíveis talvez não sejam aquelas que rodam, que transportam ou que transformam a matéria ou a energia. Existem outros engenhos, não de cobre ou de aço, mas de indivíduos muito especializados:

organizações, máquinas administrativas, construídas à imagem de um espírito naquilo que há de impessoal". Sobre esse incontrolável domínio da máquina em todos os aspectos do humano, sobretudo na sensibilidade e na política, Valéry escreve, sem disfarçar certa angústia: "O Espírito está em perigo mortal. [...] Temo que o Espírito esteja se transformando em coisa supérflua". Assim, ele antecipava aquilo em que a ciência e a técnica transformariam o homem: quanto à sensibilidade do espírito, um ser impessoal; quanto ao corpo, um híbrido de carbono e silício. Corpo e espírito em transformação radical. O espírito científico rompe os laços entre sujeito e objeto, entre corpo e espírito. Rompe, portanto, os laços que criam os valores humanos. E ao fazê-lo perverte, juntamente com seus valores, o próprio ser humano. Os valores só contam como objetos de pesquisa, enquanto o espírito científico busca cada vez mais a precisão. Lemos nos famosos cadernos de Valéry sombrios pensamentos do que será a humanidade quando a ciência "tiver reduzido tudo o que é possível ao homem em receitas precisas, cúmulo da potência e do desespero". Essa potência do espírito científico sobre os homens e as coisas levou até mesmo o descrente Paul Valéry, que sempre tratava com ironia as previsões, a se apresentar como profeta de um mundo cada vez mais dominado pela medida e da vida

> [...] cada vez mais ordenada segundo determinações numéricas... O caráter eminente dessa modificação da vida, que consiste em organizá-la segundo o número e a grandeza, é a objetividade, a impessoalidade tão pura que o verdadeiro dos modernos, exatamente ligado ao seu poder de ação sobre a natureza, parece opor-se cada vez mais ao que nossa imaginação e nossos sentimentos gostariam que fosse verdadeiro.

Diante de tal organização social, a conclusão de Valéry é evidente: neste mundo, o *espírito* tornou-se impossível – impossível porque supérfluo. E o que ele escreveu nas décadas de 1920 e 1930 era apenas o começo de um longo percurso. Para tratar, por exemplo, do domínio do progresso da ciência-poder sobre o espírito, ele cria a figura de um "Hamlet intelectual" que não sabe o que fazer com os crânios de Leonardo Da Vinci, Leibniz, Kant, Hegel, Marx... e é com espanto que ele vê o surgimento do fim de uma era:

Adeus, fantasmas! O mundo não precisa mais de vocês. Nem de mim. O mundo que batiza com o nome de progresso sua tendência a uma precisão fatal busca unir às benesses da vida as vantagens da morte. Certa confusão reina ainda, mas dentro de pouco tempo tudo se esclarecerá; veremos, enfim, aparecer o milagre de uma sociedade animal, um perfeito e definitivo formigueiro.

É fácil identificar hoje o "perfeito e definitivo" formigueiro. Ele se expressa na sociedade de massa que se sente mais confortável em escolher o poder ao saber. Basta notar de que maneira os homens podem manipular com facilidade os objetos sem procurar saber como eles são feitos, de modo a abolir a bela ideia de *movimento*, isto é, a passagem da técnica ao saber. Quem acredita na técnica (que, sim, tornou-se crença) já não sabe mais. Como insistiu Alain em seus *Propos*, a partir do momento em que o homem pode mais do que sabe, ele escolhe o poder e abandona o saber. Quem se submete à prova perfeita da técnica é exatamente aquele que se transforma em máquina: "Pensa como uma máquina de somar". Eis um novo mundo, subordinado a um progresso das ciências jamais visto. Se é impossível lutar contra esse imenso progresso técnico, irrecusável (que veio para ficar!), resta ao espírito transformar-se, retomando a ideia do saber, porque "concordar é ignorar". Os benefícios e as desvantagens da ciência e da técnica poderiam ser discutidos infinitamente, mas gostaria de propor outro tipo de discussão: a desordem que a ideia de progresso inflige ao trabalho do espírito.

Antes, porém, tentemos ver como o progresso foi pensado em sua origem moderna. No princípio do ensaio "O mito moderno do progresso", o filósofo Jacques Bouveresse cita um artigo escrito por Karl Kraus. Para Kraus, escreve Bouveresse, progresso é, na melhor das hipóteses, uma forma, ou talvez bem menos que isso: um clichê ou um *slogan*. Na prática, vemos um processo mecânico, circular, repetitivo e autoalimentado gerado pela "ideia" de progresso. Por exemplo: o progresso produz desastres naturais que só um novo progresso pode remediar! Como afirma o filósofo finlandês Georg von Wright, "um crescimento econômico contínuo é condição para a solução dos problemas que uma produção industrial intensificada e racional criou". No entanto, impõem-se algumas questões importantes: para onde o progresso científico nos leva e qual é seu verdadeiro interesse para a humanidade?

Embora muitos pensadores definam o progresso como algo natural e necessário, na história do pensamento costuma-se estabelecer a Revolução de 1789 como seu verdadeiro ponto de partida, aliado ao desenvolvimento da ciência, da indústria e dos princípios da razão. No que tange a elogios da ciência, geralmente são citados dois autores, Fontenelle e Condorcet, mas ambos expressam muito mais um desejo de progresso universal da humanidade do que uma realidade. Em 1688, Bernard de Fontenelle escreve: "O ser humano jamais se degenerará e o crescimento e desenvolvimento de sua sabedoria não terá fim". Mas é um revolucionário, o Marquês de Condorcet, que melhor expressa os ideais de progresso no Iluminismo. Como deputado e como intelectual humanista, foi além de seu tempo, defendendo os negros, o direito de voto das mulheres e os emigrantes, e chegou a propor um sistema de educação permanente de todos os cidadãos. Para falar do progresso, ele partiu de uma pergunta que já traz em si o questionamento da própria ideia de civilização: "a desigualdade, que os primeiros progressos da sociedade aumentaram e, por assim dizer, produziram, tem origem na própria civilização ou nas imperfeições atuais da arte social?". Fica claro que ele atribui os erros à "arte social", mantendo o mito da "civilização" que se anunciava. O próprio Condorcet viveu na pele esta contradição: em 1794, refugiado na casa de uma dama em Paris, antes de ser preso (e morrer dois dias após a detenção), escreveu o clássico *Esboço de um quadro histórico dos progressos do espírito humano*, que condiciona o progresso da humanidade à realização de três princípios: "destruição da desigualdade entre as nações; progressos da igualdade em um mesmo povo; enfim, aperfeiçoamento real do homem". Mas sua crença nos ideais iluministas e no progresso racional não tinha limites: o mundo será, para Condorcet, dominado por "homens industriosos" que, no lugar dos clérigos e da monarquia, abandonarão a ambição e transformarão os colonos em cidadãos da África e da Ásia, dentro dos princípios da liberdade, das luzes e da razão: "o zelo pela verdade será também uma paixão". E o idealismo de Condorcet vai ainda mais longe:

> Se olharmos o estado atual do globo, veremos de início que, na Europa, os princípios da constituição francesa já são os de todos os homens

esclarecidos. Nós os veremos bastante difundidos, altamente professados, para que os esforços dos tiranos e dos padres possam impedi-los de penetrar, pouco a pouco, até mesmo nas cabanas de seus escravos; e logo estes princípios despertarão um resto de bom senso, e esta surda indignação que o hábito de humilhação e de terror não pode sufocar na alma dos oprimidos.

Pensemos na distância que separa essa "primeira modernidade", se assim se pode dizer, baseada nos direitos e nos valores universais (pelo menos para os homens de consciência), da nossa modernidade, estruturada na razão de gestão calculista, fria e industriosa, eficaz e produtora de resultados – em síntese, verdadeiro delírio de crescimento técnico que levou os homens de consciência à cegueira. O resultado é a desolação política que atravessa a história a reboque da evolução técnico-científica. Por exemplo: costuma-se dizer algumas ações militares ao longo dos últimos séculos foram feitas em nome do progresso. Citemos apenas uma delas – síntese da fusão entre ciência e técnica e certamente uma das mais detestáveis, ao lado do Holocausto nazista: a experiência de Hiroshima, que resultou em milhares de mortos.

Ao olhar o estado atual do mundo, é preciso reconhecer qual foi o caminho percorrido pelos "homens esclarecidos" e de "bom senso".

1. RUÍNAS

Logo depois da Primeira Guerra Mundial, Paul Valéry inicia o ensaio *A crise do espírito* com a célebre frase: "Nós, civilizações, sabemos agora que somos mortais". Dez anos depois, ele volta ao tema: "O mundo no qual nos formamos para a vida e para o pensamento é um mundo maldito. Vivemos como podemos na desordem de suas ruínas, ruínas inacabadas, ruínas que ameaçam ruína, que nos enredam em circunstâncias pesadas e formidáveis". Vivemos ainda hoje a pesada herança de "ruínas inacabadas" de "coisas que não sabem morrer e coisas que não podem viver". Valéry chega a usar o termo *mutações* para designar essa nova desordem do mundo e descreve em dezenas de ensaios o começo do problema: ele vivia o fim de coisas que não podiam mais existir, ainda que resistissem, insistindo em viver sobre ruínas. Em inúmeros fragmentos dos *Cadernos*, ele vincula a origem das ruínas ao surgimento do progresso técnico e científico. Mas, ao mesmo tempo que a ruína aponta para algo irremediavelmente perdido, ela abre espaço para as possibilidades, para uma infinidade de recursos não explorados, ruína e recomeço, decomposição e recomposição. Resta saber o que predomina hoje: tendemos a dizer que, com o elogio da ideia de progresso e com o predomínio da visão técnica e científica do mundo, paira sobre as ruínas a "indiferença dos espíritos", o que nos leva ao "progresso da desagregação" e ao vazio do pensamento. Em 1939, Valéry conclui seu diagnóstico: "Os homens de certa idade assistiram à ruína da confiança que tinham no espírito, confiança que foi para eles o fundamento e, de certa maneira, o postulado de sua vida". Eis os três momentos que se sobrepõem em breve espaço de tempo: a morte da civilização, as ruínas de um mundo que está em processo de desaparecimento e o espírito transformado em coisa supérflua.

A nova ideia de progresso nasce de um mundo em ruínas. Em contrapartida, as ruínas nascem do progresso e alimentam-se dele.

O trabalho do pensamento permitiria a *passagem* da desordem à ordem. O problema é que a inteligência – a "confiança no espírito" – também está entregue a certo tipo de desordem ao entrar na lógica proposta pela tecnociência – que se manifesta, inclusive, no esquecimento das ideias de duração e de atenção. O que conta é o imediato, que leva, na maioria das vezes, ao elogio inconsciente da própria instabilidade. Assim, o pensamento torna-se insensível à desordem. Devemos levar a sério o que Merleau-Ponty diz do filósofo que, ao desfazer-se dos laços que o ligam às circunstâncias que dominam o mundo, alimenta um pensamento sem valor intrínseco, que não faz senão "exprimir o contato mudo do seu pensamento com o próprio pensamento". Alain, mestre de Merleau-Ponty, vai além: segundo ele, nossa existência, separada do mundo, é uma existência abstrata e fictícia:

> Ora, o embaraço decorre do fato de o filósofo não apresentar o mundo tal como é necessário. Há uma desproporção, e mesmo ridícula desproporção, entre esta imensa e imperiosa presença, à qual estamos presos e engajados, e os ligeiros discursos através dos quais tentamos nos dar conta... Quando se tiver compreendido que jamais há conhecimento fora da experiência, nem ideia sem objeto atualmente presente, tudo será dito.

Nesse sentido, o intelectual está diante de um problema ainda mais complicado: se ele tenta pensar o mundo tal e qual este é – o que já é problema –, precisa também enfrentar o movimento das coisas do mundo, que não apenas escapam ao pensamento, mas também agem em sentido contrário a ele. No mundo da técnica, cada vez mais veloz e volátil, a ideia de duração tende a desaparecer, e, com ela, desaparece o tempo lento, necessário à reflexão, que permite pôr em dúvida as aparências.

A ciência não apenas "não pensa", como diria Martin Heidegger, como também bloqueia o pensar. Heidegger cita versos de Hölderlin para sintetizar esse vazio do pensamento: "Somos um signo, vazio do sentido / Insensíveis e longe da pátria, / Nós quase perdemos a fala".

É preciso, pois, não ser indiferente às coisas do mundo – ou melhor, é preciso entrar no mundo para, enfim, saber como propor saídas das ruínas herdadas.

Heidegger define esta *passagem* como "o ponto mais crítico", isto é, aquilo que deve ser considerado inapelavelmente. Para ele, "o ponto mais crítico" hoje se manifesta da seguinte maneira: "não pensamos ainda". Heidegger atribui a ausência de pensamento ao domínio da ciência e da técnica, e, para ele, a filosofia tem papel determinante na retomada do pensamento. Ele escreve:

> A relação da ciência com o pensamento só é autêntica e fecunda quando o abismo que separa as ciências e o pensamento torna-se visível e quando se sabe que não se pode construir sobre ele nenhuma ponte. Não há ponte que conduza das ciências ao pensamento, o que há é o salto. E, ao saltar, não chegamos apenas ao outro lado, mas a uma região inteiramente nova. O que ela nos abre jamais pode ser demonstrado, se por *demonstrar* se quiser dizer: derivar das proposições que se referem a uma questão dada, a partir de premissas convenientes por cadeias de raciocínios.

Heidegger propõe que se abandone a facilidade das questões dadas. O que se revela neste "outro lado", pois, é um mundo novo, ainda coberto de sombras que as mutações trazem ao pensamento.

Já são onze livros de ensaios sobre temas relativos às mutações, e o que se nota é que hoje a ruína torna-se mais sensível porque ela ataca, ao mesmo tempo e por todos os lados, quase que de maneira indefensável, todas as áreas da atividade humana. Vemos, então, todas as áreas seduzidas pela ideia de progresso e, com isso, vemos um mundo em ruínas. O problema é que o excesso de detalhes técnicos e sua sedução cotidiana desviam nosso olhar daquilo que é essencial: saber ver a origem de tantos problemas. Voltemos, pois, às origens: o que é progresso?

Duas observações preliminares

Primeira: para tratar do tema das mutações, sigamos primeiro o conselho de Robert Musil, "Não se deve querer curar a decadência". Isto é, vivemos em um novo mundo no qual os velhos valores, sentimentos e ideais políticos já estão decadentes. Não devemos, por isso, recorrer a noções imemoriais, que já não dão conta da nova realidade, como conclui Valéry:

> Introduzimos poderes, inventamos meios, criamos hábitos diferentes e inteiramente imprevistos. Anulamos valores, dissociamos ideias, arruinamos sentimentos que pareciam indestrutíveis por haverem resistido a vinte séculos de vicissitudes e temos, para exprimir um tão novo estado de coisas, apenas noções imemoriais.

Como aconselha Hegel, a filosofia deve ser a primeira a saudar a aparição dessa nova era.

Segunda: Montaigne nos ensina que, quando a razão fracassa, deve-se voltar à experiência.

2. PROGRESSO E DECLÍNIO

Tomaremos como ponto de partida um excerto de Walter Benjamin: "É preciso fundar o conceito de progresso sobre a ideia de catástrofe. Que as coisas continuem a 'ir tais como elas são', eis a catástrofe. Não se trata do que vai acontecer, mas do estado de coisas dado a cada instante. Eis o pensamento de Strindberg: "O Inferno não é propriamente o que nos espera – mas é *esta vida*". Chegamos, enfim, a um dos núcleos para entender as mutações: o progresso.

Em um esboço de prefácio a *Remarques mêlées*, Wittgenstein assim se refere ao progresso:

Nossa civilização é caracterizada pela palavra progresso. O progresso é sua forma. Sua atividade consiste em edificar uma estrutura sempre mais complicada. Não estou tão interessado na construção de edifícios, e sim em obter uma imagem clara dos fundamentos para construções possíveis. Meu objetivo é, pois, diferente do objetivo dos cientistas, e o movimento do meu pensamento, diferente do deles.

Wittgenstein aponta dois caminhos que serão incontornáveis se quisermos entender o que é progresso: 1) fugir de suas construções complicadas, ou melhor, fugir da própria ideia de progresso, que se tornou uma espécie de imperativo categórico nas sociedades contemporâneas; por "estrutura sempre mais complicada", Wittgenstein certamente se referia a objetivos ilimitados e cada vez mais indefinidos. Por exemplo, crescimento econômico ilimitado, produção desordenada e consumismo sem sentido; 2) buscar, fora dessa ideia, novos fundamentos para o mundo dominado pela tecnociência.

Uma das críticas mais pertinentes de Wittgenstein, no entanto, diz respeito à indiferença da esquerda e da direita em relação ao progresso. À esquerda, como observa o filósofo Jacques Bouveresse no ensaio *O mito moderno do progresso*, o essencial consiste em se contentar com a melhor distribuição dos frutos da riqueza. E, ainda segundo ele, a atitude dos social-democratas de hoje e dos intelectuais não é necessariamente diferente da de seus adversários da direita. O atual governo francês é um bom exemplo disso. O progresso é o fundamento da doutrina política seguida pelo presidente Emmanuel Macron. Para ele, a oposição histórica entre direita e esquerda, que sempre estruturou a política desde a Revolução Francesa, é um fenômeno ultrapassado. A luta se dá entre progressistas e conservadores, ou, como ele escreve, "conservadores passadistas e progressistas reformistas". O mito da crença de que "as coisas podem ser melhoradas" cai por terra quando observamos o que os governos entendem por progresso. A segurança militar é certamente um progresso: apenas em defesa antimísseis, o governo norte-americano investiu 300 bilhões de dólares. Citemos mais uma vez a clarividência de Wittgenstein, ainda durante a Segunda Guerra Mundial: "As coisas serão terríveis depois da guerra, qualquer que seja o vencedor. É claro que será terrível se os nazistas ganharem, mas terrivelmente obscuro se forem os aliados", ou seja, a continuação dos piores projetos progressistas pelos velhos sistemas.

Por fim, por sua extrema atualidade, gostaria de citar um dos impressionantes fragmentos de Wittgenstein sobre as guerras e as misérias:

> Pode ser que a ciência e a indústria – e seu progresso – sejam as coisas mais duradouras do mundo hoje. Pode ser que toda a conjectura referente aos fundamentos da ciência e da indústria sejam no momento, *e por muito tempo*, apenas simples sonho e que a ciência e a indústria, ao termo de misérias infinitas e através delas, unirão o mundo, quero dizer, unificarão em *um todo* no qual, é verdade, a paz será a última a se instalar. Porque são de fato a ciência e a indústria que decidem as guerras, pelo menos é o que me parece.

Ninguém duvida: a ideia de progresso cria não apenas modos de pensar, mas também estilos de vida e esperança de um futuro melhor, verdadeira doença da civilização. Ora, "a doença de uma época", escreve Wittgenstein, "[...] é curada com a mudança do modo de vida das pessoas; a doença dos problemas filosóficos só pode ser curada pela mudança do modo de pensamento e de vida, não por um remédio descoberto por um indivíduo". Imagine que o uso do carro provoque certas doenças e que a humanidade seja afetada por essa doença até que pare de dirigir por uma razão ou outra, em decorrência de alguma evolução.

Entendemos por que Wittgenstein propõe em suas *Observações filosóficas* uma tomada de distância em relação à estrutura "sempre mais complicada" da civilização do progresso. O finlandês Georg von Wright, aluno, amigo e sucessor de Wittgenstein na cátedra de Filosofia em Cambridge, além de herdeiro da obra póstuma deste, afirma que o espírito no qual ele se baseia é completamente diferente da corrente principal das civilizações europeia e norte-americana. A marca da civilização, escreve von Wright,

> [...] é a crença no progresso – progresso que depende principalmente das aplicações tecnológicas da ciência das quais Wittgenstein desconfia enormemente. O essencial do progresso é que ele parece sempre bem maior do que é na realidade. O progresso, ele nos diz, é apenas a franja

verdejante de um território colonial cujo imenso vilarejo não passa de um deserto impenetrável.

Pode-se afirmar que, diante dos acontecimentos trazidos pelo progresso, Wittgenstein não está à procura de uma condição nostálgica, muito menos de um sonho de futuro. Mas ele ainda considera um futuro diferente: "Não se pode *construir* nuvens. Eis por que o futuro *sonhado* jamais é verdadeiro [...] Se pensamos no futuro do mundo, visamos sempre o ponto no qual ele estará se continuar a seguir o curso que segue hoje; não pensamos que ele segue em linha reta, mas em curva, e que sua direção muda constantemente".

Já se tornou quase um lugar-comum criticar a ideia de progresso, mas, diante do veloz avanço da tecnociência, as análises do tema ainda são insuficientes, ou talvez estejam sendo feitas de maneira errada, preservando o que há de mais condenável. O certo é que, independentemente das críticas, a ideia de progresso continua a dominar e a seduzir cada vez mais. Está em nós e fora de nós, na economia, no desenvolvimento técnico, nos valores morais e nos desejos, até mesmo em nossa bandeira. Seu uso político é permanente e tornou-se uma crença, um ídolo profano tão forte que tende a reduzir o pensamento a coisa supérflua. Pode-se dizer que hoje pouco se pensa em seu verdadeiro sentido. Assim, tornamo-nos muito íntimos da ideia de progresso e a desejamos mesmo sem saber para onde ela nos leva. Mesmo depois de saber que seus resultados e consequências também se tornam cada vez mais brutais, com milhões de mortes em guerras e massacres em nome da civilização, mesmo depois da degradação da natureza, das tragédias históricas programadas, mesmo depois da incontornável crise dos valores e das ambições morais e políticas, continuamos a desejá-la.

O progresso das ciências físicas seduziu muitos pensadores: trata-se de penetrar e dominar os segredos e a força da natureza. A inteligência seria feita, como notou Bergson em breve texto sobre o progresso material e o progresso moral, para criar instrumentos e máquinas que liberassem o homem da servidão da matéria. Ninguém pode negar os extraordinários trabalhos da ciência para o bem da humanidade, mas poucos poderiam imaginar que a evolução da "ciência econômica" traria tantos e tão funestos danos ao pensamento e às artes. Já em 1769, Diderot escrevia aquilo que pode, sem nenhum retoque, ser aplicado ao que acontece hoje:

[...] faz-se o elogio do presente, tudo é reduzido ao curto momento da existência e da duração; o sentimento da imortalidade, o respeito à posteridade são palavras vazias de sentido que fazem rir de piedade. O que se quer é o gozo, *après soi, le déluge*. Discorre-se, examina-se, sente-se, raciocina-se muito, tudo é medido no escrupuloso nível do método, da lógica e mesmo da verdade.

Defensor da razão e da relação entre os ideais universais, Diderot mostra de que maneira as três faculdades maiores – memória, imaginação e razão – se constituem a partir da experiência sensível. Eis a visão do filósofo Jean Starobinski sobre isso: "Uma filosofia capaz de superar a aridez à qual a condena a estrita aplicação das regras racionais descobre no sentimento a verdade que poderá guiar a vida moral, que saberia dar leis às artes. A filosofia reconcilia-se com as artes em um projeto de ativação eloquente da linguagem". Mas não foi isso que aconteceu quando a ideia de progresso técnico passou a dominar as atividades humanas. A tirania da razão fria resultou de um tipo de civilização ainda nascente, que dificultava a livre expansão de sentimentos e ideias. Como observa Bergson, "as ciências psicológicas, pedagógicas, morais e sociais estão longe de resultados tão importantes, e principalmente tão definitivos quanto os das ciências físicas". Bergson chegou a imaginar que o século XX seria o século das ciências morais, mas, diante dos acontecimentos da Primeira Guerra Mundial, ele pergunta:

> De que valem os progressos das artes mecânicas e as aplicações da ciência positiva, o comércio, a indústria, a organização metódica da vida material da civilização se eles não são dominados por uma ideia moral. Aparece aos olhos de todos que o desenvolvimento material da civilização, quando ele se pretende bastar a si mesmo, mais ainda, quando ele se põe a serviço dos sentimentos baixos, pode conduzir à mais abominável das barbáries [...] O desenvolvimento da potência material pela civilização, quando pretende se bastar a si mesmo, pode reconduzir o homem à barbárie.

As experiências do século XX dão razão ao temor de Bergson. O que mais impressiona hoje é que desejamos o progresso não para satisfazer necessidades naturais e reais, como se pensava, mas para criar bens inteiramente não naturais e não necessários, o que provoca uma instabilidade essencial. Apesar de vermos, como nos lembra Valéry, de que maneira o progresso, sem limites éticos e morais, sem política, no sentido original do termo, engendra instantaneamente o seu contrário, damos pouca importância a isso:

> A Guerra está presente no meio da Paz. A miséria nasce da abundância. Os impressionantes progressos das comunicações têm por efeito imediato realçar e criar barreiras de aduanas. No mesmo laboratório, o mesmo homem busca o que mata e o que cura, cultiva o bem e o mal. No domínio da própria inteligência, constata-se que a lógica aplicada à natureza das coisas conduz a um princípio de indeterminação [...] Os espíritos se acostumam rapidamente, ainda que insensivelmente, a um modo de existência que supõe certa concepção "científica" do universo físico.

3. O CIVILIZADO E O NOVO SELVAGEM

O moderno perde seu ponto de identidade e de diferença. Guerra e paz, miséria e abundância, bem e mal são coisas indiferentes. O progresso é indiferente aos resultados, contanto que avance! Eis o reino da relatividade geral que tudo admite e onde todas as ações e opiniões se equivalem *objetivamente*. Como tudo se equivale, o sistema de valores desaparece. Ou melhor, a contradição entre ciência e técnica como realidade objetiva e ciência e técnica como valor desaparece. Mais precisamente, valor passa a ser outra coisa. No ensaio *A liberdade do Espírito*, Valéry recorre ao modelo da bolsa de valores para pensar todas as atividades humanas. Os valores morais e estéticos, por exemplo, são dominados pela especulação, e é sem ironia que ele diz que o mundo do progresso perdeu a ideia de padrão absoluto. As produções materiais e espirituais são um grande mercado flutuante, que segue os mesmos princípios da bolsa: "Existe um valor chamado 'espírito' como existe um valor petróleo, trigo ou ouro", que infelizmente não cessa de baixar. Outros pensadores vão além. A redução do ser ao valor de troca seria a origem do niilismo. Já para Nietzsche, seria o contrário, é em virtude do niilismo que o ser fica reduzido ao valor de troca:

Há uma selvageria pele vermelha, própria do sangue indígena, no modo como os americanos buscam o ouro: e a asfixiante pressa com que trabalham – o vício peculiar ao Novo Mundo – já contamina a velha Europa, tornando-a selvagem e sobre ela espalhando uma singular ausência de espírito. As pessoas já se envergonham do descanso; a reflexão demorada quase produz remorso. Pensam com o relógio na mão, enquanto almoçam, tendo os olhos voltados para os boletins da bolsa – vivem como alguém que a todo instante poderia "perder algo". "Melhor fazer qualquer coisa do que nada" – esse princípio é também uma corda, boa para liquidar toda cultura e gosto superior.

No seu pouco conhecido *Cahier B*, de 1910, Valéry alia a revolução tecnológica à dissolução das tradições comuns e da crença nos mesmos valores com o nascimento das grandes cidades no século XIX:

> O civilizado das grandes cidades volta ao estado selvagem, isto é, isolado, porque o mecanismo social lhe permite esquecer a necessidade da comunidade e leva à perda do sentimento de laço entre os indivíduos, antes despertados incessantemente pela necessidade. Todo o aperfeiçoamento da mecânica social torna inúteis atos, maneiras de sentir, aptidões à vida comum.

Esse indivíduo isolado tende a perder as memórias coletivas e os imaginários sociais, abrindo espaço para o que Musil definiu como "egoísmo organizado". As pulsões egoístas, segundo ele, resultam do progresso material e da desordem social. Podemos complementar essa ideia de pulsões egoístas com a análise de Engels sobre o homem das grandes cidades em *A situação da classe operária na Inglaterra*, em que se lê que, para realizar os progressos da civilização, os homens sacrificam a melhor de si:

> As cem forças que dormem neles permanecem inativas e abafadas para que apenas algumas possam se desenvolver [...] E mesmo sabendo que esse isolamento do indivíduo e seu egoísmo são em todo lugar o princípio fundamental da sociedade atual, em nenhum lugar eles se manifestam com uma impudência, uma segurança tão total quanto aqui, precisamente na multidão da grande cidade. A desagregação da humanidade

em mônadas na qual cada uma tem um princípio de vida e um fim particular, esta atomização do mundo é aqui levada ao extremo.

No ensaio "Ideia fixa", que impressiona pela atualidade, Valéry escreve a propósito da visão científica do mundo e de sua relação teórica e prática: "Interesso-me pessoalmente muito mais por esta parte teórica e variável, por mais instável que ela seja, ao acréscimo das receitas e poderes da espécie". Os elementos "instável" e "variável" da ciência são substituídos pela estabilidade cômoda e pela precisão preguiçosa das "receitas", do rigor inumano, fonte de "miséria mental e exasperação". Eis uma alusão clara à transformação de ciência-saber em ciência-poder. Assim, os tempos atuais parecem dar razão a Nietzsche: "Estamos em uma época cuja civilização corre o risco de morrer pelos meios da própria civilização".

Em muitos de seus textos clássicos, Nietzsche e Valéry recorrem a dois pontos predominantes para pensar a civilização, a ciência e a técnica. Nietzsche vê o "espírito científico" como uma forma de distanciar o homem da própria vida, que o lança "em um mar do vir-a-ser reconhecido, vibrante em ondas luminosas sem fim nem limite". Conforme comenta Édouard Gaède no livro *Nietzsche et Valéry – Essai sur la comédie de l'esprit*, ele se priva da intimidade das coisas vivas para exilar-se no "deserto da ciência, este grande *columbarium* dos conceitos, a necrópole das imagens e das sensações". Gaède resume assim o espírito científico descrito por Nietzsche:

> Ele [o espírito científico] só leva em conta os valores humanos a título de pretextos para pesquisas. O próprio homem, medida de todas as coisas, torna-se para a ciência um objeto de estudos como os outros. Nem o amor nem a esperança têm lugar: apresentam-se como anomalias, fenômenos escandalosamente irracionais [...] Em síntese, a ciência é uma atividade "extra-humana, supra-humana". Toda a humanidade é sacrificada por sua irresponsável curiosidade.

4. DISSONÂNCIAS DO PROGRESSO

Se pensarmos, pois, na íntima constituição e nas dissonâncias produzidas pela história da passagem do uso racional à irracionalidade e da "vontade de essência" à "vontade de poder", de modo a dispor espírito contra espírito, somos levados a perguntar: afinal, o que é progresso? Seu caminho é longo, sinuoso e tão cheio de astúcia que os políticos tentam dissimular sua existência com outros termos, como "crescimento", "modernização"... contudo, o termo original tem a idade do Iluminismo – acontece que a instrumentalização deste e da razão trabalhou contra os ideais humanos e, por estranha ironia, por uma ambivalência intrínseca, levou ao seu oposto, ou seja, ao declínio, que na mesma época também surge como conceito, lado a lado ao de progresso, o que, para muitos, já era o signo de um inevitável destino. Estaria aí também um ato inaugural da má consciência dos nossos tempos?

Essa ameaça de declínio ligada ao progresso técnico da humanidade não é recente. Há quase cem anos, Kraus advertia:

> Minha religião me faz crer que o manômetro está em 99. Os gases saem por todos os poros do cérebro mundial; a cultura não tem nenhuma possibilidade de dissipá-los. No fim, resta uma humanidade morta ao lado de suas obras que tanto custaram à invenção do Espírito. Para nós, foi muito complicado construir a máquina; somos muito primitivos ao usá-la. Praticamos comunicações mundiais em caminhos cerebrais de vias estreitas.

Metáfora semelhante é usada por Valéry na descrição de um novo estado de coisas técnicas e científicas, estado ao mesmo tempo brilhante e obscuro. Conta ele que, em uma viagem de Toulon a Brest, no meio de um belo dia, de repente a bruma cobre todo o espaço e os navios se perdem em passagens perigosas, rodeadas de rochedos:

> [...] a impressão era assustadora; estes grandes navios, prodigiosamente maquinados, montados por homens de ciência, coragem, disciplina, dispondo de tudo o que a técnica moderna pode oferecer de potência e precisão, de repente são reduzidos à impotência na neblina, condenados a uma espera ansiosa por causa de um pouco de vapor que se formou no mar. Este contraste é comparável àquilo que nossa época nos apresenta: estamos cegos, impotentes, ainda que armados de conhecimentos e cheios de poderes em um mundo equipado e organizado por nós.

Ora, a trajetória das invenções técnicas associadas à ideia de progresso é longa: a máquina a vapor, os carros, os aviões, o cinema, a televisão, a bomba atômica, o computador, o telefone celular... bem como a concepção de progresso nas ideias e nos costumes. Foi em nome dele que surgiram as novas formas de exploração do trabalho. Alain comenta que, no começo, as crianças eram vendidas às fiações inglesas. Foi preciso um esforço dos legisladores e um esforço dos explorados para chegar apenas a impedir a continuação de uma "brilhante" invenção... E o pior de tudo é que fazemos e organizamos essas coisas sem pensar que recomeçamos eternamente a história. Eterna história de progresso, com novas e terríveis formas de exploração.

5. GENEALOGIAS

Ao escrever sobre as ideias de progresso, pensadores como Wittgenstein, Karl Kraus, Robert Musil, Heidegger e Paul Valéry, entre outros, são muitas vezes qualificados como conservadores. O que notamos nos ensaios desses autores não é uma defesa da metafísica tradicional, um retorno às tradições, mas um combate incondicional ao advento de uma filosofia científica que acabou por dominar quase todas as áreas da atividade humana. Lemos, por exemplo, em Kraus: "o progresso inventou a moral e a máquina para expulsar da natureza e do homem a própria natureza, e se sente ao abrigo na construção do mundo cuja histeria e o conforto mantêm a consistência. O progresso celebra a vitória de Pirro sobre a natureza. O progresso fabrica carteira de moedas com a pele humana".

Trata-se de um domínio com prejuízos irreparáveis, portanto. Contudo, em geral as sutis reflexões dos críticos do progresso são interpretadas de maneira superficial. O certo é que o mundo de hoje é herdeiro do ideal racionalista e progressista do Iluminismo, e é dessa herança que tais pensadores estão tratando. Insistamos: eles não são os defensores de velhos ideais. Pensemos neles como Nietzsche pensa em Schopenhauer, não apresentação de seu conceito de "reação como progresso", o que é inteiramente diferente das velhas tendências políticas, metafísicas e religiosas reacionárias. Ora, diante do que acontece hoje, com o avanço incontrolável da tecnociência, a agressão à natureza pelo progresso técnico e o esvaziamento dos valores, podemos ler de várias maneiras a expressão "reação como progresso":

- ela pode ser pensada como genealogia do pensamento ou volta à origem dos conceitos fundadores do humanismo clássico, como liberdade e democracia. É expressão do progresso humano voltar a pensar o que já foi pensado, uma busca da utopia no passado. Nietzsche recorre a uma expressão vigorosa – "ódio à originalidade" – para combater a recusa dos modernos às origens. Poderíamos dizer também "ódio à rememoração", com o advento da era do provisório e do presente eterno, que, segundo Valéry, "não pode mais cultivar os objetos de contemplação que a alma descobre inesgotáveis". A herança do pragmatismo é o vazio intelectual. Com isso, possibilidades políticas, culturais e humanas que antes existiam podem ser perdidas para sempre;
- a expressão também pode ser lida como o combate ao espírito científico que se emancipa da ordem natural e cultural, o que acaba relegando o homem a uma solidão sem esperança. É uma forma de instituir os laços que unem os homens a um conjunto de vida;
- pode ser principalmente a crítica radical feita por Nietzsche e da tão analisada "Morte de Deus", que podemos ler, com os melhores intérpretes, como a morte da metafísica. Para tais intérpretes, a expressão quer dizer que hoje o conceito de metafísica se torna inoperante diante das transformações sociais e políticas – ou do fim do império ocidental – e também com o surgimento do domínio universal a partir da "vontade de poder". Os críticos da ideia de progresso não consideram absurdo pensar que caminhamos para o fim da humanidade. Assim, certamente todos eles partilham do que escreveu Kierkegaard: "Sozinho, um homem não pode ajudar uma época, nem mesmo salvá-la. Ele pode apenas dizer que ela está prestes a desaparecer". Declínio irreversível da cultura dominada pela ideia de progresso técnico? É essa a intenção ao propor um ciclo de conferências sobre *modernidade, progresso e declínio*, em que se pede que tais noções sejam tratadas do ponto de vista *Histórico*, isto é, de suas implicações políticas, bem como do ponto de vista *Ético* e também do *Estético*.

Não se trata de ser a favor ou contra os ideais do Iluminismo, pois tal maniqueísmo não leva a lugar nenhum. Mas é preciso analisar os desvios a partir do que era proposto como fundamentos de um novo mundo.

6. ELOGIO DO DECLÍNIO

O que nos resta hoje é fazer o elogio do declínio. Não dos ideais que se originaram na modernidade, mas daquilo que a modernidade gerou como "ideais"; por exemplo, a liberdade transformada em ídolo – "liberdade, uma das detestáveis palavras que têm mais valor do que sentido" (Valéry) –, a razão transformada em racionalidade técnica... Ambiguidades que tecem tipos de *pensamento* e de vida social e política que resultaram em catástrofes. O espírito livre cria a ordem e a desordem, isto é, a sociedade, que, criada à imagem do espírito (a ordem), cria também o seu contrário, isto é, a desordem. É como se o espírito imaginasse a sua próxima anulação, mas também avançasse de negação em negação. Vive, pois, o insidioso perigo que é a criação das próprias obras. O caminho consiste em emancipar-se da própria criação. A ideia de Valéry é definitiva: "Qualquer que seja a obra, realizada e acabada, é um nada ou um lamento".

Portanto, vemos a ideia de declínio em dois sentidos: 1) as deformações dos ideais em nome do progresso; e 2) a ideia de instabilidade daquilo que foi criado. Ora, a liberdade do espírito é essencialmente instável e tende, por princípio, à própria negação. "De início, luta-se para se emancipar de suas cadeias, e finalmente é preciso se emancipar desta emancipação". A liberdade de espírito consiste em "reduzir as ideias à sua natureza de ideias" – como define Valéry –, "não permitindo que elas se confundam com o que elas representam".

O que, enfim, Nietzsche quer dizer com "reação como progresso"? Certamente voltar aos estados nascentes das ideias e, para isso, reter do real apenas o que é mais sutil e inebriante, os possíveis. Tratar os passados como igualmente possíveis, refazer o curso até as origens. Como nos lembram os filósofos, a ideia de origem, *arché* grega, significa princípio, poder, potência, força, vigor originário que ainda vive no presente e determina seu sentido. "O arcaico", observa Oswaldo Giacoia Junior, "é, portanto, o que permite a inteligibilidade do presente. A fecundidade do pensamento depende de sua capacidade de reconhecer no contemporâneo a potência da *arché*". Ao longo da história, as ideias e os conceitos conhecem evasões e derivas que precisam ser testadas nesse retorno às origens. Assim, como ensina Foucault, é preciso buscar esse retorno para "reencontrar as diferentes cenas que desempenharam diferentes papéis". A rememoração, aqui, ganha outro sentido, o de reunião da lembrança pensante, como escreve Heidegger: "Essa junção abriga nela e esconde nela aquilo que é preciso sempre antes de tudo pensar a propósito de tudo o que existe". Voltar às origens é reconhecer que os acontecimentos passados poderiam ter sido de outra maneira. Lemos em um ensaio de Olgária Matos que "não se trata da identidade como origem, sempre idêntica a si mesma, pois a origem é, desde o início, imediatamente heterogênea". Olgária cita, então, Derrida:

> O mais matinal da *Frühe* (matinal, precoce), em sua melhor promessa, teria em verdade outro nascimento e outra essência, heterogênea na origem de todos os testamentos, de todas as promessas, de todos os acontecimentos, de todas as leis e marcas que são nossa própria memória. Heterogênea na origem: isso tem ao mesmo tempo três sentidos: 1. heterogêneo desde a origem, originariamente heterogêneo; 2. heterogêneo em relação ao que se denomina origem, algo diferente da origem e irredutível a ela; 3. o heterogêneo [...] porque presente, muito embora esteja na origem, consiste na forma lógica da tensão que faz vibrar todo esse pensamento.

É necessário reconhecer, enfim, que os acontecimentos são a morada de contradições e verdades. Ora, um acontecimento recente não está separado de sua dimensão originária. O novo acontecimento guarda fragmentos do passado que não podem ser esquecidos e que constroem laços a partir de elementos irreconciliáveis. Nesse sentido, podemos citar um acontecimento histórico exemplar. Em uma carta ao presidente francês, Régis Debray escreve: "A humanidade tem o tempo como pano de fundo, ela é nada no instante; é a lembrança reatualizada do memorável que a faz avançar a cada retomada. Por sorte de nosso país, os revolucionários de 1789 tiveram a 'nostalgia' da República romana...".

Mas fiquemos, enfim, com a síntese que o filósofo Édouard Gaède faz da proposta de "reação como progresso", "Mudar o que existe em relação ao que será é um projeto muito superficial: mudá-lo em relação ao que foi é o grande empreendimento".

Muitos associam o conceito de declínio da civilização à obra de Spengler, mas podemos começar a entendê-lo a partir de ideias contrárias ou dissonantes. A exemplo disso, citemos o que escreveu Wittgenstein em 1947, sobre aquilo que ele chama de "concepção apocalíptica do mundo":

> A concepção apocalíptica do mundo, propriamente falando, é aquela segundo a qual as coisas não se repetem. Não é desprovido de sentido, por exemplo, acreditar que a época científica e técnica é o começo do fim da humanidade; que a ideia do grande progresso é uma ilusão que nos cega, como aquela do conhecimento finito da verdade; que, no conhecimento científico, nada há de bom nem de desejável e que a humanidade, que se esforça para chegar a ele, cai numa armadilha. Não é absolutamente claro que este não seja o caso.

7. ESPÍRITO, COISA SUPÉRFLUA?

Podemos complementar essa *concepção apocalíptica* com um aforismo de Kraus e uma observação de Valéry. Kraus escreve que "O verdadeiro fim do mundo é o aniquilamento do espírito, o outro depende da tentativa indiferente que se pode fazer de ver se, depois do aniquilamento do espírito, pode ainda existir um mundo". Valéry também segue nesse sentido, quando escreve: "temo que o espírito esteja se transformando em coisa supérflua". O espírito, para Valéry, não é da ordem do metafísico, mas da inteligência e da potência de transformação, que é origem do pensamento. O problema é que a ideia de *Espírito*, objeto de grandes reflexões no passado, hoje está de certa maneira relegada ao esquecimento. E, apesar de tudo, é um conceito essencial para se compreender o que acontece. Mais, o espírito jamais esteve ausente do mundo. Alain cita, em um dos seus ensaios sobre o pensamento, um curto e belo poema: "O espírito sonhava. O mundo era seu sonho".

Mas o que é espírito? A primeira observação que se deve fazer é distinguir Espírito e Razão. Essa diferenciação vem de Montaigne, como nos mostra Bernard Sève em seu ensaio *Montaigne – Des règles pour l'esprit*. Espírito não é razão. O espírito é *volúvel*, uma agitação desordenada e originária que, portanto, não pode ser entendimento e razão. O espírito imagina, e assim é inicialmente invenção e fertilidade. Abandonado a si mesmo e desprovido de sujeito, ele não permanece inativo, produz "fantasias", para empregar o termo tão frequente em Montaigne, cujo sentido é diferente em cada contexto. Montaigne escreve: "Cada dia nova fantasia". Em uma nota sobre a ideia de espírito, Sève afirma ainda: "A fabulação do espírito segundo Montaigne é anterior a toda situação, ela não é uma resposta ou uma reação, mas um gesto absolutamente primeiro. Espírito é 'Operação primeira'; logo, o que o distingue da Razão, que é 'Operação segunda' e flexível, é 'a capacidade de resposta e adaptação a um dado exterior'". A razão, sintetiza Sève, trabalha sobre coisas que estão aí, apoiando-se em princípios que ela mesma não escolheu. O que diferencia espírito de razão, portanto, é que o espírito é uma "potência" *ex nihilo*, sem princípio preestabelecido. Essas duas diferenças sugerem uma terceira, de natureza axiológica: o espírito tem mais dignidade e nobreza do que a razão, mas, em certo sentido, ele é mais perigoso. Mais perigoso porque a volubilidade é mais inimiga da regra do que a flexibilidade. A volubilidade livra-se sem cessar da regra, de qualquer regra, enquanto a flexibilidade adota a regra à qual ela se adapta. O espírito tem sempre, em Montaigne, algo de dignidade do rebelde. Ele jamais se põe a serviço de quem quer que seja, pois é essencialmente insubmisso. Por sua volubilidade e dissolução, ele escapa a todos esses laços. Mas, por ser volúvel, o espírito não é invulnerável e, portanto, está sujeito a ambiguidades e sérios riscos, a ponto de arruinar suas invenções e de se arruinar. Lemos, por exemplo, na *Apologia de Raimond Sebond*: "Infinitos espíritos se encontram arruinados por sua própria força e leveza". Mas o espírito nutre-se de ambiguidade e produz efeitos, eles mesmos ambíguos. É, portanto, uma força que pode obscurecer sem refletir, de modo a entregar-se à ruína e, com ele, arruinar a inteligência, a potência de pensar, formular problemas e hipóteses. Mais, aos poucos, a inteligência torna-se indiferente às coisas do mundo e perde-se em uma desatenção que a política do mundo atual permite conceber, como observa Valéry, "O esquecimento rápido das desgraças da guerra, seguido da demonstração do absurdo, é um grande argumento". Esse absurdo já era apontado por Montaigne diante de invenções do espírito: "Podia persuadir-me, antes que tivesse visto, ter encontrado alma tão monstruosa que, pelo prazer de matar, esmera seu espírito a inventar torturas inusitadas e novas mortes". Montaigne adverte-nos, pois, que nem todo movimento do espírito deve ser aprovado. Espírito sem pensamento leva à criação de uma força natural e cega. Para sermos mais precisos, talvez devêssemos falar de desigualdade dos espíritos.

Essas são apenas anotações que levam a crer no possível "fim da humanidade", como apontavam Kraus, Wittgenstein e outros pensadores do século XX. O segundo sentido para o "fim da humanidade" já é observável. É o que Valéry nota quando escreve que "tudo o que sabemos, isto é, tudo o que podemos, acabou por opor-se a tudo o que somos". Ou seja: no processo puramente instrumental da ciência, chegamos ao limite máximo do esquecimento do homem. Isto é, a contradição, hoje, não se revela somente na tensão entre ciência-saber e ciência-poder, o que, no fundo, ainda trata do "que nós somos". Revela-se também no "nós", que desaparece, deixando livre a relação robô contra robô: "A digitalização não vai conectar só pessoas, mas aparelhos. A conexão de aparelhos vai saltar de 14 bilhões, hoje, para 500 bilhões, em 15 anos". Primeiro, foi o vínculo do homem com o homem nas relações sociais. Depois veio a era das relações homem a homem, mediada pelo robô. Chega, enfim, a era do robô contra robô. Ou seja, o homem torna-se um figurante passivo e incomunicável, o que faz que o espírito desapareça e, com ele, desapareça "aquilo que faz com que os homens sejam homens".

8. O REVERSO DOS VALORES

Nietzsche trata do espírito livre, a "transmutação de todos os valores". Podemos ver nessa expressão o elogio do reverso. O espírito vê aí uma mina de observações originais e novas percepções, pois vai-se ao "reverso dos valores habituais e aos hábitos valorizados". O espírito desconfia de tudo, "mais desconfiança, mais filosofia". O elogio do reverso consiste em voltar ao que já foi pensado e também em todas as contradições geradas então. Isso porque sabemos que todo ato de criação traz em si o seu contrário. Como podemos ler em Hegel, "a liberdade do espírito não é a independência que existe fora do seu contrário, mas a independência que se tem triunfando sobre o contrário, não fugindo dele, mas lutando contra ele e submetendo-o. É a independência concreta e real". Na vida real, o hábito seria o refúgio. O exemplo é de Alain, em sua interpretação desse fragmento de Hegel: "Nos nossos momentos de cólera, 'breve retorno da alma natural', quando o espírito perde sua independência, só nos reconciliam com nós mesmos através dos hábitos".

Nietzsche vai além. Para ele, o problema está justamente na força do hábito, e podemos dizer que hoje um dos fundamentos do progresso está na aceitação incondicional dos hábitos contra o espírito livre:

> Todo o hábito tece em torno de nós um caminho sempre mais sólido de fios de aranha; logo, percebemos que os fios tornaram-se laços e ficamos no meio como uma aranha presa neles e que se deve nutrir do próprio sangue. Eis por que o espírito livre odeia todos os hábitos e regras, tudo o que dura e se torna definitivo, eis por que ele corta, com dor, o caminho que o liga sempre de novo em torno dele; ainda que deva sofrer as consequências com feridas pequenas e grandes, é *dele mesmo*, de seu corpo, de sua alma, que ele deve arrancar estes fios.

É preciso fugir, pois, das ideias preconcebidas, dos hábitos coletivos. Eis uma bela metáfora de Nietzsche, "O Espírito livre jamais fixa sua morada nem para no meio do caminho [...] ele tem em sua casa muitas províncias do espírito ou então, pelo menos, permanece nela como hóspede; sabe sempre evadir-se dos espaços obscuros...". Ele se faz "errante e fugidio" tanto na vida quanto no pensamento. Instala-se no provisório, torna-se um "nômade intelectual". Alain usa imagem semelhante para tratar das dificuldades do espírito livre. Para tanto, desenha um mundo inteiramente ordenado e dominado pelos sistemas e pelos hábitos que nos cercam de maneira tão insidiosa.

Eis o que os ensaios deste livro procuram responder: o questionamento da ideia de progresso hoje pode ser uma resposta às mutações produzidas pela tecnociência e pelos efeitos da mundialização? O sentimento de participar do mundo, e não mais de uma cidade – mundialização das consciências –, nos levaria a uma humanidade comum, à "prospecção de uma cidadania planetária", como pensa Edgar Morin? Ou o declínio nos leva a uma concepção apocalíptica do espírito do mundo? Uma possível saída: no campo das novas tecnologias, não deveríamos pensar em uma partilha universal do pensamento e do saber?

O que se entende por fim da Humanidade?
ou O fim do "progresso como fim"
Luiz Alberto Oliveira

Adauto Novaes demarca, com a costumeira clareza, o que está em debate neste *Mutações – dissonâncias do progresso*: "Em síntese, o que se observa é um admirável progresso do ponto de vista material, associado à paralisia ou mesmo à regressão no que concerne a valores e à organização social e política".

Ora, desde a proclamação da República, em 1889, o dístico de extração positivista que orna o auriverde pendão que a brisa de nossa terra beija e balança encadeia três conceitos diretores: o Amor, por princípio; a Ordem, como meio; e o Progresso, como fim (o primeiro termo, quiçá demasiado gentil para os oficiais do movimento republicano, foi esquecido já no primeiro pavilhão, costurado à mão, diz a legenda, pela esposa de Benjamin Constant). A dupla afirmação acima – admirável progresso, de um lado; paralisia e regressão, de outro – remete então a todo um campo de questionamentos acerca do momento presente e de seus possíveis desdobramentos, que podemos talvez condensar em uma inquietação-matriz: se admitimos que o "progresso", no sentido mais corriqueiro do termo, nos trouxe até aqui, até este estado de paradoxo, parecemos estar transitando da época do progresso como um fim para a época de um fim do progresso. Eis a questão a explorar, o que é o fim do "progresso como fim"? Ou, por outra, o que viria depois do "progresso"?

Como ponto de partida para nossa análise, vamos admitir que o atual estado de coisas internacional, em escala planetária, é resultado do tal progresso – deixando uma determinação mais precisa dos sentidos desse termo para adiante. Se simplesmente aceitamos chamar de progresso certo tipo de processo histórico que vigorou nos últimos 250 anos, digamos, e que foi decisivo para que fosse constituído o estado de coisas que vivemos hoje, então esse processo claramente se vincula ao paradoxo aludido acima, que apontaria assim para aspectos cruciais de nossa época. Podemos abordar o problema examinando duas linhas de argumentação. Como exemplo da primeira linha, ouçamos o divulgador científico John Horgan, que escreve para importantes revistas científicas. Horgan declara factualmente que a humanidade, hoje, é "mais saudável, mais afluente, mais pacífica e mais livre do que nunca"[1], e busca corroborar essa afirmação com uma sólida série de dados. Ou seja, para ele, vivemos hoje no melhor momento da humanidade.

Vejamos os fatores em que Horgan se baseia. Primeiro, o aumento realmente espetacular da expectativa de vida da maior parte da população. Ao longo da história, a expectativa de vida em diferentes civilizações alcançava poucas décadas, tipicamente, como no Império Romano, cerca de trinta anos. Mas, ao longo do século XX, num prazo bem curto, a expectativa de vida cresceu para cerca de 70 anos, e em diversos países caminha para os 85 anos e além. Hoje, a faixa etária que mais aumenta, percentualmente, é a dos centenários. Esse incremento global da longevidade, em tão poucas gerações, é um fato biológico bastante significativo. Por um lado, os avanços na saúde pública diminuíram de maneira drástica tanto a mortalidade infantil e a materna quanto as grandes pandemias, e no outro extremo do espectro de idades, o uso de novos recursos médicos e a disseminação de hábitos saudáveis ampliaram o contingente de idosos. Abre-se hoje então a perspectiva de uma alteração substancial da distribuição tradicional de faixas etárias na sociedade, da famosa forma de pirâmide – muitos jovens, na base; alguns maduros, no meio; uns poucos idosos, na ponta –, deveremos passar, segundo as projeções dos escritórios da ONU, para uma figura semelhante a uma lanterna chinesa: o mesmo número de idosos e de crianças e adolescentes. Dito de outro modo, a estimativa é de que, por volta de 2050, 2060, um terço da humanidade tenha mais de 60 anos. Nunca antes houve uma sociedade humana com uma

---

1. John Horgan, "Yes, Trump Is Scary, but Don't Lose Faith in Progress", disponível em: <https://blogs.scientificamerican.com/cross-check/yes-trump-is-scary-but-don-t-lose-faith-in-progress/>, acesso em: 30 nov. 2018.

distribuição de idades similar a essa, e devemos portanto esperar impactos profundos em muitos aspectos da vida cotidiana, especialmente nas cidades, em função da presença maciça de tantos idosos saudáveis e ativos.

Outro aspecto biológico de grande importância, prossegue Horgan, é a estabilização do crescimento populacional – e a ausência de uma explosão. Com efeito, depois do final da Segunda Guerra Mundial, foram desenvolvidos vários modelos retomando a antiga concepção de Malthus de que, enquanto a população humana cresceria de modo geométrico, a produção de alimentos aumentaria apenas de forma aritmética, e portanto haveria um momento de ultrapassagem que daria lugar, inevitavelmente, a uma situação de aguda escassez alimentar. Segundo essas previsões neomalthusianas, o crescimento populacional explosivo produziria, por volta do ano 2000, um desequilíbrio crítico que ameaçaria toda a sociedade. O que se verificou, ao contrário, foi uma tendência de estabilização do contingente da população em virtude da diminuição drástica, em duas gerações, do número de filhos por mãe. O exemplo brasileiro é muito citado, porque sua rapidez foi notável: a taxa de fertilidade das mulheres brasileiras nas décadas de 1940 e 1950 era por volta de 6 filhos por mulher, e atualmente, pouco mais de duas gerações depois, caiu para em torno de dois filhos, o que é essencialmente equivalente à simples taxa de reposição da população. Quando um grande número de mulheres começou a ter controle sobre seu ciclo reprodutivo, em todo o mundo, as curvas de fertilidade despencaram, e hoje a estimativa da ONU é de que, por volta de 2050, 2060, sejamos algo entre 10 e 10,5 bilhões de pessoas. E a expectativa atual é a de que essa estabilidade seja seguida por uma lenta diminuição até o fim do presente século. É muita gente, sem dúvida, mas de modo algum a explosão populacional desenfreada que se temia.

Outro fato notável: a multiplicação por um fator 10, desde o século XVIII, da riqueza dos indivíduos. Se comparamos a disponibilidade média de bens e recursos nas sociedades de hoje com o modo de vida da maior parte da população 200 anos atrás, constatamos, diz Horgan, uma afluência dez vezes maior. Alguns exemplos são elucidativos: um camponês europeu medieval usava dois pares de sapato na vida – um quando era criança e outro para o resto da vida adulta. Talheres de metal eram utensílios presentes somente nas cortes mais abastadas. Saneamento, quando havia, apoiava-se nas antigas canalizações dos romanos, inexistiam serviços como o transporte público, as bibliotecas eram confinadas aos conventos (com a notável exceção da Andaluzia moura), e a fome, a peste e a guerra estavam sempre à espreita. Parece indiscutível, de fato, que vivemos atualmente em uma sociedade muito mais afluente do que a de nossos antepassados.

E também mais pacífica. Pois esse crescimento da riqueza comum foi acompanhado por uma diminuição crescente do número de fatalidades por guerras e por uma forte queda das taxas de homicídios – em suma, por um declínio geral da violência, em diversas formas e em muitos locais. Em vista do noticiário nosso de cada dia, essa afirmação soa como um rematado absurdo... mas, se examinamos as séries de dados do século XX até o XXI, verificamos que, não obstante os picos das duas Grandes Guerras e os conflitos aparentemente duradouros em todo o período, os números mostram uma tendência inequívoca de diminuição percentual das fatalidades causadas por guerras e, se ampliamos as bases de estudo, de violências de todas as formas. Os homicídios em escala mundial, por exemplo, decresceram a ponto de ser superados pela autoviolência dos suicídios.

Mergulhados na vertigem da atualidade, que sem dúvida nos parece muito áspera, temos dificuldade em nos dar conta de que vivemos um período de notável paz em comparação com outros períodos históricos. Relatório recente de um organismo internacional estabeleceu um *ranking* da violência: Finlândia, Suécia e Portugal são os países mais pacíficos; na América do Sul, o Chile, na posição 32, é o primeiro; o Brasil ocupa o centésimo-oitavo lugar geral, e os Estados Unidos, o centésimo-décimo-quarto. Mesmo levando em conta os infelizes países em guerra aberta – e, em momento algum, desde a Primeira Guerra Mundial (1914-1918), conflitos de baixa e média densidades estiveram ausentes no planeta –, ainda assim o panorama em ampla escala parece ser de claro declínio dos episódios de violência, e a inesperada afirmação de Horgan resulta substancialmente correta. Vivemos na época mais pacífica da história da humanidade.

Por fim, Horgan aponta a multiplicação das democracias. Coloque-se quantas aspas se julgue necessário no termo "democracia", decerto, mas o fato que Horgan aponta é que no começo do século XX havia talvez meia dúzia de países em que o regime político-eleitoral poderia, ainda que com fortes ressalvas, invocar o modelo da Atenas de Péricles. Nos demais, vigoravam sistemas abertamente despóticos, impérios e colônias, absolutismos hereditários, teocracias. Hoje, ao contrário, a imensa maioria dos países presentes na onu se denominam democracias. A Coreia do Norte se intitula uma democracia; o Brasil, também.

Quer se trate de formas mitigadas de dominação, de mascaramento das verdadeiras relações de força, ou de simples hipocrisia, de qualquer maneira o ideal democrático de sociedades administradas a partir da vontade livremente expressa pelo voto de seus cidadãos parece ter se tornado, se não uma norma autêntica, pelo menos um objetivo declarado em todo o mundo contemporâneo. Horgan conclui enfatizando que esta convergência de regime político é inédita em todo o passado histórico da civilização humana.

Mas ouçamos também o respeitado filósofo francês Michel Serres. Essencialmente, ele endossa a proposição de Horgan sobre a melhoria sem precedentes do estado geral da humanidade, assinalando em particular os notáveis avanços ocorridos no campo da educação. Hoje, pela primeira vez na história, ele observa, mais da metade da população é alfabetizada, ou seja, há mais pessoas alfabetizadas no mundo do que analfabetas. E, desse contingente de alfabetizados, mais da metade são mulheres. Se recordamos que, no começo do século xx, pouco mais de cem anos atrás, o número de mulheres alfabetizadas em todo o mundo não era senão um traço estatístico, compreendemos de imediato a imensa transformação psicossocial que ocorreu desde então. E essa expansão da população educada, obtida principalmente pela generalização da educação pública e gratuita, conduz à possibilidade de eventualmente se lograr construir um entendimento bem-fundamentado e coletivamente compartilhado para que possamos administrar, globalmente, os problemas e obstáculos que haveremos de enfrentar no caminho rumo a um amanhã ainda mais positivo para toda a humanidade[2].

Eis que o progresso teria assim nos conduzido para "o melhor momento da humanidade"... Contudo, Stephen Hawking, o famoso físico britânico, fez uma afirmação igualmente marcante, mas praticamente inversa:

---

2. Borja Hermoso, "Michel Serres: la humanidad progresa adecuadamente", disponível em: <https://elpais.com/cultura/2016/12/20/actualidad/1482191374_699382.html>, acesso em: 30 nov. 2018.

Agora, mais do que em qualquer outro momento de nossa história, nossa espécie precisa trabalhar em conjunto. Enfrentamos desafios ambientais impressionantes: mudanças climáticas, produção de alimentos, superpopulação, dizimação de outras espécies, doenças epidêmicas, acidificação dos oceanos. Juntos, eles são um lembrete de que estamos no momento mais perigoso do desenvolvimento da humanidade. Agora temos a tecnologia para destruir o planeta em que vivemos, mas ainda não desenvolvemos a capacidade de escapar dele[3].

Assim, o "melhor" momento é também, e talvez inseparavelmente, o "mais perigoso"! E Hawking não é o único cientista eminente que lança esse tipo de advertência perante a constatação cumulativa de que diferentes fatores de abrangência planetária parecem se encaminhar para uma situação limite, compondo um leque de aspectos críticos que alguns irão chamar de "índices do apocalipse". Vamos então examinar cada um dos desafios que Hawking identificou e procurar determinar sua relevância para a construção de nosso futuro comum.

Em meados da segunda década do século XXI, já não há mais dúvida de que estamos, de fato, vivenciando a instalação de um novo padrão para o clima global, com seu cortejo de modificações regionais e locais. Mais que isso, a mudança climática tem como principal impulsionador o conjunto de atividades humanas, ou seja, a totalização de nossa capacidade de intervir sobre o ambiente para transformar seus recursos em bens e serviços, e que hoje abrange todo o planeta. Dos litorais aos sertões, dos desertos às florestas, das montanhas às planícies, não há domínio natural que não esteja sendo afetado por nossas ações. Estamos em uma nova época da Terra: o Antropoceno, a era em que nós, humanos, nos tornamos uma força de transformação em escala planetária. Começamos a compreender que nossos modos de produzir terão consequências de longa duração, e que, portanto, nossos descendentes habitarão um mundo moldado a partir das escolhas que fizermos agora. As mudanças climáticas, bem como as alterações na biodiversidade, são os principais signos desse novo estado do planeta.

3. Stephen Hawking, "This is the most dangerous time for our planet", disponível em: <https://www.theguardian.com/commentisfree/2016/dec/01/stephen-hawking-dangerous-time-planet-inequality>, acesso em: 30 nov. 2018.

Frisemos bem, em nome da clareza: se 20 ou 15 anos atrás ainda se podia legitimamente questionar as evidências em favor das mudanças climáticas e se buscava oferecer interpretações alternativas viáveis, hoje, depois do imenso esforço de pesquisa consubstanciado nos relatórios periódicos do Painel Intergovernamental de Mudanças Climáticas da ONU (IPCC), bem como de numerosas outras contribuições complementares, não há lugar para outras conclusões que não as seguintes:

1. O planeta está, efetivamente, aquecendo, e em ritmo muito rápido;
2. A principal causa desse aquecimento é artificial – a atividade humana, tomada em conjunto;
3. Essa afirmação é corroborada por uma massa crescente de dados, revistos diversas vezes por pesquisadores independentes, sobre fatos como a alteração na composição da atmosfera, o encolhimento dos gelos polares e dos glaciares, e o deflorestamento em larga escala, dentre outros;
4. Se medidas não forem tomadas com urgência para mitigar os impactos de nossas ações, a mudança tenderá a ser intensa.

Essas conclusões implicam que nós e nossos descendentes experimentaremos de agora em diante um regime climático global bastante distinto daquele em que a civilização humana se desenvolveu quando do surgimento da agricultura, das cidades, da escrita etc. De fato, o ritmo típico de mudanças no clima planetário, tal como registram os climatologistas a partir de uma variedade de evidências, é da ordem das dezenas e centenas de milhares de anos. A última grande era glacial, por exemplo, terminada há cerca de 15 mil anos, quando começou a época temperada – em que a civilização se desenvolveu –, tinha durado 150 mil anos. A próxima era glacial prevista (e resultante de causas naturais) deveria ocorrer daqui a 50 mil anos. As ações humanas foram, durante muito tempo, relativamente insignificantes perante a escala dos grandes fatores ambientais – erupções vulcânicas, oscilações da órbita da Terra, entre outros. Contudo, em especial nos dois últimos séculos, a partir da consolidação da Revolução Industrial, nosso poder conjunto de intervir e, cumulativamente, alterar os dinamismos dos ciclos naturais do clima adquiriu importância crescente, desde que começamos a utilizar energia fossilizada – essencialmente, luz do Sol antiga, embrulhada em restos orgânicos ricos em carbono – num sem-número de caldeiras de carvão e de câmaras de combustão de petróleo, dando lugar, assim, a uma espécie de incêndio mil vezes multiplicado – e incessante. A conversão em escala universalizada dessa energia fóssil e a concomitante liberação de sua "embalagem" de carbono no ambiente resultaram na presença cada vez maior de gás carbônico e outros gases de esfeito estufa, aumentando a retenção de calor solar pela atmosfera e seu consequente aquecimento, bem como o dos oceanos e o dos polos.

Hoje parece claro que num prazo de décadas, muito curto em termos climatológicos, possam entrar em curso modificações significativas nos regimes do clima, que talvez perdurem por várias dezenas de milhares de anos. Esse é o entendimento essencial que precisamos ter sobre as mudanças climáticas atuais: nossas ações, medidas em décadas ou talvez em anos, terão impactos planetários que se estenderão por milênios. Por exemplo, as decisões que tomarmos sobre o tipo de matriz energética que iremos adotar doravante serão cruciais para a definição do ritmo da mudança global e da intensidade dos eventos locais a ela associados. Se persistirmos no uso intensivo de combustíveis fósseis, estaremos reforçando a diretriz atual, e cenários de forte mudança climática devem se consolidar; se, ao contrário, fizermos uma transição rápida para energias renováveis, é possível que logremos alcançar cenários médios ou mesmo suaves, mitigando os aspectos mais dramáticos que as mudanças climáticas poderão acarretar e facilitando a adaptação de nossa civilização ao novo ambiente que ajudaremos a criar. Como o próprio Hawking sugere, inteligência é a capacidade de se adaptar a mudanças; seria inteligente de nossa parte nos prepararmos para essa mutação, pois, ao contrário do que dizia o poeta, não seremos mais os mesmos, e não viveremos como os nossos pais.

Assim, transformações nos regimes climáticos, em escala local, regional e global, decerto terão consequências significativas sobre a biodiversidade, nessas mesmas escalas. Somadas a outros impactos, decorrentes da expansão agrícola e da pesca industrial, por exemplo, sugerem um panorama de grandes alterações de *habitats* e dizimação ou migração de espécies. Thomas Lovejoy, um dos biólogos que ajudou a elaborar o conceito de diversidade biológica ou biodiversidade, observou recentemente que, a cada ano, são descobertas algumas dezenas ou centenas de novas espécies, à medida que santuários remotos e reservatórios naturais são explorados pelos cientistas[4]. Mas, ao mesmo tempo, o número de espécies que permanecerão para sempre desconhecidas, pela destruição ou transformação de seus *habitats*, é comprovadamente várias vezes maior. Ou seja, conhecemos cada vez mais espécies vivas, e é justamente esse conhecimento que nos leva a concluir que um número muito maior terá sido extinto antes de essas espécies sequer serem estudadas.

Ora, cada espécie viva é a solução de um problema que a evolução biológica elaborou, cada uma é única. Da mesma maneira, as relações entre as espécies que formam os biomas também são absolutamente únicas. O esforço técnico necessário para reconstruir um bioma desaparecido, mesmo que todas as suas espécies componentes fossem catalogadas, caso isso fosse possível algum dia, seria nada menos que gigantesco. A contrapartida da expansão humana sobre esses reservatórios ainda preservados é o contato com novos organismos até então ali confinados, o que tem levado à difusão de uma série de agentes patogênicos – vírus, em particular – e, assim, ao crescimento do risco de espalhamento de novas doenças e mesmo da ocorrência de epidemias de grande escala. Não é preciso recordar que na atualidade, em nosso mundo altamente conectado, o prazo para se ir de um local para qualquer outro do globo é de cerca de um dia, e assim esses patógenos podem se propagar por todos os continentes numa rapidez sem precedentes em qualquer outra época histórica.

No que diz respeito aos alimentos, agências da ONU estimam que será preciso dobrar a produção atual para dar conta dos 3 bilhões de bocas a mais previstas para a década de 2050. Esse contingente adicional de pessoas – 40% da população atual – será nascido, em sua quase totalidade, num cinturão tropical de países pobres. Ou seja, 3 bilhões de despossuídos a mais, cujas necessidades nutricionais precisarão ser atendidas. Mas as perdas de solo fértil têm sido crescentes, por esgotamento, erosão, ineficiência etc. A saída, sugerem alguns especialistas, serão os oceanos. A ideia é cultivar os mares de maneira semelhante ao que fazemos com os solos, numa espécie de nova fronteira agrícola. Vastas fazendas automatizadas em alto-mar cultivariam algas, sobretudo, e outras espécies nutritivas, necessitando de pouco mais que a luz do Sol como insumo.

---

4. Thomas Lovejoy, Conferência "O Futuro da Biodiversidade Brasileira", realizada no Museu do Amanhã, Rio de Janeiro, em 19 set. 2017.

Em combinação com outras fontes ainda pouco comuns – insetos, por exemplo –, as algas proveriam a maior parte da proteína de que necessitaremos para nos alimentar em 2050, 2060. Entretanto, oceanógrafos de renome afirmam que já foram identificados mais de quatrocentos desertos marinhos – isto é, locais onde a vida marinha desapareceu, em muitos casos em função da dispersão de microfragmentos de plástico. De fato, resíduos de plástico de diversas origens lançados no oceano vão aos poucos se fragmentando pela ação das ondas, até alcançar uma certa dimensão submilimétrica e então se aglomeram numa espécie de sopa ou pasta, na qual os organismos marinhos não conseguem sobreviver. Para chamar a atenção para o impacto potencialmente devastador que nosso modo de vida atual está impondo aos oceanos, foi encaminhada à ONU uma proposta para que uma imensa ilha de lixo flutuante no Pacífico seja declarada um novo país...

Por outro lado, os oceanos são grandes absorvedores de gás carbônico. Liberado na atmosfera principalmente pelo desmatamento e pela queima de combustíveis fósseis, ao se dissolver nos oceanos, esse gás aumenta a acidez das águas marinhas, afetando com isso uma série de biomas, especialmente os corais. Em todo o mundo, crescem os indícios de que os corais – ambientes de muitos ecossistemas altamente sofisticados – estão sofrendo com o aquecimento das águas e com a acidificação crescente. A ruptura de importantes biomas marinhos é outro aspecto crítico ao qual Hawking alude.

A menção à superpopulação merece um esclarecimento. Não se trata somente do número total de *Homo sapiens* no planeta, mas do superconsumo promovido pela doutrina econômica do "crescimento econômico ilimitado" e da profunda, crescente e obscena desigualdade no acesso aos bens econômicos que tem lhe sido indissociável. O conhecido demógrafo Paul Ehrlich previu, na década de 1960, uma explosão populacional de molde malthusiano para a virada do século – a qual, como já observamos, não se concretizou[5]. Mas o problema real é o perfil de consumo extremado de certos setores privilegiados, resultando tanto em uma disparidade crescente no usufruto de bens e recursos por parcelas cada vez mais significativas da população quanto no esgotamento da capacidade do ambiente

---

5. Paul R. Ehrlich, *The Population Bomb*, New York: Sierra Club/Ballantine Books, 1968.

natural de manter processos essenciais à manutenção e continuidade dos sistemas vivos. A análise de Geoffrey West, um dos fundadores do Santa Fe Institute, é contundente: é um fato biológico notório que, para manter sua taxa metabólica de funcionamento, cada pessoa precisa ingerir certa quantidade de alimentos por dia. Isto é, como em qualquer organismo, o metabolismo de nossos corpos requer a conversão do potencial energético dos alimentos que ingerimos para sustentar nossas funções vitais. Essas necessidades energéticas correspondem, em média, a 2 mil calorias por dia – valor equivalente ao gasto por uma lâmpada de 90 watts acesa. Ou seja, do ponto de vista do consumo energético, os 7,5 bilhões de pessoas da humanidade hoje fazem as vezes de 7,5 bilhões de lâmpadas de 90w. O problema, aponta West, é que se, ademais do metabolismo biológico, levamos em conta o "metabolismo" sócio-econômico-cultural, isto é, a quantidade de energia necessária não apenas para manter ativos nossos corpos, mas para sustentar o que se costuma chamar de "modo de vida", a equação altera-se drasticamente. Caso o "modo de vida" em questão for o de um cidadão de um país afluente, sua "taxa metabólica" total alcança os 11.000w. Cada uma dessas pessoas, portanto, corresponde não a uma, mas a 120 lâmpadas de 90w acesas. Se, hipoteticamente, extrapolássemos esse valor para toda a humanidade, as noites na Terra seriam clareadas por 840 bilhões de lâmpadas! Que espetáculo... ou não? Pois, ao mesmo tempo, revela-se aqui a marcante desigualdade que assinala o presente estado de coisas de nossa civilização – muitas centenas de milhões de indivíduos são ainda carentes das 2 mil calorias diárias necessárias para simplesmente manter-se saudáveis. Muitos têm acesso a pouco, enquanto poucos desfrutam de muito mais que o necessário – configura-se assim um abismal quadro de disparidade social[6].

Com efeito, as obras de Thomas Piketty e as de outros economistas demonstram que vivemos hoje num momento de paradoxal austeridade neoliberal, isto é, uma austeridade promovida e regida pelo setor financeiro, que, de modo um tanto bizarro, remete a sociedade capitalista atual aos padrões dickensianos dos albores do capitalismo moderno. Essa austeridade liberal-autoritária – valha-nos o oximoro – projeta um perfil

---

6. Geoffrey West, *Scale: the universal laws of growth, innovation, sustainability, and the pace of life in organisms, cities, economies, and companies*, London: Penguin, 2017.

distributivo de extrema acumulação e concentração. Não à toa, em 2015 a organização Oxfam publicou um relatório mostrando que as 3 pessoas mais ricas do planeta detinham tantos recursos quanto os 3 bilhões de pessoas mais pobres. 3 × 3 bilhões! No caso do Brasil, 10% da população detém mais recursos que os outros 90%, e os três indivíduos mais ricos concentram tanta riqueza quanto 100 milhões de outros brasileiros. 3 × 100 milhões! Essa situação de disparidade tão gritante parece delinear um quadro de instabilidade, de inevitável incidência de um conflito distributivo, que mais à frente voltaremos a examinar.

Talvez um exemplo bem claro dessa desigualdade extremada, por ser ao mesmo tempo dramático e burlesco, seja o mercado mais exclusivo do mundo. Do que se trata? Rubis ou esmeraldas, ouro ou platina, Michelangelos ou Leonardos? O mercado mais exclusivo do mundo, só para bilionários e centimilionários – as fortunas apenas da ordem de dezenas de milhões não entram –, é o de *resorts* protegidos, abastecidos com víveres para vários anos, muitas vezes instalados em *bunkers* subterrâneos blindados, defendidos por milícias próprias fortemente armadas. Quando adquirem esses serviços, os contratantes, seus familiares e outras pessoas que indicarem passam a dispor, a qualquer momento, 24 horas por dia, todos os dias, de meios de transporte que os levarão a esses abrigos ultrasseguros o mais rapidamente possível. Assim, antigos abrigos nucleares têm sido reformados e convertidos em condomínios de luxo, e locais remotos, supostamente afastados de áreas de conflagração, como a Nova Zelândia e a Patagônia, são os preferidos para esse mercado. Ora, que os senhores do universo, as poucas dezenas de milhares de indivíduos mais poderosos e afluentes do planeta, tenham essa preocupação e vivam, muitos deles, um temor permanente de que uma catástrofe se avizinha, é um claro sintoma de que alguma coisa está fora da ordem[7].

Há um velho adágio que diz: se está fora da ordem, que é o meio, está fora do progresso, que é o fim. As formas mais radicais de austeridade socioeconômica que detêm a hegemonia dos sistemas de poder no mundo contemporâneo apontariam assim para uma possível escalada da desigualdade social e da degradação ambiental – ou seja, no limite, o Outro como

---

7. Ver, a respeito, o recente artigo de Douglas Rushkoff, disponível em: <medium.com/s/futurehuman/survival-of-the-richest-9ef6cdddocc1>, acesso em: 30 nov. 2018.

Ninguém e a Natureza como Outrem – como produto ou resultante do processo que visava ao progresso. O que se poderia antecipar como provável consequência disso? Retomando os termos de nosso inquérito: qual dos dois momentos se consolidaria no futuro próximo, o mais benéfico ou o mais perigoso? Dizendo de outra maneira: como o progresso vai progredir? Se nos trouxe até aqui, como e para onde iremos? Mas o que é, afinal, o tal de progresso? Para o que nos interessa aqui, ele é sobretudo a construção de uma imagem, ou seja, da figura de um conceito.

Há aproximadamente 150 anos, Karl Marx fez uma constatação e, a partir dela, forjou uma antevisão. Quando elementos da ação produtiva que não eram até então comercializados passaram a sê-lo, o mercado assim formado doravante englobaria suas próprias condições de existência e de operação. Ou seja, quando a terra, as ferramentas e o trabalho passaram a ser comercializados – lembremos que a terra não era comprada ou vendida, era herdada ou apossada; as ferramentas eram de posse de cada artesão em cada guilda, e legadas a seus descendentes; e a forma do trabalho (com poucas exceções, como pintores comissionados por algum mecenas) era a servidão. Trabalhava-se para comer. Quando esses fatores entraram no circuito de trocas como um produto qualquer, é como se o mercado passasse a gerar, e a gerir, suas próprias condições de aparição. Tal como um Barão de Münchhausen, o mercado alça-se ao ar puxando os cordões das próprias botas. Ou seja, instaura-se um mecanismo de realimentação por meio do qual, constata Marx, será extraído valor do trabalho para formar e acumular o capital, instalando-se desse modo um novo regime econômico: o capitalismo. E há 150 anos, Marx teve a presciência de afirmar que esse sistema autoadministrado e autopropelido – hoje diríamos "esse sistema não linear" – tenderia a se expandir incessantemente, não respeitando quaisquer barreiras ou fronteiras nacionais, idiomáticas, geográficas, étnicas, religiosas. Sobrepondo-se a todos os sistemas de valores, o capitalismo se expandiria em escala planetária. Todos os modos de produção, todos os meios de vida, seriam recobertos, absorvidos e finalmente alinhados com a operação do capital, pois tudo o que o capital toca, ele converte em capital – é o solvente universal dos valores. Como motor de sua expansão por todo o planeta, previu também Marx, o capitalismo promoveria uma revolução tecnocientífica incessante, para que cada vez mais recursos fossem transformados, de maneira progressivamente mais eficiente, em bens sempre mais numerosos e diversificados – e em paralelo engendraria uma extraordinária transformação dos próprios seres humanos, convertendo-os de indivíduos em consumidores. O estatuto da plena cidadania adquire agora um novo requisito – o de se participar do circuito comercial de produção ilimitada e consumo generalizado. Se alguém está fora desse circuito, como os povos tradicionais, por exemplo, não é um cidadão por inteiro.

Basta um olhar para verificar que o mundo em que vivemos hoje é precisamente esse que Marx anteviu. E a revolução tecnocientífica interminável por ele descrita é a imagem do progresso por excelência – quer dizer, o que chamamos de progresso seria a imagem ideologicamente disseminada dessa revolução tecnológica infinita. Sucedeu aí uma inversão essencial: ao invés de o presente ser a realização do passado, como havia sido desde a Antiguidade até a Idade Média, com a instalação do capitalismo, o presente passou a ser o lugar de preparação do futuro. Isto é, o que somos hoje era determinado por nossos ancestrais. Nossas construções sociais, culturais, técnicas etc. eram descendentes e herdeiras de seus feitos, suas crenças e suas normas, e portanto o passado governava o presente. Quando o capitalismo se instaura e se difunde, porém, o presente não é senão uma espécie de preparação interminável do futuro. A figura do progresso é exatamente a imagem dessa interminável preparação do futuro, associada à revolução técnica incessante que a fundamenta. Sempre mais novidades, mais numerosas e variadas – e sempre mais provisórias, passageiras, fenecentes. Cada vez mais os desejos substituem as necessidades, ou, se em outras palavras, desejos são assumidos e vividos como necessidades artificiais. Com efeito, nossas necessidades naturais são escassas e objetivas: alimento, abrigo, afeto e alegria. É muito pouco... É preciso que o desejo, princípio absoluto de movimento, que não tem objeto que o resolva, torne-se o fator que nos motiva a consumir, a nos cercar de cada vez mais produtos, por irrelevantes, efêmeros ou mesmo absurdos que sejam. Os mais de 3 mil pares de sapatos de Imelda Marcos, esposa do então ditador das Filipinas, são um símbolo perfeitamente adequado dessa sofreguidão.

Eis o progresso: revolução técnica incessante como caminho para a construção de um futuro sempre em produção, sempre em preparação. Ou por outra, o presente sendo governado pelo futuro que nele está sendo continuamente produzido. Esse é o dinamismo profundamente original que o capitalismo ensejou para a civilização moderna, e que hoje alcança o mundo todo. A marcha do progresso desses últimos duzentos anos operou como uma espécie de colimador ou focalizador que fez com que a miríade de possibilidades que reside no interior de cada presente, de cada hoje, se precipitasse e reduzisse a uma linha única, à estrada sem fim do progresso. Pois, como nos belos finais dos filmes de Chaplin, a estrada a rigor permanece sempre indefinida, não termina nunca.

O conceito de uma rota única, e portanto inevitável, pressupõe que todos os acontecimentos se conformem a uma série unívoca de estados no mundo, levando a um único futuro a partir de um determinado momento presente, segundo uma ordem inexorável: que construção extraordinária! Dificilmente haverá aspecto mais empiricamente verificado em nossa existência que a incerteza do porvir, ou seja, a cada momento presente se abre um número literalmente incontável de oportunidades para diferentes futuros possíveis. Oscar Niemeyer gostava de observar que a única certeza que podemos ter sobre o amanhã é que o inesperado vai ocorrer. Mas a dominação da imagem do progresso corresponde, efetivamente, à instalação de uma flecha do tempo, de um modo de organizar o tempo, de alinhar o passado, o presente e o futuro de maneira a manifestar uma orientação universal dos acontecimentos, compondo um caminho singular ao longo do qual a realidade caminhasse. A imensa, quem sabe infinita, variedade de futuros possíveis que poderiam germinar de cada momento presente se condensa e converge para um único cenário, para uma só abertura – o amanhã –, que o progresso promete, ainda indistinto, ainda em percurso, mas que já está ali, à nossa espera, no depois. A imagem do progresso faz parecer que há um só modo de se produzir o futuro; compreendendo isso, entendemos, portanto, o que significa "progresso como fim".

Todavia, podemos deslocar a perspectiva e procurar perceber de um só golpe a estrutura e o dinamismo desse sistema, deixando de lado a fascinação com o estado final (nunca finalizado) do progresso como fim e assinalando que, se há progresso, há progressão, ou seja, processo. Processo é percurso, caminho, mas não necessariamente um só; eis o caminho, mas a cada passo que seja dado nessa progressão podem advir surpresas – encruzilhadas, desvios, atalhos. Nesse caso, o fim do progresso seria, sobretudo, o fim do progresso como causa final, como atrator finalista de todos os movimentos e pulsações. Seria trocar a indistinção do fim que desde já nos aguarda pelo inacabamento do próprio percurso; recuperar o entendimento acerca dos dinamismos múltiplos inerentes à história; deixar de lado o fascínio pela tela no horizonte e voltar a atenção para a materialidade de cada passo que esteja sendo dado, aqui, e aqui, e aqui, todos imensos de possibilidades.

Se de fato o progresso é o envoltório ou a máscara de uma tal linearização da realidade histórica, se é a imagem de uma flecha do tempo como diretriz primeira, única e totalizante da variedade multidimensional dos fatos, se o que se encontra aí encoberto é a dinâmica de extração e acumulação do capitalismo, a pergunta muda: pode o capitalismo progredir? Isto é, se o progresso não é senão um sintoma ou expressão do capitalismo, a questão sobre o fim do progresso – e sobre o que viria depois dele – desloca-se: como o capitalismo irá progredir, o que viria a seguir? O problema adquire então uma nova feição, o fim do progresso se confunde, ou se combina, ou coincide, com o fim do capitalismo?

Vale começar essa nova linha de análise com uma observação do sociólogo Wolfgang Streeck: "O capitalismo, para mim, é um sistema em desarranjo crônico, por razões próprias e mesmo na ausência de alternativa viável"[8]. Ou seja, está colocada a questão sobre como o sistema capitalista pode evoluir, mesmo na ausência de uma alternativa clara no presente momento, mas essa transição seria inevitável em virtude de fatores inerentes ao próprio capitalismo, que Streeck entende como um desarranjo crônico. E ele prossegue:

> Não sabemos quando e como o capitalismo vai desaparecer, nem o que virá em seguida, mas não existe à vista nenhuma força que possa reverter as três tendências dominantes no presente: diminuição do crescimento econômico, diminuição da equidade social e diminuição da estabilidade financeira, nem deter seu mútuo reforçamento.

---

8. Aditya Chakrabortty, "Wolfgang Streeck: the German economist calling time on capitalism", disponível em: <https://www.theguardian.com/books/2016/dec/09/wolfgang-streeck-the-german-economist-calling-time-on-capitalism>, acesso em: 30 nov. 2018.

No atual estado do capitalismo, ou seja, aonde o progresso nos trouxe, haveria três tendências ou inclinações determinantes: decréscimo continuado do crescimento econômico (e aqui cabe recordar a anedota, quem acredita em crescimento ilimitado em um planeta limitado ou é louco ou economista), aumento da desigualdade social já inclemente, como já apontamos, e instabilidade crescente dos circuitos financeiros, acentuando-se os ciclos de crise que são característicos do capitalismo. A combinação mutuamente catalisadora dessas três tendências indicaria a aproximação de uma fase crítica de todo o sistema, sugerindo que este se encaminha para uma mutação estrutural. No entanto, sem dúvida, a cautela na abertura da sentença é necessária: não sabemos como e quando essa configuração do sistema produtivo irá desaparecer, nem o que viria depois.

Essas observações resumem um entendimento que pouco a pouco se insinua entre os analistas: frente ao estado de "desarranjo crônico" de que nos fala Streeck, dentre outros pensadores, começamos a compreender que o indiscutível sucesso obtido no período histórico recente levou o capitalismo a se deparar, a partir de então, com um novo tipo de desafio, o capitalismo "planetarizou-se", universalizou-se, rompeu todas as fronteiras espaciais e culturais – ou seja, há pleno domínio do progresso, completo sucesso do sistema –, mas agora, neste mundo em que triunfou, que já dobrou e englobou, seu problema não é mais expandir-se no espaço, e sim estender-se no tempo. Seu desafio, de agora em diante, não é mais ampliar-se, é durar. Ora, durar, perdurar, é um problema muito diferente de expandir-se. Uma vez que hoje o planeta inteiro está envolto pelo conjunto de atividades produtivas consubstanciadas no capitalismo, não se trata mais de apenas ampliar as redes de negócios pela conquista de novos territórios econômicos, tampouco de forjar novas populações em novos consumidores. O problema agora é que o planeta Terra é um sistema complexo integrado, regido pelas leis inflexíveis da Física, da Química, da Biologia, da Ecologia, da Climatologia. Essas leis da natureza não são como as leis humanas convencionais, praticadas por interlocutores com quem se possa negociar, e a quem seja possível persuadir ou enganar. Tendo recoberto todo o planeta, sobrepondo-se e assimilando-se a seu próprio território de ação, o capitalismo passa a fazer parte do próprio teatro do mundo. Ao converter-se em contexto de suas próprias atividades, o capitalismo passou a operar forças de escala comparável às dos grandes fatores ambientais e terá doravante de lidar com a crueza – e a delicadeza – dos processos e sistemas naturais. Se antes o capital se confrontava com seu símile, e recíproco, o trabalho, e adaptava-se pela incorporação de algumas das demandas de seu oponente (como na grande crise de 1929), trata-se hoje de como o sistema-civilização que chamamos de capitalismo vai perseverar no âmbito do sistema complexo, integrado e dinâmico que chamamos de planeta Terra[9].

Procuremos esclarecer os termos desse novo problema. Não sabemos quando, como e em que o capitalismo pode vir a se transformar, mas é possível afirmar que, qualquer que seja o resultado dessa transição – ou mutação –, ela terá lugar num conjunto de circunstâncias que o capitalismo mesmo produziu. Em resumo, o planeta entrou em uma nova época geológica, o Antropoceno, a época dos humanos. No começo do terceiro milênio, nossa civilização começa a se dar conta de que o conjunto de nossas atividades representa uma força de transformação atuando em escala planetária, e de que as consequências dessas atividades serão muito duradouras. Isso porque hoje temos evidências crescentes de que mudamos a composição da atmosfera, afetamos os regimes termodinâmicos do clima, alteramos fortemente a biodiversidade. As centenas de detonações de artefatos nucleares entre 1945 e 1998 distribuíram uma camada de partículas radioativas por toda a superfície do globo, em um efeito inteiramente artificial, já que não há mecanismo natural conhecido que pudesse dar lugar a essa distribuição. Mudamos o padrão de sedimentação de todas as bacias hidrográficas, em todos os continentes, num mesmo século. Se geólogos do futuro examinarem os padrões de sedimentação na foz de todos grandes rios do mundo, vão constatar, admirados, que no prazo muito curto de um século todos esses padrões foram alterados por barragens, captação para irrigação, despejos de poluentes etc. E se interrogariam: "que agente titânico realizou essas grandes modificações em todos os maiores corpos d'água do globo? Teriam sido vulcões? Deslocamentos tectônicos? O Sol?". "Não", concluiriam, "em toda parte a causa foi uma só e a mesma: a atividade humana". Para esses hipotéticos geólogos do futuro, será claro que a moderna civilização industrial alterou, de forma marcante, os modos de funcionamento concretos, efetivos, de

---

9. Paul Gilding, *The Great Disruption*, New York: Bloomsbury Press, 2012.

diversos subsistemas componentes do dinamismo do sistema complexo Terra. Este é o mundo em que coube a esta geração, e caberá sem dúvida às próximas, viver. Mudanças do regime do clima global sucedem em períodos de dezenas de milhares de anos; substâncias radioativas como o plutônio 239, liberado em explosões nucleares, têm meia-vida (tempo para metade da amostra decair para outra substância) da ordem de 30 mil anos. Se recordarmos que a civilização – isto é, o mundo humano a partir da invenção das cidades – tem cerca de 10 mil anos, compreendemos de imediato que as próximas gerações – e, de fato, toda a vida na Terra – habitarão este mundo profundamente alterado por nossas ações[10].

Entretanto, o conceito de Antropoceno não envolve apenas esses efeitos exteriores, sobre a espécie, sobre o ambiente natural e, por decorrência, sobre o ambiente social. Envolve também o fato de que a capacidade técnica necessária para se intervir no ambiente em escala planetária é, simultaneamente, a capacidade técnica de se intervir nos organismos vivos, em particular nos organismos humanos, e, especificamente, no próprio sistema nervoso humano, base da cognição e portanto da cultura e da civilização. Como se a potência da técnica se rebatesse sobre seus próprios operadores, como se nos tornássemos mármore para nossas próprias esculturas. Isto é também o Antropoceno: a progressiva abolição das fronteiras que tradicionalmente distinguiam e separavam domínios, o natural do artificial, o econômico do ecológico, o objetivo do subjetivo, o interior do exterior, o cognitivo do não cognitivo... Todas essas fronteiras estão em deslizamento, quando não em franca dissolução, e esse fato assinala que há agora um único sistema, natural-cultural, agindo sobre todo o planeta. A recíproca dessa totalização é precisamente a migração da ação técnica para dentro de nossos próprios corpos e seres. A nova época manifesta-se tanto pela exteriorização da atividade produtiva quanto pela internalização da ação técnica.

Assim, o que a chegada do Antropoceno traz à reflexão são uma natureza e uma humanidade, ambas e simultaneamente, submetidas a um processo de crescente e acelerada artificialização. Diversos horizontes especulativos se abrem aqui. A história mostra que os avanços

---

10. Disponível em: <https://www.theguardian.com/books/2016/apr/01/generation-anthropocene-altered-planet-for-ever?CMP=fb_a-culture_b-gdnculture>, acesso em: 4 jan. 2019.

tecnológicos fornecem uma base ou um contexto para transformações culturais e sociais, mas também que toda mudança que de fato ocorre é sempre mediada por sistemas de poder. O capitalismo, por exemplo, sempre foi justificado por seus defensores por administrar de modo incomparável as situações de escassez. A multiplicação de bens promovida pelos investimentos do capital e possibilitada pela revolução técnica – ou seja, o progresso em ação – seria a forma por excelência de remediar a escassez. Levemos adiante o raciocínio, vamos supor que, em algum ponto, e de algum modo, logremos superar de vez a escassez; que, a partir de nossa engenhosidade técnica, instale-se uma situação de abundância. O que viria então, para além da administração da escassez? Seria o capitalismo tão bom para lidar com a abundância, como teria sido com a escassez? Ou de novo: o que viria depois do progresso?

 Vamos considerar a opinião de um dos maiores empreendedores da atualidade, o sul-africano Elon Musk. Criador do mecanismo de vendas *on-line* PayPal, passou a investir em projetos audaciosos, envolvendo avanços técnicos notáveis, como o desenvolvimento de foguetes recuperáveis. Musk tem o objetivo declarado de, em poucas décadas, instalar uma colônia humana em Marte. Muitos dizem que é uma meta inalcançável; a chegada do homem à Lua também era considerada impossível, retruca ele[11]. Outra iniciativa diz respeito à mudança dos padrões do transporte, tanto através da difusão de veículos elétricos – e das baterias associadas, que também podem abastecer casas e empresas – quanto de trens magnéticos supersônicos que viajarão dentro de imensas tubulações a vácuo e serão tão ou mais rápidos que aviões para distâncias médias e longas – o famoso Hyperloop. E um de seus investimentos mais recentes foi adquirir uma indústria de equipamentos não invasivos de conexão entre cérebros humanos e computadores. Nesse tipo de interface avançada entre computador e cérebro, sensores capazes de mapear com precisão o funcionamento do cérebro quando se realizam gestos e movimentos permitem aos computadores interpretar os padrões elétricos correspondentes, e a partir daí o operador pode comandar dispositivos simplesmente ao pensar no gesto ou na ação. Não são necessárias cirurgias invasivas,

---

11. Arjun Kharpal, "Elon Musk: Humans must merge with machines or become irrelevant in AI age", disponível em: <https://www.cnbc.com/2017/02/13/elon-musk-humans-merge-machines-cyborg-artificial-intelligence-robots.html>, acesso em: 30 nov. 2018.

complicadas e arriscadas para implantar eletrodos no interior do cérebro; o novo sistema permitirá uma integração crescente entre o sistema nervoso dos usuários e todo tipo de recurso computadorizado. Essa hibridação homem-máquina, afirma Musk, será a única maneira pela qual as pessoas poderão competir com os poderosos sistemas de inteligência artificial que já despontam no horizonte da tecnologia. Um exemplo muito claro disso são os veículos autônomos, que se autodirigem e dispensam motoristas. Hoje, o setor de trabalhadores mais numeroso nos EUA são os motoristas de caminhão; a previsão é de que, em 5 ou 6 anos, serão todos dispensáveis. Isso porque esses sistemas autônomos de direção funcionam 24 horas por dia, não têm de parar para dormir ou para visitar família no fim de semana. Em poucos anos, toda essa legião de trabalhadores se tornará obsoleta, perderá sua razão econômica de ser. O que sucederá com a mais numerosa classe de trabalhadores no principal centro do capitalismo? São problemas dessa escala, observa Musk, que estão se avizinhando. Qual seria a solução para esse crescimento maciço do número de desempregados, digamos, tecnológicos? Musk não tem dúvidas: programas de renda mínima. Cada pessoa tem assegurada, pela sociedade, uma certa renda que deve permitir seu sustento e qualidade de vida, independentemente de estar empregada ou não. Em vista da intensificação da destruição dos postos de trabalho pela modernização tecnológica, na escala exponencial prevista, algum mecanismo de redistribuição de riqueza desse tipo terá de ser adotado.

Vejamos agora as opiniões do historiador e futurista Yuval Harari, escritor de diversas obras de grande repercussão[12]. Em vista dos avanços técnicos revolucionários que testemunhamos hoje, diz Harari, haverá não apenas uma legião de desempregados, mas de fato uma legião de não empregáveis, isto é, pessoas que não disporão das habilidades requeridas para explorar possíveis oportunidades surgidas no âmbito das transformações do sistema econômico e, portanto, simplesmente não terão como se inserir de modo significativo na sociedade hipertecnificada que ora se constrói. O que fazer com essas multidões de inempregáveis? Como na proposta de Musk, a de Harari também consiste em programas de renda mínima. Mas há um aspecto que a renda mínima somente não atenderia:

---

12. Yuval Harari, *Homo Deus: uma breve história do amanhã*, São Paulo: Companhia das Letras, 2016.

como dar sentido à vida em estado de ócio compulsório? Muitas pessoas constituem o significado de suas vidas a partir das atividades que realizam. Trabalhar, ser produtivo, confere dignidade social e pessoal. Em todos os países, são numerosos os casos de ansiedade e depressão associados ao desemprego crônico. Muitas pessoas se sentem marginalizadas e diminuídas se não trabalham e, acreditando que os outros pensam que são vagabundos ou incapazes, perdem sua razão de ser. Como as massas de inempregáveis, ainda que contando com uma renda de subsistência, dariam sentido à vida?

A resposta de Harari: realidade virtual. Ou seja, *gameficar* intensamente a sociedade, de tal maneira que as pessoas passem o tempo explorando planetas desconhecidos, ou lutando contra exércitos de amazonas verdes escorpiônicas marcianas, ou atuando em óperas, o que for. O sentido da vida dessas pessoas que passarão o dia envolvidas, de modo bastante literal, nesses ambientes virtuais é serem todos jogadores. Aos que pensam que essa imagem de uma sociedade de milhões de jogadores imersos em ambientes virtuais é um absurdo, se não mesmo um pesadelo, Harari objeta, em tom mordaz, que a rigor não está propondo nenhuma novidade – pois há muitos milênios as massas têm sido administradas por meio da imersão em cenários artificiais, cheios de seres imaginários e eventos extraordinários, pelas religiões. Entidades incríveis, anjos, demônios, heróis, semideuses, participando de acontecimentos fantásticos, envolvem-se com as pessoas e misturam-se com o mundo das coisas concretas, passando a fazer parte do sentido da vida das gentes. A única diferença, afirma Harari, seria que, em vez de usar livros sagrados e rituais complicados como mediadores com os seres e reinos desse plano sobrenatural, sofisticados dispositivos RV fariam a interface entre as modalidades de realidade, a atual e a virtual.

Mais uma vez, o alinhamento da cognição humana com dispositivos artificiais em um processo de hibridação surge como um desenvolvimento técnico previsível nas próximas décadas; esta *ciborguização* do humano, também para Harari, se afigura como um meio adequado, ou mesmo indispensável, de se transitar pela economia hipertecnificada de amanhã. Pois o desafio, na verdade, vai ainda mais além, em função da aguda desigualdade já existente, é provável que avanços técnicos muito significativos, especialmente na área da saúde, não possam ser estendidos para a maior parte da população. Esses recursos avançados, assim, permaneceriam como privilégio de um pequeno número de indivíduos muito abastados, que seriam praticamente os únicos a aproveitar essas tecnologias muito sofisticadas e caras. E com isso, argumenta Harari, poderia suceder que, pela primeira vez, uma distinção socioeconômica se convertesse em uma distinção sociobiológica. O que isso quer dizer? Não há dúvida de que, do ponto de vista da estrutura e composição de nossos sistemas nervosos, somos muito similares; um conjetural anatomista alienígena que nos examinasse encontraria as mesmas três mil substâncias presentes em nossos cérebros, e concluiria que nossos sistemas nervosos são praticamente clones uns dos outros. Mas pode se antecipar o desenvolvimento de meios de intensificar artificialmente, por exemplo com o auxílio de neurotransmissores especificamente desenhados, os processos neurais de um dado indivíduo, aperfeiçoando capacidades cognitivas, motoras ou sensoriais. Seria possível, nesse caso, dotar alguém de memória fotográfica ou duradoura, ou instalar uma habilidade matemática ou musical superior, ou induzir sinestesia, a combinação dos sentidos – ouvir cores, visualizar sons, tocar odores... Como observa Harari, essas possibilidades técnicas equivaleriam à produção artificial de algo que hoje, do ponto de vista biológico, não existe: raças humanas. Não existem raças humanas, até agora, pelo simples fato de que nossa espécie é muito recente para variantes raciais poderem ter surgido e se estabelecido. Assim, porque somos muito próximos, somos todos muito parecidos. As diferenças genéticas individuais entre dois islandeses, por exemplo, são muito mais significativas do que aquelas entre um islandês, um nigeriano e um esquimó. Não existem raças humanas, o que não impede que exista o racismo. Mas, se a evolução biológica não engendrou raças, nas próximas décadas as tecnologias do bilionesimal – as nanotécnicas, produzindo novos materiais, as biotécnicas, produzindo novas formas vivas, as neurotécnicas, produzindo novas inteligências – poderão vir a criá-las. O desafio, aqui, não é somente científico ou técnico, mas sobretudo ético e político. Se principiarmos a remodelar a forma e as capacidades humanas, poderá surgir uma humanidade inteiramente nova, dominada não por uma elite socioeconômica, mas sim por uma elite biológico-cognitiva. Esta, conclui Harari, é uma configuração possível para o amanhã; resta decidir se é desejável.

Procuremos retomar e reunir as linhas de argumentação expostas até aqui sobre o progresso e seu fim. É célebre a afirmação de Rosa Luxemburgo de que a sucessão do capitalismo aconteceria de um entre dois modos: ou uma transição ao socialismo ou uma regressão à barbárie. A imagem da regressão à barbárie se nos afigura como uma situação medieval, a la *Game of Thrones*, ou até mesmo como no mundo dos trogloditas de *Brucutu*. Mas Hannah Arendt, dentre outros, adverte que hoje a barbárie assume feições muito sofisticadas, cuja forma mais acabada é o totalitarismo. Podemos então retomar o enunciado de Rosa Luxemburgo e propor que os caminhos que se abrem para a atual civilização são ou transitar rumo a uma sociedade mais equânime e mais democrática, ou rumo a uma sociedade menos equânime e mais totalitária.

Para o sociólogo Peter Frase, a alternativa é precisamente esta: temos no horizonte imediato cenários de abundância e de escassez, além de estruturas igualitárias e hierárquicas[13]. É a partir das combinações desses fatores que se podem vislumbrar certas utopias e certas distopias. A utopia, digamos assim, "mais utópica" seria um comunitarismo solidário em que recursos e bens são apropriados e distribuídos de forma equânime e integrada ao ambiente natural. Tal sociedade operaria com alto grau de convivialidade, e sua relação com a natureza seria marcadamente sustentável. Um outro extremo seria uma sociedade na qual houvesse abundância, mas vigorasse tamanho grau de desigualdade que o resultado fosse uma ultraelite muito reduzida e uma vasta massa de despossuídos. Em determinadas condições, essa distinção abismal de classes poderia adquirir tecnicamente uma feição biológica, e então teríamos uma aristocracia de humanos superiores e uma ralé de miseráveis subumanos. Não é difícil imaginar que, sendo inúteis do ponto de vista econômico, esses desprovidos se tornassem incômodos, e então dispensáveis. Uma situação social de tal modo hierarquizada, observa Frase, mesmo em um regime de abundância, poderia tender ao exterminismo. Lembremos que o Novo Mundo foi construído, há poucos séculos, sobre o genocídio das populações indígenas e a escravidão das populações africanas. Somos os herdeiros desse processo. Esse exemplo histórico sugere que, ao decidir

---

13. Peter Frase, *Four Futures: Life after Capitalism*, New York: Verso, 2016.

eliminar seus indesejáveis vizinhos subumanos, esta conjetural ultraelite talvez não se sentisse mais constrangida que os conquistadores de Cortéz.

Entre esses extremos, assinala ainda Frase, o mais interessante é entendermos que os possíveis percursos rumo à utopia ou à distopia podem eles próprios não ser nada utópicos ou distópicos. Ou seja, ainda que se conceba como objetivo final uma sociedade com o máximo de igualdade e sustentabilidade, o processo para chegar até ela terá passado obrigatoriamente por situações de conflito, dado o estado de coisas altamente hierárquico e desigual já existente hoje. Assim, o caminho para a utopia pode vir a ser distópico. O contrário, naturalmente, também pode ocorrer – que contradições ou lacunas numa estrutura hierárquica rígida acabem por acarretar uma configuração igualitária. Um exemplo dessa transição para a utopia através de um percurso distópico (talvez o mais extravagante que se possa imaginar) é oferecido pelo respeitado sociólogo Walter Scheidel[14]. Sua tese é a de que, historicamente, as guerras são ocasiões em que ocorrem importantes redistribuições de recursos. Ou seja, após as guerras, sempre advém uma equidade maior. Um corolário dessa constatação, sem dúvida bastante controverso, é o de que o objetivo principal das guerras seria, na verdade, distribuir recursos. Ora, nesse caso, faria sentido prescrever guerras como uma forma eficaz e comprovada de promover uma maior igualdade. Entretanto, a situação atual parece se encaminhar para um estado de tão profunda desigualdade que o remédio teria de ser, proporcionalmente, uma guerra de larga escala; portanto, conclui Scheidel, somente uma guerra termonuclear total seria capaz de realizar uma redistribuição do porte necessário. O argumento tem aparentemente fundamentação histórica e boa arquitetura lógica, mas é difícil não depreender dele um viés de insanidade – ou de Scheidel, ou do mundo, ou de ambos.

Tais configurações extremas não chegam a ser consideradas, cumprindo apenas as funções de uma boa ficção, ou seja, permitem explorar cenários de possibilidades para que nos inclinemos a favor de umas e procuremos evitar outras. Esses jogos de prospecção são certamente educativos, pois nos fazem conceber a gravidade e a potência de que estamos

---

14. John Horgan, "A historian claims only apocalyptic destruction can close the gap between rich and poor", disponível em: <https://blogs.scientificamerican.com/cross-check/is-nuclear-war-the-only-cure-for-inequality/>, acesso em: 30 nov. 2018.

investidos, hoje, para fomentar esta ou aquela perspectiva de evolução futura. O que esses exercícios prospectivos parecem deixar claro é que não regressaremos àquela figura do progresso tão representativa da era do capitalismo industrial de meados do século xix até meados do século xx. O progresso como fim não prosperará – essa ideia encontrou seu fim. Podemos talvez esboçar alguns dos princípios que poderão conformar o novo estado de coisas após o progresso, após o capitalismo. Eis o que nos sugere o jurista Fábio Konder Comparato:

> O que importa doravante é formular as diretrizes básicas de uma ação transformadora, que preserve o futuro da humanidade. A primeira dessas diretrizes é que a nova sociedade a ser construída não pode fundar-se na supremacia de um grupo ou classe social sobre todos os outros, mas no princípio fundamental, enunciado na abertura da Declaração Universal dos Direitos Humanos de 1948, de que nascemos todos livres e iguais, em dignidade e direitos.
> A segunda diretriz básica, complementar da primeira, é o escrupuloso respeito, em qualquer circunstância, das diferenças básicas de sexo, idade, etnia e cultura.
> Finalmente, a terceira diretriz básica é a de que, para a preservação da vida no planeta, em todas as suas formas, é indispensável e mesmo urgente superar o capitalismo e construir uma civilização mundial comunitária[15].

Essas teses esboçam uma estrutura básica de valores a partir da qual poderíamos nos empenhar na construção de um novo mundo comum. A marca desse novo contrato da humanidade com a natureza e consigo mesma seria não a competição, mas a cooperação. Como observa o primatologista Frans de Waal[16], se comparamos nosso comportamento com o de outros seres vivos, notamos que o traço mais marcante de nossa espécie é sermos o animal mais cooperativo que existe. De todos os mamíferos, somos os mais empáticos, e por consequência os mais altruístas. Se ocorre

---

15. Fábio Konder Comparato, "Afinal, ainda é possível superar o capitalismo?", disponível em: <https://jornalggn.com.br/noticia/afinal-ainda-e-possivel-superar-o-capitalismo-por-fabio-konder-comparato>, acesso em: 30 nov. 2018.
16. Frans de Waal, *The Age of Empathy*, New York: Harmon Books, 2009.

um desastre, um cataclisma, pessoas que nunca se viram acorrem para ajudar, chegam a se pôr em risco para salvar vítimas do acidente, que lhes são perfeitos desconhecidos. A empatia e a colaboração são dados imediatos de nossa natureza. Stephen Jay Gould, o grande biólogo, observou certa vez que estamos acostumados a pensar a história em termos de grandes episódios e grandes personagens[17]. Esses grandes personagens, em geral, são grandes assassinos. Alexandre, César, Gengis Khan, Napoleão, essas são as figuras que usamos para demarcar a história. Mas, diz ele, se olharmos mais de perto, e com mais atenção, veremos que o tecido real de nossa existência, a substância real de nossa história, são as dez mil pequenas gentilezas que imperceptivelmente oferecemos uns aos outros, todos os dias. A mãe que atende o filho, o amigo que escuta o amigo, o discreto sorriso de paciência da professora... Esses múltiplos modos de convivência, por diminutos que sejam, são a matéria-prima da vida. Esse impulso essencial de conviver será, talvez, a potência geradora que nos converterá na necessária ponte entre o que fomos antes e o que seremos depois, entre o passado e o futuro; a ponte, enfim, para algo que ainda não somos, mas que já começa a amanhecer dentro de nós.

---

17. Stephen Jay Gould, *Dedo mindinho e seus vizinhos*, São Paulo: Companhia das Letras, 1993.

Rumo a novas escravidões?[1]
David Lapoujade

Neste novo ciclo de debates, Adauto Novaes quis interrogar a noção de "progresso", primeiro em razão das mutações profundas que atravessamos (e que deram o título a todas as conferências dos últimos anos), mas também porque – e esta é uma constante – um número considerável de discursos não cessa de utilizar essa noção e de realimentá-la. Progresso do nível de vida dos países industrializados, progressos técnicos e tecnológicos, progressos industriais, progresso da medicina, curativa e preventiva, progresso das ciências, progresso nos modos de comunicação etc. Na verdade, a lista seria interminável se tivéssemos de mencionar todos os progressos implicados pelas novas tecnologias. E mais, parece que ainda não vimos nada, como se estivéssemos à beira de entrar na ficção científica. São discursos que nos são familiares e que nos atingem por sua evidência e pelas estatísticas que podem propor.

No entanto, é muito evidente que a maior parte desses discursos deixa na sombra o que poderíamos chamar de *decisão* implícita. Não penso aqui em todas as regressões eventuais que acompanham esses progressos: empobrecimento crescente da população mundial, novas formas de escravidão – elevadas a um patamar inusitado –, destruição do *habitat* humano, da vida animal e vegetal. Isso é particularmente verdadeiro no período em que vivemos, que destrói sistematicamente todas as aquisições sociais obtidas em alguns países. É uma destruição sem precedentes, em quase

---

1. Tradução de Paulo Neves.

todos os lugares acompanhada pela ascensão de novas formas de fascismo. E, como já foi dito, também aqui ainda não vimos nada parecido. Por que não objetar aos supostos progressos todas essas regressões? Pois, no fundo, a noção de regressão não se opõe à de progresso; é apenas o seu avesso. Progresso e regressão são a frente e o verso de uma mesma forma de pensamento. Em outras palavras, a ideia de regressão tem a mesma função que a de progresso, ela oculta a mesma decisão implícita.

Essa decisão implícita é a de um sentido da história; é a ideia de que a história tem um sentido, uma direção; não que ela cumpra um destino, mas que possui, mesmo assim, uma destinação cujo relato pode ser feito. E tudo adquire sentido graças ao relato histórico, que pode englobar períodos de tempo mais ou menos longos. As noções de progresso e de regressão arrastam consigo um relato que é o de um progresso irreversível ou o de uma regressão inevitável. Prova disso, para citar casos mais extremos, são os discursos apocalípticos ou evangélicos de hoje; tudo o que se passa atualmente, todas as mutações que acontecem, são interpretadas no interior de um sentido que as engloba, em relatos históricos que são sempre o relato de uma destinação do homem[2].

Sempre se falou de uma história inelutável que, no sentido mais amplo, iria dos povos caçadores-coletores às sociedades industriais, destruidoras do ecossistema. De animal superior adaptado ao seu meio, o homem teria se tornado força geológica, seguindo três grandes etapas: industrialização, a partir de 1784 (data da primeira máquina a vapor); grande aceleração, a partir do final da Segunda Guerra Mundial; globalização dos impactos geológicos, a partir de 1992. A hipótese de fundo para tal história – além de seu antropocentrismo – é que a linha histórica humana não comporta nenhuma escolha, nenhuma bifurcação, que ela é finalmente da ordem do inelutável. Não se leva em conta a sucessão de escolhas técnicas, econômicas, industriais, éticas e políticas, sucessão chamada a seguir de "progresso" ou "regressão".

O que se oculta nesse tipo de relato (sem se questionar se isso é voluntário ou não) é a profunda *contingência* em obra na história, é o conjunto dos acontecimentos imprevisíveis, das rupturas, das fraturas que se

---

2. Sobre esse ponto, ver a desconstrução dos relatos antropocêntricos por Christophe Bonneuil e Jean-Baptiste Fressoz, *L'Événement anthropocène*, 2013 e 2016.

produzem no tempo e nas sociedades, e todas as possibilidades deixadas de lado por meio dessas múltiplas decisões. Quão mais fecunda é uma história que busca restabelecer essa contingência fundamental. Não se trata de renunciar à história, mas a certo tipo de relato histórico. Em todo caso, é preciso transformar seu sentido para mostrar a que ponto nossas sociedades e sua história são campos de forças, feitos de contingências, de acasos, de acontecimentos imprevisíveis, de lutas, de combates locais e parciais em que nenhuma "destinação" está decidida de antemão. Esse é o tipo de história praticada, especialmente, por Michel Foucault. A história, tal como ele a praticou, nunca teve como função legitimar em nós a realidade existente, dando-lhe uma base histórica, enraizando-a num passado imponente. Ao contrário, Foucault quis mostrar pelo viés da história (ou de suas histórias) a fragilidade das instituições europeias mais bem estabelecidas (o asilo, a prisão, a polícia); ele descreveu sua formação tardia, às vezes acidental, para fragilizar assim sua fundação. Se elas nem sempre existiram, se houve outras maneiras de perceber os loucos, os criminosos, a ordem social, é que essas instituições podem um dia, por sua vez, deixar de existir, em função de certas decisões, de crises, de transformações. Sua existência, em vez de ser natural, torna-se questionável. Ela se "problematiza", para utilizar um termo de Foucault.

Assim, caberia opor duas maneiras de praticar a história. A primeira é uma história *finalizante*, que reconstitui o destino das sociedades. Ora, se as sociedades têm um destino, é porque não podia ser de outro modo. Deve-se reconstituir o relato ordenado de sua história, de seu progresso visível, e dar a explicação. A segunda prática seria uma história *problematizante*, para retomar os termos de Foucault. As sociedades deixam de ter um destino, têm enfim uma história propriamente dita, porque não cessam de enfrentar problemas. Ora, se as sociedades têm uma história, é porque podiam ser outras ou mesmo totalmente outras – e continuam podendo se transformar a todo momento. Há uma contingência essencial, uma "acontecimentalidade" permanente em andamento na história, mas que se busca transformar em destinação ou destino – em função de uma finalidade. Uma vez mais, se a prisão ou o asilo, em suas formas "modernas", nem sempre existiram, é porque podem nem sempre existir. As prisões modernas podem desaparecer como desapareceu a exibição de castigos em praça pública. Como se vê, a história problematizante é inseparável de uma *força crítica em relação ao presente*, de um questionamento de suas práticas mais evidentes (porque mais "antigas"). Essa força crítica repousa em parte no fato de que ela procura injetar contingência lá onde se quer ver apenas a realização implacável do progresso.

Ora, se há uma força que se vale constantemente da noção de progresso, combinada com a de inelutabilidade, é o capitalismo. E por uma razão profunda. O capitalismo esforça-se por *produzir irreversibilidade*, engrenar processos irreversíveis. Dir-se-ia que o capitalismo quer produzir "fatalidade", que se confundiria com a própria noção de progresso. Como entender isso? É algo um tanto difícil para ele que, aparentemente, não "crê" na história, que é totalmente indiferente à história, ao prestígio e ao peso do passado como fontes de legitimação. O capitalismo é profundamente amnésico e se conjuga exclusivamente no presente. E o futuro interessa-lhe apenas para tomar posse do presente. Ele não tem necessidade da história, como ocorre com os impérios ou os Estados. Essas formações políticas necessitam da história finalizante como relato das fundações. A história é, sobretudo e antes de tudo, uma questão dos impérios e dos Estados. Pois o Estado tem necessidade de um ato fundador, de um relato fundador, para se inscrever na história. O capitalismo, por sua vez, não precisa da história para assentar sua legitimidade. Se não tem essa necessidade, é porque não necessita nem de fundação nem de destinação. No entanto, ele cria ou "quer" criar irreversibilidade, ou seja, tornar impossível qualquer escolha real ou, o que dá na mesma, propor permanentemente "falsas escolhas". E por falsa escolha deve-se entender aqui uma escolha segundo possibilidades preestabelecidas tais que nunca sejamos nós a colocar os termos da escolha.

Vou tomar um exemplo concreto que aconteceu no Brasil nos anos 1980, aquele exposto em *Le Sucre et la faim*, de Robert Linhart[3], e que Deleuze retoma num curso, a saber: o desenvolvimento da cana-de-açúcar no nordeste brasileiro. Sabe-se que a indústria açucareira se apropriou da maior parte das pequenas propriedades rurais da região, para instalar um sistema fundado na monocultura da cana-de-açúcar. Desenvolveram-se imensas propriedades fundiárias e houve um rápido crescimento

---

3. Robert Linhart, *Le Sucre et la faim. Enquête dans les régions sucrières du Nord-Est brésilien*, Collection Documents, Paris: Les Éditions de Minuit, 1980 [Ed. bras.: *O açúcar e a fome*, São Paulo: Paz e Terra, 1981].

de capital. A consequência imediata (e catastrófica) para as populações locais foi a ruína das pequenas propriedades. Os camponeses migram para a cidade (favelas) para se alimentar; só que a alimentação não é mais diversificada e se torna homogênea (essencialmente à base de mandioca e feijão-preto). Essa monotonia cria carências alimentares, desnutrições que ocasionam doenças, malformações congênitas etc. Claro que muita gente está associada a essa nova forma de exploração: burocratas, comerciantes, banqueiros, negociantes, centros de estudos, políticos. Compreende-se que já é muito difícil lutar nesse nível contra o desenvolvimento da monocultura intensiva, evidentemente considerada como "progresso" (do ponto de vista do capital). Mas, nesse estágio, é possível ainda conceber uma luta que permitiria voltar atrás e salvar os indivíduos da miséria e da doença. Pode-se imaginar a criação de cooperativas que assegurem a diversificação alimentar e a retomada de uma agricultura diversificada. Não seria uma regressão, mas uma mudança de direção, outro tipo de desenvolvimento.

Seria suficiente, por exemplo, uma crise no setor da indústria açucareira. Ora, foi exatamente o que aconteceu. O que se passou então? A crise obrigou a indústria açucareira a evoluir para evitar a depreciação de seu capital. Por outro lado, descobre-se que é possível misturar o açúcar ao álcool para produzir um combustível menos caro e menos poluente (o etanol), o que permite escoar a produção de um açúcar que não se vende mais. Eis que a indústria automobilística entra no circuito, já que a produção de etanol exige motores especiais, e o fenômeno acaba impulsionando as fábricas que produzem esses novos motores e, correlativamente, a introdução de capitais estrangeiros. O Estado também se engaja no processo, com subsídios e incentivos fiscais (especialmente nos anos 2000). A indústria do açúcar é "salva" graças ao progresso.

Percebe-se, com esse "progresso", que não é mais possível dar marcha à ré como foi em um primeiro momento, porque a partir de então passa a haver uma cadeia industrial bem maior, além de investimentos materiais e financeiros bem mais pesados, que dependem dessa monocultura – não só a indústria açucareira, mas a indústria automobilística, redes comerciais nacionais ou internacionais. Não é mais possível mudar de direção, porque se esbarra em interesses tão importantes, tão variados, que o menor protesto seria logo esmagado. Hoje, nem sequer se considera a possibilidade de cooperativas. Como ouvimos com frequência, há "interesses demais em jogo". Se ainda era possível lutar contra a primeira transformação, tornou-se quase impossível enfrentar a segunda. Irreversibilidade. Qualquer escolha desaparece e, em vez de um leque de possibilidades, aparece o impossível como intolerável, insuportável. Em vez de uma potência ainda acessível, a impotência. Compreende-se que, em tal quadro, a menor reivindicação seja considerada como uma volta atrás, isto é, uma "regressão". Estamos diante de um segmento de irreversibilidade cujo modelo se verifica em todos os setores, segmento que se define como um "progresso" para a indústria açucareira e a indústria automobilística, levando em conta, é claro, os benefícios que elas obtêm. Para um capitalista, querer fazer de outro modo é sempre querer "voltar atrás".

Assim, a irreversibilidade é também o nome da impotência dos que são submetidos a ela. É importante, contudo, explicar em que consiste essa irreversibilidade. Toda vez que uma forma de exploração atinge seu limite, o capitalismo tenta afastá-la. Ou essa forma de exploração desaparece (por obsolescência ou fracasso), ou se transforma e empurra o limite para frente. Ora, em geral sua transformação consiste em aumentar a solidariedade com outros componentes (industriais, burocráticos, políticos), criando vastos conjuntos (que não são necessariamente monopólios) que se apropriam de novas forças produtivas, por heterogêneas que sejam, em sua passagem. E, uma vez instalado um sistema, ele se torna quase indestrutível, levando em conta essa nova solidariedade e a nova potência que ele adquire. Pois é realmente uma nova forma de potência que se desdobra, não a potência centralizada, soberana e superior dos aparelhos de Estado, mas uma potência fragmentada, reticular, mas, sobretudo, *contínua*. Essa nova potência não se deve apenas ao número de indivíduos implicados, nem à extensão da rede, nem à solidariedade de suas estruturas, mas também à multiplicação de seus focos de decisão, todos concatenados e solidários. Todos os focos de decisão dependem uns dos outros, daí o fato de todas as escolhas serem "forçadas". O desenvolvimento se dá menos em razão de decisões centralizadas que de decisões coordenadas, cada uma possuindo uma autonomia parcial e uma responsabilidade parcial.

Percebe-se bem a impotência que resulta disso. Pode-se dizer que ela é, pelo menos, dupla. Primeiramente, impotência frente à extensão dessa nova forma de organização que se apoia em numerosos focos de poder: é a *potência da rede*. Impotência, a seguir, em razão da volatilidade, da dispersão desses focos de decisão, o que torna difícil ou mesmo impossível a atribuição de um erro, a identificação de uma responsabilidade, de uma imputabilidade. Em certo sentido, nunca encontramos a solidariedade entre os elementos de um conglomerado, pois ela circula entre os focos de decisão: é a *potência do contínuo*. Estamos diante de uma potência considerável, mas de certo modo anônima, sem personalidade jurídica designável. É como se estivéssemos em um romance de Kafka, remetidos de escritório em escritório, seguindo procedimentos intermináveis. Isso não quer dizer que estejamos lidando com uma transcendência longínqua e inacessível, mas, ao contrário, que lidamos com uma imanência inapreensível que multiplica as informações, os procedimentos, formando o que Leibniz chama – a propósito de algo bem diverso, é verdade – de "labirinto do contínuo" (não se sabe onde começa e tampouco se sabe onde termina). Como diz Grégoire Chamayou, é como uma fábrica da irresponsabilidade. "Toda uma azáfama subjetiva, com esforços e investimentos enormes, para confundir as pistas, apagar os vestígios, escamotear todo motivo identificável de ação, a fim de travestir esta num puro funcionamento, numa espécie de fenômeno natural, dotado de um gênero de necessidade similar, apenas encoberto por sistemas administrativos que corrigem de tempo em tempo os *bugs*, efetuando as atualizações e regulando os acessos"[4]. Isso se conjuga com a multiplicação das empresas terceirizadas que agem como empresas-fantasma, como se toda a sociedade, pela continuidade das redes, se tornasse uma sociedade-fantasma.

É sobre essa irreversibilidade que quero insistir, pois ela atravessa não apenas os corpos sociais, mas também as existências individuais. Somos capturados em processos individualmente irreversíveis sob a forma de uma redução do espaço dos possíveis – já que esse espaço é enquadrado por opções predefinidas. Somos coagidos pelo "progresso", ou seja, devemos progredir segundo as escolhas que ele impõe. Um simples exemplo é o fato de alguns procedimentos só poderem ser executados *on-line*, submetendo-nos a permanentes escolhas forçadas. Ou as escolhas forçadas

---

4. Grégoire Chamayou, *Théorie du drone*, Paris: La Fabrique, 2013, p. 287 e p. 293 [Ed. bras.: *Teoria do drone*, São Paulo: Cosac Naify, 2015].

permanentes que são impostas pelo mundo do trabalho, ao mesmo tempo que nos dizem que somos evidentemente livres em nossas escolhas: "Ninguém o obriga a aceitar... Você é o único responsável por suas escolhas". No entanto, esquecem-se de dizer que não podemos escolher os termos da escolha. A alternativa é sempre pegar ou largar. Em vez de uma escolha, estamos diante de uma espécie de chantagem permanente.

Isso tem a ver com a questão da liberdade individual e coletiva na condição de escolha dos possíveis. Dizer que sempre temos escolha é dirigir-se a nós como se fôssemos agentes livres, isto é, *sujeitos*. Mas é uma estranha subjetividade a que temos aqui. Querem fazer de nós sujeitos, indivíduos que obedecem apenas a si mesmos e às suas decisões. Somos sujeitos de nossas ações e, portanto, livres em nossas escolhas. Mas logo se compreende que essa concepção é o complemento da irreversibilidade que eu descrevia há pouco. A irreversibilidade do "progresso" tem necessidade de um imenso reservatório de agentes "livres" para se efetuar. Isso porque esse "sujeito" é *sujeito* ao *sujeitar-se* a essas escolhas. Tornamo-nos sujeitos ao mesmo tempo que somos sujeitados. Seria como dizer: "não, vocês não são escravos, pois dispõem de uma parte de liberdade. Sujeitados mas não escravizados", dizem-nos. Da escravização à sujeição. De uma à outra, o "progresso" seria fundamental.

Caberia então reconstituir, de modo bem resumido, essa "história", a fim de distinguir com clareza os conceitos de escravidão e sujeição. Há escravidão quando os homens são reduzidos à condição de escravo, quando são capturados para realizar trabalhos em grandes impérios, por exemplo. Que se pense nos notáveis empreendimentos realizados na Antiguidade pelos grandes impérios orientais (babilônios ou egípcios), construção de templos, sistemas de irrigação. Em que consiste a escravidão, a subjugação própria à escravidão? E em que isso se distingue da sujeição? Deleuze e Guattari veem um bom critério de distinção na relação com as máquinas técnicas (não se trata aqui, portanto, de seu célebre conceito de "máquina desejante"). Há servidão quando o homem *faz parte* da máquina, quando é uma peça ou uma engrenagem de uma grande máquina, de uma "megamáquina" imperial, concebida como unidade superior[5]. Ele faz parte da máquina, de forma similar ao que ocorre com as ferramentas

---

5. Eles tomam o termo emprestado do historiador Lewis Mumford.

ou os animais[6]. Trata-se de uma escravidão pública e generalizada, por oposição à escravidão privada da Antiguidade ou à servidão feudal, que supõe já a propriedade privada ou semipública/privada. Nos antigos impérios, tudo funciona no âmbito da esfera pública, no campo comunal da cidade-Estado dominada pelo déspota (rei-deus) e por seus funcionários. Deleuze e Guattari falam de uma sujeição *maquínica*, no sentido em que, repito, os homens são as peças de uma gigantesca máquina imperial que os reduz à escravidão. Pode-se falar, como Lewis Mumford, de máquinas humanas, de homens reduzidos ao estado de máquinas simples (como o arado ou a relha).

O que conduz dessa escravidão à sujeição *social*? De que maneira o escravo se torna sujeitado e sujeito? Por meio de novos direitos, isto é, o aparecimento de novos vínculos entre os homens, especialmente o *contrato*. O contrato é uma personalização de vínculos diversos entre o mestre e o escravo, ou entre o suserano e o servo, ou entre o senhor e seus vassalos. Esse vínculo, que adquire formas diversas, de acordo com as partes contratantes, verifica-se já na Antiguidade, depois reaparece e se estende pela Idade Média, chegando até as monarquias. A escravidão – que persiste – não é mais "a disposição pública do trabalho comunal, mas a propriedade privada que se exerce sobre trabalhadores individuais"[7]. Quando se diz que a sujeição se faz por contrato, isso quer dizer que o contrato consiste sobretudo no vínculo de subserviência de uma pessoa com relação a outra; é um vínculo de *fidelidade*. O que torna pessoal o caráter do vínculo é que, por intermédio do contrato, as partes contratantes adquirem uma personalidade jurídica (provida de direitos). São laços de dependência pessoal, sempre especificados, qualificados. É nesse sentido que se pode falar, como diz o historiador Paul Veyne, de um direito "subjetivo" ou tópico.

O que se torna, nesse quadro, a relação com a máquina? A máquina não é mais a máquina humana, absorvida na unidade superior das grandes obras imperiais; ela se torna *máquina técnica*. E o homem torna-se, por consequência, operário ou usuário das máquinas. Como dizem Deleuze e Guattari, ele não é mais subjugado pela máquina, é sujeitado a ela, que

---

6. Gilles Deleuze e Félix Guattari, *Mille plateaux*, Paris: Éditions de Minuit, 1980, p. 570 [Ed. bras.: *Mil platôs*, São Paulo: Editora 34, 2017].
7. Ibid., p. 563.

se torna então máquina técnica (ou máquina-ferramenta). Isso fica ainda mais manifesto com o aparecimento do capitalismo. Os indivíduos tornam-se "trabalhadores livres", segundo a fórmula de Marx. Mas a fórmula é irônica, pois trata-se apenas da liberdade de vender a força de trabalho que não pertence mais a um senhor ou a um suserano. E, quanto mais as máquinas técnicas se desenvolvem, nos séculos XIX e XX (ver o fordismo e depois o toyotismo), tanto mais poderosa se torna a sujeição. Todos lembramos como Chaplin, quase ao mesmo tempo que Bergson, descreve a maneira como a automação conquista também os homens no tempo do capitalismo industrial. Então se pode afirmar claramente que o homem não é uma máquina – ele é "agente livre" –, mas é sujeitado às máquinas como nunca – sempre por contrato (contrato de trabalho, obviamente).

E os contratos pessoais multiplicam-se em todos os domínios. Tudo é contratualizado, juridicizado, até mesmo a conjugalidade e a relação consigo mesmo, o que se chama a "subjetividade". Não se trata de dizer que sujeição e subjetividade são uma só e mesma coisa, de confundir as duas em razão da etimologia comum. Trata-se apenas de sublinhar a correlação entre a subjetivação dos indivíduos e sua sujeição social. Em que se baseia essa correlação, se não é sobre a etimologia? Baseia-se justamente na noção de contrato. A subjetividade desenvolve em si mesma um vínculo (de si para consigo) que tem a força de um contrato, no sentido de que o indivíduo, ao submeter-se às obrigações sociais, tem a impressão de obedecer apenas a si mesmo. Cito mais uma vez Deleuze e Guattari: "Obedeçam sempre, pois, quanto mais obedecerem, tanto mais serão mestres, pois obedecerão apenas à razão pura, isto é, a vocês mesmos...". É preciso que "o contrato vá até o fim, ou seja, que não se faça mais entre duas pessoas, mas entre si e si, no mesmo indivíduo (...), na condição de sujeito e soberano"[8]. Essa é a forma geral da subjetividade, do agente livre que se compromete em relação a si mesmo, sujeitando-se a si próprio, paralelamente a sua sujeição às máquinas.

Vemos assim como se forma a liberdade subjetiva que acompanha a irreversibilidade produzida pelo capitalismo. De um lado, processos que parecem se realizar de maneira autônoma, seguindo uma mecânica irresistível, com a força do determinismo econômico; de outro, agentes

---

8. Gilles Deleuze e Félix Guattari, *op. cit.*, p. 466 e p. 575.

livres que operam suas escolhas no interior desse campo enquadrado por axiomas. E quantos "progressos", de fato, houve desde a antiga escravidão, que subjugava os homens numa megamáquina imperial, até a época moderna, que os sujeita às máquinas e lhes permite ao mesmo tempo conquistar uma liberdade como "sujeitos"? Chego então à última parte desta apresentação. Levando em conta o que dissemos, não se trata de falar de regressão. Ao contrário. O período em que vivemos opera uma gigantesca mutação que está apenas começando e cujos contornos são difíceis de definir. "Ainda não vimos nada parecido", costuma-se dizer. Transformações profundas da subjetividade, transformações profundas nos "contratos" (como o comprova a modificação das legislações sobre o trabalho, a sexualidade, a conjugalidade e a fiscalidade na maior parte dos países ricos).

Entre todas as transformações que se operam, convém destacar uma que testemunha, à sua maneira, uma profunda mutação, considerando o que acabamos de dizer. É que, ao que parece, a sujeição a que nos submetemos ruma para uma nova escravidão, em função dos progressos tecnológicos recentes. Sabemos bem que nossas máquinas não são mais apenas aquelas do capitalismo industrial, e que entramos em novas relações com as máquinas ditas cibernéticas. De uma maneira geral, as máquinas saíram das fábricas, das oficinas ou dos laboratórios; deixaram o mundo do trabalho para se espalhar em toda parte; entraram nas casas, depois nos bolsos, em breve estarão coladas aos olhos e aos ouvidos dos indivíduos. Elas os acompanham na totalidade de sua existência. É uma expansão sem precedentes. De maneira geral, podemos dizer que daqui por diante estaremos em interação constante com as máquinas e que pacotes de informações não cessarão de circular de um lado a outro. Forma-se assim uma nova unidade homens/máquinas por intermédio da informação. Em vez de agir sobre as máquinas, interagimos com elas.

Uma nova relação com as máquinas instaurou-se e mal adivinhamos até que ponto ela nos transformará. Isso não quer dizer que deixamos de ser sujeitados às máquinas, já que elas continuam sendo também instrumentos de trabalho. Do mesmo modo, desenvolvemos nossa subjetividade, mas agora em relação permanente com elas. Nas máquinas estão manifestas uma exposição de si próprio, um novo tipo de autopromoção, além de comunicação e interação incessantes. E certamente as duas coisas se misturam intimamente na nova unidade homem/máquina. Sujeição e subjetivação tendem a se interpenetrar, sinal de que passamos da máquina técnica à máquina informática, da fábrica à empresa, já que a fábrica é sempre localizada, situada, enquanto a empresa pode estar em toda parte e se imiscuir no espaço privado das existências.

Esses pontos são muito importantes, pois são sinais do aparecimento de uma nova *escravidão*. De novo, como no tempo dos antigos impérios, *os homens passam por inteiro para o interior da máquina*, de uma nova megamáquina, agora cibernética ou informática; os homens fazem parte da rede de máquinas, que eles alimentam com dados, com informações inumeráveis. Hegel dizia que um pouco de filosofia afasta da religião, ao passo que muita filosofia aproxima dela. Deleuze e Guattari parafraseiam essa célebre fórmula dizendo: um pouco de subjetivação nos afasta da antiga escravidão, mas muita nos traz de volta a ela[9]. De fato, tornando-se nossos processos de subjetivação agora indissociáveis da interação com essas novas máquinas, eis que passamos para o interior delas e, ao mesmo tempo, somos submetidos às suas programações, seus modos de funcionamento e seus algoritmos. Existe aí uma verdadeira captura dos cérebros humanos, mas também modos de existência individuais. Nesse sentido, pode-se dizer que, de um primeiro ponto de vista, somos sujeitados às máquinas quando as utilizamos, subjugados por elas na medida em que esses usos se transformam instantaneamente em dados, alimentando algoritmos que favorecem a extensão dos mercados, seu desdobramento irreversível, até o momento em que as existências devem se submeter aos programas informáticos – segundo uma nova irreversibilidade e um novo tipo de sociedade, que Deleuze chama de "sociedades de controle". Já vemos aparecerem setores em que os programas de informações passam de uma máquina a outra, exigindo que os homens sigam imperativamente os protocolos.

Ora, esses protocolos não são apenas os procedimentos a serem seguidos para fazer funcionar uma máquina, mas programações que agem sobre o pensamento e a existência (relativos à saúde, à alimentação, ao encadeamento dos pensamentos e dos desejos, ao uso da linguagem). Estamos já na situação descrita por alguns romances de ficção científica dos

---

9. Gilles Deleuze e Félix Guattari, *op. cit.*, p. 572.

anos 1960, em que um indivíduo não podia sair de casa porque a porta de entrada de seu apartamento o proibia. Ou então quando um carro inteligente obrigava um indivíduo a ir ao médico porque a visita constava em sua agenda. Dirão que se trata de ficção científica, mas tais interações já existem. Inclusive há muita literatura que nos diz que essas informações captadas pelas máquinas constituem um "progresso" sob muitos aspectos (no plano médico, no plano da segurança, no plano militar etc.).

Eis que o suposto progresso que nos fez abandonar a antiga escravidão em prol de uma sujeição que nos permitiria ser agentes livres progride ainda mais e nos reconduz a uma escravidão de um novo tipo. Estamos diante das "sociedades de controle". Mas convém precisar que o controle não é a vigilância, mesmo quando ele pode evidentemente favorecê-la. Qual a diferença entre os dois? A vigilância diz respeito sobretudo a "agentes livres" cujas ações são espiadas, enquanto o controle diz respeito a pacotes de informações cuja boa transmissão padronizada é seguida. Isso quer dizer que *a concepção do sujeito talvez esteja mudando,* entrando em uma nova mutação. Talvez o sujeito não seja mais um agente livre que possa reivindicar sua liberdade na forma de um contrato pessoal que estabelece consigo mesmo.

Qual é, então, a nova face da subjetividade? É possível que a liberdade entendida como liberdade de ação deixe de nos interessar? É a *liberdade de acesso* que se torna uma nova face da subjetividade? Não mais agir livremente, mas ter livre acesso, como uma espécie de liberdade aparentemente imóvel e inativa, mas que se projeta numa acessibilidade generalizada. E certamente então novas formas de lutas, de protestos, nascerão dessas formas de acesso, constituindo uma nova maneira de formar corpos sociais. Esse é justamente o nosso desafio para os tempos vindouros: dar um corpo ativo a essa liberdade de acesso ilimitado para tentar transformar a nova escravidão, na qual já entramos. Isso talvez demande sair das máquinas para reencontrar a força da contingência. Tal seria o desafio: a força da contingência e sua imprevisibilidade contra a potência do contínuo e de suas programações. Colocar problemas em vez de ter a escolha.

O fim do progresso
Pedro Duarte

> *Rememorava a queda lenta do burro, expelido de toda a parte pelo vapor, como o vapor o há de ser pelo balão, o balão pela eletricidade, e a eletricidade por uma força nova, que levará de vez este grande trem do mundo até a estação terminal.*
>
> Machado de Assis

QUANDO O PROGRESSO AINDA TINHA FIM

Não foi desde o começo da humanidade e nem mesmo do Ocidente que se pensou em progresso. Os gregos, confiantes no tempo cíclico da repetição ou na ausência de tempo da eternidade, desconheciam o progresso. Nem mesmo o cristianismo, que já concebia a linearidade temporal na Terra, imaginou algo como a melhoria progressiva da humanidade. Rigorosamente considerado, tampouco o começo da Era Moderna cunhou a ideia de uma evolução. Para Platão, a verdade é imutável, estática. Para Santo Agostinho, Deus é perfeito porque está fora, além do tempo. Para Descartes, o sujeito é como é: desde sempre, para sempre. Nunca se firmou, até o século XVIII, a ideia de que a passagem do tempo representava evolução. O que em breve se tornaria o epicentro de sistemas filosóficos como o de Marx, de ciências como a biologia pela teoria da evolução das espécies de Charles Darwin e de revoluções políticas como a da França era pouco concebido até então.

Foi só tardiamente na época moderna, já no final do século XVIII, que começamos a elaborar a ideia de uma história dotada de um fim, que seria atingido através de sucessivas mudanças no progresso. Kant, Hegel e Marx foram, entre os filósofos, os principais responsáveis por essa ideia, que projetava no futuro uma realização moral, espiritual ou social dos homens. Respectivamente: o estado cosmopolita, o estado de liberdade e o comunismo sem diferenças de classes. Em suma, todo progresso teria um fim, tanto no sentido de finalidade quanto de término. Todo o esforço e o sofrimento históricos ganhariam significado nesse futuro fim.

Immanuel Kant foi um dos primeiros filósofos que pensou o futuro como o fim do progresso, que por sua vez daria sentido à história. Escreveu o opúsculo *Ideia de uma história universal de um ponto de vista cosmopolita*, no qual sustentava que a nossa razão "não atua sozinha de maneira instintiva mas, ao contrário, necessita de tentativas, exercícios e ensinamentos para progredir, aos poucos"[1]. Com essa frase, determinava que a razão não era intemporal ou eterna, não estava pronta e acabada desde o início para a humanidade mas que precisava de tempo para se desenvolver, galgar etapas na história. O progresso possibilitaria a realização da razão. Esse progresso, porém, é de tão longo prazo que nenhum homem poderia testemunhá-lo na totalidade, apenas parcialmente. Como as vidas individuais que a natureza decretou são curtas para aprender, várias gerações seriam necessárias, e a transmissão de uma a outra dos conhecimentos adquiridos para que o progresso ocorresse. Nesse sentido, o progresso não é de um homem particular, mas sim da humanidade como um todo. Trata-se de uma história universal.

Embora a história pareça, empiricamente, apenas caos e desorganização, quando nós a apreendêssemos a partir de uma ideia, como a de progresso, ela alcançaria ordem e coerência surpreendentes. Contemplada filosoficamente, em vez de só descrita concretamente, a história revelaria algo que parecia impossível: sentido e direção. Mesmo que a liberdade da vontade dos indivíduos dirija as ações para metas particulares, o que é evidente, ainda assim, no conjunto total da espécie, ou seja, na humanidade, poder-se-ia encontrar um significado que torna inteligíveis

---

1. Immanuel Kant, *Ideia de uma história universal de um ponto de vista cosmopolita*, São Paulo: Martins Fontes, 2003, pp. 5-6.

as ações e o percurso que todas elas trilham em comum. Subordinada à filosofia, a multiplicidade historiográfica ganharia sua unidade historial, a particularidade factual encontraria a totalidade ideal. O progresso teria finalidade, destino.

Kant chamava esse destino do progresso de "fio condutor" da história. Embora os homens persigam cada um os seus próprios fins com a liberdade de sua vontade, a humanidade é orientada por um fim maior que atravessa esses fins menores. O fio condutor que atravessa nossas ações, mesmo que não estejamos conscientes dele, garante justamente que o progresso caminhe firme no propósito de realizar a razão. Napoleão Bonaparte poderia até ter procurado a expansão da Revolução Francesa na Europa por vaidade ou poder; contudo, esse é o fim individual da sua ação, que nem se dá conta do fim universal: alargar a liberdade que a razão exige. Cada um de nós constantemente perseguiria fins particulares sem se dar conta de que, através deles, passa o fio condutor do fim universal da humanidade. É só desse segundo ponto de vista que a história revelaria sua coerência progressiva. O fim do progresso diz respeito à humanidade, não a um homem.

Essa novidade moderna foi o que permitiu que, ao contrário do tempo cíclico ou da eternidade, do mundo grego ou cristão, surgisse um elogio à mudança. Ele não existe antes da era moderna. Na tradição clássica, bom era permanecer igual, ou seja, tal como a ideia de Platão ou o Deus de Santo Agostinho, não se alterar. Não havia a perspectiva de um aprimoramento da razão, como pensa Kant. Logo, não havia sentido falar em progresso. Essa temporalização da razão é o que tornará o progresso uma ideia plausível. Isso trará uma consequência fundamental: antes, a mudança era um problema; agora, ela é uma solução. Mudar deixa de significar corromper aquilo que muda para significar aperfeiçoar aquilo que muda. Mudar não é ruim, é bom. Não por acaso, politicamente, essa foi a época das revoluções. O mundo devia se transformar para melhorar. Kant, Hegel e Marx pensaram assim. Sócrates, Platão e Aristóteles jamais o fariam.

Essa transformação da época antiga para a época moderna, com sua valorização da mudança, foi expressa eloquentemente nas palavras de Hegel. Reconhecendo que a história é feita de momentos de "conservação", ele, porém, apontava que há outros momentos, de "destruição", quando a ordem existente esgotou todas suas potencialidades[2]. Tais momentos são os de mudança: aparece o conflito. O novo estágio do espírito opõe-se à forma precedente do real. Nos casos agudos, surge a revolução. Por mais que seja um momento empiricamente terrível para a maior parte dos indivíduos envolvidos, trata-se de um grande momento, no qual o novo ganha lugar, no qual a destruição abre espaço para a construção do porvir, no qual o progresso é cumprido. Nada está em repouso. Tudo está em movimento.

No *Manifesto comunista*, Karl Marx e Friedrich Engels escreveram que "tudo que era sólido e estável se desmancha no ar"[3]. Era sua a modernidade do progresso – a solidez da ordem antiga e tradicional desmanchara-se no ar com o calor vindo dos novos tempos. Na filosofia, tudo deveria ser criticado. Na política, tudo devia ser revolucionado. Nada permanecia tal como era. O dinamismo e a energia dessa época, que deram protagonismo social à burguesia, eram sem precedentes. Daí o entusiasmo da obra de Marx. Os tons apocalípticos daquela sua frase escrita com Engels são, ao mesmo tempo, apoteóticos. Dialeticamente, ou seja, de destruição em destruição, o desenvolvimento progressivo da humanidade chegaria, ou seja, o fim seria alcançado. Realizaríamos nosso projeto: moral, espiritual, social. Para tanto, bastava assumir que, a cada época, o presente opera a antítese à tese que é o passado, a fim de que daí cresça a síntese do futuro.

Nesse sentido, o elogio moderno da mudança escondia que seu fundamento era, ao fim, mais uma vez negar a própria mudança. Explico-me. Mudar era bom, mas só porque o mundo, no presente, é ruim. Romper com o passado era importante para acabar com as guerras, as injustiças, as desigualdades. Em todas as filosofias da história que conceberam o progresso, portanto, o futuro guardava a promessa desse acabamento. Ora, sem mais guerras, injustiças ou desigualdades, poderia a humanidade parar de mudar. Estamos diante de uma história teleológica: há um *telos*, um objetivo, uma meta. Nossos esforços se dirigem para sua realização, mas apenas para que, depois de tudo, deixemos de nos esforçar. Esse "depois de tudo" é o futuro. É o fim, no duplo sentido da palavra, finalidade e término. O seu nome poderia variar: Estado Cosmopolita, para Kant;

---

2. Jacques D'Hondt (org.). *Extratos selecionados de Hegel*, Lisboa: Edições 70, 1984, p. 101.
3. Karl Marx e Friedrich Engels, *Manifesto comunista*, São Paulo: Boitempo, 2010, p. 43.

Estado da Liberdade, para Hegel; Comunismo, para Marx. Seu papel, porém, era o mesmo, servia de propósito e de acabamento da história, dando a ver que o progresso tinha sentido e fim.

QUANDO DUVIDAMOS DO FIM DO PROGRESSO

Contemporaneamente, experimentamos uma mutação decisiva no sentido desse progresso. Ideologicamente, ele permanece justificando ainda – como no século xix – o trabalho histórico da humanidade, mas já não acena – no século xxi – com nenhum fim. O século xx assistiu à destituição do fim a que se destinava o progresso. Num forte comentário sobre essa dissonância do progresso, o crítico Walter Benjamin afirmou que "onde nós vemos uma cadeia de acontecimentos", agora há "uma catástrofe única, que acumula incansavelmente ruína sobre ruína e as dispersa a nossos pés"[4]. Não foi apenas e nem principalmente de teorias que emergiu essa sensibilidade de Benjamin, mas da experiência histórica. Não foi da metafísica, mas do mundo que veio o desmentido da ideia de progresso.

Diante de duas guerras mundiais, totalitarismos e campos de concentração, ficou difícil manter o otimismo no progresso. Era a destruição que aparecia como seu resultado no século xx, e não mais a construção prometida pelo século xix e suas revoluções. Os belos sonhos libertários que seriam realizados transformaram-se nos pesadelos sem fim do planejamento racional das sociedades. O velho espírito da utopia encontrava seu avesso, o fato da distopia. Se o século xix sonhou com o progresso absoluto, o século xx foi o duro despertar para sua complexidade.

Essa complexidade do progresso era o que o filósofo Theodor Adorno, amigo de Benjamin, buscara explicitar na obra que escrevera junto com Max Horkheimer, a *Dialética do esclarecimento*. Na década de 1940, a palavra "progresso" vinha das bocas de Hitler e de Stalin, por exemplo – ou seja, de líderes dos governos terríveis que o totalitarismo engendrara. Eles defendiam essa ideia para justificar mesmo as mortes que perpetravam, eram em nome da evolução natural ou histórica. Isso quer dizer que

---

4. Walter Benjamin, "Sobre o conceito de história", em *Magia e técnica, arte e política*, São Paulo: Brasiliense, 1994, Obras escolhidas, v.i, p. 226.

o progresso servia como a ideologia que legitimaria tais governos. Era preciso pensar criticamente, por isso, como a humanidade, em vez de entrar em um estado verdadeiramente humano, afundara-se na barbárie.

O pensamento esclarecedor racional não garantira a realidade moral, espiritual e social. O resultado, segundo a filosofia de Adorno, é que "o progresso converte-se em regresso"[5]. Ele encontra o seu contrário, guerra, e não paz; submissão, e não liberdade; exploração, e não igualdade. Duas guerras mundiais, e os totalitarismos e desigualdades confirmariam uma traição histórica do fim – isto é, da finalidade e do sentido – do progresso concebido pela época moderna. Ele não viera e, pior, viera o seu oposto. Passamos a duvidar do progresso. Cem anos após sua defesa e celebração por filósofos, poetas e artistas, suas promessas permaneciam apenas como promessas, em vez de realidade. Razão e técnica, planejamento e ciência: pilares do progresso civilizatório sustentaram também o regresso bárbaro.

Embora desde o fim do século XIX autores como Nietzsche e Freud suspeitassem que o otimismo da razão empenhado no progresso fosse excessivo, foi necessário aguardar o século XX e seus horríveis acontecimentos para que aquelas suspeitas se tornassem quase um espírito do tempo, uma consciência filosófica. Repare-se que em causa não estavam a crueldade e a quantidade de mortes, ainda que elas fossem impressionantes, mas sim que elas tivessem se tornado sistematicamente possíveis graças ao emprego dos pilares que, em tese, sustentariam o progresso, a razão e a técnica. Os campos de concentração foram tecnicamente planejados, a estratégia de batalhas era racionalizada, as armas usadas tinham uma tecnologia avançada, bombas atômicas eram produtos da ciência. O fim ao qual o progresso carregara o Ocidente era bem diferente do fim sonhado por seus artífices.

Portanto, "o assombro com o fato de que os episódios que vivemos no século XX 'ainda' sejam possíveis não é filosófico", sentenciou o mesmo Benjamin, pois "ele não gera conhecimento, a não ser de que a concepção de história da qual emana é insustentável"[6]. Ora, tal concepção é o progresso. Costumamos, também hoje, dar à nossa indignação diante de

---

5. Theodor Adorno e Max Horkheimer, *Dialética do esclarecimento*, Rio de Janeiro: Zahar, 1985, p. 15 (trad. modif.).
6. Walter Benjamin, *op. cit.*, p. 226.

fatos que julgamos humanamente inaceitáveis uma base implícita de confiança no progresso. Por isso, exclamamos: como isso *ainda* é possível! É como se nos surpreendesse que, passado já tanto tempo na história, ainda haja tanta barbárie. Essa surpresa vem de nossa enraizada convicção nessa ideia de progresso, mesmo que inconscientemente. Por que, afinal, isso não devia ser *mais* possível e *ainda* é? Só porque o tempo passou? Não. Porque aprendemos a crer que a passagem do tempo é mais que passagem. É melhoria. É progresso. E então nos espantamos, pois aí estão os males de que ele deveria nos livrar. Logo, Benjamin insiste que o único conhecimento gerado por esse tipo de exclamação é que a concepção de história da qual ela emana e que foi construída no século XIX – a saber, o progresso – é insustentável. "Nunca houve um monumento de cultura que não fosse também um monumento de barbárie"[7], escreveu.

Enquanto o horror se passava fora da Europa, a tradição do Iluminismo sempre podia atribuí-lo à ausência do progresso das outras paragens do mundo. Ou seja, as mortes, as guerras, as crueldades e as desigualdades ficavam na conta do atraso de seu subdesenvolvimento histórico. O Ocidente orgulhava-se de que sua cultura era o signo do avanço. Estaria na frente, no posto mais destacado do espírito. Portanto, a barbárie, embora sempre terrível, estaria fora. Lá. Não cá. Podia ser entendida, pois outros países ainda teriam de se esfalfar na corrida do progresso para alcançar o patamar civilizado e esclarecido. Só que aí veio a barbárie cá, e não lá. No coração da autoproclamada civilização. Por isso, quando se quer entender a desconfiança frente ao ideal de progresso, não se trata de disputar se o horror que se passou na primeira metade do século XX na Europa foi mais horrível que o horror de outras partes do mundo. Trata-se, sim, de sublinhar que, por se dar ali, ele impedia a perpetuação da ideia de progresso, na medida em que explicitava que os monumentos de cultura poderiam ser monumentos de barbárie: a velha e boa Europa poderia ser velha, mas não era assim tão boa. "Os gritos dos assassinados ecoaram a pouca distância das universidades, o sadismo aconteceu a uma quadra dos teatros e museus"[8], conforme as palavras de George Steiner. O Ocidente e sua cultura estavam sob suspeita. Não garantiriam o progresso humano.

---

7. *Ibid.*, p. 231.
8. George Steiner, *Linguagem e silêncio: ensaios sobre a crise da palavra*, São Paulo: Companhia das Letras, 1988, p. 15.

QUANDO CHEGOU O FIM DO FIM DO PROGRESSO

O século XXI testemunha a mutação do progresso, no qual perdemos a confiança, para o processo, do qual não sabemos o sentido. No âmago dessa mutação está a perda da perspectiva de fim, isto é, de finalidade ou propósito, para o progresso, restando dele só o movimento constante, pois evidentemente não retornamos ao elogio antigo e cristão da quietude. Não sabemos bem para onde vamos, por que vamos. Mas vamos, a cada dia com mais velocidade. Dizem que se deve progredir, mas, ao contrário de Kant, Hegel ou Marx, sem um compromisso com o fim desse progresso. É o movimento pelo puro movimento. Sem destino. É o fim do fim do progresso. É o término da ideia de finalidade pela qual a tradição passada, após a crítica presente, encontraria a utopia futura. O progresso, sem fim, é processo.

Nesse aspecto, o progresso com um fim pensado pela era moderna seria como o instrumento para a produção do futuro, uma ferramenta a serviço da razão pela qual a história se efetuaria. Havia um objetivo, um *telos*. Já a época atual tornou o progresso a própria finalidade de si, e não mais um instrumento para atingir outro propósito no futuro, como a paz ou a justiça. Note-se: o progresso servia à razão, agora a razão serve ao progresso. Na época moderna, o sujeito soberano é que ordenava os objetos, inclusive dispondo da natureza como seu material, seu capital. Por pior que soe, entendemos do que se trata. Pois bem. Nossa mutação é responsável, agora, pela transformação desse sujeito em objeto. Tornamo-nos o que, na linguagem corrente, se chama sem espanto de material humano, capital humano, recurso humano. O progresso não nos serve mais, nós servimos a ele. O progresso não tem qualquer finalidade que não seja a de se manter progredindo. Não há futuro que acene com seu fim. Só há um eterno presente que não cessa de girar sobre si mesmo e, por isso, acha-se sem saída. Nada pode parar de mudar e justamente assim nada muda para além da sanha da mudança.

Não por acaso, a era moderna foi a da indústria. Já a nossa época é a do consumo. Lá, o progresso com fim sustentava, dentro do sistema capitalista, a durabilidade das coisas e dos produtos. Cá, o processo dilui, operando uma mutação dentro do capitalismo, tudo que seria durável ou consistente. Nada mais é feito para durar. Tudo é feito para acabar. Não interessa mais o fim. Interessa o movimento sem o fim: sem término e sem sentido. Tudo que era sólido se desmanchou no ar, diria um profeta travestido de filósofo. O nome dado a essa dinâmica foi obsolescência programada. Tudo é descartável. Na era do consumo, nada veio para ficar. Tudo veio para passar. Torna-se obsoleto tão logo apareceu. Morre tão logo nasceu. O mundo deixou de ter consistência, engolido no vórtice do processo.

Poucos filósofos capturaram tão aguda e precisamente essa lógica quanto Martin Heidegger. Ele chamou esse novo mundo, ainda na década de 1940, de mundo da técnica. Não seria o caso de, através desse diagnóstico, apontar sociologicamente a abundância de máquinas entre nós, e sim um horizonte de compreensão do ser de tudo aquilo que é, para o qual nada tem seu valor em si ou serve de meio para a construção de um fim, no qual tudo se tornou mera parte de uma engrenagem que se interessa, única e exclusivamente, pela sua própria manutenção. O fim do progresso, agora, é o progresso sem fim. Logo, a técnica não é um instrumento ou um meio, mas uma forma de desvelamento das coisas na sua relação conosco, na qual tudo está a serviço da energia, do dinamismo, do movimento.

Heidegger oferece um exemplo da mutação da técnica, que era um meio e virou o fim. O antigo moinho de vento tinha suas alas giradas e confiadas a esse sopro, a energia daí extraída nem sequer é armazenada, só usada. Já a usina hidrelétrica, no rio Reno, deveria "fornecer pressão hidráulica, que dispõe as turbinas a girar, cujo giro impulsiona máquinas, cujos mecanismos produzem corrente elétrica"[9]. É uma cadeia sem fim, que retorna a si mesma. Como consequência, a situação inverteu-se quando comparada ao moinho de vento: ele se instaurava no rio, agora é o rio que se instaura na usina. Repare-se que "instaurar", aqui, é o que dá a cada coisa a verdade do que ela é. Ou seja, o Reno passa a ser o rio que ele é porque é o fornecedor de pressão hidráulica, a essência do rio vem da usina, não o oposto. É o desvelamento das coisas em seu ser que está submetido à técnica.

Por isso, vivemos no mundo da tecnologia. Mais uma vez: não é pela quantidade de artefatos técnicos. Sua abundância é apenas um sintoma.

---

9. Martin Heidegger, *Ensaios e conferências*, Petrópolis: Vozes, 2002, p. 20.

O problema está em que a única lógica que passamos a conhecer é a da técnica. Por isso, tecnologia é, literalmente, a lógica da técnica, que determina então o que consideramos que é a verdade do rio Reno, do amor, da linguagem, da filosofia e da arte, ou até de nós mesmos. Daí que nos chamemos, como se nada fosse, capital, recurso, material. O humano está interpretado e desvelado na lógica da técnica. Olhamos em volta e julgamos tudo desumano. É a dissonância do progresso. Nela, "o inquietante não é o mundo se tornar técnico", comentava ainda Heidegger, "é não conseguirmos, através do pensamento, lidar com o que está a emergir"[10]. Pois esse emergir é do mundo mesmo. Não há nostalgia. Não há um recuo da técnica, e sim o desafio de experimentar qual é a sua essência. O pensamento, para isso, não pode, porém, se submeter a ela e se tornar somente cálculo, planejamento, eficiência. Ele precisa ser meditativo, reflexivo. Um pensamento do sentido.

Se formos capazes do pensamento do sentido, talvez o fim do fim do progresso revele-se não apenas como o domínio sem saída de um presente sem futuro, mas a própria liberação do presente para um futuro imprevisto. Conhecemos bastante bem a face sombria do fim do fim do progresso: a técnica do capitalismo que não sabe senão avançar, que desconhece os ritmos próprios de cada vida, indivíduo, povo ou cultura. Só conhece sua própria sanha veloz, que tudo engole. Nada pode ficar de fora. Contudo, se estivermos à altura da tecnologia com o pensamento do seu sentido, pode ser também que o fim do fim do progresso seja o fim da época moderna que submeteu toda a variedade de possibilidades do tempo a somente uma direção. Pois os filósofos modernos conferiam à história, com seus sistemas metafísicos, um único sentido – por mais nobre que fosse. O estado cosmopolita, o estado da liberdade e o comunismo eram o futuro já sabido da humanidade. Nós hoje, sem esses fins da história, talvez possamos, nas dissonâncias do progresso, encontrar o nosso presente mais livremente, e deixar que futuros apareçam sem que os determinemos de antemão. O fim do fim do progresso pode ser também o fim da colonização do futuro e do aprisionamento do presente. O poeta mexicano Octavio Paz, em uma bela passagem, apontou essa

---

10. Martin Heidegger, *Serenidade*, Lisboa: Instituto Piaget, 2000, p. 21.

possibilidade e nos chamou à poesia para aprendermos a lidar com esse tempo em mutação que é o nosso:

> Fim da ideia de história como um fenômeno cujo desenvolvimento é conhecido de antemão. O determinismo foi uma custosa e sangrenta fantasia. A história é imprevisível porque seu agente, o homem, é a indeterminação em pessoa. Muito provavelmente, estamos no fim de um período histórico e no começo de outro. Pela primeira vez, os homens vivem em uma intempérie espiritual e não, como antes, à sombra de sistemas religiosos ou políticos que, simultaneamente, nos oprimiam e nos consolavam. A experiência é arriscada. É impossível saber se as tensões e os conflitos dessa privatização de ideias, práticas e crenças que tradicionalmente pertenciam à vida pública não terminarão por abater a máquina social. Os homens podem ser possuídos novamente pelas antigas fúrias religiosas e pelos fanatismos nacionalistas. Infelizmente, os sinais são inquietantes. Mas o presente requer não apenas atender às suas necessidades imediatas, também nos pede uma reflexão global mais rigorosa. A reflexão sobre o agora não implica renúncia ao futuro nem esquecimento do passado. O presente é o lugar de encontro dos três tempos. Alternativamente luminoso e sombrio, o presente é uma esfera onde se unem as duas metades, a ação e a contemplação. Assim como tivemos filosofias do passado e do futuro, da eternidade e do nada, amanhã teremos uma filosofia do presente. A experiência poética pode ser uma de suas bases. Que sabemos do presente? Nada ou quase nada. Mas os poetas sabem algo: o presente é o manancial das presenças[11].

---

11. Octavio Paz, *A busca do presente*, Rio de Janeiro: Bazar do Tempo, 2017, pp. 91-2.

Civilização e desrazão: a ambivalência das Luzes[1]
Céline Spector

Seja no registro acadêmico, seja na opinião pública, as Luzes são associadas ao ideal do Progresso. Esse ideal seria elemento constitutivo daquilo que desde o século passado se chama o "Projeto das Luzes", na medida em que a fórmula tivesse um sentido[2]. Esse projeto visaria à emancipação do gênero humano, focando ao mesmo tempo sua liberdade, o melhoramento de suas faculdades e sua felicidade. Nesse espírito, que teria nascido com Bacon, o crescimento das ciências, das artes e das técnicas ajudaria a diminuir os males de que sofre a humanidade e, positivamente, estimularia seu aperfeiçoamento. É a essa conjunção da *acumulação* dos conhecimentos na ordem das ciências da natureza e do *melhoramento* de caráter moral e político da humanidade que se dá o nome de "progresso".

Ao atribuir-lhe uma inicial maiúscula, e passando do plural (*os progressos* do espírito humano) ao Progresso, o que teria nascido com as Luzes seria, no fundo, a própria filosofia da história: a ideia de que o caos aparente das ações humanas poderia ser ordenado não apenas por um princípio de inteligibilidade histórica, mas também por um sentido da história que explicaria as modalidades de um melhoramento geral da humanidade, em virtude do qual esta tenderia sempre a uma maior perfeição. O progresso, visto em toda a sua amplitude, seria contínuo (ou quase), homogêneo (potencialmente) e irreversível (com certeza). Ele permitiria inverter a

---
1. Tradução de Paulo Neves.
2. Ver A. MacIntyre, *After virtue* (*Après la vertu*, trad. francesa Laurent Bury, Paris: PUF, 1997 [1981]), com quem compartilhamos a abordagem.

cantilena clássica da decadência do mundo após uma idade de ouro, mas também acabar com as visões cíclicas da história ao propor, segundo o termo de Jean-François Lyotard, uma "metanarrativa"[3]: a ideia do gênero humano domando não só a natureza, mas também a *sua* natureza, saindo aos poucos das trevas do fanatismo e do despotismo, levando a chama das Luzes aos povos não civilizados. Essa representação das Luzes, evidentemente, é malvista e compreende-se que tenham podido denunciar o etnocentrismo de tal visão do mundo, seu otimismo ingênuo, sua cegueira em relação aos poderes dominantes. Com razão, quisemos afastar as ligações confusas entre civilização e colonização. As Luzes, estamos convencidos disso agora, não nos legaram senão falsas promessas de emancipação: um universalismo hegemônico, um ideal de autonomia ilusória, uma visão ingênua dos benefícios trazidos pela razão científica e técnica, uma fé ingênua na razão – nova religião sem Deus que devia dirigir a humanidade, como preconizava Auguste Comte, para a ordem e o progresso. Em sua vontade de superar o fanatismo e o obscurantismo, os pensadores das Luzes teriam, segundo Carl Becker, abraçado uma nova fé, tão absoluta quanto a dos cristãos no mundo medieval, uma fé na razão e na ciência, capaz de oferecer a seus adeptos uma espécie de salvação terrestre[4].

Essa crítica, recorrente desde que as Luzes passaram a ser um objeto de estudo, foi levada ao paroxismo pelos primeiros filósofos da Escola de Frankfurt. Em *Dialética do esclarecimento* [1944], Adorno e Horkheimer denunciaram – nos antípodas de Cassirer[5] – a visão instrumental e formalista das Luzes, que se transforma em dominação e finalmente em barbárie[6]. O nazismo e a organização racional dos campos de concentração não seriam, no fundo, senão a radicalização da razão das Luzes, agora enlouquecida. Quando os meios substituem os fins e a eficácia se torna o valor último, a razão das Luzes pode ser posta a serviço não do melhoramento sistemático da humanidade, mas, ao contrário, de um empreendimento metódico para sua destruição. A *Aufklärung*, entendida no sentido mais

---

3. J.-F. Lyotard, *La Condition post-moderne*, Paris: Editions de Minuit, 1979.
4. C. Becker, *The Heavenly City of the Eighteenth-Century Philosophers*, New Haven: Yale University Press, 2003.
5. Jean-Marie Paul, "Des Lumières contrastées: Cassirer, Horkheimer et Adorno", em *Revue germanique internationale*, 3, 1995, pp. 83-101.
6. M. Horkheimer e T. Adorno, *Dialética do esclarecimento* (Cf. *La Dialectique de la raison*, trad. E. Kaufholz, Paris: Gallimard, 1974, pp. 92-127, aqui p. 97).

amplo do pensamento burguês do Progresso, tinha por objetivo libertar os homens do medo e torná-los soberanos, destruir o mundo da magia e dos mitos; em realidade, ela não teria senão criado o império totalitário e o assassinato de massa organizado burocraticamente.

Mas, nesse processo das Luzes no tribunal da história, a crítica radical de Adorno e Horkheimer não é a única em discussão. De maneira mais moderada, o filósofo canadense Charles Taylor propôs recentemente outra versão, inspirada na crítica hegeliana das Luzes. Em *Hegel e a sociedade moderna*, Taylor volta à crítica do Iluminismo como portador de uma visão utilitária da moral, de uma concepção instrumental do vínculo social e de um projeto de engenharia social com efeitos potencialmente totalitários:

> Utilitário no plano ético e atomizante em sua filosofia social, o pensamento das Luzes considerava a natureza e a sociedade apenas sob o ângulo de sua significação instrumental, não as via senão como meios potenciais de satisfazer os desejos do homem. Ele esperava trazer a felicidade aos homens graças a uma perfeita adaptação mútua, obtida com a reorganização dos indivíduos e da sociedade segundo princípios de engenharia social[7].

Charles Taylor sublinha que nossa civilização, no Ocidente, integrou plenamente esse paradigma oriundo das Luzes: a sociedade tecnológica impele à sujeição da natureza, a civilização industrial impõe a reorganização da sociedade, o utilitarismo enraíza-se em nossas práticas e instituições. Em suma, a ideia de Progresso modela tão profundamente nossos costumes que só avaliamos a vida em comunidade segundo o sacrossanto critério da utilidade. Ora, o mal-estar da modernidade diagnosticado por Taylor resulta dessa visão ingênua do Progresso. O ideal das Luzes teria produzido um tríplice efeito: o *desencantamento do mundo*, ou seja, os indivíduos são privados dos "horizontes morais" que davam sentido à vida social nas sociedades tradicionais; o *primado da razão instrumental*, razão a partir da qual avaliamos os meios mais eficazes de chegar a nossos fins; e enfim, no nível político, uma forma de retirada na esfera privada, o

---

7. Charles Taylor, *Hegel et la société moderne*, Paris: Cerf, 1998, p. 69.

individualismo e a *apatia cívica*. O mal-estar da modernidade, portanto, adquire pelo menos três formas – perda de sentido, eclipse dos fins, declínio da liberdade –, todas elas podendo ser imputadas à visão ingenuamente progressista das Luzes[8].

Neste texto, eu gostaria de voltar à constituição do ideal do Progresso e às suas críticas desde o século XVIII, mas a fim de dissolver a caricatura das Luzes e, em particular, das Luzes francesas, frequentemente satanizadas[9]. Mostrarei em primeiro lugar que o ideal do Progresso se formou nos escritos do abade de Saint-Pierre, bem antes de Condorcet ou mesmo de Turgot, seu mentor. Trata-se então de distinguir o ideal de *aperfeiçoamento* da ideia de *perfectibilidade*, sobretudo de *perfectibilidade indefinida* da humanidade, que se abre a uma nova filosofia da história. Num segundo momento, mostrarei que a crítica da razão instrumental já existia, antes mesmo do *Discurso sobre as ciências e as artes* de Rousseau (1751), num dos textos fundadores do espírito das Luzes, a saber, as *Cartas persas* de Montesquieu (1721). Evocarei as razões que levaram Montesquieu, certamente o filósofo político mais influente do século XVIII, a valorizar as vantagens do progresso científico por razões que nada têm a ver com a razão instrumental. No entanto, eu desejaria também mostrar que a verdadeira questão filosófica não se situa em torno da ideia de progresso como tal, mas em torno da ideia de "civilização", que permite conceber um processo orientado da história ao considerar etapas ou "estágios" da evolução humana. A terceira parte desta contribuição será dedicada ao conceito de civilização e às suas ambivalências, a fim de avaliar a pertinência da ideia de uma "dialética negativa" das Luzes.

UM "PROJETO DAS LUZES"? DO "APERFEIÇOAMENTO" À "PERFECTIBILIDADE"

Falar de "Projeto das Luzes" significa considerar que, apesar de suas divergências, a maioria dos *philosophes* do século XVIII atribuía à razão o poder de diminuir os males de que sofre a humanidade (guerras, doença, medo, pobreza, servidão). A razão pode ajudar a "curar" a humanidade da

---

8. Charles Taylor, *La Malaise de la modernité*, trad. fr. C. Mélançon, Paris: Cerf, 1994.
9. Por falta de tempo, não poderei abordar aqui as Luzes escocesas, italianas ou alemãs.

opressão e da superstição, mas também da miséria e do terror – tal era a crença comum no século que designava a si próprio século esclarecido ou "filosófico". O espírito filosófico busca restituir o progresso cumulativo das ciências e das artes e avaliar seus efeitos benéficos – é o que testemunha um dos livros mais influentes do século, o *Ensaio sobre os costumes e o espírito das nações* de Voltaire, publicado em 1756 e revisado até o fim de sua vida[10]. Depois de *O século de Luís xiv*[11], o livro retraça os progressos dos costumes na Europa desde o Renascimento. Após a Antiguidade tardia, os "séculos de barbárie" só oferecem como espetáculo a ignorância, o caos, o fanatismo e as superstições mais insensatas: "A Europa inteira vive nesse aviltamento até o século xvi e só sai dele por convulsões terríveis"[12]. A seguir, o refinamento das artes e das letras nas cortes italianas, depois nas cortes dos grandes soberanos e em suas Academias, modifica a situação. Com o crescimento do comércio e o declínio do feudalismo, a Europa não parou mais de progredir: "É fácil julgar pelo quadro que traçamos da Europa, desde o tempo de Carlos Magno até os nossos dias, que esta parte do mundo é incomparavelmente mais povoada, mais civilizada, mais rica e mais esclarecida do que era então, e que é mesmo muito superior ao que foi o Império romano, se excetuarmos a Itália"[13]. Desse modo, a questão do *Ensaio sobre os costumes* é "ver por quais graus se chegou da rusticidade bárbara daqueles tempos à polidez do nosso"[14].

No mesmo espírito, o "Discurso preliminar" da *Encyclopédie* redigido por D'Alembert dá o tom do otimismo racionalista das Luzes. D'Alembert evoca "os progressos da razão" ou os "progressos do espírito" e refaz a história das ciências a partir de seus grandes gênios desde o Renascimento[15]. Após uma Idade Média vista como um tempo de trevas, ignorância e superstição abafado pelas disputas teológicas, o Renascimento é interpretado como uma retirada dos obstáculos que impediam

---

10. Sobre a história do texto, ver o prefácio de René Pomeau à edição de referência: Voltaire, *Essai sur les moeurs et l'esprit des nations et sur les principaux faits de l'histoire depuis Charlemagne jusqu'à Louis xiii*, Paris: Garnier, 1963, 2 vol. Uma nova edição crítica está sendo preparada pela Voltaire Foundation.
11. Voltaire, *Le siècle de Louis xiv*, em *Oeuvres historiques*, Paris: Gallimard, 1957, p. 616.
12. *Ibid.*, t. i, p. 310. Ver A. Lilti, "La civilisation est-elle européenne? Écrire l'histoire de l'Europe au xviiie siècle", em A. Lilti e C. Spector (eds.), *Penser l'Europe au xviiie siècle. Commerce, Civilisation, Empire*, Oxford: Oxford University Studies on the Enlightenment, 2014.
13. *Ibid.*, t. ii, p. 811.
14. *Ibid.*, t. ii, p. 904.
15. D'Alembert, *Discours préliminaire de L'Encyclopédie*, Paris: Vrin, 2000.

a razão de triunfar. O progresso, portanto, é primeiro um *re*nascimento, o momento em que a razão e a liberdade triunfam sobre a barbárie religiosa e política que prevaleciam na Europa após a queda do império romano e do império bizantino:

> Junte-se a essa desordem o estado de escravidão em que quase toda a Europa estava mergulhada, as devastações da superstição que nasce da ignorância que, por sua vez, a reproduz: e se verá que nada faltava aos obstáculos que impediam o retorno da razão e do gosto; pois somente a liberdade de agir e de pensar é capaz de produzir grandes coisas, e ela tem necessidade apenas de luzes para se preservar dos excessos. Assim foi preciso ao gênero humano, para sair da barbárie, uma dessas revoluções que dão à terra uma face nova: o Império grego está destruído, sua ruína faz refluir para a Europa os poucos conhecimentos que ainda restavam no mundo; a invenção da Imprensa, a proteção dos Médici e de Francisco I reanimam os espíritos; e a luz renasce em toda parte[16].

A ideia de progresso do espírito humano tem, portanto, várias dimensões. Em primeiro lugar, trata-se de conceber o arranjo dos conhecimentos, sua ordem e sua arborescência. Nesse registro que D'Alembert explora no "Discurso preliminar", deve-se incluir a ligação entre as ciências e as artes, mas também entre belas-artes e belas-letras: "As Belas-Artes estão de tal modo unidas às Belas-Letras que o mesmo gosto que cultiva umas leva também a aperfeiçoar as outras". Claro que D'Alembert está consciente da defasagem possível entre a pintura e a escultura (que se apoiam mais nos sentidos), a poesia ou a música (mais ligadas à imaginação) e a filosofia (racional)[17]. Ele sublinha também que os progressos da filosofia podem prejudicar os das belas-artes, por causa da extensão do espírito crítico e do espírito de análise: "Abusa-se das melhores coisas. Esse espírito filosófico hoje tão em moda, que quer tudo ver e nada supor, espalhou-se até nas Belas-Letras; diz-se mesmo que ele é prejudicial ao progresso delas, e é difícil dissimular isso". Mas a ideia geral permanece, os progressos do espírito humano desde os antigos estão constitutivamente ligados. Essa

---

16. *Ibid.*
17. "Enquanto as Artes e as Belas-Letras eram honradas, faltava muito para que a filosofia fizesse o mesmo progresso", pois a leitura dos Antigos contribuiu mais para o avanço das artes que o das ciências.

é a posição dos "modernos" na "Querela dos Antigos e dos Modernos": sejam quais forem as descontinuidades, os pontos de heterogeneidade ou mesmo de ruptura, há no fundo uma única e mesma razão que, ao aliar-se aos sentidos, à memória e à imaginação, produz as obras do espírito, sejam elas científicas, sejam artísticas.

Mas o progresso não é apenas interior à ordem do saber, ele concerne também aos efeitos úteis do saber sobre a existência dos homens. Nesse sentido, uma das maiores dificuldades está na articulação entre o aperfeiçoamento das ciências da natureza e os grandes bens morais ou políticos aos quais a humanidade aspira: paz, liberdade, justiça. Enquanto se concebe que as ciências e as técnicas possam contribuir para a prosperidade econômica ou os avanços da medicina, é mais difícil conceber por que a acumulação dos conhecimentos poderia diminuir a opressão, as violências, as injustiças ou as guerras. Em que as ciências e as artes contribuiriam para o melhoramento geral da humanidade? A razão teórica teria alguma influência sobre a razão prática?

Foi isso que sublinhou, entre os partidários dos Antigos, o abade Du Bos, cuja obra foi extremamente influente. Em *Reflexões críticas sobre a poesia e a pintura* (1719), os progressos das ciências naturais provêm certamente do acúmulo das descobertas, mas 1) os poetas e os oradores do século de Luís XIV não ultrapassam os Antigos, e 2) "não raciocinamos melhor que os Antigos em história, em política e na moral civil"[18]. Se Du Bos reconhece que as ciências naturais se aperfeiçoaram desde a Antiguidade[19] ou que levamos a "arte de raciocinar" à sua perfeição, nem por isso ele conclui num progresso geral das ciências e das artes. Os conhecimentos factuais acumularam-se sem que os espíritos tivessem melhorado. Trata-se de ser mais douto ou mais razoável? Convém não confundir os dois: "Nosso século é talvez mais douto que os que o precederam, mas nego que os espíritos tenham hoje, falando de maneira geral, mais penetração, mais correção e justeza do que tiveram outrora. Assim como os homens mais doutos geralmente não são os mais sensatos, assim também

---

18. Du Bos, *Réflexions critiques sur la poésie et la peinture*, Paris: Jean Mariette, 1719, p. 452.
19. "A perfeição a que levamos a arte de raciocinar, que nos propiciou tantas descobertas nas ciências naturais, é uma fonte fecunda em novas luzes. Elas já se espalham nas Belas-Letras e farão desaparecer os velhos preconceitos, assim como os fizeram desaparecer nas ciências naturais" (citado em M. Fumaroli, *La Querelle des Anciens et des Modernes*, Paris: Gallimard, 2001, p. 422; ver sua introdução, "Les abeilles et les araignées" [As abelhas e as aranhas], pp. 8-218).

o século mais douto que os outros não é de modo algum e sempre o mais razoável"[20]. Se ultrapassamos os Antigos em "razão especulativa", eles nos ultrapassam em "razão prática"[21].

Contudo, bem antes de Condorcet ou de Madame de Staël, um autor na França defendeu a tese de um progresso conjunto das ciências da natureza e das ciências morais e políticas: trata-se do abade de Saint-Pierre. Em suas *Observações sobre o progresso contínuo da razão universal*, publicadas em 1737, Saint-Pierre aposta na extensão indefinida da "razão universal" (o que lhe permite profetizar, ao menos ele acredita, "o aniquilamento futuro do maometismo")[22].

Depois de Pascal ou Fontenelle, Saint-Pierre sublinha que o gênero humano é como um homem considerado na sequência de suas diferentes idades: cada nação tem sua infância e sua adolescência[23]. Sendo assim, é preciso aproveitar os avanços da razão para refundar as ciências políticas e a política em sentido estrito. Os projetos reformadores são inúmeros, quer se trate de reformar a educação, a prática dos duelos, o Estado ou as relações internacionais. Ligado a Fontenelle, Saint-Pierre situa-se firmemente no campo dos Modernos: quer refutar a teoria das idades do mundo, que afirma a decadência da humanidade[24]. A história e a filosofia mostram um movimento contrário: a condição da humanidade progressivamente melhorou (mais prosperidade, menos violência).

Resta que Saint-Pierre, esse Dom Quixote dos tempos modernos, é menos cândido do que se poderia imaginar. Ele sabe distinguir transmissão das ciências e transmissão das virtudes. Os mais modestos sábios do século das Luzes são mais instruídos que Catão e Sócrates, mas não mais virtuosos; o progresso das ciências não implica progresso moral, na medida em que a razão não pode controlar as paixões. Enfim, se Saint-Pierre acredita que o melhoramento dos métodos permitirá acelerar a aquisição

20. *Ibid.*, p. 423.
21. *Ibid.* "Eles nos terão ultrapassado [os Antigos], se podemos nos servir dessa expressão, enquanto nós os ultrapassamos em razão especulativa".
22. Abade de Saint-Pierre, "Observations sur le progrès continuel de la raison universelle", em *Ouvrajes de Politique* (16 vol.), Rotterdam: Beman, 1737, tomo II. Ver Jules Delvaille, *Essai sur l'histoire de l'idée de progrès jusqu'à la fin du XVIIIe siècle*, Hidelsheim, New York: Georg Olms, 1977.
23. Abade de Saint-Pierre, *Pensée de morale et de politique*, prop. x, t. III, p. 277.
24. "Projet pour perfectionner le gouvernement des Etats", em *Ouvrajes*, t. III, p. 225. Ver C. Dornier e C. Poulin (eds.), *Les Projets de l'abbé Castel de Saint-Pierre (1658-1743)*, Caen: PUC, 2011.

dos conhecimentos, ele não considera que o progresso seja homogêneo, universal e uniforme.

Essa visão, que teve um eco considerável na primeira metade do século XVIII[25], será prosseguida e radicalizada ao longo da segunda. Em particular, Saint-Pierre legará sua visão do progresso a um político importante ligado a um clube reformista da época, o Club de l'Entresol, o Marquês d'Argenson. Em seus *Pensamentos sobre a reforma do Estado*, d'Argenson endossa o programa reformista de Saint-Pierre ao afirmar: "Esta grande verdade dita pelo abade de Saint-Pierre e nenhum outro: nossa esperança estará no progresso da razão universal"[26]. Seu quadro da humanidade saindo da barbárie soa como uma ode às Luzes, entendidas como alavanca de civilização:

> O mundo era criança, ele cresce, se aperfeiçoa. A barbárie se dissipa e os vícios que dela provêm desaparecem. Cedo ou tarde, as virtudes deverão tomar seu lugar, pois elas não são mais que a voz da natureza e da ordem. Os crimes aconselhados pela violência e o horror já nos causam horror. Temos visto acabar entre nós, e quase todos os dias, a bebedeira, a sodomia, os raptos, os envenenamentos, os assassinatos[27].

D'Argenson apresenta então, em toda a sua pureza, o esquema de um progresso conjunto da política e das outras ciências, dando o exemplo da civilização da Rússia realizada por Pedro, o Grande, a partir da importação das ciências e das técnicas do Ocidente: "Tais serão as muralhas e as justas esperanças de liberdade e de justiça: com o progresso dos costumes e da razão, e se as artes e as ciências vão se aperfeiçoando, devemos considerar que somente a política deve ficar para trás?"[28].

Essa teoria será levada ao paroxismo no *Esboço de um quadro histórico do espírito humano* (1795), de Condorcet, que popularizará o esquema da perfectibilidade *indefinida* do gênero humano na esteira de Turgot, cujo *Quadro filosófico dos progressos sucessivos do espírito humano*

---

25. O próprio Rousseau, a quem foram confiados os manuscritos de Saint-Pierre após sua morte, reconhece que "os livros do abade não deixam de conter excelentes coisas" (*Confessions*, livro IX).
26. René Louis de Voyer de Paulmy (Marquês d'Argenson), "Pensées sur la réformation de l'État", em *Mémoires et journal inédit du Marquis d'Argenson*, Paris: Jannet, 5 vol., 1857-8, t. V, p. 306.
27. *Ibid.*, p. 307.
28. *Ibid.*, p. 308.

fora pronunciado na Sorbonne em dezembro de 1750[29]. Condorcet inclui em sua filosofia da história a perspectiva do conhecimento e a difusão dos direitos do homem. Uma nova fé é partilhada por progressistas ingleses como Godwin e popularizada na França por Madame de Staël, que, em seu "Prefácio à segunda edição" de *Da literatura,* sublinha os ataques a que o "sistema" da perfectibilidade é confrontado de todos os lados, tanto entre os partidários da monarquia quanto entre os da república[30]. Segundo Madame de Staël, os detratores desse sistema da perfectibilidade se enganam grosseiramente: eles admitem que as ciências fazem progressos contínuos mas gostariam que a razão não os fizesse. Ora, as ciências têm uma conexão íntima com todas as ideias que compõem o estado moral e político das nações. "Ao ser descoberta a bússola, descobriu-se o Novo Mundo, e desde então a Europa moral e política experimentou mudanças consideráveis"[31]. Em outras palavras, a humanidade está condenada a fazer avançar conjuntamente a política e as ciências, sem o que a força desregrada ficará sem freio:

> os progressos das ciências tornam necessário o progresso da moral; pois, com o aumento do poder do homem, é preciso fortalecer o freio que impede seu abuso. Os progressos das ciências tornam necessários também os progressos da política. Há necessidade de um governo mais esclarecido, que respeite ainda mais a opinião pública em meio às nações onde as luzes se estendem a cada dia[32].

É verdade que nem todas as produções do espírito vão no mesmo passo: se a literatura atingira no século de Luís XIV seu acme, seu ponto culminante, esse não era o caso da filosofia que começava a inquietar o despotismo[33]. Mas agora a política progride, graças à obra de Montesquieu,

---

29. Esse texto acadêmico, seguido do *Plan de deux discours sur l'histoire universelle,* adapta um projeto de Bossuet e terá influência decisiva sobre Condorcet (ver a introdução de Alain Pons, *Esquisse d'un tableau historique de l'esprit humain,* Paris: GF-Flammarion, 1988, p. 23).
30. Madame de Staël data então esse "sistema" da perfectibilidade de cerca de cinquenta anos, fazendo-o remontar a Ferguson, Turgot, Kant ou Condorcet, independentemente das nações ou dos regimes políticos (Germaine de Staël, *De la Littérature considerée dans ses rapports avec les institutions sociales,* Paris: GF-Flammarion, 1991, pp. 59-60).
31. *Ibid.,* p. 61.
32. *Ibid.,* p. 62.
33. *Ibid.,* p. 280.

que testemunha a superioridade irredutível dos Modernos sobre os Antigos: "Era impossível que algum escritor da Antiguidade pudesse ter a menor relação com Montesquieu; e nada lhe deve ser comparado, se os séculos não foram perdidos, se as gerações não se sucederam em vão..."[34]. A Revolução não alterou o movimento, pois, após um tempo de parada, ela deu um impulso novo aos espíritos[35].

Contudo, essa visão otimista do progresso conjunto das ciências morais e políticas e das ciências da natureza não deve ocultar que as ambivalências do progresso foram percebidas muito cedo e pelo autor mesmo que Madame de Staël eleva às nuvens. O que R. Kosseleck chamou o advento de um novo *regime de historicidade* – passagem a uma concepção do tempo animada por um novo horizonte de expectativa[36] – não se deu de maneira unilateral. Chego então ao meu segundo momento, isto é, às autocríticas presentes já no primeiro livro considerado como fundador do "espírito das Luzes": as *Cartas persas* de Montesquieu, exatamente trinta anos antes do *Discurso sobre as ciências e as artes*, considerado como o primeiro manifesto "anti-Luzes", de Rousseau.

A DESRAZÃO DAS LUZES

Já em 1721, nas *Cartas persas*, Montesquieu percebe perfeitamente a ambivalência do progresso. Na Carta 105 endereçada a Usbek, grande senhor persa vindo a Paris para fugir do despotismo e buscar as Luzes do Ocidente, o persa Rhedi põe em cena a questão da "barbárie": quem são os verdadeiros bárbaros? Pode-se dizer que o benefício obtido com o uso das ciências e das artes é superior aos males que elas engendram? A carta mereceria ser citada na íntegra:

> Muito me falaste, numa de tuas cartas, das ciências e das artes cultivadas no Ocidente. Vais me considerar como um bárbaro; mas não sei se a utilidade obtida compensa os homens do mau uso que fazem delas

---

34. *Ibid.*, p. 183.
35. "Montesquieu, Rousseau, Condillac pertenciam já ao espírito republicano, e haviam começado a revolução desejável no caráter das obras francesas: é preciso completar essa revolução" (*ibid.*, p. 308).
36. R. Kosselleck, *Le Futur passé. Contribution à la sémantique des temps historiques*, trad. fr. J. Hoock e M.-C. Hoock, Paris: EHESS, 1990.

todos os dias. Tenho ouvido dizer que a simples invenção das bombas tirou a liberdade de todos os povos da Europa. Não podendo mais confiar a guarda das praças aos burgueses, que à primeira bomba teriam se rendido, os príncipes tiveram um pretexto para manter grandes conjuntos de tropas regulares com as quais, a seguir, oprimiram seus súditos. Sabes que, desde a invenção da pólvora, não há mais praças inexpugnáveis; ou seja, Usbek, não há mais asilo na terra contra a injustiça e a violência. Temo sempre que se consiga, no final, descobrir algum segredo que forneça um caminho mais abreviado para fazer perecer os homens, destruir os povos e as nações inteiras. Leste os historiadores; pois presta bem atenção: quase todas as monarquias só foram fundadas na ignorância das artes, e só foram destruídas porque as cultivaram em demasia. O antigo império persa pode nos dar um exemplo doméstico. Não faz muito tempo que estou na Europa; mas tenho ouvido pessoas sensatas falarem dos males da química: parece ser um quarto flagelo que arruína os homens e os destrói pouco a pouco, mas continuamente, enquanto a guerra, a peste e a fome os destroem em grande quantidade, mas por intervalos. De que nos serviu a invenção da bússola e a descoberta de tantos povos senão para nos transmitir mais suas doenças que suas riquezas? [...] Nações inteiras foram destruídas; e os homens que escaparam à morte foram reduzidos a uma servidão tão rude que seu relato faz tremer os muçulmanos. Feliz a ignorância dos filhos de Maomé! Amável simplicidade, tão prezada por nosso santo profeta, que me faz lembrar sempre a ingenuidade dos antigos tempos e a tranquilidade que reinava no coração de nosso primeiro país.

Essa argumentação retoma em parte os ataques dos Antigos contra os Modernos: as mais belas descobertas das quais eles se orgulham (a imprensa, a bússola, a pólvora de canhão) são portadoras de efeitos tão destrutivos que teria sido melhor não as ter inventado. Mas a queixa não é a última palavra de Montesquieu, que propõe um direito de resposta na carta seguinte (106): "Refletiste bem sobre o estado bárbaro e infeliz a que nos levaria a perda das artes? [...] Dizes que temes inventarem alguma forma de destruição mais cruel que a que está em uso. Não, se uma invenção fatal viesse a ser descoberta, ela seria logo proibida pelo direito dos povos; e o consentimento unânime das nações sepultaria essa descoberta".

Assim é afastado o pior temor dos defensores do progresso, que acreditam que o "direito dos povos" impediria os efeitos mais perniciosos das técnicas destruidoras... Talvez esteja aí o limite da lucidez de Montesquieu e, de maneira mais ampla, das Luzes. Após ter avaliado os perigos dos progressos científicos e técnicos para a sobrevivência da própria humanidade, Montesquieu considera que eles seriam proibidos graças aos progressos do direito internacional. Nessa bela ilusão, depois de Auschwitz e de Hiroshima, não temos mais a felicidade de acreditar.

Tal é certamente a razão pela qual Rousseau continua sendo, aos nossos olhos, o gênio absoluto das Luzes, aquele que soube compreender por dentro as falsas promessas do progresso e as miragens da civilização refinada da qual Paris, capital do luxo, do gosto e da polidez, na época era o centro. Com efeito, à pergunta da Academia de Dijon ("O restabelecimento das ciências e das artes contribuiu para aperfeiçoar ou para corromper os costumes?") o *Discurso sobre as ciências e as artes* (1751) responde de maneira iconoclasta. A entrada de Rousseau na República das Letras se dá por esse "sucesso de escândalo" que inicia a carreira daquele que Althusser chamava de "o inimigo do interior das Luzes". *Inimigo* porque Rousseau propõe uma argumentação "anti-Luzes" em nome da liberdade e da virtude que as ciências e as artes, associadas à polidez e ao gosto, corrompem; mas inimigo *do interior*, na medida em que Rousseau reconhece a necessidade das ciências e das artes nos Estados já corrompidos. Não se trata de maneira alguma de voltar a um estado anterior à civilização, mas de avaliar seu preço: "nossas almas se corromperam à medida que nossas ciências e nossas artes avançaram para a perfeição"[37].

Sobre esse aspecto, Rousseau dissolve antecipadamente o ideal do Progresso entendido como nova teodiceia da história. Para ele, os aperfeiçoamentos do espírito não têm valor intrínseco. Mais vale ater-se à liberdade ou à inocência primitivas. É assim que se compreende a maior preferência por Esparta que por Atenas, o elogio de Sócrates ou ainda de Catão e a indignação com o declínio da disciplina militar em proveito do amolecimento na arte ou na filosofia. A prosopopeia de Fabricius, que constitui o primeiro estrato do discurso escrito por Rousseau, leva o argumento ao limite: "Romanos, apressai-vos em derrubar esses anfiteatros;

---

37. Rousseau, "Discours sur les sciences et les arts", em *Oeuvres complètes*, Paris: Gallimard, t. i, 1959, p. 9.

quebrai esses mármores, queimai esses quadros; expulsai esses escravos que vos subjugam e cujas funestas artes vos corrompem. Que outras mãos se ilustrem por vãos talentos; o único talento digno de Roma é o de conquistar o mundo e de nele fazer reinar a virtude"[38]. No entanto, Rousseau não consegue aderir à iconoclastia de Fabricius, pois os povos civilizados e corruptos não podem voltar atrás, "evitemos concluir daí que hoje é preciso queimar as bibliotecas e destruir as universidades e as academias. Não faríamos senão mergulhar de novo a Europa na barbárie e os costumes nada ganhariam com isso"[39].

Devemos, pois, apreciar um paradoxo notável: o mais fervoroso crítico do Progresso é também o inventor do conceito de "perfectibilidade", que ele utiliza, aliás de maneira excepcional, no *Discurso sobre as origens e os fundamentos da desigualdade entre os homens*. Ao evocar o estado de natureza anterior aos progressos da civilização, Rousseau reflete sobre o que caracteriza propriamente a humanidade. Entre o homem e o animal, a diferença reside, mais ainda que na liberdade, na *perfectibilidade* ou "faculdade de se aperfeiçoar"[40]. O neologismo é criado por Rousseau (certamente antes de Grimm em sua *Correspondência literária*, de 1755) e conhecerá uma posteridade impressionante, de Condorcet a Auguste Comte[41]. A perfectibilidade é uma faculdade e, em certo sentido, a *faculdade das faculdades*, aquela que permitirá que todas as outras, em certas circunstâncias, se desenvolvam. Diferentemente da liberdade, a perfectibilidade insere o indivíduo na espécie. Graças a ela, toda aquisição pode ser conservada, melhorada e transmitida. A perfectibilidade, portanto, é a condição *sine qua non* da acumulação dos conhecimentos e das técnicas, é uma faculdade de aprendizagem que se transmite de geração a geração, associando o indivíduo à humanidade. A natureza humana, inclusive, só

---

38. *Ibid.*, pp. 14-5.
39. *Ibid.*, pp. 55-6. Desse ponto de vista, a conclusão de Rousseau frente a seus detratores não irá no sentido da prosopopeia, muito pelo contrário: "Deixemos assim as ciências e as artes suavizarem, de certo modo, a ferocidade dos homens que elas corromperam. Busquemos fazer um desvio sábio e tratemos de dar o troco às suas paixões. Ofereçamos alguns alimentos a esses tigres, a fim de que não devorem nossos filhos" (p. 56).
40. Rousseau, "Discours sur l'origine et les fondements de l'inégalité parmi les hommes", em *Oeuvres complètes*, Paris: Gallimard, t. III, 1964, p. 142.
41. Ver J.-P. Schandeler, "Condorcet et l'invention de la perfectibilité indéfinie", em B. Binoche (ed.), *L'Homme perfectible*, Seyssel: Champ Vallon, 2004, pp. 221-51.

se define por essa capacidade de aprendizagem e de mudança, como um processo dinâmico, e não como uma essência.

No entanto, o desenvolvimento das faculdades não é necessariamente um progresso. Tal é a tese provocadora de Rousseau e sua ironia devastadora: "Seria triste para nós sermos forçados a admitir que essa faculdade distintiva, e quase ilimitada, é a fonte de todas as infelicidades do homem; que ela, fazendo eclodir com os séculos suas luzes e seus erros, seus vícios e suas virtudes, o transforma, com o passar do tempo, no tirano de si mesmo e da natureza"[42]. A perfectibilidade é fonte de verdades *e* de erros, de virtudes *e* de vícios. Com isso, a questão é saber se o progresso dos conhecimentos é "uma compensação suficiente" dos males que os homens se infligem: desigualdades, servidão, guerras, miséria.

Claro que, sob alguns aspectos, a análise de Rousseau parece caricatural. D'Alembert ironizará, no "Discurso preliminar" da *Encyclopédie*, as fragilidades do *Discurso sobre as ciências e as artes*, que imputa às ciências os males causados por outros fatores políticos ou sociais:

> Talvez seja aqui o lugar de rechaçar as palavras que um escritor eloquente e filósofo lançou há pouco contra as ciências e as artes, acusando-as de corromper os costumes. Seria difícil concordar com sua opinião na abertura de uma obra tal como esta; e o homem de mérito de que falamos parece ter dado seu sufrágio ao nosso trabalho pelo zelo e o sucesso de sua contribuição. Não lhe reprovaremos de modo algum ter confundido a cultura do espírito com o abuso que se pode fazer dela; ele certamente nos responderia que esse abuso é inevitável. Mas o convidaremos a examinar se a maior parte dos males que ele atribui às ciências e às artes não se deve a causas muito diferentes, cuja enumeração seria aqui tanto longa quanto delicada. As letras contribuem certamente para tornar a sociedade mais amável; seria difícil provar que os homens são com isso melhores, e a virtude mais comum. Mas esse é um privilégio que se pode disputar com a própria moral. Para dizer ainda mais, será que caberia proscrever as leis porque seu nome serve de abrigo a alguns crimes, cujos autores seriam punidos numa república de selvagens? Enfim, se fizéssemos aqui uma declaração desfa-

---

42. Rousseau, *Discours sur l'origine...*, op. cit., p. 142.

vorável aos conhecimentos humanos, o que está muito longe de nós, e sobretudo se acreditássemos que se ganharia com destruí-los, os vícios permaneceriam e teríamos ainda mais ignorância.

Condorcet, por sua vez, vai deplorar, no seu *Esboço*, que Rousseau tenha se iludido com uma falsa representação da causalidade histórica: em realidade, "a liberdade, as artes, as luzes, contribuíram para a suavização e o melhoramento dos costumes"[43]. Mas o fato é que Rousseau, nos seus dois *Discursos*, teve o imenso mérito de perceber o que será doravante o objeto em questão das polêmicas de toda a segunda parte do século XVIII, ele está consciente dos perigos daquilo que será chamado por Mirabeau, somente um ano após a publicação do segundo *Discurso*, de "civilização"[44].

A DIALÉTICA NEGATIVA DA CIVILIZAÇÃO

De fato, mais ainda que o "progresso", o objeto principal da análise dos filósofos das Luzes na segunda metade do século é a "civilização", isto é, o processo pelo qual os povos passam de um estado selvagem ou bárbaro a um estado civilizado. Após o providencialismo (Bossuet) e antes das filosofias da história (Condorcet, Hegel, Marx, Comte...), Montesquieu, Turgot e Rousseau criam, por volta de 1750, um novo gênero filosófico, o da evolução da humanidade que se civiliza – gênero que terá seu coroamento nos teóricos da escola histórica escocesa, como Adam Ferguson, Adam Smith ou John Millar. Em vez de atribuir-lhes uma visão ingênua do progresso inspirada em teodiceias mais ou menos secularizadas, cumpre reconhecer sua preocupação empirista de conceber a evolução da humanidade à luz de sua relação fundamental com a natureza.

Assim, em *O espírito das leis*, Montesquieu atribui ao modo de subsistência um papel determinante na evolução das sociedades[45]. O mecanismo da cultura enraíza-se primeiramente na natureza animal do homem, que

---

43. Condorcet, *op. cit.*, pp. 146-7.
44. Ver especialmente J. Starobinski, "Le mot civilisation", em *Le Remède dans le mal*, Paris: Gallimard, 1989; G. Benrekassa, "Civilisation, Civilité", em M. Delon (ed.), *Dictionnaire européen des Lumières*. Paris: PUF, 1997, pp. 219-24.
45. R. L. Meek, *Social Science and the Ignoble Savage*, Cambridge: Cambridge University Press, 1976.

deve se alimentar e se reproduzir. É a evolução dos modos de subsistência que permite pensar o processo de civilização como passagem das sociedades "selvagens" e "bárbaras", de caçadores-coletores ou pastores, às sociedades civilizadas, compostas de agricultores e depois também de comerciantes. Do mesmo modo, Montesquieu mostra como as instituições (propriedade, direito, governo) emergem de maneira gradual a partir da relação com a natureza[46]. O livro XVIII de *O espírito das leis* esboça uma forma de gênese naturalista das instituições políticas que permite explicar sua complexidade sem recorrer a uma teoria abstrata e idealista do progresso[47].

Duas dimensões parecem se introduzir com a emergência do conceito de civilização, a de um *devir histórico comum* às diferentes nações e a de um *devir orientado*, para o melhor ou para o pior, em direção a um fim. A emergência do conceito de civilização supõe a ideia de um fio condutor *das* histórias, se não da História, isto é, de uma trajetória que as nações supostamente devem percorrer por menos que as circunstâncias físicas ou morais se prestem a isso. Em virtude desse fio condutor, os povos podem ser concebidos comparativamente ou mesmo hierarquicamente, segundo seu lugar no desdobramento da civilização. O contraste entre um suposto estado primeiro (selvageria, barbárie) e um estado final (civilizado) requer uma reflexão genética, centrada nas etapas supostas e nas causas conjeturais da evolução. Sendo assim, toda uma paleta de concepções pode ser concebida entre a civilização como *projeto* racional e a civilização como *processo* gradual que leva as sociedades, segundo as circunstâncias, da barbárie à civilização.

Ora, a ideia de um processo típico de civilização, capaz de opor às nações europeias nações selvagens ou bárbaras, pode parecer tão perigosa quanto a ideia de progresso. Seria a razão das Luzes intrinsecamente hegemônica, colonialista ou mesmo racista, como se escreveu recentemente[48]? A Europa civilizada, que desde a descoberta da América e o começo

---

46. Sobre esse processo, permito-me remeter ao Capítulo 3 de meu livro *Montesquieu. Pouvoirs, richesses et sociétés*, Paris: PUF, 2004 (reed. Hermann, 2011).
47. Ver. C. Spector, "Sciences des moeurs et théorie de la civilisation: de *L'Esprit des lois* de Montesquieu à l'école historique écossaise", em B. Binoche (ed.), *Les Équivoques de la civilisation*, Seyssel: Champ Vallon, 2005, pp. 136-60.
48. Ver G. Spivak, *A Critique of Postcolonial Reason. Towards a History of the Vanishing Present*. Cambridge: Harvard University Press, 1999, cap. 1; D. Gordon (ed.), *Postmodernism and the Enlightenment*, London: Routledge, 2001; Daniel Carey e Lynn Festa (eds.), *The Postcolonial Enlightenment. Eighteenth-Century Colonialism and Postcolonial Theory*, Oxford: Oxford University Press, 2009.

do empreendimento colonial é a maior potência do mundo, a Europa que ficou famosa pelo massacre dos ameríndios e se comprometeu com o tráfico de escravos, considera-se como dotada de uma superioridade de "civilização" que justificaria sua hegemonia mundial?

O próprio Montesquieu nem sempre parece escapar ao risco de etnocentrismo. Em seu discurso inaugural pronunciado na Academia de Bordeaux, *Sobre os motivos que devem nos encorajar às ciências* (1725)[49], ele aborda assim a questão da diferença entre as grandes nações e os povos "selvagens" da América: uns se aplicaram às artes e às ciências, os outros as negligenciaram. Segundo ele, os astecas e os incas teriam feito melhor se fossem mais cartesianos:

> Se um Descartes tivesse vindo ao México ou ao Peru cem anos antes de Cortés e de Pizarro e tivesse ensinado a esses povos que homens como eles não podem ser imortais, que as molas de sua máquina se desgastam como as de todas as máquinas, que os efeitos da natureza não passam de uma sequência das leis e das comunicações dos movimentos, Cortés, com um punhado de homens, jamais teria destruído o império do México, nem Pizarro o do Peru[50].

O genocídio dos ameríndios, portanto, seria em parte o efeito da ignorância de um princípio de filosofia; o desconhecimento do mecanismo seria a verdadeira causa do triunfo sanguinário dos conquistadores. A superioridade espanhola e portuguesa não era técnica (astecas e incas, afinal, dispunham de armas do nível dos gregos e dos romanos). Nenhuma "vantagem", propriamente falando, faltava aos ameríndios. A superioridade era, em certo sentido, "civilizacional": "Como se explica então que eles foram tão facilmente destruídos? É que tudo que lhes parecia novo, um homem barbudo, um cavalo, uma arma de fogo, era para eles o efeito de um poder invisível ao qual se julgavam incapazes de resistir"[51]. Tal é a lição "culturalista" de Montesquieu no que se refere à superioridade do

---

49. Montesquieu, *Sur les motifs qui doivent nous encourager aux sciences*. Ver igualmente *Mes Pensées*, n. 1263.
50. Montesquieu, *Oeuvres et écrits divers I*, sob a direção de P. Rétat, Oxford: Voltaire Foundation, Nápoles: Instituti Italiano per gli Studi Filosofici, 2003, p. 463, ortografia e pontuação modernizadas. Ver M. Moscher, "On Conquest: Three Cartesian Heroes and Five Good Enough Empires", em *Revue Montesquieu*, n. 8, 2005-2006, pp. 81-110.
51. *Ibid.*, p. 497.

naturalismo moderno: a civilização não se reduz às ciências e às técnicas; tem a ver com o uso delas num sistema de crenças, numa visão do mundo.

No entanto, Montesquieu jamais transforma sua teoria dos modos de subsistência em teoria evolucionista da evolução, apelando à difusão das luzes sobre os continentes ainda não "esclarecidos" – como há de querer especialmente Condorcet. Assim se justifica o julgamento de Auguste Comte, para quem Montesquieu não inventou, precisamente, a filosofia do progresso[52]. Caberá a Condorcet considerar a civilização e o progresso no seio de uma verdadeira filosofia da história. O progresso será então o que se pode *prever* e *planejar*, graças a uma educação adequada e à orientação pertinente das ciências sociais. Ele se tornará uma forma de religião da humanidade, associada a uma arte social que busca restringir a desigualdade entre as sociedades e assegurar a todos o usufruto dos direitos do homem.

À guisa de conclusão, portanto, eu gostaria de recusar a visão caricatural das Luzes que nos é proposta, seja para criticá-la (com frequência), seja para incensá-la (às vezes). Aos que denunciam o projeto das Luzes por seu universalismo hegemônico ou seu racionalismo ingênuo, devemos responder que os principais filósofos do século XVIII (e poderíamos aqui citar muitos outros) não são culpados de tal ingenuidade nem de tal etnocentrismo[53]. Se existe de fato um "Projeto das Luzes"[54], apesar das controvérsias profundas que separam os principais filósofos da época, é que os princípios comuns de luta contra as autoridades e os preconceitos, contra o despotismo e o fanatismo, supõem ou uma teoria geral dos progressos do espírito humano (como no *Ensaio sobre os costumes*, de Voltaire), ou uma teoria gradualista da civilização (como em *O espírito das leis*). Mas em nenhum desses dois casos se trata de incensar uma razão hegemônica prestes a colonizar o mundo para melhor educá-lo, ou então de apostar, com a fé de um carbonário, na conjunção mecânica do progresso científico e técnico e do progresso moral e político.

---

52. A. Comte, "Cours de philosophie positive", em *Oeuvres complètes*, t. IV, Paris, 1893 (reimp. Paris: Anthropos, 1969, 47ª lição, p. 193, p. 196).
53. Ver A. Pagden, *The Enlightenment, and Why It Still Matters*. New York: Random House, 2013; D. C. Rasmussen, *The Pragmatic Enlightenment*. Cambridge: Cambridge University Press, 2014.
54. R. Wokler, "The Enlightenment Project and its Critics", em Sven-Eric Liedman, *The Postmodern Critique of the Project of the Enlightenment*, Amsterdã: Rodopi, 1997, pp. 18-9; "The Enlightenment Project as Betrayed by Modernity", *History of European Ideas*, 24.4-5, 1998, pp. 302-3.

Nesse sentido, os críticos reacionários das Luzes (na esteira de Leo Strauss), progressistas (como Charles Taylor) ou marxistas (como Adorno e Horkheimer) não viram o essencial: Rousseau não foi o único a ser "crítico moderno da modernidade", mesmo se desempenhou esse papel com garbo. Desde o início, os filósofos das Luzes pensaram a ambivalência fundamental do processo de civilização e o risco perpétuo de sua regressão em barbárie. Conscientes da necessidade da razão, que torna os homens menos ferozes e dissolve os preconceitos destruidores, eles não quiseram valorizar a simples razão instrumental nem apostar de maneira vã no ideal, mas sim determinar de forma empirista a evolução gradual das sociedades, ancorando-as em sua relação com a natureza, e não na graça divina. A ambição deles não era cândida como o "tudo está bem" de Alexander Pope ou o otimismo sistemático de Pangloss [personagem de Voltaire], inspirado em Leibniz e varrido pelo terremoto de Lisboa. Longe de contar com um desígnio providencial da história ou com um progresso homogêneo, uniforme e irreversível, a maior parte desses filósofos quis lutar para manter vivas as sociedades livres da Europa, sempre tão *fragilmente* civilizadas.

A política desconstruída: a guerra de facções e seus outros
Newton Bignotto

Stefan Zweig classifica, em seu livro testamento *O mundo de ontem*, as décadas anteriores à Primeira Guerra Mundial como "um mundo da segurança". Procurando descrever o que acreditava ser a visão de mundo dominante nesses tempos, ele afirma:

> Mas, agora, não era mais do que uma questão de algumas décadas antes que os últimos restos de mal e de violência fossem definitivamente eliminados e essa fé em um progresso ininterrupto, irresistível, tivesse para esse século a força de uma verdadeira religião. Acreditava-se no progresso mais do que na Bíblia e seu Evangelho parecia irrefutavelmente demonstrado pelos novos milagres cotidianos da ciência e da técnica[1].

Tendo experimentado a estabilidade de um mundo governado pela ideia de progresso, Zweig soube como poucos entender a devastação que ocorria à sua volta em amplos setores da vida pública. Viveu em toda sua radicalidade o desmoronamento das instituições políticas e do mundo moral, que fez a ponte entre a violência extrema do primeiro conflito mundial e o início da Segunda Guerra Mundial. Espectador e ao mesmo tempo ator privilegiado do que acontecia na Europa, o escritor traçou um retrato profundo e angustiado do cenário de decomposição dos valores e

---

1. Stefan Zweig, *Le Monde d'hier*, Paris: Gallimard, 2013, p. 27.

princípios que regeram, talvez de forma ilusória, as gerações que precederam o momento da catástrofe que forjou o rosto do século XX.

Zweig talvez tenha sido ingênuo ao descrever o mundo que precedeu as grandes guerras, mas foi extremamente arguto ao perceber, ainda no começo da segunda década do século XX, o rumo que a Europa ia tomando diante do solapamento das bases do que constituíra até então a estabilidade de suas instituições. De maneira muitas vezes intuitiva, ele soube perceber o processo de desconstrução da política, que se fazia anunciar pela falência do mundo jurídico, pela violência que entranhava os poros da sociedade e corroía as relações interpessoais, pela radicalização e rápida expansão dos discursos de exclusão e das ideologias racistas.

Muitos dos traços que o escritor viu na desconstrução da política em sua época enxergamos hoje em várias de nossas sociedades. A violência permeia cada vez mais o tecido social; os partidos, que sempre foram o esteio das práticas parlamentares, parecem desprovidos de sentido; grupos armados ligam-se a líderes demagógicos; e a justiça torna-se ela mesma partidária, contaminando o equilíbrio das instituições. É claro que a crise que nos atinge tem suas especificidades. O Brasil, com sua pouca experiência democrática, parece particularmente exposto ao esfacelamento da vida política, embora não seja naturalmente o único país a estar vivendo uma situação perigosa. Seja como for, é visível o sentimento de que o país se encontra em uma encruzilhada e não parece ter os instrumentos jurídicos, políticos e morais para sair dela.

É preciso ser cauteloso com o recurso a analogias históricas, pois certamente o cenário internacional não é o mesmo daquele em que viveu Zweig na primeira metade do século passado e nada indica que a crise atual das democracias terá como resultado um conflito armado mundial. Se não podemos deduzir o que acontecerá com nossas sociedades à luz do que se deu no passado, podemos, no entanto, tomar como tarefa fazer no âmbito do pensamento o mesmo que Zweig fez no âmbito da literatura: pensar o que acontece no interior das sociedades que assistem à desconstrução de sua vida política.

Para tanto, inicialmente apresentaremos três tópicos conceituais que de alguma maneira lidam com o problema que nos interessa. Em primeiro lugar, retornaremos à ideia de progresso e à maneira que ela lida com a destruição dos vínculos políticos – e que ficou conhecida desde a Revolução Francesa como a fase do Terror. Até hoje, a tópica do progresso embala as esperanças daqueles que desde o século XVIII acreditam na marcha inexorável da razão e de seus produtos mais reluzentes, mesmo quando o presente parece apontar para a possibilidade de prevalência do império da desrazão e da pura violência, como ocorreu em tantos momentos da história contemporânea. Em segundo lugar, abordaremos o conceito de "estado de exceção", que pensadores contemporâneos apresentaram com uma espécie de remédio para os males que afligem as sociedades em crise graves que ameaçam fazê-las desmoronar. Em terceiro lugar, vamos nos ocupar de um antigo medo que ronda a política desde a Antiguidade: a guerra civil. Esse caso extremo de dissolução da vida em comum serviu e ainda serve como um referencial para muitos pensadores que se ocuparam de nosso tema.

Os três modelos citados são preciosos para ajudar a construir um quadro mais claro dos riscos que corremos, mas nenhum deles nos parece capaz de apresentar com clareza a dinâmica interna das sociedades no momento mesmo em que elas experimentam o colapso de sua vida política. Para tentar melhorar nossa compreensão da desconstrução da política que define o quadro atual da crise pela qual passam países como o Brasil, recorreremos à noção de guerra de facções, que acreditamos ser o melhor instrumento conceitual para esclarecer alguns aspectos da falência da vida em comum em regimes democráticos, antes que a crise tenha um desfecho que talvez seja sem volta para todos os envolvidos.

A ESPERANÇA NO PROGRESSO

No final de março de 1794, o marquês de Condorcet, que para muitos era o último dos grandes iluministas, deixou seu esconderijo na rua des Fossoyeurs, no coração de Paris, para tentar escapar da ordem de prisão decretada pelo Comité de Sûreté Générale em 8 de julho de 1793, que provavelmente significaria sua morte. Ele estivera escondido por meses e aproveitou o tempo durante o qual não podia se aventurar pelas ruas da cidade que tanto amava e na qual havia construído a reputação de homem de ciência e revolucionário para redigir um dos últimos grandes livros forjados no âmbito do século das Luzes[2]. Recluso e com medo, ele não deixou de acreditar nas ideias que haviam estado no centro de toda sua vida de reflexão.

Condorcet expressou de forma lapidar a crença na ideia de progresso, mesmo quando sua vida esteve ameaçada e a vida política ruía de forma evidente[3]. O estabelecimento do poder jacobino significou para ele o fim da possibilidade de ver a vitória de suas ideias, com a Revolução substituída pela adoção da constituição pela qual tanto lutara. De fato, já havia muito tempo que, com outros revolucionários, ele militava para "parar" a Revolução, o que significava, a seus olhos, a passagem para uma nova etapa do desenvolvimento humano. Mas, para ele, o aparente fracasso do processo de transformação da sociedade francesa não significava de maneira alguma o fim da marcha do que chamava de "espírito humano". Como resume Alain Pons: "Trata-se de discernir as linhas do progresso dentre as quais algumas são mais nítidas e identificáveis que outras, aparecem mais cedo ou mais tarde, aceleram ou desaceleram"[4]. Essa maneira de raciocinar acompanha Condorcet ao longo de suas observações sobre todas as épocas. Fascinado pelo uso das matemáticas, ele acreditava que a combinação entre a ideia de progresso e o uso de métodos racionais poderia tornar a previsão dos acontecimentos sociais algo muito próximo do cálculo das outras ciências[5]. Já no final de seu escrito, ele afirma:

> Nas ciências políticas há uma ordem de verdades que, sobretudo nos povos livres (quer dizer, em algumas gerações em todos os povos), só podem ser úteis quando são conhecidas por todos. Assim a influência do progresso das ciências sobre a liberdade, sobre a prosperidade das nações, deve em alguma medida ser mensurada pelo número dessas verdades que, pelo efeito da instrução elementar, devem ser comuns a todos os espíritos[6].

2. Elisabeth Badinter e Robert Badinter, *Condorcet*, Paris: Fayard, 1988, pp. 664-70.
3. Condorcet, *Esquisse d'un tableau historique des progrès de l'esprit humain*, Paris: Garnier-Flammarion, 1988.
4. Alain Pons, "Introduction", em: Condorcet, *op. cit.*, pp. 44-5.
5. Ver, a esse respeito, a coletânea de textos de Condorcet, precedida por uma série de comentários, organizada por Roshdi Rashed: Condorcet, *Mathématique et société*, Paris: Hermann, 1974. Ver também: G, Granger, *La mathématique sociale du marquis de Condorcet*, Paris: PUF, 1956.
6. Condorcet, *op. cit.*, p. 290.

O período conhecido como o Terror, que terminou com a execução dos principais líderes revolucionários, lançou a França numa espiral de violência que marcou a história política da modernidade[7]. Embora descreva um curto período, a expressão serviu a partir de então para designar uma série de acontecimentos que marcaram o panorama da contemporaneidade. O que nos interessa aqui, no entanto, não é o estudo dos desdobramentos futuros dos atos praticados naqueles anos terríveis, mas a maneira como um arauto do progresso o pensou e viveu. Condorcet permaneceu recluso enquanto redigia seu texto, mas, em março de 1794, na esperança de fugir de seu destino, tentou abandonar Paris. Feito prisioneiro, acabou morrendo sem que as circunstâncias exatas de sua morte tenham sido totalmente esclarecidas[8]. Em certo sentido, importa menos seu destino trágico do que a maneira como ele tentou pensar os tempos extraordinários que colocaram fim a seus sonhos de revolucionário e à sua vida.

Os anos sombrios aos quais nos referimos já foram objeto de uma imensa bibliografia[9]. Dificilmente podemos compará-los aos momentos de crise pelos quais estão passando muitos países na atualidade, o Brasil em particular. O que interessa é saber de quais ferramentas teóricas dispomos para pensar a política, quando ela parece se decompor e obliterar a noção mesma de futuro. A quem e a que ideias recorrer quando as instituições estão falindo e os analistas mais perspicazes parecem perdidos? Condorcet viveu na pele o desespero de uma situação que lhe parecia pessoalmente sem saída, mas acreditou até o fim que as dificuldades do presente não significavam o fim do progresso da humanidade, que lhe parecia infinito. "Confrontado a essas perspectivas grandiosas", afirma o casal Badinter, "seu destino pessoal é reduzido à sua dimensão minúscula"[10].

Condorcet sintetiza aos nossos olhos uma primeira maneira de abordar analiticamente as crises políticas agudas, que parecem colocar em risco todo o edifício político. Confiante na noção de progresso, como foram tantas gerações depois dele, ele não consegue se distanciar de seu otimismo histórico, mesmo no momento em que sua vida pessoal desmorona.

---

7. David Andress, *O Terror. guerra civil e Revolução Francesa*, Rio de Janeiro: Record, 2009.
8. Elisabeth Badinter e Robert Badinter, *op. cit.*, p. 697.
9. Ver: Keith Michael Baker (org.), *The French Revolution and the Creation of Modern Political Culture. The Terror*, v. 4, Oxford: Pergamon, 1994.
10. Elisabeth Badinter e Robert Badinter, *op. cit.*, p. 665.

Tudo se passa como se o momento político no qual vivia não pudesse ser pensado como algo que fizesse parte da marcha da história, mas apenas como um interregno infeliz. Abraçando com todas as forças a ideia de progresso, ele não apenas não foi capaz de sobreviver à tormenta que se abateu sobre a França, mas também não soube pensar com argúcia a especificidade do momento que o tragou. Para ele, tratava-se de algo extraordinário, mas que seria superado pela ideia de um progresso que apontava sempre para um futuro radioso. Olhando seu tempo conturbado com olhos otimistas voltados para o que viria inexoravelmente a acontecer, ele viveu sua época com intensidade, mas não foi capaz de transformar em conceitos o espaço de tempo que estamos chamando de "política desconstruída". Para ele, tratava-se apenas de um momento que não poderia mudar a história – senão a daqueles que, como ele, viram-se no meio de um redemoinho terrível, que destruiria sua vida, mas não as conquistas da modernidade científica e técnica.

Ainda somos herdeiros de Condorcet e de sua fé no progresso da ciência e da técnica. Cientistas políticos e sociais elevaram a crença em métodos quantitativos ao *status* de dogma irrefutável. Calcular o que acontecerá depende apenas de saber escolher corretamente as variáveis e os métodos para tratar os dados recolhidos no momento atual. Em outra chave, a destruição dos laços políticos e sociais parece poder ser pensado por meio da descoberta dos princípios que regem as instituições. Pensar a natureza de uma crise política é, antes de tudo, pensá-la a partir de uma mecânica institucional que assinala a posição dos principais atores políticos e a maneira como se comportam. Se soubermos descobrir a posição de cada ator e sua forma de agir na cena pública, poderemos deduzir os rumos do processo histórico.

Essa maneira de analisar processos sociais complexos rendeu bons frutos para os cientistas sociais e políticos, mas não parece ser capaz de desvendar o sentido mais profundo dos acontecimentos que marcam a desconstrução da política. Premidos pela ideia de que é sempre possível descobrir a racionalidade implícita dos processos sociais e de que podemos aprender com o passado, uma vez que uma forma atenuada da crença na ideia de progresso garante que não iremos regredir, muitos analistas se lançam num jogo frenético de análises que, na maior parte das vezes, apenas frustra a expectativa dos que anseiam por entender o nexo dos acontecimentos presentes. Essa forma otimista de olhar para o presente e seu suposto vínculo com o futuro pode servir como vetor de um apaziguamento temporário de nossas angústias, mas dificilmente esclarece o sentido mais radical da crise vivida como tragédia. Podemos, como Condorcet, permanecer otimistas na tempestade, mas essa postura não significa que saibamos para onde a tormenta está se dirigindo.

A INSUPORTÁVEL TENSÃO DO "ESTADO DE EXCEÇÃO"

A segunda via para se pensar os momentos em que a política se descontrói é aquela dos teóricos do "estado de exceção". Esse tema tem frequentado os noticiários brasileiros e tornou-se mais conhecido com as incursões de Agamben no pensamento de Carl Schmitt[11]. O autor italiano contribuiu para fazer circular o tema em meios diferentes daquele da teoria do direito e da filosofia política, mas lhe agregou uma interpretação radical, que muitas vezes está na raiz de confusões que reinam nos meios de comunicação e mesmo em debates eruditos. Procurando compreender a crise profunda e duradoura pela qual passam as sociedades contemporâneas ocidentais, Agamben chega a afirmar que "o estado de exceção tende cada vez mais a se apresentar como o paradigma de governo preponderante na política contemporânea"[12]. Isso, segundo ele, vale para regimes ditatoriais, mas ameaça corromper até mesmo a estrutura governativa de democracias, que são obrigadas a se ajustar a períodos de necessidade recorrendo a procedimentos que poderíamos chamar de excepcionais.

A tópica do estado de exceção parece aos poucos se sobrepor à da crise. Embora talvez essa não tenha sido a intenção do pensador italiano, que fornece análises bastante sofisticadas do aparecimento e do uso desse conceito, o certo é que gradualmente ele vai se sobrepondo a todos os outros e ocupando o papel de noção síntese de nosso tempo. Em um ensaio dedicado ao conceito de crise, Claude Lefort observou que essa noção fez parte do arsenal teórico da modernidade e da contemporaneidade até se diluir num imaginário totalizante, que pretendia conferir sentido ao que

---

11. Giorgio Agamben, *Stato di Eccezione*, Torino: Bollati Boringhieri, 2004.
12. *Ibid.*, p. 11.

escapava da razão iluminista[13]. A ideia de que passamos a viver cada vez mais em um estado de exceção é sedutora exatamente por fornecer uma linguagem para nossos problemas, linguagem que deixa para trás uma noção que se esgotou e passa a se referir à quase totalidade das experiências políticas de nosso tempo. O que cabe perguntar é se o uso amplificado desse conceito serve de fato para aumentar a compreensão dos momentos de ruptura institucional e mesmo civilizacional que vivemos de forma repetitiva em nossas sociedades.

Para examinar essa hipótese, vale a pena retornar, ainda que brevemente, a um dos textos mais importantes de Carl Schmitt, no qual ele expõe de maneira direta seu pensamento sobre a questão. Trata-se de um dos capítulos iniciais de seu livro *Teologia política*[14]. Antes de oferecer uma apresentação rigorosa do problema, Schmitt já havia feito uma incursão importante na questão em seu livro consagrado à ditadura e suas formas[15]. Nele, o jurista procura dar conta não apenas da definição da ditadura como uma forma corrente de governo, mas também de como ela se insere desde a Antiguidade romana dentro da linguagem e da prática de governo correntes no Ocidente. Com isso, o autor acaba por banalizar o uso do conceito, levando a crer que o recurso ao governo ditatorial é uma saída possível para os impasses que corroem a vida política em muitos momentos da história. Crises como a que enfrentamos no Brasil, por exemplo, parecem sugerir que talvez seja necessário pensar em soluções extremas, que poderiam ser as únicas que possibilitariam engendrar saídas para uma situação que parece escapar do controle dos principais atores políticos.

O pensamento de Schmitt autoriza em alguma medida a aproximação entre as noções de estado de exceção e de ditadura soberana. Em que pese o fato de que há proximidade evidente entre as duas noções, perderíamos muito do vigor das ideias desse autor se simplesmente fizéssemos o amálgama dos dois conceitos. Com efeito, o recurso à noção de estado de exceção vai de par com a ideia de que o surgimento do Estado moderno alterou a maneira como a política deve ser concebida. Se há aí traços de continuidade, é importante recorrer a uma definição precisa da natureza

---

13. Claude Lefort, "O imaginário da crise", em Adauto Novaes (org.), *A crise da razão*, São Paulo: Companhia das Letras, 1996, p. 28 ss.
14. Carl Schmitt, *Théologie politique*, Paris: Gallimard, 1988.
15. Carl Schmitt, *La Dictature*, Paris: Éditions du Seuil, 2000.

do Estado para que o recurso às tópicas do pensamento político antigo não se revele ilusório. É partindo desse ponto que Schmitt chega à sua famosa formulação: "É soberano o que decide o estado de exceção"[16]. Tal abordagem da questão da soberania parte da ideia de que essa é sua significação mais radical. Ou seja, se podemos atribuir ao soberano uma série de prerrogativas, dentre as quais está a de propor leis ao corpo político, é no momento em que se encontra ameaçado por fatores que não podem ser contidos pelos mecanismos institucionais habituais que o soberano se depara com a mais radical de suas funções: reconhecer que se está diante de um caso de exceção. Nesse contexto, não podemos esquecer que, para Schmitt, a lei é produto de uma decisão e é isso que lhe confere seu caráter de fundamento do corpo político. Distante dos positivistas jurídicos de seu tempo, Kelsen em primeiro lugar, Schmitt pretende compreender o Estado moderno como uma forma política que retira sua força do fato de estar calcada em uma decisão que a faz existir no momento mesmo em que se encarna em um conjunto de normas e instituições. Como afirma o jurista, "Mesmo a ordem jurídica repousa, como qualquer ordem, sobre uma decisão, e não sobre uma norma"[17].

Nesse quadro, balizado pela noção de decisão, Schmitt questiona qual seria a competência mais radical do soberano, questão que ele mesmo responde: "Ele decide tanto sobre a existência de um caso de necessidade extrema quanto das medidas que devem ser tomadas para colocar-lhe um fim. Ele está à margem da ordem jurídica normalmente em vigor, estando ao mesmo tempo submisso a ela, pois lhe cabe decidir se a Constituição deve ser suspensa em sua totalidade"[18]. O estado de exceção é, portanto, uma ruptura da norma jurídica cujo objetivo é preservá-la. A questão é saber quem pode dizer que a Constituição está ameaçada a ponto de valer a pena suspendê-la para que ela possa ser mantida. Na lógica do pensamento de Schmitt, apenas o soberano pode ter tal prerrogativa, pois, caso contrário, a decretação do estado de exceção se tornaria uma ferramenta da política dos partidos, servindo ela mesma como ponta de lança da transformação das condições da vida política e como foco de instabilidade permanente.

16. Carl Schmitt, *Théologie politique, op. cit.*, p. 15.
17. *Ibid.*, p. 20.
18. *Ibid.*, p. 17.

O aspecto mais importante dessa doutrina de suspensão do direito como método de conservação da ordem constitucional é que ela aponta para uma região da vida política cujas fronteiras não podem ser demarcadas com base em dados objetivos. Se o soberano não pode recorrer à suspensão da Constituição a cada dificuldade do corpo político, pois isso retiraria da medida seu caráter excepcional, também não pode se valer de uma mensuração objetiva dos fatos para determinar o momento exato em que a medida deve ser tomada. Por isso, Schmitt fala o tempo todo em decisão. Sinteticamente, afirma: "Não existe norma que se possa aplicar a um caos. É necessário que a ordem seja estabelecida para que a ordem jurídica tenha sentido"[19]. Nessa fronteira entre a ordem e o caos, apenas uma decisão do soberano é capaz de retirar o corpo político do impasse no qual se encontra. Tentar preservar o direito por meio de sua suspensão implica obviamente um grande risco, pois é nesse território que habitam as formas autoritárias e não constitucionais de governo e também é nele que nascem as guerras civis, como veremos adiante. Schmitt, no entanto, não teme essas consequências, pois, para ele, o estado de exceção se justifica exatamente pelas razões que o fazem existir. A circularidade evidente dessa forma de pensamento é quebrada pelo fato de que a decisão introduz um fator ao mesmo tempo interno e externo à vida política, que permite pensar que ela pode ser mantida se se passar a agir em conformidade com os riscos que corre, em determinados momentos, da pura e simples dissolução.

A pergunta que cabe fazer é se o processo de degradação da política, que nos interessa, pode ser compreendido a partir do conceito de estado de exceção, como querem alguns pensadores e atores políticos contemporâneos. À luz do que acabamos de lembrar, o recurso a essa noção pode iluminar a natureza de algumas crises radicais pelas quais passam os Estados modernos e as soluções que se buscam para enfrentá-las ou minorá-las. Ao mesmo tempo, é preciso ver se o recurso a essa tópica de pensamento alarga nossa compreensão do mecanismo social e político que está na raiz da degradação da vida política. Ora, se, como vimos, é a decisão do soberano que desencadeia o mecanismo de instauração do estado de exceção, não há razão para pensar que a existência de tal estado

19. Ibid., p. 23.

na história de determinado país seja em si mesma uma explicação para o processo de degradação e desconstrução da política. Do ponto de vista dos que vivem em um Estado cujas instituições se degradam, a decretação do estado de exceção é um sinalizador inequívoco, sobretudo quando ele está previsto na Constituição – como era o caso na Alemanha durante a República de Weimar –, de que a vida política está ameaçada em suas estruturas fundamentais. Mas, se esse ato é fruto de uma decisão, como quer Schmitt, observar sua simples ocorrência não é um caminho para compreender o processo que levou à decadência das instituições.

Podemos dizer, portanto, que o estado de exceção é da ordem dos fatos. Ele aponta para a ruptura dos limites da ordem constitucional. Nesse sentido, é uma ferramenta interessante para nos levar a pensar a natureza das formas constitucionais modernas e seu funcionamento em tempos de crise. Mas ele se apresenta como uma solução, como uma maneira de lidar com uma situação extrema, e não como um mecanismo analítico que descortina o processo por vezes lento de destruição da Constituição. Em sua radicalidade, a existência do estado de exceção serve para nos alertar para a possibilidade de uma ruptura definitiva dos laços políticos, que é a guerra civil. Ao mesmo tempo ele se mostra insuficiente para esclarecer o desenrolar da vida política no momento em que ela dá sinais de poder ser tragada pelo caos.

OS ABISMOS DA GUERRA CIVIL

Poucos acontecimentos apavoram mais os habitantes de um corpo político que a perspectiva de ver os laços que unem os cidadãos em torno de um conjunto de leis, ou de um soberano, se desfazerem de uma forma que parece definitiva. A esse evento desastroso, costumamos dar o nome de guerra civil. Ela existiu no passado e devasta áreas do planeta ainda hoje, como na Síria, que vê um conflito que parece sem saída destruir inteiramente o país. Essa teria sido a experiência vivida, por exemplo, pela Inglaterra no século XVII, quando a monarquia ruiu sob o peso das intensas disputas internas que rasgaram as antigas instituições e abriram espaço para a criação de um novo mundo[20]. Thomas Hobbes viveu esse

---

20. Ver, a esse respeito, Eunice Ostrensky, *As revoluções do poder*, São Paulo: Alameda, 2006.

evento como uma tragédia e não cessou de se inquietar sobre a possibilidade que ronda toda forma política de ser tragada pela dissolução de seus mecanismos de poder, únicos capazes de assegurar a paz e a segurança que, segundo ele, são os objetivos maiores de toda associação política. Em um de seus últimos escritos, o *Behemoth*, o filósofo trata do período da guerra civil e culpa o clero pelos acontecimentos que resultaram na morte do rei[21]. No prefácio à edição brasileira, Renato Janine Ribeiro resume:

> Com isso, o que pretendi firmar é um ponto, aquele para o qual o *Behemoth* decididamente contribui: a guerra de todos contra todos não é simples desordem, não é mera carência de ordem. Ela é produzida pela existência, no interior do Estado, de um partido. O conflito intestino não resulta da falência do Estado. Não é efeito de uma falha ou falta. Ele é consequência da ação de um contrapoder, que se move nas sombras, e que é o de um clero desobediente. (Mas todo clero tende a ser desobediente)[22].

O que a obra de Hobbes nos ajuda a ver, e que Renato Janine Ribeiro tão bem sintetizou, é que não há na ocorrência da guerra civil um mistério insondável, que não poder ser pensado. Ao contrário, trata-se de um acontecimento que faz parte das possibilidades inscritas na história das sociedades políticas, pois elas nada têm de eternas, elas são, para o filósofo, artifícios, "deuses mortais", que são o tempo todo ameaçados por aqueles que delas deveriam se beneficiar. Por isso, o estado de natureza, que parecia apontar para a pré-história da humanidade, encontra-se no seio mesmo dos corpos políticos. Se, do ponto de vista conceitual, podemos dizer que se trata de um artifício teórico, ele é eficaz por apontar para algo que pode ocorrer em todos os momentos da história. Como afirma Janine Ribeiro: "Daí que seja a guerra civil o verdadeiro estado de natureza, a genuína ameaça a todos nós, ou pelo menos aquilo contra o que Hobbes escreve"[23].

Aceitas as ponderações anteriores, somos levados a pensar que, ao tentar entender momentos nos quais o corpo político parece não oferecer

---

21. Thomas Hobbes, *Behemoth ou o Longo Parlamento*, trad. Eunice Ostrensky, Belo Horizonte: UFMG, 2001.
22. Renato Janine Ribeiro, "Prefácio", em Thomas Hobbes, *op. cit.*, pp. 12-3.
23. *Ibid.*, p. 13.

o refúgio à nossa própria natureza, não podemos deixar de lado a possibilidade de que ele se dissolva numa luta interna, que se torna uma realidade não apenas quando as instituições deixam de cumprir seu papel, mas também quando a vida de cada cidadão está ameaçada pela insegurança universal, que vai se espraiando pelo tecido social. A guerra civil é certamente um extremo. Talvez, ela não seja sempre o resultado de uma desagregação dos princípios que estruturam a vida em comum, mas é uma possibilidade e acreditamos que podemos aprender muito sobre a vida política ordinária se prestarmos atenção ao fato de que nela está inscrita a possibilidade da explosão de uma guerra civil.

No entanto, gostaríamos de levar nossa hipótese ainda mais longe, recorrendo a um procedimento que Nicole Loraux chamou de "anacronismo controlado"[24]. Para isso, voltaremos nosso olhar para a Antiguidade. Entre os gregos, a preocupação com as disputas internas na *pólis* foi algo constante, sobretudo porque elas eram percebidas como uma das maiores ameaças à sobrevivência das cidades no contexto muitas vezes adverso em que se encontravam. A tradução do termo *stásis*, que indicava esse estado de ruptura dos laços internos da cidade, por *bellum civile*, no latim, do qual decorre a tradução como guerra civil na maioria das línguas ocidentais, não é um erro, mas esconde algumas dimensões do problema na Grécia que podem nos ajudar a tratar a questão que nos interessa.

Inicialmente importa recordar com Nicole Loraux que "A *stásis* é um mal, e é melhor se prevenir contra o seu desencadeamento. Mas, quando ela já está aí, ela invade a cidade ao ponto de tomar o lugar da comunidade"[25]. Não há, pois, dúvida de que os gregos a temiam tanto quanto os modernos temem a guerra civil, pois é a identidade mesma da cidade que desaparece no conflito que opõe membros do mesmo corpo político. Mais radicalmente ainda, a *stásis* é o conflito que invade tudo e que não deixa nada de fora, que não admite a neutralidade[26]. Nesse sentido primeiro, é impossível não concluir pela identidade dos dois vocábulos, mesmo diante da peculiaridade das sociedades aos quais eles se referem. "A guerra civil é *stásis*", afirma a historiadora, "na medida em que o enfrentamento

---

24. Nicole Loraux, "Elogio do anacronismo", em Adauto Novaes (org.), *Tempo e história*, São Paulo: Companhia das Letras, 2006, pp. 57-70.
25. Nicole Loraux, *La citée divisée*, Paris: Payot, 1997, p. 101.
26. Ibid.

igualitário das duas metades da cidade coloca no *méson* o conflito como uma estela"²⁷. Dessa maneira, o sentido mais corrente de *stásis* nos lembra um dos sinais mais claros da desconstrução da cena pública, que é a divisão da cidade em duas metades iguais.

Como vimos no item anterior, o que a crise radical da política revela é o desejo de unidade e de indivisibilidade, que desde a Antiguidade povoou o imaginário político do Ocidente. As dimensões imaginária e simbólica têm no âmbito de afirmação da identidade um papel decisivo, pois nossa experiência política parece estar o tempo todo ameaçada pela divisão. A *stásis* é, portanto, a constatação de que o real da divisão tornou-se de tal forma presente no cotidiano da *pólis* que não há como apelar para as outras dimensões constitutivas da cidade na esperança de superar a quebra do valor fundamental da *homónoia* – a concórdia civil –, que é o oposto simétrico da divisão do corpo político em duas metades iguais. Divisão e risco de morte, esses são os signos de que a cidade está sendo destruída por dentro, por suas próprias forças.

A figura da *stásis* – *bellum civile* nos parece familiar, pois indica um processo de esgotamento das ferramentas da concórdia, que até então eram eficazes para que os conflitos pudessem ser tratados no interior da cidade, por meio de seus mecanismos institucionais e pela tradição, que fornecia a imagem da unidade do todo. Como Loraux descreve muito bem, o processo de ruptura parece ter uma dinâmica própria, cujo resultado é sempre o mesmo: "Se amamos reconstituir os processos, suporemos em primeiro lugar que houve a insurreição de um lado (*stásis*), depois, em consequência disso, o outro lado se insurgiu (*stásis*). Em seguida, aconteceu a generalização do conflito, *stásis*"²⁸. Se retiramos o vocábulo grego do trecho citado, podemos presumir sem grandes riscos que estamos falando de acontecimentos recentes da história brasileira e de outros países. O corpo político divide-se e, sem que saibamos exatamente como, torna-se polarizado de tal maneira que não parece haver no horizonte nenhuma solução possível. Se a divisão é fonte de medo, a incapacidade de superá-la gesta na cidade uma ansiedade que acompanha todos os momentos em que o futuro se oblitera em face de uma situação que não apresenta saída.

27. *Ibid.*, p. 103.
28. *Ibid.*, p. 106.

Ora, se esse momento tem uma dinâmica interna, nesse período a cidade não deixa de existir. A vida ainda corre, mesmo que não saibamos como. No próximo tópico, procuraremos abordar mais diretamente essa questão. Por ora, vamos continuar a explorar os sentidos da *stásis*. Como nos alerta Loraux, a maioria dos dicionários gregos a definem como "agitação", sinônimo de *kínesis*, movimento[29]. Essa definição se acorda perfeitamente com os sentidos que exploramos até aqui e que destacam a ideia de divisão do corpo político.

Ocorre que a língua grega admite outro sentido para o verbo do qual decorre a palavra *stásis – hístemi*. Na linguagem filosófica, o verbo significa também "parar", "colocar"[30]. Assim, *stásis* contém a ideia de agitação, mas também de imobilidade. Esse segundo sentido da palavra nos ajuda a compreender o que por vezes é apenas uma sensação diante de uma situação que parece sem solução. De fato, no processo da *stásis* há divisão, mas também igualação. Os dois lados em conflito opõem-se, mas, diferentemente da guerra tradicional, em que um dos lados pode ser mais forte do que o outro e com isso ganhar a batalha, na *stásis*, aos poucos os dois lados se equiparam e a cidade se torna imóvel. A realidade política é toda tomada por essa imobilidade, pois, como afirma Loraux, "a *stásis* torna-se, no limite, um processo autárquico, algo como um princípio"[31].

O segundo sentido da palavra *stásis* abre-nos a via para compreender uma dimensão do conflito interno na cidade que não nos é dada ver quando pensamos no estágio final da desestruturação da política como uma guerra entre as partes. É claro que a guerra continua a ser o horizonte de resolução do conflito, mas, como temia Hobbes, muitas vezes ela também significa simplesmente o fim do corpo político, ou do Estado, na linguagem moderna. Em nosso percurso, não podemos sem maiores cuidados aproximar a vida nas cidades gregas da vida das sociedades industriais de massa sem correr o risco de nos perdermos na ilusão de que conceitos não têm relação com a história na qual se forjam e que ao mesmo tempo ajudam a conformar. Pensar um processo político envolvendo milhões de pessoas sob a dinâmica da vida em uma cidade com poucos milhares de habitantes exige cuidado, que é o que o termo

---

29. *Ibid.*, p. 102.
30. *Ibid.*, p. 102.
31. *Ibid.*, p. 105.

"anacronismo controlado" sugere. Mas, feitas as devidas ressalvas, não há por que renunciar ao uso de uma imagem que descreve com precisão a combinação entre agitação permanente e imobilidade das forças em luta. Olhando para países em crise prolongada, não é o sentimento de que nada pode ocorrer que parece dominar a cena política? O prolongamento indefinido de uma situação que todas as partes reconhecem como insustentável não é a marca de uma sociedade que se tornou incapaz de enfrentar seus desafios com as armas da razão e, na contemporaneidade, com os instrumentos que as ciências políticas e sociais gestaram e que nos dão a ilusão de que tudo é passível de ser equacionado e organizado à luz da racionalidade técnica?

O recurso à figura da *stásis* ajuda a pensar o impasse ao mesmo tempo prático e teórico no qual nos encontramos quando, olhando para o presente, não conseguimos discernir o futuro. Tendemos a aceitar a ideia de que as crises radicais que afetam nossas sociedades são crises de movimento-agitação. Olhamos para a cena pública e reconhecemos nela a luta entre as partes, os jornais inundam o cotidiano com acontecimentos que, embora extremos, não apontam no imediato para o desenlace de um processo que aos poucos vai atingindo níveis paroxísticos de tensão e violência. O importante nesse caso não é tanto nos servirmos da tradução mais imediata de *stásis* como guerra civil para tentar compreender o processo de degradação da vida pública que estamos vivendo, mas sim resgatarmos a dimensão de imobilidade, que ela comporta, como uma das marcas de sua existência. Sem, portanto, concluir que "estamos em guerra", podemos compreender o imobilismo da sociedade e mesmo a apatia de certos setores como constituinte da crise, e não como algo derivado, que teria de ser explicado em si mesmo. Quanto mais a cidade se degrada, mais as partes em luta se distanciam e se igualam. Nesse processo, o movimento é apenas uma ilusão, pois, no interior de uma sociedade esfacelada, a política arruína-se e deixa de ser o local no qual os conflitos se agenciam e se resolvem.

Há, por fim, outra dimensão da *stásis*, que nos conduz ao nosso próximo item. Loraux comenta:

> Essa é a ocasião para lembrar que entre os usos da palavra *stásis* existe um que, designando a 'facção', segundo o mesmo modelo, autoriza a co-

locar a palavra dos dois lados da oposição dos partidos. Falamos, então, de facções antagonistas, mas nos dois campos existe o mesmo processo, só que redobrado (a menos que não seja simplesmente desdobrado)[32].

A cidade, presa da *stásis*, funciona sob o regime da guerra das partes. Se, no plano geral, trata-se de uma divisão da unidade em duas metades opostas, é possível pensar que a divisão comporta nuanças que podem ser captadas quando deixamos de olhar a cidade como um todo e passamos a examinar seus atores históricos concretos. Se o final do processo de *stásis* é a agitação-imobilidade sobre a qual falamos, no curso de sua instalação a cidade divide-se e lança-se na concorrência pelo poder e com isso se torna "guerra de facções". Aqui já não falamos a língua política do conflito; aproveitamos a brecha de sentido contido no vocabulário da Antiguidade para evocar um fenômeno que guarda estreito parentesco com o que analisamos até aqui, mas que também aponta para uma dimensão da desconstrução da política da qual o conceito de *stásis-guerra civil* não dá conta inteiramente.

A TEMIDA REALIDADE DA GUERRA DE FACÇÕES

Até aqui, falamos de figuras de dissolução da vida política que marcam desde a Antiguidade a preocupação com acontecimentos que parecem assinalar um ponto de não retorno para as sociedades políticas. As três vias, que apresentamos para se pensar situações de dissolução das instituições, podem ser consideradas extremas, mas têm o mérito de apontar caminhos que certamente são úteis para se abordar momentos menos radicais e que são talvez mais frequentes na história das sociedades políticas. O problema que nos inquieta é saber se os caminhos oferecidos pelos pensadores que mobilizamos até aqui servem para descrever com acuidade as sociedades que, como a brasileira, parecem à beira do abismo, mas que de fato ainda não entraram em colapso total, como as que muitas vezes serviram de referência para aqueles que tentaram pensar esse momento da política descontruída que é nosso objeto de reflexão.

---

32. *Ibid.*, p. 105.

Os três modelos analisados oferecem um quadro conceitual rico e cheio de nuanças. Eles servem de ferramentas que cobrem do caso extremo em que as instituições políticas colapsam inteiramente, conduzindo à guerra civil, até a outra ponta do espectro de pensamento, em que as dificuldades do presente podem ser sempre subsumidas pela noção de progresso – que serve quase como um bálsamo para nossas angústias presentes. No meio desses extremos, o conceito de estado de exceção é como um meio-termo, no qual a derrocada da política aponta para uma situação em que o mundo político oscila entre o abismo e a salvação. Apesar de toda a riqueza dos modelos teóricos que apresentamos de forma sintética, nenhum deles oferece uma compreensão suficientemente clara dos momentos em que as sociedades políticas parecem encontrar obstáculos insuperáveis, mas nos quais a vida ordinária continua a correr como se algo a impulsionasse para a frente, e em que o simples pensamento de que essa vida ordinária pode vir a ser inteiramente desfeita é tão radical que não acreditamos que seja possível. E, no entanto, muitos países, como o Brasil da atualidade, atravessam crises cujo desfecho não pode ser previsto com o recurso às ferramentas analíticas que fazem parte do discurso dominante da análise institucional e do cálculo de probabilidades que tanto encanta nossos cientistas sociais desde o século XVIII.

Nesse território, cujos limites procuramos traçar, há uma vida política que subsiste, uma economia que continua a funcionar apesar de todos os percalços, e uma sociabilidade que ainda não é regida pela pura violência, embora esta faça parte a cada dia mais do cotidiano do país. Para tentar abordar esse momento de desconstrução da política, recorreremos a um conceito que parece não mais fazer parte de nossa linguagem política, mesmo se a realidade que ele descreve, como veremos, talvez esteja mais perto da realidade brasileira atual do que todos os cenários que apresentamos até aqui. Estamos falando da guerra de facções. Para caracterizá-la, lançaremos mão de Maquiavel, que, como poucos, soube olhar para esse momento obscuro da vida dos corpos políticos[33].

---

33. No Brasil, Sérgio Cardoso e Gabriel Pancera têm se preocupado com a questão das facções na obra de Maquiavel e dedicado textos e cursos ao problema.

A expressão "guerra de facções" foi muito usada no Renascimento italiano³⁴. À luz do que comentamos anteriormente, podemos nos interrogar se a noção de "guerra de facções" não está contida nos três cenários que analisamos. De forma mais particular, podemos nos perguntar se esse não é simplesmente outro nome para a *stásis*. De fato, como veremos, a guerra de facções aproxima-se tanto da guerra civil quanto dos momentos de terror como o que viveu Condorcet, ou do "estado de exceção". No entanto, nossa aposta é que, mesmo reconhecendo a proximidade com as outras situações nomeadas anteriormente, vale a pena insistir no uso do conceito, pois ele indica um modo de funcionamento da política que não está inteiramente contemplado em nenhuma das outras tópicas citadas. Momento de tensão extrema, a guerra de facções caracteriza um momento especial da vida política, no qual as instituições parecem colapsar, mas a luta pelo poder continua a gerir as relações sociais, como se ainda fosse possível dar marcha à ré e persistir no uso das antigas formas de estabilização da vida em comum.

Em *Discursos sobre a primeira década de Tito Lívio*, Maquiavel aborda a questão de um povo corrompido que recupera a liberdade³⁵. Para compreender o texto, é preciso em primeiro lugar deixar de lado o sentido atual da palavra "corrupção" e recordar que no Renascimento esse termo se refere sobretudo à degradação do corpo político e de suas instituições. O secretário florentino parte de uma premissa que pode desconcertar o leitor atual. Segundo ele, "Deve-se tomar como coisa verdadeira que uma cidade corrompida, que viva sob o domínio de um príncipe, se ele e sua estirpe vierem a ser aniquilados, ela não poderá viver livremente"³⁶. A menos, declara Maquiavel, "que um homem raro por suas qualidades não a mantenha livre", o que, no entanto, durará apenas o tempo de vida do governante de *"virtù"*³⁷. A corrupção da qual fala Maquiavel se refere ao corpo político como um todo, e não a seus atores particulares, ainda que naturalmente eles estejam diretamente implicados no processo e sejam por ele afetados.

---

34. Ver Francesco Bruni, *La Città divisa. Le parti e il bene comune da Dante a Guicciardini*, Bologna: Il Mulino, 2003.
35. Niccolò Machiavelli, *Opere*, Paris/Torino:Einaudi-Gallimard, 1997, v. I ("Discorsi sopra la prima deca di Tito Livio"), cap. 17, p. 243.
36. *Ibid.*, v. I, 17, p. 243.
37. *Ibid.*, v. I, 17, p. 243.

Nosso interesse se concentra na elucidação das características que o autor atribui a uma "cidade corrompida", pois acreditamos que ela pode nos ajudar a compreender algo do tema desse texto. Falar de uma cidade que se corrompeu implica, em primeiro lugar, pensar o corpo político como uma estrutura dinâmica, que engloba vários atores históricos que, no entanto, podem ser divididos em dois "humores opostos", presentes em todas as formações políticas. Em vários momentos, Maquiavel fala desses humores contrapostos. Fazendo o elogio da vida pública romana e de seus conflitos incessantes, que estariam na origem de sua grandeza, ele afirma: "em toda república existem dois humores diversos, aquele do povo e aquele dos grandes, e todas as leis favoráveis à liberdade nascem dessa oposição"[38]. Não vamos entrar nos detalhes desse argumento, que já foi muito discutido pelos especialistas[39], mas cabe notar que com ele Maquiavel pretende afirmar a natureza conflituosa de todas as sociedades e o fato de que a estabilidade de uma sociedade não se mede pela intensidade do conflito entre suas partes constitutivas, mas pela maneira como os conflitos são agenciados. De maneira sintética, podemos dizer que, para ele, uma sociedade livre é aquela na qual os conflitos são canalizados para suas instituições legais, que fornecem o quadro referencial para as disputas que a atravessam.

Portanto, um sinal da corrupção do corpo político é a degradação das instituições, que canalizam as disputas e "fornecem à universalidade dos cidadãos os meios para desafogar a ira que nutrem contra outros cidadãos"[40]. Sem o canal das leis e de suas expressões institucionais, as disputas políticas convertem-se em disputas privadas, retirando das leis a capacidade de limitar o terreno de ação das partes que agem no interior de todos os corpos políticos. Isso aparece em toda sua gravidade nas cidades que Maquiavel chama de "corruptíssimas", nas quais se pode ver realizada em seu mais alto grau a destruição da liberdade. Sua conclusão

---

38. *Ibid.*, v. 1, 4, p. 209.
39. Há no Brasil um debate muito interessante a respeito dessa divisão do corpo político no interior do pensamento de Maquiavel, que se iniciou com a publicação de um estudo de Helton Adverse e foi seguido por textos de Ames e de Sérgio Cardoso, que deram contornos extremamente ricos à polêmica entre os três autores. Ver: Helton Adverse, "Maquiavel, a República e o desejo de liberdade", em *Trans\Form\Ação*, v. 30, n. 2, 2007; José Luiz Ames, "Liberdade e conflito: o confronto dos desejos como fundamento da ideia de liberdade em Maquiavel", em *Kriterion*, n. 119, 2009; Sérgio Cardoso, "Em direção ao núcleo da obra Maquiavel: sobre a divisão civil e suas interpretações", em *Discurso*, n. 45/2, 2014.
40. Niccolò Machiavelli, *op. cit.*, v. 1 ("Discorsi sopra la prima deca di Tito Livio"), cap. 7, p. 218.

é alarmante: "Não se encontram nem leis nem constituições (*ordini*) que sejam capazes de frear uma corrupção universal".

A abordagem de Maquiavel sobre a questão da corrupção é muito diferente daquela que usamos hoje em dia. Talvez por isso nos ajude a compreender aspectos das crises pelas quais passam as sociedades atuais, aspectos nem sempre desvelados pelas ciências sociais contemporâneas. Deixando de lado a discussão mais ampla sobre a natureza do conceito de corrupção em nosso autor, vale a pena recordar um aspecto central de suas considerações, a saber, que a corrupção afeta em primeiro lugar a capacidade das sociedades de viver de acordo com a liberdade, o que os italianos chamavam de *vivere civile*. As principais características dessa forma de vida em comum são a igualdade perante as leis e a liberdade política. Em outras palavras, a capacidade de se viver em uma república, tal como entendida desde a Antiguidade, é uma forma política ancorada nas leis e fundada na liberdade e na igualdade entre os cidadãos. Portanto, a corrupção atinge o coração das repúblicas – ou, poderíamos dizer, de todas as formas livres de governo. Ela marca a impossibilidade de se viver juntos tendo como baliza um conjunto de valores que coloca a liberdade no centro do corpo político e a noção de bem comum como o pilar que sustenta todo o edifício institucional.

Em *Histórias florentinas*[41], Maquiavel narra a história de Florença desde suas origens até 1492, ano da morte de Lourenço de Médici. Essa obra, de grande valor historiográfico, também inovou por ter apresentado os fatos principais da história da cidade a partir de um quadro teórico bem definido e que havia sido desenvolvido em todas as obras anteriores do autor. Distanciando-se de escritores que se limitavam a escrever crônicas do cotidiano, como Gregorio Dati e Buonaccorso Pitti[42], ou dos autores do passado que só se interessavam pelos feitos guerreiros e pelas conquistas de território, Maquiavel pensa a cidade e suas entranhas e como sua estrutura interna afeta sua relação com outras cidades e seu desenvolvimento ao longo da história.

Coerente com suas obras teóricas, ele dá muita atenção aos conflitos internos, sobretudo nos primeiros livros de suas *Histórias*. O foco das

---

41. Niccolò Machiavelli, *Opere, op cit.*, v. III ("Istorie fiorentine"), pp. 303-732.
42. Gene Brucker (ed.), *Two Memoirs of Renaissance Florence. The Diaries of Buonaccorso Pitti & Gregorio Dati*, Long Grove: Waveland Press, 1991.

análises são os conflitos que dividiram Roma na Antiguidade e as lutas que permeavam o dia a dia da política florentina. Como já observamos, para ele era absolutamente normal que a vida política fosse atravessada por disputas entre componentes do corpo político. Elas são parte do fundamento político. Por isso, a comparação entre Roma e Florença não se ancora na contraposição de uma sociedade pacificada e de outra tumultuária, ou entre uma sociedade unitária e uma sociedade dividida. Para Maquiavel, o corpo político é sempre dividido, o que diferencia esse autor de outros como Schmitt, para os quais a unidade é um pré-requisito essencial para o pleno exercício da soberania. O que importa é compreender a maneira como a divisão originária do corpo político se traduz em conflitos no interior da cidade. Como vimos, Roma era o exemplo da forma política que fazia da disputa entre o povo e o senado o esteio de sua força; Florença, o exemplo acabado de como a disputa de facções enfraquecia o corpo político.

Na introdução das *Histórias*, Maquiavel dá um rosto à história de sua cidade, quando afirma "Mas, em Florença, em primeiro lugar se dividiram os nobres entre eles, depois os nobres e o povo e, por último, o povo e a plebe. E muitas vezes ocorreu que, tendo uma das partes alcançado uma posição superior em relação às outras, se dividiu em duas"[43]. Esse processo incessante de divisão impediu que Florença se tornasse uma cidade poderosa depois que se liberou do jugo do Império, mesmo sendo uma cidade rica. Ora, o escritor não pretende "conhecer a razão que produz essas divisões"[44], mas estudar a dinâmica dos conflitos que narram o fracasso florentino em transformar em força os conflitos dos dois humores diversos. Maquiavel não nos autoriza a pensar que há um "bom conflito" e um "mau conflito". Como assinala nos *Discursos*, a ambição de possuir as terras conquistadas levou a um conflito em Roma, o qual teve por resultado o enfraquecimento das instituições romanas e sua transformação em instrumento de poder nas mãos de uma das partes da cidade[45]. É importante perceber, pois, se o resultado dos conflitos é favorável ao interesse comum, como no caso da República romana, ou

---

43. Niccolò Machiavelli, *Opere, op cit.* ("Istorie fiorentine"), p. 309.
44. *Ibid.*, p. 310.
45. Niccolò Machiavelli, *op. cit.*, v. 1 ("Discorsi sopra la prima deca di Tito Livio"), cap. 37, p. 276.

se eles aprofundam a divisão em partes e destroem a possibilidade de se visar à unidade da cidade como algo desejável para todos.

Assim, para Maquiavel, a história de Florença foi a história de suas partes – ou de suas facções, para empregar o termo que nos é caro. Incapazes de visar ao interesse comum, elas operaram o tempo todo desconstruindo a cena pública. Em certo sentido, nesse processo, a guerra na qual se envolvem as facções de uma cidade que se corrompe leva sempre ao mesmo resultado: o enfraquecimento da liberdade. Facções eram as famílias da oligarquia, mas também aqueles que representavam os interesses das guildas, os trabalhadores da lã e os simples trabalhadores diaristas[46]. O que importa é menos a feição sociológica das partes, que se modificava com o tempo e com as transformações pelas quais a cidade passava tanto no plano político quanto nos planos econômico e social, e sim o fato de que são sempre os protagonistas de uma batalha sem fim, que aos poucos descontrói a esfera pública e, por fim, afeta a malha das relações sociais e o refúgio da vida privada. No afã de ocupar sozinhas o poder, como foi o caso das famílias da elite florentina, as facções acabam por enfraquecer todo o corpo político, tornando-o a presa fácil do apetite de conquistas de seus vizinhos e adversários no plano internacional.

Olhando para sociedades contemporâneas que parecem viver em permanente instabilidade, em particular o Brasil, podemos nos servir de nossas análises anteriores para melhor caracterizar seu modo de funcionamento, ou, talvez fosse melhor dizer, de "desfuncionamento". Na linguagem maquiaveliana, podemos caracterizar essas sociedades como sociedades corrompidas. Ora, como vimos, o que as caracteriza é o fato de que não mais preservam a liberdade como núcleo de suas instituições e não mais respeitam a igualdade legal entre seus cidadãos. Em outras palavras, são sociedades que vivem uma guerra de facções. Mesmo se não adotarmos o pessimismo maquiaveliano quanto ao destino das formas políticas degradadas, é mister observar que elas não podem mais ser pensadas como sociedades republicanas ou democráticas. Seus mecanismos de canalização dos conflitos não funcionam como deveriam, transformando a política em um campo de luta aberto entre as partes. Se

---

46. Sobre a estrutura social de Florença no Renascimento, ver: Richard Trexler, *Public Life in Renaissance Florence*, Ithaca: Cornell University Press, 1980; Tim Parks, *Medici Money*, New York: Atlas Books, 2005.

ainda não podemos falar de uma guerra civil, que aparece no horizonte, mas ainda não é efetiva, e se a noção de estado de exceção não descreve o fato de que o Estado foi colonizado pelos interesses particulares, talvez introduzir o conceito de guerra de facções seja mais adequado para caracterizar essa forma de existência. Deixando de lado o otimismo dos que acreditam numa evolução natural dos conflitos políticos, e sem esposar um pessimismo radical, podemos dizer que estamos diante de um estágio particular de degradação das formas de governo.

Se tomarmos o caso brasileiro como exemplo, conscientes de que não somos uma exceção no cenário político contemporâneo, vamos constatar que as instituições, embora possam continuar a existir, não conseguem mais frear o ímpeto das partes que ambicionam o poder. Nesse contexto, as partes comportam-se como facções, que colocam suas ambições e o desejo de mando acima de qualquer consideração de ordem universal, no plano moral, e do interesse comum, no plano político. Os diversos atores que participam da vida pública, aí compreendidos os partidos políticos, os corpos institucionais, os grupos econômicos, colocam-se todos do ponto de vista do particular, negando até mesmo pertinência à evocação de uma dimensão universal da lei. Acreditando todos ter razões suficientes para ocupar uma parcela cada vez maior do poder, fazem do cenário político um terreno de guerra no qual só importam os desejos particulares. A guerra de facções é a face visível da corrupção das sociedades democrático-republicanas.

Na esteira de suas batalhas se apresentam horizontes tenebrosos como a guerra civil e a vida em um estado de exceção. No auge da luta pelo poder, no entanto, as facções parecem desconhecer a possibilidade do abismo, preferindo se lançar numa busca desenfreada pela realização de suas ambições. Talvez por isso Maquiavel se mostrasse tão cético quanto à possibilidade de que as sociedades corrompidas, entregues à guerra de facções, pudessem voltar a viver livres. Incapazes de visar ao interesse comum, essas sociedades se perdem no tempo plano dos desejos particulares, que não podem jamais ser inteiramente satisfeitos sem a destruição total até mesmo do desejo dos outros concorrentes.

CONSIDERAÇÕES FINAIS

As duas primeiras tópicas teóricas aqui analisadas procuram apontar uma solução para um quadro aparentemente irreversível de desconstrução da política. Condorcet, confrontado ao Terror, figura fundamental do imaginário político contemporâneo, pensou que fosse possível sair do impasse no qual a França se encontrava, confiando que as forças do progresso, em seu caráter inelutável, acabariam por jogar na lata de lixo da história os excessos das ações extremas protagonizadas pelos jacobinos.

A partir da noção de estado de exceção, pensadores como Schmitt imaginaram que seria possível pensar uma saída para as crises terminais que abalaram tantas nações na modernidade, criando no interior da estrutura constitucional uma ferramenta que pudesse operar de dentro e de fora ao mesmo tempo, a fim de evitar o mal maior que é a divisão do soberano. Com isso, ele abriu as portas para a figura paradoxal de uma ditadura legitimada pelo corpo político. A exceção torna-se a norma, que pretende salvar, pela via da política, a estrutura jurídica em vias de falência. Nesse caso, é o futuro que dirige nossa atenção para o tempo presente. O estado de exceção é apresentado muito mais como uma solução a uma ruptura da unidade do corpo político do que uma ferramenta para a compreensão da dinâmica interna desses momentos de quebra das estruturas governativas.

Já o retorno à problemática da guerra civil levou-nos a olhar mais de perto as sociedades que estão em vias de romper a unidade do corpo político. Ela nos permite nomear e ao mesmo tempo compreender a divisão e suas consequências. Do ponto de vista teórico, a noção de guerra civil e seu original grego, *stásis*, são o ponto de partida para a elaboração de uma teoria da ruptura que aponta para a finitude dos corpos políticos e para sua fragilidade, quando perdem sua capacidade de se nomear como um e passam a viver sob o signo da divisão e da imobilidade. O que fica na sombra, nesse caso, é o processo que conduziu uma sociedade a se lançar numa luta interna fratricida.

Para além das outras tópicas, a referência à guerra de facções possibilita construir um conceito político que conduz nosso olhar para o cotidiano das sociedades políticas em vias de ruptura. Deixando de lado a ideia de que é possível investigar o futuro por meio do uso de ferramentas teóricas definidas, o conceito de guerra de facções tem no horizonte fornecer os instrumentos necessários para a constituição de uma fenomenologia da desconstrução. Sem pretender oferecer uma compreensão totalizante do fenômeno que nos interessa, ele nos ajuda a olhar para o processo de desmantelamento da vida política por meio de uma lupa, enxergando, na divisão, suas partes menores e seus mecanismos de operação. Com isso, tornamo-nos aptos a compreender os momentos mais significativos de um processo que não precisa se tornar transparente em seu desenrolar histórico futuro para ser analisado em sua realidade presente e em sua dinâmica cotidiana. Não se trata de renunciar à compreensão do processo como uma totalidade que afeta toda a estrutura política, mas de introduzir um elemento de contingência que nos leve, no curso da análise, a admitir que, em face de uma sociedade corroída pela luta de facções, não é possível saber para onde caminhamos. Sem renunciar ao uso da razão, a guerra de facções impõe que aceitemos seus limites – bem como que se perceba a impossibilidade de entender o curso sempre contingente das ações, de prever o futuro e o desenlace do processo de desconstrução da política. Os desenlaces extremos aos quais as outras tópicas de pensamento conduzem nosso olhar são um horizonte do possível, que não pode ser descartado nem por uma visão otimista do presente, ancorada, como queria Condorcet, na pura razão, nem por um pessimismo messiânico, que nos leva a não encontrar saída para os impasses aos quais fomos conduzidos pelo processo contemporâneo de domínio da razão instrumental e pela banalização da barbárie. Falar a partir da noção de guerra de facções é se colocar do ponto de vista de uma história que reconhece na tragédia de nosso tempo o papel da ação e da contingência e, por isso mesmo, a abertura de nossa condição para uma liberdade que funda nosso estar no mundo, como queria Hannah Arendt. A crise na qual estamos imersos não é fruto de um processo inexorável nem um destino fatal, mas só pode ser enfrentada se aceitarmos que ela é o produto de nossa condição de seres livres e abertos à contingência. Se é possível pensar uma saída, ela é da ordem da ação, e não dos automatismos da técnica e do progresso, nem dos delírios apocalípticos dos que se comprazem com a visão enevoada do fim.

Progresso e democracia: o governo representativo segundo John Stuart Mill[1]
Charles Girard

A democracia é o caminho do progresso. Eis aí, pelo menos, uma ideia que conheceu um sucesso considerável durante a segunda metade do século XX, quando a emancipação de numerosas nações, a descolonização e a queda do ex-império soviético ocasionaram o aparecimento de múltiplos regimes democráticos – ou que pelo menos assim se denominavam – pelo mundo todo. *A democracia é o caminho do progresso.* Hoje, tal ideia não é nem um pouco evidente. Esse tipo de regime parece em crise, cedendo à tentação do autoritarismo ou à corrupção das elites, tanto nas novas democracias, nascidas na segunda metade do século XX, quanto nas democracias mais antigas, que remontam ao final do século XVIII. Além disso, a democracia parece impotente diante da proliferação das ameaças que pesam agora em escala global sobre a humanidade: independência crescente das forças econômicas em relação ao controle político, aquecimento acelerado do planeta, escalada do perigo nuclear (hoje reativada, sobretudo, pelo dirigente da democracia mais poderosa do mundo).

Essa evidência perdida, essa ideia de uma afinidade entre progresso e democracia, tinha – talvez ainda tenha – um duplo sentido. Em primeiro lugar, foi o progresso da espécie humana, sua evolução histórica no sentido de melhoramento das aptidões do ser humano, em particular no domínio econômico, científico e tecnológico. Isso tornou possível a adaptação da democracia a sociedades de grande porte, reunindo dezenas ou

1. Tradução de Paulo Neves.

centenas de milhões de habitantes em dezenas ou centenas de milhares de quilômetros quadrados, englobando instituições sociais complexas, múltiplas e dispersas. Foi preciso conceber claramente técnicas de governo – demográficas, econômicas, securitárias, culturais – para poder adaptar a tais sociedades um ideal de regime, a democracia, que historicamente estava associado a comunidades de pequeno porte (cidades-Estado antigas ou pequenas repúblicas do Renascimento). Ou melhor, para *inventar* uma forma de regime híbrida, inédita, que mistura democracia *e* governo representativo. Foi preciso também algum progresso social e econômico para que aos poucos se espalhasse nas comunas, nas regiões, nos Estados-nações e agora em todos os continentes a "paixão da igualdade" de que fala Alexis de Tocqueville e que alimenta esse regime. Nesse sentido, a democracia é o caminho do progresso: aquilo que leva ao progresso, pelo menos em sua forma moderna. Mas há outro sentido nessa fórmula. Com efeito, tal regime só pode se realizar plenamente com a condição de permitir o desenvolvimento moral e intelectual do povo: para que o governo *pelo* povo conduza ao governo *para* o povo, é preciso que o povo aprenda a se governar. Ele próprio deve ser capaz de exercer o poder de maneira refletida, seja diretamente (nos referendos, pela democracia local), seja indiretamente (pela escolha e pelo controle de seus representantes). É preciso que as instituições políticas permitam essa evolução. É preciso – e este é o outro sentido da fórmula – que a democracia seja o caminho *para* o progresso.

Esses dois sentidos não formam uma alternativa, pois devem ser colocados simultaneamente: *porque* a democracia contemporânea é um regime sustentado pelo progresso econômico e técnico, ela requer uma forma de competência política específica, exigida pela administração das sociedades humanas complexas. Em consequência, é imperativo que ela busque e alimente o progresso moral e intelectual dos cidadãos aos quais confia o poder, ou pelo menos o controle último sobre aqueles que exercem o poder. A dúvida que pesa, hoje, sobre a ligação entre democracia e progresso – que não é nova, mas que nossa atualidade torna particularmente viva – na França, no Brasil ou nos Estados Unidos, em especial, incide precisamente neste ponto, a capacidade da democracia de reconciliar a competência exigida pelo bom governo e a participação de todos no governo. As instituições características das democracias representativas – a começar pela articulação da deliberação de um grupo restrito de representantes e de sua eleição por sufrágio universal – constituem *compromissos*, que se podem julgar precários, entre a aplicação competente dos instrumentos de governo suscitados pelo progresso *econômico e técnico*, de um lado, e a promoção do progresso *intelectual e moral* exigido pela participação ativa dos cidadãos, de outro. A crise atual da democracia leva a duvidar do valor desse compromisso, ou seja, a duvidar de que o progresso técnico possa ser alcançado pelo progresso moral, ou de que o progresso econômico possa ser acompanhado pelo progresso intelectual.

Eis o que explica a dupla ameaça que pesa hoje sobre o equilíbrio democrático: as elites políticas e econômicas convidam a ultrapassar a democracia, ao questionar a igualdade de participação em nome da complexidade crescente das questões de governança, da gestão da crise financeira à luta contra o aquecimento climático, passando pelas políticas antiterroristas. Seria preciso deixar os especialistas e os técnicos decidirem pelo bem de todos. Em paralelo, promotores da participação indiferenciada propõem ultrapassar a democracia negando qualquer diferença de competência ou de habilidade entre indivíduos – portanto, afastando a ideia de um progresso necessário do povo. Seria preciso recusar-se a admitir uma diferença qualquer entre especialistas e não especialistas, cientistas e não cientistas. Em ambos os casos, o progresso moral e intelectual do povo, julgado impossível ou inútil, é deixado de lado. Também em ambos os casos, a evolução da democracia é apresentada como um progresso *político*, tratar-se-ia de tornar a democracia mais fiel a si mesma, fazendo-a ou mais competente ou mais participativa, mas sacrificando, em cada caso, uma exigência à outra.

Que respostas a democracia pode dar à tentação elitista do governo dos especialistas e à tentação demagógica da indiferença às competências? Para compreender isso, é preciso voltar à dupla relação que esse regime mantém com o progresso. E, para tanto, é útil voltar a um dos principais locais filosóficos onde se forjou o pensamento contemporâneo da democracia, as *Considerações sobre o governo representativo* de John Stuart Mill, publicadas em 1861[2].

---

2. John Stuart Mill, *Considerations on Representative Government* (citado a seguir cf. *Considérations*, trad. francesa de M. Bozzo-Rei, J.-P. Cléro e C. Wrobel, Paris: Hermann [1861], 2013).

Nesse livro, Mill pretende conciliar duas regras institucionais: de um lado, a eleição de representantes competentes chamados a tomar decisões no interesse dos representados, tão bem quanto e às vezes melhor do que estes mesmos poderiam fazê-lo; de outro lado, a participação de todos os cidadãos nas tarefas do governo, do exercício de responsabilidades locais à discussão na imprensa ou na rua. Se os regimes representativos podem e devem, segundo ele, se tornar democráticos, é porque o princípio de *competência* e o princípio de *participação*, longe de se excluírem, convocam-se mutuamente[3]. O "governo integralmente popular", ele escreve, é de fato "mais favorável ao bom governo [...] que qualquer outra organização política, seja ela qual for"[4].

Mill não foi o primeiro a ver no regime representativo uma forma da democracia[5], mas a *síntese* que ele propõe entre as instituições do parlamentarismo e o princípio da soberania do povo se distingue por sua singularidade. Ela exige a extensão da esfera deliberativa à cidadania inteira, para além das simples arenas parlamentares, governamentais e científicas. Se o bom governo, que promove o bem-estar social, e a emancipação política do povo, que supõe cidadãos implicados na condução das questões comuns, vão juntos, é porque ambos passam pela *discussão pública ampla*. É por ela que uma opinião pública "se constitui e se exprime sobre as questões nacionais"[6]; é por ela, antes de tudo, que o povo participa. A superioridade do governo popular sobre os outros governos está precisamente no fato de ele oferecer a todas as classes "a mais ampla participação nos detalhes judiciários e administrativos, como acontece ao participar de um júri, ao entrar em conselhos municipais e, acima de tudo, ao usufruir de publicidade e liberdade de discussão, as maiores possíveis"[7].

Mas o equilíbrio assim instaurado entre competência e participação é estável? O conflito de opiniões permite pensar uma articulação duradoura entre o bom governo e o governo para o povo? Para julgar essa questão, convém considerar o papel que o progresso intelectual e moral

---

3. Denis Thompson, *John Stuart Mill and Representative Government*, Princeton: Princeton University Press, 1976, pp. 175-83.
4. John Stuart Mill, *Considérations*, op. cit., p. 105.
5. Nadia Urbinati, *Representative Democracy. Principles and Genealogy*, Chicago: Chicago University Press, 2008.
6. John Stuart Mill, *Considérations*, op. cit., p. 101.
7. *Ibid.*, p. 154.

desempenha na invenção milliana da democracia representativa; em seguida, a crítica feita a essa invenção de se apoiar no mito liberal de um progresso espontâneo; e, enfim, as respostas que lhe podem ser dadas.

I. O PAPEL DO PROGRESSO NA "DEMOCRACIA REPRESENTATIVA"

A associação da *democracia*, regime que organiza o movimento pelo e para o povo, e do *governo representativo*, que confia o poder ao corpo deliberativo dos representantes, nem sempre foi evidente. Foi tarefa sobretudo de Mill ter fortalecido essa ligação, ao afirmar que o governo representativo pode – e deve – tornar-se democrático.

Os fundadores dos regimes representativos oriundos das revoluções modernas queriam promover a deliberação dos representantes eleitos no seio dos parlamentos, mas alguns dos mais influentes entre eles pensavam com isso tomar posição contra a ideia de um governo pelo povo exemplificada pelas democracias antigas. Emmanuel-Joseph Sieyès[8], na França, ou James Madison[9], nos Estados Unidos, escolhem explicitamente a via republicana da representação *contra* a via democrática. Apesar da distância considerável que os separa, esses pensadores concordam ao ver no governo representativo um regime *superior* ao regime democrático, e não um simples remédio necessário em função do tamanho das sociedades modernas. É por assegurar a deliberação restrita a um pequeno número de representantes competentes que tal regime lhes parece indispensável à expressão refletida de uma vontade política em conformidade com o bem público. O sistema representativo pode então ser visto como um compromisso ótimo (porque não democrático) entre a soberania popular e o bom governo, uma vez que assegura ao mesmo tempo a igualdade dos cidadãos diante do voto e a seleção de um pequeno número de representantes julgados competentes, chamados a deliberar sobre o bem público em nome de todos.

No entanto, deve-se aceitar o pressuposto, compartilhado por essas figuras fundadoras, da incompatibilidade entre participação do povo e

---

8. Emmanuel-Joseph Sieyès, *Dire de l'abbé Sieyès, sur la question du veto Royal. À la séance du 7 septembre 1789*, Paris: Baudouin, 1789.
9. James Madison, "Fédéraliste x", em A. Hamilton, J. Jay e J. Madison, *Le Fédéraliste*, trad. francesa A. Amiel, Paris: Classiques Garnier [1788], 2012, p. 136.

instituição da boa deliberação pública? É o que Mill recusa, nas *Considerações*, quando afirma que a *democracia representativa* – um oximoro, no entender de Madison ou Sieyès – é a forma "idealmente melhor"[10] de governo. A excelência de uma constituição política depende de sua aptidão em realizar duas finalidades: *a promoção do bem-estar atual do povo e a elevação de seu caráter*. Ora, essas duas finalidades se reúnem quando "a soberania ou o poder supremo de controle reside no conjunto da comunidade; cada cidadão dispondo não apenas de uma voz no exercício desta última soberania, mas sendo chamado, pelo menos ocasionalmente, a participar realmente do governo, desempenhando pessoalmente alguma função pública, local ou geral"[11]. O bem-estar da sociedade é então garantido na medida do possível, pois de um lado todos os cidadãos têm a possibilidade de defender seus interesses, e, de outro, o engajamento das energias pessoais favorece a prosperidade geral. Do mesmo modo, o melhoramento moral e intelectual de todos os cidadãos é servido na medida do possível pela participação de todos em funções públicas, já que tal participação tem virtudes educativas consideráveis.

Portanto, o progresso moral e intelectual do povo é uma das duas finalidades principais de qualquer regime. É mesmo a mais importante das duas, pois, se ela não se realiza, a outra tampouco o faz: o caráter do povo deve se elevar progressivamente para que ele se torne cada vez mais capaz de assegurar seu próprio bem. Assim, o melhoramento da virtude e da inteligência dos indivíduos é ao mesmo tempo a condição de sucesso da democracia, de sua capacidade de responder às necessidades do presente, *e* sua finalidade última. É tomando o progresso das aptidões humanas como pedra de toque que se pode comparar entre si os regimes políticos e escolher o governo democrático. "Para determinar a forma de governo mais adaptada a um povo particular, devemos ser capazes de distinguir, entre seus múltiplos defeitos, os que são um obstáculo imediato ao progresso: devemos descobrir o que impede [...] o movimento rumo ao progresso". O melhor governo é o que favorece o progresso sem prejudicar o bem que já se tem. É aquele – e a ideia adquire um sentido particular no Brasil – que mantém a *ordem*, isto é, a preservação dos bens existentes,

---

10. John Stuart Mill, *Considérations*, *op. cit.*, p. 104.
11. *Ibid.*

e cria o *progresso*, isto é, a melhoria ou o aumento desses bens. O caráter moral e intelectual dos membros da sociedade é o primeiro deles.

Ora, num governo despótico,

> [...] o grande público é mantido afastado de toda informação e de todo interesse pelo conjunto das maiores questões da prática; ou, se tem algum conhecimento delas, é apenas como diletante, como o têm pelas artes mecânicas os que nunca seguraram uma ferramenta nas mãos. E não é só em sua inteligência que ele padece. Suas qualidades morais são igualmente limitadas no seu desenvolvimento. Sempre que a esfera da ação dos seres humanos é artificialmente circunscrita, seus sentimentos sofrem um estreitamento e uma contração nas mesmas proporções. A ação é o alimento do sentimento[12].

O caráter propriamente democrático do governo representativo imaginado por Mill, aquilo pelo qual ele rompe com as teorizações anteriores do regime parlamentar, não aparece de saída para o democrata contemporâneo. Esse regime, do qual Mill não percebe nenhum exemplo em sua época, mas que imagina a partir de instituições e procedimentos tomados aqui e ali na história[13], mantém, afinal de contas, uma separação nítida entre dois níveis: o parlamento, em cujo interior os deputados votam as leis, o orçamento, e controlam a ação do governo; e o povo dos eleitores, que sanciona pontualmente nas urnas a ação dos deputados. Mais ainda, a deliberação do parlamento parece ter vocação, também aqui, *a ser considerada como* a deliberação do povo. Com efeito, o parlamento deve:

> Ser ao mesmo tempo o Comitê dos debates da nação e o Congresso de suas opiniões; uma arena onde não apenas a opinião geral da nação, mas também de cada uma de suas partes e, tanto quanto possível, de cada indivíduo eminente que ela contém possam se produzir em plena luz e entrar em controvérsia; onde cada pessoa, nesse país, possa estar segura de encontrar alguém que diz o que ela pensa, *tão bem quanto ou melhor do que ela mesma poderia fazê-lo*[14].

---

12. *Ibid.*, p. 99.
13. Jean-Pierre Cléro, "Introduction", em J. S. Mill, *Considérations, op. cit.*, pp. 24-8.
14. John Stuart Mill, *Considérations, op. cit.*, p. 150 (grifo nosso).

O final dessa passagem indica suficientemente que a representação parlamentar deve melhorar a qualidade das decisões, promovendo a *competência* dos participantes da deliberação. Onde reside então a inovação milliana?

A inovação está na afirmação de que o controle vigilante do parlamento pelo povo, no qual reside o aspecto democrático do regime, passa pela participação dos cidadãos na *discussão* dos assuntos comuns. O exercício da soberania popular, mesmo se limitado ao "poder supremo de controle"[15], não existe sem o confronto conflitante das opiniões. Aliás, uma das principais causas de fracasso do governo representativo é a eventual incapacidade (ou a falta de vontade) do povo para cumprir o papel que lhe atribui a constituição, que consiste em votar, mas também em criticar a gestão dos assuntos do Estado e vigiar a ameaça que os interesses dos governantes fazem pesar[16]. A desafeição do público permite que uma pequena classe assuma o comando do corpo representativo para promover seus interesses particulares em detrimento dos outros cidadãos.

O cidadão deve escolher não só o indivíduo que lhe parece mais competente, e portanto mais apto a deliberar em seu nome e em seu lugar: deve também deliberar sobre as mesmas questões que seu deputado, e paralelamente a este, de modo a poder efetivamente controlar sua ação[17]. A emancipação política progressiva dos cidadãos passa por aí, o que supõe que, de eleições em eleições, os "eleitores se reapropriem um pouco mais de seu voto"[18], ou seja, deixem de ser instrumentos passivos submetidos a outras vontades para fazer valer diretamente nas urnas sua própria opinião, informada pelo confronto com a dos outros. Essa emancipação reduz progressivamente a distância entre cidadão e parlamentar, "Quanto mais o voto de um eleitor é determinado por sua vontade própria, e não a de seu mestre, tanto mais o eleitor se encontra *numa posição similar à do deputado*"[19]. É nesse ponto que as *Considerações* se distinguem mais

---

15. *Ibid.*, p. 104.
16. *Ibid.*, p. 123. Mill segue aqui Bentham e sua crítica dos "interesses suspeitos" (*sinister interests*). Jeremy Bentham, *Fragment sur le gouvernement*, trad. fr. J.-P. Cléro, Paris: L.G.D.J, pp. 174-6.
17. Essa tese marca uma evolução do pensamento de Mill em relação a seus primeiros textos. Trinta anos antes, ele achava que o julgamento da maioria deve se exercer de maneira geral sobre o caráter e os talentos dos candidatos, e não sobre as próprias questões políticas que os eleitos deverão resolver. John Stuart Mill, "The Rationale of Political Representation", em *London Review*, jul. 1835, pp. 348-9.
18. John Stuart Mill, *Considérations, op. cit.*, p. 237.
19. *Ibid.*, p. 238.

nitidamente das concepções anteriores do governo representativo. Quando a discussão pública, que sustenta e informa o julgamento do cidadão, não acontece, isso impede que se aproximem as posições do representado e do representante, e então o governo representativo torna-se *despótico*.

À pergunta de Juvenal, *Quem vigia os vigilantes?*, Mill dá uma resposta unívoca: do mesmo modo como o parlamento deve controlar o governo, ele próprio deve ser controlado pela opinião pública. É sob essa condição que o governo pode ser democrático, uma vez que controlado indiretamente pelos cidadãos: "o conjunto do povo ou uma fração importante dele exerce, através dos deputados eleitos periodicamente por ele, *o último poder de controle* que, em toda constituição, deve residir em alguma parte"[20]. Portanto, para Mill, a participação na discussão pública, como orador ou como simples ouvinte engajado, é a principal *escola* da democracia, é a atividade que alimenta o pleno desenvolvimento das capacidades humanas. Mas a aptidão dessa discussão de orientar adequadamente a ação dos representantes supõe, ela mesma, que um progresso moral e intelectual suficiente tenha sido já realizado. Sem isso, a aprendizagem da ação política pelos cidadãos conduz à ruína da sociedade presente.

II. A CRÍTICA DA CONCEPÇÃO LIBERAL DO PROGRESSO

A invenção milliana da democracia representativa é viável?[21] Sua principal fraqueza parece ser basear-se numa fé excessiva nas virtudes da livre discussão, em sua tendência tanto de elevar o espírito dos participantes no longo prazo quanto de conduzir a boas decisões no curto. É essa *fé na discussão* que Carl Schmitt, em particular, critica, identificando-a como uma crença ilusória no progresso moral, crença esta enraizada no liberalismo econômico.

Segundo Schmitt, o "princípio da discussão" pertence à tradição do liberalismo parlamentar, associada a Bentham, Burke, Guizot e Mill, mas não à tradição democrática. "O essencial no parlamentarismo é a troca pública de argumentos e contra-argumentos, os debates públicos

---

20. *Ibid.*, p. 135 (grifo nosso).
21. Para um apanhado das leituras críticas sobre esse ponto, ver as contribuições reunidas em G. W. Smith (dir.), *John Stuart Mill's Social and Political Thought. Critical Assesments*, v. III, Part. 9 e 10, London: Routledge, 1998.

e a discussão pública, o fato de parlamentar: para tanto, *não há nenhuma necessidade de pensar já diretamente na democracia*"[22]. De fato, o postulado essencial que sustenta a fé na discussão seria, em sua essência, de natureza especificamente liberal. Ele afirma que a liberdade de expressão é "necessária para a concorrência das opiniões, na qual triunfa a opinião melhor"[23]. Pretender que a livre discussão tenda a fazer prevalecer as opiniões mais justas é aplicar à troca de ideias o mesmo princípio de *laissez-faire* que o liberalismo propõe para a troca dos bens, certa mão invisível supostamente guia as ações individuais não concordantes para um resultado ótimo para todos. O direito à livre expressão corresponde ao direito à propriedade privada. É "exatamente a mesma coisa que a verdade proceda do livre conflito das opiniões ou que a harmonia surja espontaneamente da competição econômica"[24]. A promessa liberal consiste então na expectativa de que a discussão e a publicidade sejam suficientes para fazer triunfar a verdade, superando os obstáculos que são a força ou o poder, esses fatos brutos que o Estado liberal considera como o mal em si. Uma expressão francesa resume, aos olhos de Schmitt, essa visão política: "a discussão substitui a força"[25].

Contudo, longe de consagrar o triunfo da opinião pública sobre o despotismo, a história política europeia rapidamente revelou a ingenuidade dessa fórmula. Sabemos agora, afirma Schmitt, que a opinião pública é impotente para controlar o parlamento com o auxílio da imprensa, sabemos que o parlamento é impotente diante das elites restritas e dos representantes dos interesses dos mais poderosos. E já que "o espaço público e a discussão se tornaram uma formalidade vazia e caduca na realidade efetiva da atividade parlamentar"[26], o parlamentarismo inteiro se vê doravante privado de fundamento.

A crítica de Schmitt à ligação entre democracia e discussão deve ser levada a sério. Ela pode ser reduzida, para o nosso propósito, à tese seguinte. A ideia liberal de que o parlamento pode ser controlado pelo povo, e não pelos interesses particulares, se baseia em duas premissas errôneas:

22. Carl Schmitt, *Parlementarisme et démocratie*, trad. fr. J.-L. Schlegel, Paris: Le Seuil, 1988, p. 42 (grifo nosso).
23. *Ibid.*, p. 49.
24. *Ibid.*, p. 45.
25. *Ibid.*, p. 62.
26. *Ibid.*, p. 64.

conforme a primeira, a discussão não coagida poderia substituir as relações de força; conforme a segunda, a discussão não coagida garantiria que as opiniões verdadeiras ou justas prevalecessem. Essas duas premissas, enraizadas no paradigma liberal da autorregulação espontânea das condutas individuais, são falsas. Elas confiam sem razão na emergência espontânea do progresso pela simples discussão. A deriva antidemocrática do regime parlamentar, o declínio e a corrupção dos regimes representativos são, em realidade, inevitáveis.

Essa crítica certamente atinge os numerosos pensamentos liberais que concebem, de dois séculos e meio para cá, o confronto democrático das opiniões segundo o modo do intercâmbio econômico pacificado. Pode-se duvidar, porém, que o pensamento de Mill se deixe encerrar na reconstrução proposta por Schmitt, pois ele não endossa nem a premissa da *sublimação da força* nem a da *identificação da verdade*.

Consideremos a primeira premissa. Para Mill, a discussão, como conflito das opiniões, não é uma alternativa ao exercício do poder, mas uma de suas modalidades. Isso porque a própria opinião é um *poder* que sempre encontra um meio de se exercer, seja qual for o regime jurídico que organiza a expressão pública. Com efeito, se a maior parte do poder está na *vontade* que decide, esta é sensível à *opinião*, que "por si mesma é uma das forças sociais mais ativas"[27]. Por serem ativas enquanto se exprimem, as opiniões pesam mais que os simples interesses no jogo político. "Os que conseguem criar a persuasão geral de que certa forma de governo ou de que esse ou aquele fato social deve ser preferido praticamente deram o passo mais importante que pode ser dado para colocar os poderes da sociedade a seu lado"[28].

Mais ainda que o poder físico, ligado à força corporal, ou o poder econômico, ligado à propriedade privada, o poder da opinião, ligado à inteligência, está na origem das desigualdades. Se somente a força física operasse, todos os regimes seriam democracias, pois o maior número seria sempre o mais forte. Mas não é o que acontece. Entre a submissão e a emancipação do povo, portanto, a passagem não se dá do regime da força ao da opinião, mas de certa organização do poder social da opinião

27. *Ibid.*, p. 69.
28. *Ibid.*

(e assim de sua articulação com os poderes físico e econômico) a uma organização diversa. Se a organização que permite a democracia é rara e difícil, é porque, nesse caso, "a vantagem da organização está nas mãos dos que estão de posse do governo"[29].

A discussão pública a que Mill apela, longe de pretender substituir a força pela discussão como sugere Schmitt, propõe *regular* o uso de um tipo particular de força social, aquele mesmo que é a fonte primeira da dominação política[30]. Por isso, ela consiste num "conflito"[31] de opiniões, num confronto entre pontos de vista antagônicos que talvez se torne menos desigualitário, mas não menos conflitante, por obra de um regime jurídico que dê a cada um o direito à liberdade de expressão.

Porém, será que tal regime jurídico não encontra sua justificação precisamente no postulado de um "mercado das ideias" cuja eficácia caberia ao Estado assegurar, protegendo a expressão individual assim como protege, no mercado dos bens materiais, a propriedade individual? Sem endossar a primeira premissa reconstruída por Schmitt, não adotaria Mill a segunda, prometendo que o livre confronto dos discursos públicos fará emergirem, por um mecanismo de autorregulação espontânea, as opiniões verdadeiras?

O argumento milliano em favor de uma liberdade de opinião e de discussão absoluta (que não se estende, porém, aos atos expressivos enquadrados no princípio de não prejudicialidade) é célebre. A censura, partindo tanto de um déspota quanto de um governo a serviço da maioria, é sempre nociva, seja ao reduzir uma opinião verdadeira (ou parcialmente verdadeira) ao silêncio – o que equivale a "roubar a humanidade"[32] presente e futura –, seja ao reduzir uma opinião falsa ao silêncio – mas isso é também roubar a humanidade, pois, ao privar da contradição a opinião verdadeira correspondente, retira-se de seus partidários o meio de compreender por que eles têm razão de aderir a ela, e portanto de defendê-la como uma convicção viva e não como um dogma morto. Dois

---

29. *Ibid.*
30. Por outro lado, Mill não condena nenhum uso da força e da violência política, em particular quando a causa é justa e as chances de sucesso suficientes, como o indica sua reação às revoluções francesas de 1789, 1830 e 1848. G. Williamns, "John Stuart Mill and Political Violence", em *Utilitas*, 1, 1989, pp. 102-11.
31. John Stuart Mill, *Considérations, op. cit.*, p. 139.
32. John Stuart Mill, *On liberty* [Ed. Bras.: *Sobre a liberdade*, Porto Alegre: L&PM, 2016]. Cf. trad. fr. *De la liberté*, p. 85.

pressupostos epistemológicos sustentam esse argumento, um se apoia na natureza *deliberativa* do julgamento prático, o outro na *falibilidade* da razão humana.

Se a censura de opiniões falsas coloca em perigo a vitalidade da adesão às opiniões verdadeiras correspondentes, é porque somente o confronto das opiniões adversas permite decidir com razão sobre uma questão prática. O raciocínio moral ou político não esbarra num termo natural, diferentemente da demonstração, pois não há, no caso, razão por si só determinante – não há, em política, prova definitiva. "Em todos os assuntos em que a diferença de opinião é possível, a verdade depende de um equilíbrio a estabelecer entre dois grupos de argumentos contraditórios"[33]. Essa retomada da distinção aristotélica entre a investigação matemática, suscetível de demonstração, e o julgamento prático, que requer uma deliberação interior[34], fundamenta a defesa milliana da livre discussão, pois a pesagem ótima das razões a favor e contra supõe que todas as razões sejam levadas em conta. O resultado dessa pesagem resulta de uma escolha que não se impõe de forma necessária como o resultado de um cálculo, sendo, portanto, sempre provisória. Novas considerações ou uma nova ponderação das considerações presentes podem produzir um novo julgamento.

Além disso, se toda censura corre o risco de impedir a expressão da verdade, é porque a razão humana é falível. Ninguém pode nunca estar absolutamente certo de ter razão, nem mesmo a maioria ou a totalidade dos indivíduos. Sócrates foi condenado à morte por seus contemporâneos, assim como Jesus. Certamente não se trata de renunciar a agir em função da certeza subjetiva que podemos experimentar, mas essa certeza, por forte que seja, não constitui um fundamento suficiente para privar outrem da possibilidade de contestar uma opinião. A certeza subjetiva basta para justificar certas ações coercitivas, mas não aquelas que, limitando a expressão, colocam em perigo o próprio meio pelo qual os erros de julgamento, sempre possíveis, podem ser identificados, criticados e corrigidos no futuro. É somente a pretensão de restringir de forma coercitiva, pela

---

33. *Ibid.*, p. 115.
34. Aristóteles, *Ética a Nicômaco*, III, 5, 1112 b 21 (cf. trad. fr. J. Tricot, Paris: Vrin, 1990, p. 135).

força, pelo direito, a liberdade de expressão de outrem, isto é, "arrogar-se a infalibilidade"[35], que se vê assim desqualificada.

A defesa milliana da liberdade de expressão, portanto, não faz intervir o postulado segundo o qual a livre discussão levaria indefectivelmente, ou de maneira geral, à identificação da verdade. Por um lado, toda pesagem das razões conduz a uma opinião provisória e aberta à contestação, que não poderia constituir a integralidade da verdade sobre o assunto considerado: "é preciso elevar-se contra a pretensão exclusiva de uma parte da verdade ser a verdade inteira"[36]. Por outro lado, nunca é possível ter a certeza objetiva de se haver identificado a verdade, ainda que a tivéssemos efetivamente alcançado. Se a livre discussão é exigida pela busca da verdade pela humanidade, se sua defesa se inscreve no horizonte de um progresso moral e intelectual *esperado*, ela não garante isso.

Assim, a crítica schmittiana falha duplamente em atingir o pensamento de Mill, já que este último não adota nenhuma das duas premissas atribuídas à visão liberal do parlamentarismo. A refutação dessa crítica, porém, faz nascer uma dúvida quanto à coerência da democracia representativa milliana[37]. Pode-se acreditar, a partir de premissas tão modestas, na possibilidade de uma democracia representativa? Se a livre discussão não abole as relações de força, se não assegura a justeza da opinião pública, pode ela sustentar o funcionamento democrático das instituições representativas?

III. O HORIZONTE DO PROGRESSO E A CERTEZA INACESSÍVEL

Duas dificuldades podem ser distinguidas aqui.

Em primeiro lugar, o falibilismo não condena a busca da verdade à *incoerência*? Não retira qualquer sentido ao horizonte de um progresso possível da humanidade? Como pode a verdade ser o objeto de uma investigação, se é impossível atingi-la em todo o conhecimento de causa, de modo a concluir a investigação? A própria ideia de um progresso que se realizaria sem jamais ter certeza de sua progressão pode parecer

---

35. John Stuart Mill, *De la liberté, op. cit.*, p. 86.
36. *Ibid.*, p. 139.
37. Sobre a suspeita de incoerência, ver Graeme Duncan, "John Stuart Mill and Democracy", em *Politics*, 4, 1, 1969, pp. 67-83.

contraditória. Mas esse movimento, certamente pouco tranquilizador, não é contraditório: perseguimos a verdade não porque ela nos é prometida como um prêmio suscetível de certeza objetiva, mas porque ela nos importa, assim como nos importa o grau de certeza subjetiva que podemos alcançar. Isso é particularmente verdadeiro no domínio prático, em que desejamos ter boas razões para acreditar que as doutrinas morais e religiosas seguidas, ou as leis políticas defendidas, são justas. Buscamos progredir não porque o progresso tenha valor para nós, e nem porque estejamos certos de chegar a ele, ou "acreditemos ter certeza" de chegar a ele. A busca de fins que desejamos sem nunca poder estar absolutamente certos de tê-los realizado, nem mesmo de termos nos aproximado deles, é uma dimensão banal, embora certamente trágica, da existência humana. Perseguimos comumente a felicidade, a justiça, o poder, o reconhecimento ou o amor sem nunca poder estar absolutamente certos de tê-los encontrado. Isso não nos leva, e nem deveria levar, a recusar qualquer valor aos julgamentos falíveis que fazemos a respeito deles, nem a negar a importância de dispor dos meios de buscá-los da melhor maneira possível.

Há, no entanto, uma segunda dificuldade: será que o engajamento na busca da verdade não é animado em Mill, apesar dos limites reconhecidos da discussão pública, por uma crença de fundo no *progresso da humanidade*, crença sobre a qual podemos suspeitar que reintroduza, a longo prazo, as premissas denunciadas por Schmitt, a política democrática não cessando de aproximar a humanidade de um acordo pacificado sobre a verdade? Com efeito, Mill celebra os avanços históricos alimentados pelo confronto das opiniões – no caso, dos déspotas esclarecidos das Luzes que teriam sido convencidos, contra sua vontade, pelas teses reformadoras que a seguir ocasionaram sua queda, ou dos movimentos antiescravagistas que souberam aliar a opinião pública à causa da emancipação dos negros, no seio do Império britânico, ou dos servos na Rússia[38].

No entanto, o progresso esperado não parece suscetível de acabamento. Mill não crê que "o costume mais ilimitado da liberdade de enunciar todas as opiniões possíveis poria fim ao sectarismo religioso ou filosófico"[39]. A livre discussão não dissolve a discordância sobre a verdade. Além

---

38. John Stuart Mill, *Considérations, op. cit.*, cap. I.
39. *Ibid.*, p. 139-40.

do mais, o progresso não é estritamente cumulativo. Com frequência, consiste em abandonar uma verdade parcial por outra verdade parcial, igualmente incompleta, mas "melhor adaptada à necessidade do momento do que aquela suplantada"[40]. As doutrinas morais não cristãs, se são autorizadas a se exprimir, conquistarão os homens para novas verdades, mas fazendo-os esquecer outras que eram professadas pela moral cristã. Eis o "preço a pagar"[41] por esse bem inestimável que é a busca da verdade. Se a convergência dos espíritos rumo a verdades que resistam às provas sucessivas da refutação pode ser *imaginada*, ela não pode ser *realizada*; isso suporia "um nível de desenvolvimento intelectual do qual [a humanidade] parece hoje ainda muito distante"[42].

Aliás, a metáfora dominante em Mill é a do *combate*, e não a do *comércio*. A livre discussão é o "confronto das opiniões"[43], isto é, "a luta violenta entre as partes da verdade"[44]. Compreende-se então sua desconfiança em relação às derivas da opinião pública e ao perigo que representa a opinião majoritária para o julgamento individual. Isso porque o confronto das opiniões adquire aí a forma de um enfrentamento entre poderes que podem ser desiguais, e porque tal confronto não é guiado por nenhum mecanismo espontâneo de autorregulação, por nenhuma mão invisível, ele sempre se arrisca a levar ao triunfo das opiniões dominantes. A censura social, desse ponto de vista, não é menos perigosa que a censura do Estado, e se exerce tanto mais violentamente sobre aqueles cuja situação material não os protege. "Para todo o mundo, exceto aqueles cuja fortuna não torna dependentes da boa vontade dos outros, a opinião é, nesse ponto, tão eficaz quanto a lei: dá no mesmo que os homens sejam aprisionados ou impedidos de ganhar seu pão"[45]. Quando as armas não são iguais, é inevitável que o conflito das opiniões favoreça o mais poderoso e abafe as vozes dos menos armados.

Assim, a discussão pública, mesmo a longo prazo, não protege inteiramente contra o risco de que o parlamento e a opinião popular que o controla "apresentem um fraco grau de compreensão", nem, portanto,

---

40. *Ibid.*, p. 130-1.
41. *Ibid.*, p 139.
42. *Ibid.*, p. 129.
43. John Stuart Mill, *De la liberté, op. cit.*, p. 85, p. 140, p. 141.
44. *Ibid.*, p. 140.
45. *Ibid.*, p. 108.

contra o risco de que o grupo no poder "faça votar apenas leis que sirvam seus interesses"[46]. Somente a *educação* dos cidadãos, sua elevação, que implica um envolvimento nos assuntos públicos, poderá a longo prazo atenuar esse risco, sem jamais fazê-lo desaparecer completamente.

Desse modo, o progresso moral e intelectual é o horizonte perseguido, mas jamais assegurado: *sua realização não é necessária*. A manutenção das aquisições passadas, devidas ao progresso, tampouco o é. A ordem adquirida, o progresso por vir, são sempre tributários dos *esforços* para realizá-los. Esses esforços são decisivos, pois "há uma onda incessante e permanente que arrasta as questões humanas para o pior e que é alimentada por todas as loucuras, todos os vícios, todas as negligências, toda a indolência e a frouxidão da humanidade, que somente os esforços constantes de algumas pessoas (e de outras apenas episodicamente) controlam e barram, para perseguir objetos bons e nobres"[47]. Trata-se não apenas de melhorar o estado atual, isto é, de progredir, mas também e primeiramente de impedir a regressão.

> Uma pequeníssima diminuição desses esforços poria fim não apenas ao melhoramento, mas inverteria esse movimento para dirigi-lo à deterioração mais difícil de controlar, até atingir um estado que frequentemente se viu na história da humanidade e no qual grande parte da humanidade vive ainda hoje, um estado que exigiria nada menos que um poder sobre-humano para inverter a corrente e subir de novo a encosta[48].

O bom governo democrático é concebível, portanto, mas sua realização é incerta; depende do *engajamento* dos cidadãos. Nesse ponto, o próprio Mill parece às vezes duvidar do regime que imagina. Isso ocorre especialmente quando ele sugere conceder vários votos nas eleições aos cidadãos mais educados ou que exercem as profissões mais especializadas. O *voto plural*, que permite dar aos votantes mais competentes um maior número de votos que aos outros, deve precisamente fazer aumentar a influência das opiniões mais sábias sem excluir ninguém da participação eleitoral, cada um conservando pelo menos um voto. A igualdade dos

---

46. John Stuart Mill, *Considérations*, op. cit., p. 173.
47. *Ibid.*, p. 81.
48. *Ibid.*, p. 81-2.

cidadãos não deve se traduzir, argumenta Mill, na igualdade das chances de influenciar a decisão, pois "afirmar que toda pessoa deve ter voz sobre o assunto não é afirmar que todas as vozes se equivalem"[49]. É do interesse de todos, inclusive dos menos competentes, que seja aumentado o peso das opiniões mais avisadas. Quando várias pessoas buscam um interesse comum, "a opinião e o julgamento da pessoa cuja moralidade e a inteligência são maiores valem mais que as de uma pessoa inferior, e se as instituições de um país afirmam virtualmente que elas têm o mesmo valor, tal afirmação não tem a menor realidade"[50]. Não cabe reduzir ninguém ao silêncio, privando-o inteiramente do direito de voto, mas a pessoa pouco competente deveria aceitar que aqueles nos quais reconhece uma grande competência exerçam uma "influência superior", pelo menos enquanto esta se apoia "em bases que ela pode compreender e nas quais perceberá o caráter justo"[51]. Toda a dificuldade consiste então em determinar *a quem* deveria ser concedida uma influência superior. Se Mill julga o critério da propriedade inadaptado – o membro mais pobre da comunidade deveria poder "reivindicar os privilégios aos quais sua inteligência lhe permite aspirar"[52] –, ele está pronto a ver no nível de educação ou de experiência profissional um indicador por certo aproximativo, mas suficiente, da competência política. Os diplomados das universidades, os banqueiros, os contramestres, os trabalhadores qualificados poderiam assim dispor de um maior número de votos que os não diplomados, os operários, os comerciantes ou os trabalhadores não qualificados. Assim como, aos olhos de seus contemporâneos, a defesa de Mill de uma participação política ampliada parecia sacrificar a competência à igualdade de maneira inaceitável, sua proposta de voto plural parece, aos olhos dos democratas do século XXI, de modo igualmente intolerável, realizar exatamente o oposto.

Porém, Mill está consciente do perigo que tal medida faz pesar sobre a síntese que ele propõe entre democracia e governo representativo, e por isso coloca duas *condições*. A primeira é que os que se beneficiam de um maior número de votos não sejam capazes de "criar uma legislação

---

49. *Ibid.*, p. 209.
50. *Ibid.*, p. 209-10.
51. *Ibid.*, p. 211.
52. *Ibid.*, p. 214.

de classe que os favoreceria"[53]. Ele não ignora esse risco – ele, que julga que o parlamento jamais conseguirá considerar as greves senão do ponto de vista dos patrões enquanto nele os trabalhadores não estiverem representados, nem levar em conta os interesses das mulheres enquanto o parlamento for composto apenas de homens. A segunda condição é que os que são desfavorecidos possam reconhecer como legítima a desvantagem que lhes é imposta, porque reconhecem a superioridade dos que lhes são moral e intelectualmente superiores. Mas como acreditar que essas duas condições possam se reunir em sociedades estruturadas pelo confronto de múltiplos grupos de interesse e habitadas pela paixão da igualdade? Como é que homens que se consideram iguais politicamente poderiam concordar sobre quais dentre eles melhor podem julgar o que é bom para todos, quando seus julgamentos falíveis são sempre contraditórios e entre eles há sempre divergências sobre o bem comum? As condições propostas por Mill para introduzir o voto plural sem desnaturar a democracia não podem, em realidade, ser satisfeitas, simplesmente porque o voto plural não pode ser democrático: ele não é compatível com a visão do julgamento político como falível, e com a visão da sociedade como sujeita a intermináveis conflitos de opinião que fundam esse regime e lhe dão sentido. Apesar das dúvidas expressas por Mill, que o levam a conceber esse dispositivo não igualitário, sua própria visão da democracia representativa nos oferece os recursos necessários para afastar tais tentações.

Que resposta, então, a filosofia milliana permite dar às duas ameaças que pesam hoje sobre a democracia, a tentação elitista do governo dos especialistas e a tentação demagógica da indiferenciação das competências? O pensamento de Mill mostra-nos que a indiferenciação, que equivale a negar a necessidade de aptidões particulares em política e, portanto, a necessidade de um melhoramento das capacidades do povo, é inaceitável, pois coloca em perigo, com o bom governo, o bem-estar imediato, além de sacrificar uma das finalidades primeiras da vida humana: a progressão moral e intelectual não é só um imperativo instrumental, é uma finalidade em si. O governo dos especialistas, por sua vez, aquele que dá o poder ou um poder superior aos técnicos, é também inaceitável, segundo seu pensamento, pois ignora que o julgamento político não é, como o

---

53. *Ibid.*, p. 213.

julgamento científico ou técnico, suscetível de uma avaliação objetiva certa, não havendo, portanto, método seguro para saber o que convém fazer, nem para distinguir os mais aptos ou os mais virtuosos politicamente dos mais medíocres ou mais viciosos. O *paradoxo* da democracia – sua tragédia, se quiserem, mas não sua incoerência – consiste nisto: ela se impõe a nós, pois queremos que o governo sirva nosso interesse e favoreça nossa progressão, ainda que não possamos estar seguros de saber o que é do nosso interesse nem jamais estar certos de que progredimos. Esse regime exige um esforço individual e coletivo para arbitrar, do ponto de vista da verdade, as opiniões políticas em conflito, pois a justiça das leis e o progresso do povo dependem disso, mas sem que ninguém jamais possa se prevalecer da certeza absoluta de ter razão e assim exigir uma autoridade superior[54].

---

54. Meus agradecimentos a Céline Spector por seus comentários sobre uma primeira versão deste texto; também a Adauto Novaes por suas observações e por seu convite a participar desta reflexão coletiva.

A força da revolução e os limites da democracia
Vladimir Safatle

É claro que vivemos em um momento histórico de fortalecimento do ceticismo em relação à democracia. No entanto, há de se perguntar se todas as formas de tal ceticismo são meras expressões de regressão social diante da insegurança econômica generalizada e do aumento do medo como afeto fundamental de coesão social. Seriam todas essas formas de ceticismo impulsionadas pela procura por figuras autoritárias de poder capazes de ser a expressão do ressentimento gerado pela experiência da despossessão social e da insegurança? Ou haveria formas de ceticismo em relação à democracia que expressariam algo outro, a saber, o descontentamento com o modo de existência que a democracia liberal procura naturalizar enquanto forma mesma da liberdade e da emancipação? É como se, neste caso, houvesse um mal-estar vinculado a uma espécie de paradoxo imanente à democracia liberal: o paradoxo próprio a um discurso que promete realizar socialmente a liberdade no mesmo momento em que a impede.

Note-se que não se trata apenas de afirmar que a democracia liberal, da forma que a conhecemos, estaria tão articulada à preservação de setores hegemônicos da economia que suas promessas de igualdade nunca poderiam se realizar, como se uma maior regulação dos agentes econômicos e uma política efetiva de redistribuição pudessem enfim garantir as condições de liberdade social e de desenvolvimento das singularidades – ou seja, como se a crítica a fazer fosse a respeito da extensão da intervenção econômica no campo político.

Trata-se de afirmar algo ainda mais fundamental, a saber, a maneira como a democracia até agora pensou a emergência de seu *kratos*, a emergência da força, do domínio, da potência que a constitui, desta força que seria atributo do povo e que ela confunde com o próprio exercício da política, impede que algo de fundamental na noção de liberdade se realize. Ou seja, trata-se de afirmar que a própria metafísica inerente à concepção de "força" imanente à democracia, ao menos em sua versão liberal, necessita de revisão. Pois é verdade que talvez estejamos assistindo ao fim da força da democracia. Mas é provável que tal fim se confunda também com sua finalidade. A democracia termina não porque ela foi golpeada de fora, mas porque é vítima de regressões que ela mesma produz em seu funcionamento normal. Mas, com o conceito de força que ela naturaliza, a democracia não poderia ter outro destino a não ser sua própria perda.

Nesse sentido, talvez seja necessário destituir a força da democracia para que outra força emerja, de forma a realizar o conceito de liberdade, sem que tal realização passe a seu contrário. Mas há de se esclarecer esse ponto, pois normalmente afirma-se a necessidade de destituir a força da democracia em situações nas quais se procura defender que tal força seria, na verdade, demasiado fraca. Como se fosse questão de apelar a alguma forma de governo forte marcado pelo decisionismo soberano. Como se o respeito às várias instâncias deliberativas que compõem a democracia só pudesse levar ao enfraquecimento da força política e de sua capacidade de decisão.

No entanto, não é esse o caminho que gostaria de trilhar. Na verdade, o problema da força da democracia não é sua pretensa fraqueza, mas a maneira como ela constitui seus sujeitos. A força é um poder constituinte de subjetividades, de determinação de modos possíveis de ação e reconhecimento, e há de se entender quais formas de subjetividade a democracia, em sua versão liberal, produz e faz circular. Para além da multiplicidade de modos de vida que a democracia permite, há uma repetição que visa dar forma a tal multiplicidade, regulá-la quando ela passa ao campo político, e devemos estar atentos a tais regimes de repetição.

Ou seja, muitas vezes afirmamos que nossa concepção atual de democracia funciona como uma *democracia sem demos*. Como se o problema fundamental fosse o modo de garantir a emergência do *demos*, o modo de garantir a afirmação da soberania popular. É isso que as estratégias de reinvenção populista da democracia procuram realizar: reatualizar os modos de emergência do *demos* a partir de processos identificatórios com figuras que conseguiriam representar a heterogeneidade do campo social ao se colocar como significantes vazios capazes de permitir o basteamento de um conjunto contraditório de demandas sociais. No entanto, eu insistiria na existência de um problema talvez mais fundamental, ligado à necessidade de uma democracia que opere com outra forma de *kratos*. O problema não são apenas as formas de emergência do *demos*, mas as modalidade de configuração de sua força. Trata-se de perguntar: o que pode significar exercitar o poder? Deveríamos lutar apenas por uma mudança topológica no lugar dos que detêm o poder ou por uma mudança estrutural na gramática do exercício do poder? Uma mudança que transforma as noções próprias ao poder em exercício, como deliberação, decisão e agência?

A tese a ser defendida aqui é que a força, na democracia – principalmente em sua versão liberal –, tem três atributos fundamentais. Primeiro, ela é expressão de uma ipseidade, ela é o exercício de um "estar junto de si e de pertencer a si mesmo". Como lembrará Derrida, o *kratos* na democracia é acima de tudo uma *ipse*. Nesse sentido, ela só pode definir os modos de existência e organizar os regimes de fala a partir dos usos políticos da noção de identidade e de propriedade, já que, na democracia, a força é uma propriedade dos agentes, e não algo que os atravessa. As demandas sociais passam à existência como multiplicidade de demandas organizadas em sua enunciação identitária. Assim, mesmo a distinção entre cosmopolitismo liberal e nacionalismo populista é falsa. Entre um conjunto de identidades em regime de tolerância e uma identidade totalizante não há diferença, há declinações possíveis de uma mesma *ipse*, que pode ser pensada como identidade unitária ou como identidades em multiplicação. Há afirmações da mesma gramática das propriedades.

Nesse contexto, liberdade aparece como estar sob jurisdição de si mesmo, pertencer a si mesmo, como autonomia conquistada. No entanto, esse conceito de liberdade como identidade socialmente realizada e autonomia conquistada impede uma real organização de processos políticos que não visam à afirmação do potencial de deliberação e escolha consciente dos sujeitos, mas à transformação da agência em abertura ao que se organiza de forma inconsciente. Nesse horizonte, não há espaço, por exemplo, para uma agência que não seja exatamente dos sujeitos, mas dos objetos. Perpetua-se assim o dogma moderno de que a única forma de agência é aquela atribuída aos sujeitos e que a única forma possível de atribuição de agência aos objetos seria por meio das temáticas do fetichismo, da alienação e da reificação. Como se toda causalidade externa a determinar a ação dos sujeitos devesse ser vista como alienação a ser combatida. Essa é uma maneira de submeter a liberdade à noção de ser proprietário de si mesmo, impedindo a emergência não apenas de uma comunidade de sujeitos livres, mas de uma *comunidade de sujeitos e de coisas livres*, o que é a única realização social efetiva do conceito de liberdade, uma relação social na qual sujeitos e coisas estejam livres, não submetidos à posse, à função e à unidimensionalidade.

Em segundo ligar, o *kratos* da democracia é força que se realiza como plasticidade da representação. A representação é a gramática que define o modo de existência das identidades no interior da democracia; é o dispositivo geral de organização do campo do comum. Nesse sentido, mesmo o que acontece em esferas anti-institucionais e não estatais tende a se realizar como representação, pois, na democracia, só o que é representável pode existir.

Insistamos mais neste ponto. Uma das ideias fundamentais da política moderna é a noção de representação. Aprendemos a compreender o espaço político como um espaço de conflitos organizado a partir de uma dinâmica específica de constituição de atores. Essa dinâmica estaria necessariamente ligada aos processos de representação. Assim, só poderiam participar do campo de conflitos políticos aqueles que se submeteram à representação, ou seja, aqueles que representam algo, que falam em nome de um lugar que representam, seja este lugar um grupo, um setor de interesses, um partido, uma associação, um gênero. Em suma, o pressuposto central aqui é: uma multiplicidade não se apresenta de forma imediata, ela só pode existir como algo representado.

Várias consequências se seguem daí. Por exemplo, dentro dessa visão, uma sociedade plural seria aquela que permitiria a emergência de vários representantes e representações ao mesmo tempo. Quanto mais representações diversas, mais plural a sociedade. No entanto, por mais diversas que tais representações sejam, elas devem partilhar algumas coisas em comum, pois a representação tem suas regras, tem seus modos de contagem, tem sua gramática, tem seus acordos. Aceitar sua gramática significa aceitar como as lutas se darão, em qual espaço, como os conflitos serão resolvidos. Nesse sentido, ao menos para tal forma de pensar, existir politicamente é aceitar se submeter a regras, modos de contagem, gramáticas e acordos. A essa submissão, chamamos normalmente "democracia".

Por fim, o *kratos* da democracia é uma força indissociável da internalização de sua própria suspensão. Isso porque o funcionamento normal da democracia liberal exige que a força do *demos* seja restringida a espaços eleitorais, enquanto as múltiplas esferas das relações econômicas entre classes, das relações de trabalho, das relações de gênero e raciais, assim como os usos da força em situações "excepcionais" de insegurança, são geridas a partir da violência e da anomia. As conquistas das lutas sociais em relação às modificações do ordenamento jurídico tendo em vista a defesa de classes vulneráveis demonstram-se, na democracia, frágeis, provisórias e de alcance extremamente limitado. A democracia não é o regime de garantia da integridade dos sujeitos a partir do exercício da lei. Ela é o regime que possibilita múltiplas formas de suspensão da lei e de plasticidade de seus modos de aplicação. Não há democracia liberal sem a violência disciplinar, essa violência muda e não ordenada juridicamente, nas fábricas, nas escolas, nos hospitais, nos campos. Violência das técnicas de recursos humanos, da ergometria das linhas de montagem, da dopagem contra o sofrimento psíquico.

Assim, a democracia que conhecemos funda-se em uma noção de força compreendida como o que se exercita enquanto identidade, o que passa a existência como representação e o que é impotente diante da violência de sua própria negação sem retorno. Nesse sentido, se estamos discutindo as modalidades de configuração da força que é própria à democracia, deveremos discutir as possibilidades de superar um exercício político baseado na identidade, na representação e na negação interna de seu próprio ordenamento.

POPULISMO E REVOLUÇÃO

Há várias maneiras de discutir este ponto, mas eu gostaria de explorar aquela que diz respeito a uma articulação possível entre democracia e revolução, pois sabemos como o conceito de revolução atualmente parece esgotado. Eixo fundamental da própria noção de política nos séculos XIX e XX, ele viu, a partir dos anos 1980, seu lugar central no processo de realização das expectativas de emancipação social ser cada vez mais questionado. Esse abandono se deu, muitas vezes, em nome de análises históricas que apontavam para, em larga medida, três fatores: a transformação dos processos revolucionários do século XX em sociedades burocráticas, a inexistência atual de sujeitos políticos capazes de se colocar como agentes naturais da ação revolucionária desde a integração da classe trabalhadora do proletariado ao estado do bem-estar social, e, por fim, a dependência do conceito de revolução em relação a uma filosofia da história de cunho teleológico e necessitarista. Como se a revolução, como forma de insurgência, fosse indissociável da perda de seu *élan* transformador, a partir do momento em que passasse à condição de governo, ou indissociável de uma teleologia que destrói toda possibilidade de acontecimento em prol de uma filosofia do progresso histórico.

Contudo, argumentos dessa natureza, historicamente situados, são limitados. Que as primeiras realizações do conceito de revolução tenham se esgotado não implica que estejamos diante de uma limitação imanente à potência do próprio conceito. Da mesma forma que as primeiras atualizações do conceito de república se demonstraram falhas sem que o próprio conceito de república fosse, por isso, descartado. A revolução é um conceito a ser construído a partir de sua revisão interna. Para além do problema complexo da violência (até porque há situações nas quais a insurreição revolucionária tem violência direta meramente residual), deveríamos insistir no fato de haver outra força que a revolução permite emergir, e é isso que as teorias atuais da democracia têm dificuldade em aceitar, ou seja, que na esfera do político a primeira transformação necessária seja no conceito de "força".

Não se trata apenas de pensar a revolução como emergência da força de outros agentes que até então estavam em posição subalterna ou não contada. Trata-se de compreender que a revolução é, inicialmente, processo de destituição da própria noção de agência que até então imperou. Antes de ser uma ação ou um conjunto coordenado de ações, uma revolução é a destituição de certa agência, ela é o abandono de certa ideia de ação e, assim, o fim de certo conceito de sujeito. Por isso, toda revolução é o campo de emergência de uma força até então impossível de existir e de uma subjetividade até então impredicada. É por não saber mais o que tal reinstauração da noção de força pode significar que a contemporaneidade abandonou a noção de revolução e, em seu lugar, o populismo se tornou, entre nós, o único modo de pensar a emergência política de processos anti-institucionais capazes de constituir novos sujeitos.

Nesse sentido, a tese fundamental que defendemos aqui é: o conceito de populismo cresce atualmente por uma dupla razão. Primeiro, devido à consciência tácita, principalmente depois da crise econômica de 2008, do caráter meramente formal da democracia liberal diante da necessidade de reinstauração de outra ordem econômica. Ou seja, o populismo, tanto à direita quanto à esquerda, foi capaz de incorporar o descontentamento com a ausência de alternativa econômica em circulação no interior dos embates eleitorais da democracia parlamentar e tirou disso a sua força. Ele politizou tal descontentamento ao afirmar que a representação esvaziou a democracia de sua força e a afastou de seu *demos*, e que ela instaurou um modo de existência que leva a força política ao limite da inexistência. Assim, tais estratégias populistas apelam a uma dimensão anti-institucional da política e à incorporação de tal potência anti-institucional a partir da construção do povo como categoria fundamental de ação. A força do populismo vem do fato de ele ter sido capaz de ouvir uma inexistência.

Em segundo lugar, o populismo voltou a aparecer como alternativa a uma política radical por ocupar o lugar da necessidade de recuperação do conceito de revolução. Populismo e revolução pressupõem formas de reinstauração institucional. No entanto, há algo que os diferencia, e isso gira em torno do conceito de força em política. O populismo não modifica a noção de força, ele a incorpora em outros sujeitos, em sujeitos até então invisíveis no interior do exercício do poder. Por isso, ele nunca escapará de um horizonte institucional definido pela própria democracia liberal. Populismo e democracia liberal são, na verdade, dois momentos do mesmo conceito de política, que oscila naturalmente entre institucionalismo e anti-institucionalismo. Não há democracia liberal sem recurso periódico ao populismo e posterior enquadramento das dinâmicas políticas em um "curso normal" (não há de se pensar apenas nos EUA e em Trump, mas na Itália e em Berlusconi, na França e em De Gaulle, uma estratégia populista conservadora *par excellence*).

Por isso, podemos fazer dois tipos de crítica ao populismo. A primeira delas diz respeito à degradação de sua capacidade de transformação. O modelo de construção do corpo político a partir de uma série de equivalências composta por demandas contraditórias pode ter força momentânea por conseguir dar agência a setores da população até então politicamente emudecidos. No entanto, sua prática de governo se transforma rapidamente em uma gestão de paralisia, pois as demandas contraditórias começam a anular umas às outras, criando uma dinâmica de inércia e dependência cada vez maior de uma política de liderança. A história das práticas populistas é uma história de avanço inicial, de paralisia e de degradação final.

Mas há outra crítica a ser feita: as estratégias populistas não são capazes de modificar o conceito de força política. Seu modo de existência político pressupõe a submissão da política à identidade, à representação e à constituição soberana da liderança. A transformação do povo em categoria política fundamental, tanto para processos de emergência quanto para processos de governo, é indissociável da elevação de práticas de imunização e de fortalecimento identitário a estratégias políticas centrais. Isso não poderia ser diferente, já que o conceito de povo é um conceito nacional e, portanto, expressão do modo de consolidação do estado-nação. Ao se transformar em conceito central nas dinâmicas de governo, e não apenas nas dinâmicas de emergência, o povo traz consigo a imagem de uma origem, de um risco contra o qual será necessário se imunizar, de uma territorialidade a defender. Mesmo os múltiplos sujeitos de demandas sociais que são organizados no interior do sistema populista de equivalências não modificam suas identidades no processo de emergência populista. Não há transformação dos sujeitos de enunciação. Eles consolidam seus lugares e negociam politicamente a partir de suas identidades supostas e seus interesses representados.

Por isso, longe de simplesmente desqualificar a estratégia populista de reconstituição da democracia a partir da emergência do *demos*, faz-se mais necessário insistir em seus limites e, diante desses limites, apontar para a necessidade contemporânea de rever o conceito de revolução. No entanto, compreender esse ponto exige responder a uma pergunta que apenas aparentemente é simples: o que devemos entender atualmente por "revolução"?

NÃO VOLTAR AO MESMO LUGAR

Jacques Lacan insistia que "revolução" normalmente significa, como sabemos a respeito dos movimentos astronômicos, "voltar ao mesmo lugar". Ao comentar a revolução copernicana, tão usada como metáfora de mudança epistêmica na filosofia (Kant e a crítica como revolução copernicana) e mesmo na psicanálise (Freud e a revolução copernicana do inconsciente), Lacan perguntava-se: "o que há de revolucionário no recentramento do mundo solar em torno do Sol?"[1]. Era uma maneira de afirmar que não havia mudança alguma por meio da conservação da hierarquia, da unidade e da centralidade que a noção de movimento esférico na condição de forma celeste perfeita representava. A verdadeira revolução encontrava-se no advento do movimento elíptico, proposto por Kepler, ou seja, da noção de dois centros como forma dos movimentos celestes. Nisso se nota que a revolução, se não quiser ser um retorno ao mesmo lugar, seria indissociável de uma mudança na estrutura do saber, não apenas nos lugares que cada elemento ocupa no interior de uma estrutura dada, não apenas nos detentores do saber e do poder, mas no que saber e poder significam até agora e produzem. Se retirar a Terra do centro do sistema e colocar em seu lugar o Sol não era exatamente uma revolução, é porque a revolução não podia ser pensada como uma mudança topológica, mas como uma reinstauração global de modos de existência.

Essa reinstauração global de modos de existência aponta para o eixo efetivo da revolução. Lacan era sensível ao fato de que viver em um universo que não se ordena mais a partir da simetria e do equilíbrio das formas esféricas implicava instaurar uma outra gramática da vida social e dos modos de existência. Mas falar em outra gramática da vida social só é possível se aceitarmos que uma revolução não se dá apenas pela procura em realizar conceitos de justiça e redistribuição impossibilitados pelo sistema de circulação de riquezas imanente aos modos hegemônicos de reprodução social. Por outro lado, uma revolução não é o desfecho necessário de uma crise estrutural, nos moldes das crises de sobreprodução ou de queda tendencial da taxa de lucros devido à modificação da composição orgânica do capital apontadas pelo marxismo. Já Schumpeter insistia

---

1. Jacques Lacan, *Autres écrits*, p. 420.

que processos de crise eram absorvidos como dinâmicas de destruição criativa pelo próprio capitalismo. Esse é seu modo de funcionamento normal. Na verdade, para que uma revolução ocorra, não basta que crises ocorram e não há relação necessária alguma entre crise e revolução. Faz-se necessário, na verdade, um processo de transformação de sujeitos, que se inicia com aquilo que poderíamos chamar de des-identificação social generalizada. Algo estruturalmente distinto do populismo, que é acima de tudo uma política das identificações e do fortalecimento da força de mobilização e de insurgência das identificações.

Esta talvez seja uma questão fundamental: em que condição fenômenos de desidentificação generalizada no campo sociopolítico podem ocorrer? Notemos que não se trata apenas de falar sobre a consciência da condição de não contado, consciência de não existir politicamente como sujeito reconhecido, pois a consciência de minha inexistência política não leva necessariamente à afirmação de uma desidentificação generalizada. Ela pode simplesmente levar a uma dependência ainda maior em relação a figuras de identificação socialmente estabelecidas. Como se minha inexistência social pudesse ser superada pela condição de me conformar melhor a sistemas de expectativas representados socialmente, ou pela condição de internalizar melhor valores sociais que aparecem como hegemônicos. A inexistência social pode ser aprisionada por discurso de fortalecimento da ordem e de restauração social.

Nesse sentido, lembremos que só há desidentificação lá onde há a potência transformadora do desamparo. Sabemos como as dinâmicas políticas respondem a circuitos específicos de afetos. É evidente como formas atuais de populismo protofascista mobilizam o medo e o ressentimento como afetos políticos centrais, reeditando uma lógica de constituição de corpos políticos na qual a consolidação do poder soberano aparece como gestor de um espaço social marcado pela uso político da insegurança. Medo, assim como esperança (outro afeto fundamental no populismo), são afetos fortes de investimento em processos de identificação.

No entanto, sob o regime de desidentificação, os sujeitos desamparam-se das figuras de autoridade que poderiam constituí-los no interior de uma rede social de desejos. Por isso, tal movimento não poderia se produzir sem uma dessuposição de saber, ou seja, sem uma afirmação do desamparo em relação aos modos de existência que se organizam como um saber, com suas relações de autoridade, com seus modos de ordenamento sob a forma da definição da necessidade, sob a forma das relações de causalidade. Há, desta maneira, um desabamento da linguagem como modo de determinação da experiência que não é a consequência, mas a causa primeira de qualquer processo revolucionário. De certa forma, para que uma revolução ocorra, é inicialmente necessário que a linguagem desabe. E tal desabamento da linguagem é a desidentificação mais estrutural a produzir. Uma verdadeira práxis revolucionária começa por fazer a linguagem desabar, confrontar-se com seu ponto de colapso até confessar sua própria impotência e levar os sujeitos a desertarem de seu território. Sem isso, uma revolução sempre retornará, ao final, ao mesmo lugar.

Tendo esse problema em mente, não seria desprovido de interesse lembrar de uma discussão a respeito da relação entre linguagem e revolução envolvendo um personagem absolutamente inesperado, Josef Stalin. No final dos anos 1940, Stalin resolve intervir em um debate linguístico a respeito de a linguagem ser ou não uma superestrutura. Sua posição era negativa, já que ela pretensamente não poderia ser mudada ao modificarmos as relações de produção:

> O que poderia ser a necessidade para tal revolução linguística se demonstrarmos que a linguagem existente e sua estrutura são fundamentalmente adequadas às necessidades do novo sistema? A antiga superestrutura pode e deve ser destruída e substituída por uma nova no curso de alguns anos, a fim de dar livre curso ao desenvolvimento das forças produtivas da sociedade, mas como poderia uma linguagem existente ser destruída e uma nova construída em seu lugar no curso de alguns anos sem causar anarquia na vida social e sem criar a ameaça de desintegração da sociedade? Quem a não ser um Dom Quixote poderia dar a si mesmo tal tarefa?[2]

Stalin, que sabia bem o que significa assassinar uma revolução, recusa que a linguagem seja uma superestrutura porque ela não deve ser nem o veículo nem o resultado de um processo revolucionário. Ela deve

---

2. Joseph Stalin, *Marxism and Problems of Linguistics*, disponível em: <https://www.marxists.org/reference/archive/stalin/works/1950/jun/20.htm>, acesso em: 9 nov. 2018.

permanecer tal e qual, sob o risco de desencadear anarquia e desintegração. No entanto, há de se perguntar que tipo de revolução é esta que vê as instaurações no campo da linguagem como algo fora de seu escopo, pois afirmar que a linguagem não se modifica é a maneira mais segura de afirmar que uma revolução não altera aquilo que aparece como a condição prévia (ao menos para os sujeitos falantes) de qualquer experiência possível. Para as forças da restauração, é fundamental afirmar que a linguagem desconhece dinâmicas políticas por expressar, como dirá Stalin, a "totalidade" da sociedade. No entanto, digamos que, se Stalin houvesse lido Nietzsche, ele saberia que "nunca nos desvencilharemos de Deus enquanto acreditarmos na gramática". Essa era uma forma astuta de afirmar haver uma metafísica implícita na gramática. O que uma revolução faz é procurar dissolver essa metafísica implícita que orienta os processos mais elementares de nossas formas de vida. É isso que levava o poeta da revolução, Vladimir Maiakovski, a pedir: "Dai-nos, camaradas, uma arte nova que arranque a República da escória".

A REVOLUÇÃO E SUA FORÇA

Perguntemo-nos: em que tais discussões nos auxiliam a compreender as transformações na noção de "força" pressuposta pela democracia? Pensemos nos três pontos sugeridos para compreender o que "força" significa em democracia. Se a primeira característica estava vinculada ao exercício da ipseidade, ao exercício da capacidade de ser si mesmo, então a ação política nesse contexto será sempre pensada como a afirmação do que me é próprio, do que é minha atribuição ou a atribuição do coletivo ao qual pertenço e que me pertence. Mas e se uma revolução nos colocasse diante de algo como uma força imprópria, uma força que nos lança à deriva? Digamos que esta é uma proposição antileninista por excelência: uma revolução não se projeta, uma revolução deriva. Saber sustentar a revolução como deriva sempre foi o mais assustador de todos os desafios. Pois, assim que uma revolução ocorre, há sempre os que dirão que é necessário salvá-la, impedir que ela seja traída, que é necessário dirigi-la. Normalmente, o que se faz é projetar os modos de organização de mobilização e insurgência para dentro do governo. Como, em larga medida, os modos de organização de mobilização derivam do paradigma da guerra, já que a revolução depende de um conceito de guerra civil implícita, é inevitável que o governo se transforme na continuação da guerra por outros meios, como vimos nas experiências revolucionárias do século XX e em suas degradações. Essa guerra se alimentará da perpetuação dos inimigos antigos e da produção de novos inimigos. Não foi por acaso que Freud (que nunca escondeu certa simpatia pela Revolução Russa) perguntou: "o que os bolcheviques farão quando eliminarem o último burguês?".

De fato, e isto Marx e Engels sabiam muito bem, não há como processos de insurgência revolucionária não se apoiarem no paradigma da guerra como horizonte de organização. Toda organização de sujeitos livres em uma sociedade não livre será frágil, incapaz de lidar com a força de restauração do Estado e de sua violência estatal. As lutas locais e localizadas devem se organizar em uma contradição global em relação ao Estado atual e, ao menos do ponto de vista da mobilização, tal contradição global pede um paradigma da guerra, mesmo se processos locais puderem apelar ao paradigma da associação. O erro maior do leninismo é perpetuar esse paradigma da guerra no interior do governo, por meio de um programa de transição infinita, que nunca passará.

No entanto, quem diz emergência não diz governo. Uma força política de deriva abandonará o paradigma da guerra para que possa emergir o paradigma do descontrole, ou seja, a figura de uma sociedade descontrolada. A revolução, se quiser voltar a ser um conceito politicamente relevante, só pode almejar uma sociedade descontrolada. Nossas sociedades nunca conheceram o descontrole, elas conheceram a submissão e o domínio. O descontrole pressupõe a abertura de campos nos quais a força comum aparece como potencial genérico de implicação com decisões tomadas em qualquer ponto. Implicação esta que mostra como toda e qualquer voz, vinda de todo e qualquer lugar, pode falar em nome de uma universalidade suposta. Isso exige uma transformação econômica das estruturas, como o fim da submissão da atividade à forma do trabalho produtor de valor, assim como uma transformação subjetiva dos atores, como a circulação de uma linguagem outra, uma linguagem da desapropriação.

Por outro lado, a força da revolução abre-nos à possibilidade de confiar em ações que nos destituem da condição de agentes portadores de interesses. Ela faz da política o espaço de desconstituição de identidades e de emergência de um comum que não é apenas a extensão ilimitada do potencial de relação humano, mas a integração do que até agora foi compreendido como não humano ou como coisa. Lembremos, por exemplo, do jovem Marx falando de uma ligação multilateral à natureza que poderia liberá-la da condição de mero objeto, abrindo a experiência social para um outra forma de pensar a dialética entre natureza e história. Lembremos de como a Revolução Francesa trouxe a recomposição das relações entre razão e loucura (o caso Pinel), trouxe mesmo a possibilidade de uma indiferença racial que poderia fazer dessas "coisas" que eram os escravos haitianos os verdadeiros enunciadores dos ideais revolucionários contra as tropas napoleônicas. Ou de como a Revolução Russa chegou mesmo a discutir a abolição do casamento como forma de abertura da vida social à plasticidade das relações entre sujeitos livres. Todos esses exemplos mostram como há uma biopolítica que a revolução, por ser transformação global de estrutura, libera de suas amarras disciplinares.

Para finalizar, eu lembraria também que tais colocações podem soar, ao menos para alguns, demasiado genéricas. Mas gostaria de defender que isso não é um defeito. Adorno, que nunca abandonou a centralidade do conceito de revolução, afirmava que a antecipação da forma da sociedade reconciliada é um atentado à própria reconciliação, pois, sujeitos mutilados que somos, não podemos imaginar o que é a liberdade social sem projetar modos de organização que são próprios a uma situação de guerra civil, como esta que vivemos em nossas lutas de classe cotidianas, em nossas lutas contra a violência estatal embutida em nossas democracias liberais. Calar-se diante do que será o governo em uma sociedade pós-revolucionária não é impotência, mas confiança na força plástica da política e de suas localidades múltiplas. A teoria pode nos levar a acreditar que temos o desejo e a capacidade de fazer muito mais do que fizemos até agora, pode dizer que ainda não fomos muito longe com nossa negação, mas não pode antecipar o que recusa qualquer projeção. Pois a teoria confia no que só a prática emancipada em seus contextos locais pode produzir.

Caminhos da razão e do progresso
Antonio Cicero

Parece-me que em nossa época, em todo o mundo, trava-se uma ocasionalmente violenta guerra entre, por um lado, os inimigos do Iluminismo e, por outro, os seus defensores. Logo de saída, quero deixar claro que me incluo entre esses últimos. Em que consiste o Iluminismo?

Em primeiro lugar, acho importante explicar que concordo com a distinção defendida pelo filósofo Sérgio Paulo Rouanet entre o Iluminismo e a Ilustração[1]. Para ele, a Ilustração constitui um momento particular e importantíssimo do Iluminismo. E eu adiciono: do Iluminismo no Ocidente. O Iluminismo em si consiste num movimento intelectual que se manifestou, com maior ou menor força, em diferentes épocas e culturas de diversas regiões do mundo, durante, antes e depois da Ilustração. Trata-se da luta pelo progresso da razão, da ciência e da liberdade.

Recentemente temos observado no Brasil fortes movimentos anti-iluministas. Refiro-me, é claro, aos movimentos que lutam pela censura ou pelo encerramento de manifestações artísticas que consideram imorais ou sacrílegas. Assim, em Porto Alegre, por exemplo, o "Movimento Brasil Livre", que é tudo, menos a favor de um Brasil livre, conseguiu pressionar o museu do Banco Santander a fechar a exposição, por ele patrocinada, intitulada "Queermuseu – cartografias da diferença". Assim também, o prefeito do Rio de Janeiro, o bispo da Igreja Universal do Reino de Deus

---

1. Sérgio Paulo Rouanet, "Erasmo, pensador iluminista", em: *As razões do Iluminismo*, São Paulo: Companhia das Letras, 2005, pp. 301-2.

Marcelo Crivella, proibiu essa mesma exposição de ser aberta no Museu de Arte do Rio (MAR). Em São Paulo, houve muitas manifestações pela proibição da performance do artista Wagner Schwartz, acusado de pedofilia porque, ao se apresentar nu no Museu de Arte Moderna de São Paulo (MAM), teve uma perna e um braço tocados por uma menina. Em Belo Horizonte também houve manifestações, tanto por defensores da proibição da peça *O Evangelho segundo Jesus, Rainha do Céu*, de Jo Clifford, exibida na Funarte, quanto por defensores do fechamento da exposição, no Palácio das Artes, que contém a obra *Faça você mesmo sua Capela Sistina*, de Pedro Moraleida, ambas obras consideradas sacrílegas.

Os inimigos do Iluminismo sempre foram muitos. Ainda na época da Ilustração, no século XVIII, Johann Georg Hamann, Johann Gottfried von Herder, Edmund Burke e Joseph de Maistre, entre outros, acreditavam que a subestimação ou – pior – a crítica e o abandono, pelo Iluminismo, dos valores tradicionais da comunidade, do parentesco, da hierarquia, da autoridade e da religião acabariam por resultar no caos social.

Herder, por exemplo, opõe ao Iluminismo conceitos tais como o de *Volksgeist* ou *espírito do povo*. A ideia é que cada nação resulta de uma singular combinação histórica de fatores, tais como raça, língua, religião, tradições, costumes, direitos etc., de modo que a "razão cosmopolita" da Ilustração, ignorando as particularidades nacionais e locais, é absurdamente reducionista. Nada parece a Herder mais impertinente do que pretender que toda tradição, toda religião, todo mito, toda poesia, todo passado haviam sido ultrapassados pela razão prosaica, farisaica, plebeia e arrogante dos iluministas. Aquilo que os iluministas chamavam de "direito natural", por exemplo, não passava, segundo ele, de uma abstração anêmica, cuja aspiração a se sobrepor à diversidade concreta dos direitos consuetudinários era simplesmente ridícula.

No final do século XIX, o sociólogo Ferdinand Tönnies, que conceituou a dicotomia entre comunidade e sociedade (*Gemeinschaft* e *Gesellschaft*), dizia que, na comunidade – que consiste na coletividade tradicional –, tende a predominar o sentimento de fazer parte de um todo (*Zusammengehörigkeitsgefühl*), na base de uma concordância espontânea de pontos de vista, interesses e finalidades. Na sociedade – que consiste, sobretudo, na coletividade moderna –, por outro lado, predomina a "vontade racional" ou o cálculo, baseado na mera agregação mecânica de seus membros. Entre os partícipes da sociedade, tendem a generalizar-se as relações competitivas ou contratuais, cada qual mantendo, à parte de terminadas convenções explícitas, os seus próprios pontos de vista, interesses e finalidades². É costumeiro contrastar-se o individualismo típico da sociedade à solidariedade típica da comunidade. O grande sociólogo norte-americano Robert Nisbet mostra que a perda da comunidade – *Gemeinschaft* – significa também a perda ou diluição da autoridade tradicional, do senso de *status* ou posição social, do sentido do sagrado e do sentimento de enraizamento³.

Para Martin Heidegger – que considero o mais profundo dos pensadores anti-iluministas –, o Iluminismo, como toda a filosofia da modernidade, deriva da metafísica da subjetividade, fundada no século XVII por Descartes, que já afirmava que o homem devia tornar-se mestre e possessor da natureza. De tal maneira de pensar – que, segundo Heidegger, faz parte do que ele considera um lamentável "esquecimento do ser" –, resulta o predomínio da razão instrumental, produtora da tecnologia moderna. A partir dela, a agricultura de hoje em dia é, nas palavras de Heidegger, "uma indústria motorizada de alimentação, essencialmente o mesmo que a fabricação de cadáveres nas câmeras de gás e nos campos de extermínio, o mesmo que o bloqueio e a esfomeação de países, o mesmo que a fabricação de bombas de hidrogênio"⁴. Segundo ele, no mundo moderno, o próprio ser humano tende a se considerar como um estoque de energia, um fundo disponível e explorável, de modo que sua humanidade tende a desaparecer. Desse modo, Heidegger considera que em nossos dias testemunhamos "o sombreamento do mundo, a fuga dos deuses, a destruição da Terra, a massificação do ser humano, a suspeita rancorosa contra tudo o que é criador e livre"⁵.

Mais recentemente, Michel Foucault pertenceu à mesma tradição de rejeição à modernidade de Heidegger. Para ele, o Iluminismo originou novas e insidiosas formas de dominação e opressão. Em suas palavras, "a

---

2. Ferdinand Tönnies, *Gemeinschaft und Gesellschaft. Grundbegriffe der reinen Soziologie*, Darmstadt: Wissenschaftleiche Buchgesellschaft, 2005.
3. Robert A. Nisbet, *The Sociological Tradition*, London: Heinemann, 1970.
4. Martin Heidegger, "Das Ge-Stell", em _____, Bremer und Freiburger Vorträge, em _____. *Gesamtausgabe*, v. 79, Frankfurt am Main: Vittorio Klostermann, 2005, p. 27.
5. *Idem*, "Einführung in die Metaphysik", em *Gesamtausgabe*, v. 40, Frankfurt am Main: Vittorio Klostermann, 1983, p. 41.

promessa do Iluminismo (*der Aufklärung*) de chegar à liberdade pelo exercício da razão tornou-se uma dominação da razão mesma, que usurpa cada vez mais o lugar da liberdade"[6]. Nas palavras de Foucault, a individualidade cultivada pelo Iluminismo

> é completamente controlada pelo poder, e somos individualizados, no fundo, pelo poder mesmo. Em outras palavras, não penso de maneira nenhuma que a individualização se oponha ao poder, mas, ao contrário, eu diria que nossa individualidade, identidade obrigatória de cada um, é o efeito e um instrumento do poder[7].

Foucault chegou a declarar que "o poder da razão é um poder sangrento" em entrevista intitulada "A tortura é a razão"[8]. Observo, *en passant*, que há algo de inconsistente em tal afirmação, uma vez que, no momento em que Foucault rejeita o poder da razão, ele rejeita o poder de sua própria crítica à razão, pois não se vê de onde essa crítica pode provir, senão do poder da própria razão...

Depois de Foucault, e influenciado por ele, Giorgio Agamben é hoje um dos filósofos mais citados do mundo. Pois bem, basta dizer que Agamben, em consonância, de certo modo, com Heidegger, considera o campo de concentração como o *nomos* – isto é, a lei ou o paradigma – da modernidade[9].

Considero tão ridículas essas afirmações que não pretendo criticá-las diretamente. Em relação a Heidegger e Agamben, lembro apenas, *en passant*, que o que realmente fabricou cadáveres nas câmeras de gás e nos campos de extermínio foi a ideologia anti-iluminista do nazismo, ideologia à qual o próprio Heidegger aderiu em determinado momento.

É por não concordar e/ou não levar a sério os inimigos do Iluminismo que resolvi aqui reexaminar os princípios desse movimento. Para ser bem claro, não penso que as fontes dos verdadeiros problemas que enfrentamos hoje sejam consequências do Iluminismo, mas sim da oposição ao Iluminismo ou da falta deste.

---

6. Michel Foucault, "Converzazione com Michel Foucault", em *Dits et écrits*, v. II, 1976-1988, Paris: Quarto Gallimard, 2001, p. 892.
7. *Ibid.*, p. 1551.
8. *Ibid.*, p. 395.
9. Giorgio Agamben, *Homo Sacer. Sovereign Power and Bare Live*, Stanford: Stanford U. Press, p. 166.

Vejamos, então, em que consiste o Iluminismo.

Em nota ao prefácio da primeira edição da *Crítica da razão pura*, Immanuel Kant, que foi, a meu ver, o maior dos filósofos iluministas, afirma que

> Nossa época é a própria época da *crítica*, à qual tudo deve submeter-se. A *religião*, através de sua *santidade*, e a *legislação*, através de sua *majestade*, querem comumente a ela se subtrair. Mas com isso suscitam uma justa suspeição contra si e não podem aspirar ao respeito irrestrito que a razão somente concede ao que consegue suportar o seu exame livre e público[10].

Esse texto de Kant foi escrito por volta de 1781, logo, em plena Ilustração. Nesse tempo, a cidade de Königsberg, onde Kant sempre viveu, fazia parte da Prússia de Frederico, o Grande, admirador dos pensadores iluministas franceses[11]. Sob seu regime, como observa Otfried Höffe, a Prússia transformou-se "de um Estado policial num Estado de direito com divisão de poderes e numa das comunidades mais progressistas da época"[12].

A crítica é um modo de razão. Trata-se da razão crítica ou da razão enquanto crítica. Assim, a crítica da razão pura faz parte do autoconhecimento da razão, pois se trata da crítica que a razão exerce sobre si própria[13]. A época da crítica é aquela em que o modo de pensar iluminista se torna hegemônico. Para o pensamento efetivamente iluminista, não é admissível subtrair-se coisa alguma à possibilidade de ser criticada. Não pode ser considerado iluminista nenhum modo de pensar segundo o qual a crítica a determinadas coisas – pessoas, instituições, hábitos, concepções, ideais, preconceitos etc. – seja considerada sacrílega, isto é, seja absolutamente inaceitável.

---

10. Immanuel Kant, "Kritik der reinen Vernunft" Erster Teil, em _____, *Werke*, Bd.3. Darmstadt: Wissenschaftliche Buchgesellschaft, Sonderausgabe, 1983, p. A xi, nota de pé de página.
11. Lembro que Frederico, o Grande, chamava o Livro III do *De rerum natura*, em que Lucrécio critica a religião, de seu "breviário". V. Peter Gay, *The Enlightenment: An Interpretation. The Rise of Modern Paganism*, New York: Alfred A. Knopf, 1967, p. 192.
12. Otfried Höffe, *Immanuel Kant*, São Paulo: Martins Fontes, 2005, pp. 23-4.
13. Immanuel Kant, *op. cit.*, p. A xi.

Entende-se a justeza de considerar-se René Descartes o "pai" da filosofia moderna quando se verifica que, de fato, foi a partir de sua dúvida metódica que se consolidou esse modo moderno de pensar, segundo o qual não é admissível subtrair-se coisa alguma à possibilidade de ser criticada. Penso que já a partir da compreensão da filosofia de Descartes – logo, antes da Ilustração propriamente dita – é possível entender de que modo a razão crítica conduz aos fundamentos tanto da ciência moderna quanto do direito moderno. É o que pretendo indicar aqui. Antes, porém, de considerar a própria argumentação de Descartes, quero chamar atenção para as condições que favoreceram o surgimento de tal pensador.

Descartes nasceu na última década do século XVI. Tendemos a pensar nesse último século da Renascença como – nas palavras de Alexandre Koyré – "ampliação sem igual da imagem histórica, geográfica, científica do homem e do mundo. Efervescência confusa e fecunda de ideias novas e ideias renovadas. Renascimento de um mundo esquecido e nascimento de um mundo novo"[14].

Isso nos faz muitas vezes esquecer que ele foi também, segundo a descrição do mesmo autor,

> [...] crítica, desmoronamento e enfim dissolução e mesmo destruição e morte progressiva das antigas crenças, das antigas concepções, das antigas verdades tradicionais que davam ao homem a certeza do saber e a segurança da ação. [...] Ele [o século XVI] desmoronou tudo, destruiu tudo: a unidade política, religiosa, espiritual da Europa; a certeza da ciência e a da fé; a autoridade da Bíblia e a de Aristóteles; o prestígio da Igreja e o do Estado[15].

De fato, Montaigne dizia "Olhemos em volta, tudo rui em torno de nós: em todos os grandes Estados, seja da cristandade, seja em outras partes que conhecemos, olhai, e encontrareis uma evidente ameaça de mudança e ruína"[16].

---

14. Alexandre Koyré, *Entretiens sur Descartes*, New York, Paris: Brentano's, 1944, p. 34.
15. *Ibid.*, pp. 34-5.
16. Michel de Montaigne, "Apologie de Raimond Sebond", em *Essais*, v. II, Paris: Garnier, 1948, livre II, chap. XII, p. 195.

A verdade é que a Europa se encontrava em ebulição, a partir das guerras camponesas e das insurreições protestantes. Ao mesmo tempo, a redescoberta e a releitura de textos de pensadores materialistas, como Lucrécio[17], e céticos, como Sexto Empírico, reviraram o mundo intelectual da época. Tendo Gutenberg reinventado a imprensa, permitindo-lhe empregar tipos móveis, adaptados à escrita alfabética, ampliou-se o público leitor e o escritor para muito além das universidades, o que permitiu que as ideias e as crenças tradicionais pudessem ser mais rapidamente discutidas e postas em questão, quando não simplesmente desmentidas.

Lévi-Strauss observa, com razão, que a Europa, desde o começo da Renascença, havia sido "o lugar de encontro e de fusão das influências mais diversas: as tradições grega, romana, germânica e anglo-saxã; as influências árabe e chinesa"[18]. Os valores, as formas e os procedimentos tradicionais puderam ser mais facilmente relativizados, quando não simplesmente abandonados. Ademais, as viagens e as descobertas geográficas, por um lado, e as descobertas astronômicas e físicas, por outro, puseram em questão, ou, em alguns casos, desmentiram, ideias e crenças tradicionais.

Pois bem, o ceticismo de Montaigne atinge diretamente as pretensões europeias de considerar bárbaros os costumes de outros povos, na medida em que estes diferem dos seus. "Somos todos encerrados e amontoados em nós", diz ele,

> [...] e temos a vista encurtada à extensão de nosso nariz. Perguntaram a Sócrates de onde ele era. Ele não respondeu: "de Atenas", mas: "do mundo". Ele, que tinha sua imaginação mais plena e mais extensa, abrangia como sua cidade o universo inteiro, lançava seus conhecimentos, sua sociedade e suas afeições para todo o gênero humano, não como nós, que não olhamos senão para nós mesmos[19].

17. Leia-se, a propósito, Stephen Greenblatt, *A virada: o nascimento do mundo moderno*, São Paulo: Companhia das Letras, 2012.
18. Claude Lévi-Strauss, "Race et histoire", em *Race et histoire, Race et culture*, Paris: Albin Michel/Éditions Unesco, 2001, p. 106.
19. Michel de Montaigne, "De l'institution des enfants", em *Essais*, Paris: Garnier, 1948, Livre I, chap. XXVI, pp. 168-9. As fontes de Montaigne provavelmente foram Plutarco ("De exilio", em *Moralia*, v. III. Org. por Jeffrey Henderson, Cambridge: Harvard U. Press, 1959) e Cícero (*Tusculanae disputationes*, v.XXXVII. Org. por Julio Pimentel Álvarez, Cidade do México: Universidad Nacional Autónoma de México, 1979, v. 2, Livro V, cap. XXXVII).

Lembro o famoso ensaio de Montaigne sobre os canibais do Brasil. "Acho", diz ele, "que não há nada de bárbaro e de selvagem nessa nação, pelo que me disseram, senão que" – e neste ponto ele se separa de sua própria cultura – "cada qual chama de barbárie o que não é de seu costume"[20].

Em seguida, tendo descrito como os índios brasileiros matavam e comiam seus prisioneiros de guerra, ele explica que não acha errado que censuremos o horror barbaresco que há em tal ação, "mas sim que, julgando bem os seus erros, sejamos tão cegos quanto aos nossos"[21]. E, observando que "há mais barbárie em comer um homem vivo do que em comê-lo morto", lembra os horrores que haviam sido cometidos na Europa por ocasião das guerras religiosas, horrores testemunhados por ele próprio e cometidos "não entre inimigos antigos, mas entre vizinhos e concidadãos, e, o que é pior, sob o pretexto de piedade e de religião"[22]. "Podemos portanto", conclui, "chamá-los [aos canibais] bárbaros, tendo em vista *as regras da razão*[23], mas não tendo em vista a nós mesmos, que os superamos em toda espécie de barbárie"[24].

As regras da razão – no sentido em que essa palavra é empregada no ensaio sobre os canibais – não se confundem, portanto, com as regras da cultura cristã ou europeia. Se comparassem o comportamento dos canibais ao deles mesmos, os europeus da época de Montaigne não teriam o direito de considerá-los bárbaros. Não obstante, eles tendiam a, arrogantemente, considerar bárbaros todos os povos não europeus ou não cristãos. Ora, pelas regras da razão, os cristãos são ainda mais bárbaros que muitos desses povos; mais bárbaros do que os índios brasileiros; mais bárbaros até do que os canibais brasileiros. Para que Montaigne critique dessa maneira os europeus, é preciso, evidentemente, que se tenha distanciado deles tanto quanto de qualquer outro povo. É preciso que ele se tenha desprovincianizado tanto do ponto de vista temporal (a partir da redescoberta do pensamento antigo, que relativiza o pensamento escolástico, contemporâneo a ele) quanto do ponto de vista espacial (a partir dos resultados das grandes navegações empreendidas em sua época e das

---

20. Michel de Montaigne, "Des cannibales", em *Essais*, Paris: Garnier, 1948, Livre I, chap. XXXI, p. 234.
21. *Ibid.*, p. 239.
22. *Ibid.*
23. Ênfase minha.
24. *Ibid.*, p. 240.

consequentes descobertas geográficas, como mostra o exemplo da menção aos índios brasileiros); é preciso que ele se tenha cosmopolitizado de modo a ter sido capaz de abandonar – pelo menos na medida em que foi capaz de fazer tais juízos – a cultura particular em que se criou.

Outra manifestação dessa atitude de Montaigne é sua afirmação de que prefere pensar que a probidade não seja feita pelas religiões, que apenas a completariam e autorizariam; que ela consiga "se sustentar sem ajuda, nascida em nós de suas próprias raízes pela *semente da razão universal impressa em todo homem não desnaturado*"[25]. E arremata: "a experiência nos faz ver uma distinção enorme entre a devoção e a consciência". Ou seja, a devoção, isto é, a religião, não é o fundamento da ética, que se encontra na razão. Não são a esperança (do céu) nem o medo (do inferno) difundidos pela religião que produzem a honestidade. A razão, que constitui o verdadeiro fundamento da ética, não pertence à cultura em oposição à qual se manifesta.

Sobre a religião, ele declara ainda que recebemos a nossa

> [...] como as outras religiões se recebem. Encontrávamo-nos no país em que ela era praticada; observamos sua antiguidade ou a autoridade dos homens que a mantiveram; ou temamos as ameaças que faz aos descrentes; ou seguimos suas promessas [...] Outra região, outros testemunhos, semelhantes promessas e ameaças poderiam imprimir pelo mesmo caminho uma crença contrária. Somos cristãos ao mesmo título que somos perigordinos ou alemães[26].

Em outras palavras, assim como é contingente que tenhamos nascido aqui e não ali, é contingente que sejamos, por exemplo, cristãos e não muçulmanos, ou vice-versa.

Se a condição para que a razão se manifestasse fortemente na Europa foi que a cultura cristã – como qualquer cultura particular – tivesse sido, por assim dizer, posta entre parênteses pela razão, isso se deu porque a razão está longe de pertencer a qualquer cultura particular. A razão "não desnaturada", isto é, a razão natural e universal, que constitui o

---

25. Michel de Montaigne, "De la physionomie", em *Essais*, v. III, Paris: Garnier, 1948, Livre III, chap.XII, p. 307. Ênfase minha.
26. *Idem*, "Apologie de Raimond Sebond", em *Essais*, v. II, Paris: Garnier, 1948, Livre II, chap.XII, p. 123.

verdadeiro fundamento da ética, não pertence à cultura em oposição à qual se manifesta. A razão não pertence a qualquer cultura particular. Ela poderia, quando muito, ser pervertida, instrumentalizada, desnaturalizada por alguma cultura particular. É o que Montaigne pensa que a cultura escolástica havia feito[27]. A razão natural, não sendo o produto de nenhuma cultura particular, desabrocha exatamente nos interstícios entre as diferentes culturas. Em outras palavras, não é a força, é a fraqueza, é a desintegração da cultura cristã que favorece o surgimento da razão crítica de Montaigne.

Por meio da razão, o ser humano separa-se, em primeiro lugar, dos preconceitos da cultura a que pertence; logo, separa-se da cultura a que pertence e, em segundo lugar, nessa cultura – ou em qualquer outra – busca separar o verdadeiro do falso, o certo do errado. "Toda pressuposição humana", diz Montaigne, "e toda enunciação tem tanta autoridade quanto outra, se a razão não as diferenciar. Assim, é preciso pô-las na balança: e em primeiro lugar as gerais, e as que nos tiranizam"[28]. Ora, as que nos tiranizam são sobretudo as pressuposições da cultura a que pertencemos.

Mas creio já ter deixado claro de que modo Montaigne mostra a possibilidade de se julgarem as formas de todas as culturas, inclusive as da cultura à qual o julgador pertence, segundo critérios que não pertençam a nenhuma cultura.

Como, porém, é possível que a razão não pertença a nenhuma cultura particular? Notemos que a razão natural é, em primeiro lugar, exatamente a capacidade de separar, de *se* separar, de distinguir, de criticar, de "triar o verdadeiro", como diz Montaigne. A razão – e aqui reencontramos Kant – é, em primeiro lugar, *crítica*. Essa palavra vem do vocábulo grego *kritiké*[29], do verbo *kríno*, *krínein*[30], que quer dizer *separar*[31]. Da mesma raiz,

---

27. Michel de Montaigne, "De la physionomie", *op. cit.*, p. 307; ver sobre isso Léon Brunschvicg, *Descartes et Pascal lecteurs de Montaigne*. Neuchatel: La Baconnière, 1945, pp. 41-2.
28. Michel de Montaigne, "Apologie de Raimond Sebond", *op. cit.*, p. 240.
29. Kritikh/.
30. Kri/nw, kri/nein.
31. A palavra *ratio* deriva de *ratus*, particípio de *reor*. Embora seja reconhecidamente obscura a origem do radical dessa família de palavras, é provável que o "re" de "re-or" seja aparentado ao radical reg- (r(hg-) da palavra grega *regnumi* (r(h/gnumi), que significa romper, separar, dividir, distinguir etc. (Sobre isso, vide, por exemplo, Paul Regnaud, *Dictionnaire étymologique du latin et du grec dans ses rapports avec le latin*, Lyon et Paris: A. Rey et Librairie Leroux, 1908, verbete "reor", p. 291). Sendo assim, curiosamente, o sentido etimológico da "razão" aproxima-se do sentido etimológico da palavra "crítica".

vem a palavra *krísis*[32], de onde deriva "crise". A razão se manifesta (1) ao se separar das positividades que encontra; (2) ao separar, questionar, distinguir e diferenciar essas positividades umas das outras; (3) ao, a partir desses questionamentos, separações, distinções e diferenciações, classificar, categorizar, identificar e denominar as coisas; e (4) ao compará-las e submetê-las às suas dúvidas, interrogações e críticas. Já que dar nome às coisas, defini-las, classificá-las etc. são modos de distingui-las umas das outras, essas atividades representam manifestações da crítica. Assim, a razão crítica constitui uma condição da própria linguagem que, por um lado, a potencializa, mas, por outro lado, é capaz de encobri-la.

Vê-se que a razão é capaz de ser instrumentalizada. Ela é instrumentalizada pelo seres humanos em vista do conhecimento, do controle e da utilização da natureza e dos demais seres humanos. Ela serve aos seres humanos para esses fins práticos.

Assim, a razão é instrumentalizável, por exemplo, para a produção do conhecimento científico e da tecnologia. Contudo, ela é instrumentalizável também para a construção de obras de arte, bem como para a elaboração de construções ideológicas – emprego aqui esta palavra no sentido amplo de sistemas de ideias – como religiões e sistemas filosóficos.

Como as diversas construções ideológicas contradizem umas às outras, e todas são construídas mediante a instrumentalização da razão crítica, é evidente que esta não se reduz a nenhuma delas. Ao contrário, a própria razão crítica – e só ela – pode ser usada para criticar qualquer um dos sistemas que se construíram mediante sua utilização. A razão, como um martelo, por exemplo, é capaz de ser instrumentalizada tanto para a construção quanto para a destruição daquilo mesmo que serviu para construir. Mas atenção, a razão crítica afirma-se também quando critica a si própria[33].

Neste ponto, podemos reencontrar Descartes. Nele, encontramos o mesmo cosmopolitismo que em Montaigne. No *Discurso do método*, por exemplo, ele diz considerar bom "saber algo sobre os modos de diversos povos, a fim de julgar os nossos com mais sanidade, e para que não

---

32. Kri/sij.
33. Como não lembrar, aliás, que os principais livros de Kant são: *Crítica da razão pura*, *Crítica da razão prática* e *Crítica do juízo*?

pensemos que tudo o que é contra nossos modos seja ridículo, e contra razão, assim como têm costume de fazer os que nada viram"[34]. E mais:

> [...] vendo várias coisas que, embora nos pareçam muito extravagantes e ridículas, não deixam de ser comumente recebidas e aprovadas por outros grandes povos, aprendi a não crer em nada tão firmemente daquilo que somente me havia sido persuadido pelo exemplo e pelo costume; e assim me liberei pouco a pouco de muitos erros que poderiam ofuscar nossa luz natural e nos tornar menos capazes de entender a razão[35].

Assim como Montaigne, Descartes estabelece uma dicotomia entre, de um lado, a razão, a crítica e o ceticismo e, de outro, os modos, os costumes e as religiões dos povos, isto é, as culturas particulares. A razão é aquilo que se separa e se distancia de todos os fenômenos culturais particulares. O filósofo Ernest Gellner afirma, com toda razão, que

> [...] a única maneira de resumir o pensamento dos três últimos séculos é descrever o relacionamento instável entre o indivíduo e a sua cultura. Há várias estratégias que o indivíduo pode adotar nesse relacionamento. O melhor modo de resumir essas estratégias é invocar de início o famoso ditado do mundo dos negócios nos Estados Unidos: "se não pode derrotá-los, junte-se a eles". Foi de Descartes a estratégia inicial do pensamento moderno, uma firme tentativa de "derrotá-los". Sua grande aspiração era o indivíduo derrotar a cultura que o rodeia[36].

Suponho que muitos, e talvez até a maior parte dos ouvintes, já conheçam até de cor os trechos do *Discurso do método* que tenho citado. Entretanto, peço-lhes paciência para suportar mais algumas citações da obra-prima de Descartes. Paul Valéry dizia que o Descartes que o interessava era aquele para quem o *eu* e o *mim* explicitamente evocados deviam nos introduzir a modos de pensar de uma inteira generalidade[37]. Sugiro

---

34. René Descartes, *Discours de la méthode*. Texte établi et commenté par E. Gilson. Paris: Vrin, 1976, p. 6.
35. *Ibidem*, p. 10.
36. Ernest Gellner, "O relativismo *versus* verdade única", em: Antonio Cicero; Waly Salomão, *O relativismo enquanto visão do mundo*, Rio de Janeiro: Francisco Alves, 1994, p. 19.
37. Paul Valéry, "Une vue de Descartes", em *Oeuvres*, Paris: Gallimard, 1957, t. I, p. 839.

que cada um de nós se ponha no lugar da primeira pessoa de cada um desses textos de Descartes – que pense com ele. Vejamos:

> Tendo aprendido, desde o colégio, que não se conseguiria imaginar nada tão estranho e pouco crível que não tenha sido dito por algum dos filósofos; e desde então, viajando, tendo reconhecido que todos aqueles que têm sentimentos muito contrários aos nossos nem por isso são bárbaros ou selvagens, mas que muitos usam, tanto ou mais que nós, da razão; e tendo considerado quanto um mesmo homem, com seu mesmo espírito, sendo nutrido desde a infância entre franceses ou alemães, torna-se diferente do que seria, se tivesse sempre vivido entre chineses ou canibais; e como, até os modos das nossas roupas, a mesma coisa que nos agradou dez anos atrás, e que nos agradará talvez novamente antes de dez anos, parece-nos agora extravagante e ridícula: de sorte que é antes o costume e o exemplo que nos persuadem, do que algum conhecimento certo [...][38].

Como Montaigne, Descartes recusa-se a tomar os costumes de sua cultura, isto é, os costumes franceses, europeus, ocidentais ou cristãos, como automaticamente melhores que os de outros povos. Ao contrário, ele relativiza todos os costumes – diríamos hoje, todas as culturas –, sejam de franceses, sejam de alemães, sejam de chineses, sejam de canibais. O que parece bom a uns, parece mau a outros. O que nos parecia bom há dez anos, parece-nos mau hoje e, talvez, daqui a dez anos pareça-nos novamente bom. Alguém que tenha nascido entre alemães, pensa como os alemães; tivesse nascido entre canibais, pensaria como canibais. Portanto, nenhuma cultura particular, do presente ou do passado, pode pretender ser essencialmente superior a outra.

Evidentemente, Descartes não afirma a relatividade das culturas a partir do ponto de vista de nenhuma cultura particular. Todas elas, inclusive a francesa, cristã, em que ele nasceu e se criou, são por ele relativizadas a partir do ponto de vista da razão, que não pertence a este ou àquele povo, tanto que pode ser usada por não cristãos tão bem, e, por vezes, melhor do que pelos cristãos. O ponto de vista da razão é exatamente o

---

38. René Descartes, 1976, *op. cit.*, p. 16.

do puro distanciamento crítico que permite a relativização das diferentes culturas. Não pertencendo a nenhuma cultura positiva, ele somente pode ser caracterizado de modo negativo: "Para todas as opiniões que havia recebido até então em minha crença, eu não podia melhor fazer do que tentar, de uma vez por todas, livrar-me delas, a fim de lá recolocar depois, ou outras melhores, ou então as mesmas, quando as tivesse ajustado ao nível da razão"[39].

Descartes explica: dado que (1) os filósofos se contradizem; (2) nenhuma cultura pode se pretender superior às demais; (3) nossas opiniões dependem do lugar e da época em que nos criamos; e (4) "a pluralidade de vozes não é uma prova que valha nada para as verdades um pouco difíceis de descobrir, porque é bem mais provável que um homem só as tenha encontrado do que todo um povo"[40], ele não conseguiu escolher ninguém cujas opiniões lhe parecessem dever ser preferidas às dos outros. Por causa disso, prossegue, "achei-me como obrigado a tentar eu mesmo a me guiar"[41].

Chamo aqui atenção para o fato de que o quarto item citado no parágrafo anterior é extremamente importante para o desenvolvimento do Iluminismo. Ele implica, por exemplo, que nenhuma crença – por exemplo, religiosa – merece intrinsicamente mais respeito do que qualquer crença individual. É provável que aqui as religiões não sejam explicitamente mencionadas porque, ao escrever seu *Discours*, Descartes se lembre da prisão, da tortura e da execução de Giordano Bruno na fogueira da inquisição, que tiveram lugar poucas décadas antes, e da prisão e abjuração forçada de Galileu, ocorridas quatro anos antes.

Tentarei, em seguida, reconstruir esquematicamente o *cogito*, tendo em vista não uma fidelidade histórica às intenções pessoais de Descartes, nem à interpretação tradicional (não o tomo, por exemplo, como uma tentativa de provar a existência de quem o enuncia): o *cogito* me interessa principalmente em sua condição de fundamento do Iluminismo.

Descartes busca um ponto arquimédico absolutamente certo, invulnerável até ao mais completo ceticismo concebível: "Nada além de um ponto que fosse firme e imóvel pedia Arquimedes para mover a terra

---

39. Ibid., p. 13.
40. Ibid., p. 16.
41. Ibid.

inteira; grandes coisas também podem ser esperadas, se eu encontrar um mínimo que seja certo e inconcusso"[42].

Fazendo uso metódico de todo o arsenal tradicional dos céticos – a possibilidade de que suas certezas se baseiem em sonhos, alucinações, ataques de loucura[43] –, Descartes concebe uma dúvida hiperbólica, isto é, uma dúvida que condensa todas as dúvidas imagináveis.

Porém, antes de levar a cabo essa decisão, Descartes forma uma moral provisória para si: "Para que eu não ficasse irresoluto em minhas ações, enquanto a razão me obrigasse a sê-lo em meus juízos, e não deixasse de viver, desde então, do modo mais feliz que conseguisse, formei-me uma moral provisória, que não consistia em mais que três ou quatro máximas, que vos desejo expor"[44].

As máximas da moral provisória de Descartes foram, em suma, as seguintes:

1. obedecer às leis e aos costumes do seu país, retendo constantemente sua religião e se governando, em todas as outras coisas, segundo as opiniões mais moderadas e mais distantes do excesso;
2. ser tão firme e resoluto em suas ações quanto conseguisse, e seguir, como se fossem certíssimas, mesmo as opiniões mais duvidosas, uma vez que as houvesse adotado;
3. tentar sempre antes vencer a si próprio do que à fortuna, e antes mudar seus desejos do que mudar a ordem do mundo;
4. fazer uma revisão das diversas ocupações que os homens têm nesta vida, para tratar de escolher a melhor.

No que diz respeito à quarta máxima, Descartes explica que, sem querer falar sobre as ocupações dos outros, ele pensava que não poderia fazer nada melhor do que continuar naquela em que se encontrava,

---

42. René Descartes, *Meditationes de prima philosophia*, Paris: Vrin, 1978, pp. 24-5.
43. Além dessas razões para a dúvida, Descartes diz, no próprio *Discours de la méthode*, que, como é possível que nos enganemos em questões de geometria ou lógica, ele tomaria como falsas também "as razões que antes tomara como demonstrações" (1976, *op. cit.*, p. 32). Mais tarde, nas *Méditationes de prima filosofia* (1978, *op. cit.*, pp. 21-4) o fundamento último dessa desconfiança quanto às verdades lógicas é a possibilidade de que estejamos permanentemente a ser enganados por um gênio maligno. Contudo, não é possível, sem inconsistência performativa, negar as verdades analíticas. Hoje sabemos que, nesse ponto, a dúvida simplesmente não é admissível.
44. René Descartes, 1976, *op. cit.*, p. 22.

empregando toda a vida a cultivar a razão e progredindo tanto quanto pudesse no conhecimento da verdade, segundo o método que se prescrevera.

Voltemos agora à dúvida hiperbólica. Nos *Discours,* Descartes diz que era preciso rejeitar como absolutamente falso tudo aquilo em que pudesse imaginar a menor dúvida, a fim de ver se não ficaria, depois disso, alguma coisa em sua crença que fosse inteiramente indubitável[45]. Duvidar de alguma coisa é conceber que possa não ser o que parece: que possa ser falsa. Mas a dúvida metódica não apenas se estende a tudo o que é capaz, ainda que levemente, de ser concebido como falso, mas afirma a falsidade – ou, o que dá no mesmo, nega a verdade – de tudo o que é concebivelmente falso. Trata-se, portanto, de negação. Segundo Henri Gouhier, a negação é essencial porque "não é a certeza imediatamente indubitável do *cogito* que garante a sua evidência: é a evidência experimentada como inegável que garante a minha certeza, provando que ela é, a toda prova, indubitável"[46].

Em outras palavras, a dúvida não é metódica senão ao se tornar negação metódica[47]. Dando-se conta, porém, de que o exame de cada uma de suas opiniões em particular constituiria tarefa infinita, Descartes resolve antes atacar os próprios princípios sobre os quais todas elas se assentam, pois, solapados os fundamentos, rui espontaneamente o que quer que sobre eles se encontre edificado[48]. Gouhier observa que "sem se dignar a comentá-lo, Descartes se dirige naturalmente às [opiniões] que questionam a existência. O que é que existe? Tal é a questão que comanda tanto as dúvidas da *Primeira Meditação* quanto as certezas das seguintes"[49].

Não é difícil entender a razão pela qual Descartes assim procede. Ele mesmo explica que

> [...] o principal e mais frequente erro que posso encontrar em meus julgamentos consiste em julgar as ideias que estão em mim semelhantes ou conformes às coisas que se encontram fora de mim; pois efetivamente, se considerar as próprias ideias meramente como modos

---

45. *Ibid.*, p. 31.
46. Henri Gouhier, *La Pensée metaphysique de Descartes,* Paris: Vrin, 1987, p. 31.
47. *Ibid.*
48. René Descartes, 1978, *op. cit.*, p. 19.
49. Henri Gouhier, *op. cit.*, p. 267.

de meu pensamento, sem referi-las a nada externo, dificilmente poder-me-ão dar alguma ocasião de errar[50].

Pois bem, a discussão da falibilidade dos sentidos e da possibilidade de que ele esteja a sonhar lhe proporciona a ocasião para negar a existência de Deus, do mundo com tudo o que contém, de seu próprio corpo e de ser o que supunha ser. Desse modo, ele é capaz de negar cada uma das coisas que conceba. Entretanto, ao cabo dessa *via dubitandi*, ele se pergunta: o que então é verdadeiro? E responde a si mesmo: talvez esta única coisa, nada há de certo[51]. Logo, porém, ele se dá conta de outra coisa:

> Observei que, enquanto queria assim pensar que tudo fosse falso, era preciso necessariamente que eu, que o pensava, fosse alguma coisa. E observando que essa verdade: *penso, logo sou*, era tão firme e segura que todas as mais extravagantes suposições dos céticos não eram capazes de abalá-la, julguei que poderia recebê-la, sem escrúpulos, como o primeiro princípio da filosofia, que buscava[52].

Assim, o *cogito* pretende ser uma certeza absoluta. Trata-se, porém, da certeza de quê? Aparentemente, trata-se da certeza de que eu sou ou existo. No entanto, o próprio Descartes, assim que afirma o *cogito* nas *Meditationes*, confessa:

> ainda não entendo satisfatoriamente exatamente quem eu seja, eu que necessariamente sou; destarte é preciso tomar cuidado para que não imprudentemente assuma ser outra coisa, e não me equivoque nesse conhecimento que sustento ser mais certo e mais evidente que todos os que já tive anteriormente[53].

Depois de dúvida tão radical, não tenho certeza – seja quem eu for – de absolutamente nada de determinado sobre mim. Quando digo "penso, logo sou", não é nem meu corpo, nem minha personalidade, nem

---

50. René Descartes, 1978, *op. cit.*, p. 37.
51. *Ibid.*, p. 25.
52. René Descartes, 1976, *op. cit.*, p. 32.
53. René Descartes, 1978, *op. cit.*, p. 26.

meu caráter, nem são meus pensamentos particulares, nem positividade alguma que tenho certeza de ser. Como todas as demais positividades, elas foram por mim negadas, junto com todos os objetos contingentes, condicionados e relativos. Só não posso negar de mim o próprio ato de duvidar ou de negar, a própria dúvida dubitante ou negação negante. Assim, reduzo-me, na condição de resultado da crítica sob a forma do *dubito*, à pura negatividade, em dois sentidos: primeiro, no sentido de nada conter de determinado ou positivo; segundo, no sentido de ser a própria negação de tudo o que é determinado ou positivo. Enquanto tal, porém, não tenho nenhuma propriedade que me individualize, que me diferencie de outra pessoa. O que me individualizava, o que me diferenciava das outras pessoas era exatamente o que eu tinha de positivo e determinado, o que tinha, portanto, de contingente, condicionado e relativo. Depois do *dubito*, que é um modo da razão crítica, o que fica não é sequer meu pensamento, mas apenas o pensamento como razão crítica, o pensamento enquanto razão.

Assim, o resultado da dúvida ou negação hiperbólica é a clivagem ontológica por ela revelada. Há, por um lado, tudo o que é ou pode ser determinado, positivo, concreto, objetivo e empírico, que é também tudo o que pode consistentemente ser posto em questão ou negado, isto é, tudo o que é relativo, acidental, contingente. Podemos chamá-lo de "polo positivo". Por outro lado, há aquilo que efetua o questionamento e a negação, que sou eu enquanto razão crítica. Podemos chamá-lo de "polo negativo". A razão crítica não pode consistentemente ser negada, pois, justamente ao negar – inclusive ao negar a si própria –, ela se afirma. Chamo de "apócrise"[54] a clivagem ontológica revelada pela negação hiperbólica. Colhida em Anaxágoras[55], a palavra "apócrise" contém a palavra "crise", *krisis* e o prefixo *apó*[56], que reforça o movimento de separação.

O modo de pensar iluminista surge a partir da apócrise. Em consequência dela, o polo positivo (que compreende toda a cultura) passa do centro para a periferia, enquanto o polo negativo (isto é, a razão crítica) passa da

---

54. a)po/krisij.
55. Hermann Diels & Walther Kranz (orgs.), *Die Fragmente der Vorsokratiker*, Hildesheim: Wedman, 1990, vol. II, p. 34, fr. 4.
56. a)po/.

periferia para o centro do pensamento cognitivo. A apócrise constitui o colapso de todas as certezas positivas e particulares.

Relativamente à ciência, ela significa que todas as teses que dizem respeito ao polo positivo estão sujeitas a serem testadas e falsificadas. De fato, o filósofo Karl Popper demonstrou, no século XX, que as proposições científicas são aquelas que, estando constantemente submetidas a provas ou tentativas de refutações pelos cientistas, são afirmadas como científicas na medida em que – e enquanto – resistem a essas provas[57].

Por outro lado, aplicada ao direito, a apócrise significa que é inaceitável qualquer lei que, para cercear a liberdade de um cidadão, tente se legitimar na autoridade de crenças positivas, quer de origem laica, quer de origem religiosa. Não é legítimo restringir a liberdade de um cidadão senão na medida em que isso seja necessário para compatibilizar a maximização de sua liberdade com a maximização da liberdade dos demais cidadãos.

Como afirma Kant, filósofo que melhor representa a filosofia iluminista do direito, o direito consiste no "conjunto das condições pelas quais o arbítrio de um pode estar de acordo com o arbítrio de um outro segundo uma lei universal da liberdade"[58]. Consequentemente, "é justa toda ação cuja máxima liberdade do arbítrio de qualquer um possa coexistir, segundo uma lei universal, com a liberdade de qualquer pessoa"[59].

A justiça assim concebida de modo puramente negativo e racional é, como observa o filósofo Norberto Bobbio, a justiça enquanto liberdade. Segundo essa concepção,

> é necessário, para que brilhe a justiça com toda a sua luz, que os membros da associação usufruam da mais ampla liberdade compatível com a existência da própria associação, motivo pelo qual somente seria justo aquele ordenamento em que fosse estabelecida uma ordem na liberdade[60].

---

57. Karl R. Popper, *Conjectures and Refutations*, London: Routledge and Kegan Paul, 1969.
58. Immanuel Kant, "Metaphysik der Sitten, Rechtslehre", em *Werke*, Bd. 7, Darmstadt: Wissenschaftliche Buchgesellschaft, Sonderausgabe, 1983, p. 337.
59. *Ibidem*.
60. Norberto Bobbio, *Direito e Estado no pensamento de Emanuel Kant*, São Paulo: Mandarim, 2000, p. 118.

Do mesmo modo, agir de maneira injusta é "interferir na esfera da liberdade dos outros, ou seja, colocar obstáculos para que os outros, com os quais eu devo conviver, possam exercer sua liberdade na própria esfera de liceidade"[61].

Bobbio apresenta essa concepção como uma das possíveis respostas à pergunta: "qual é o fim último do direito?". Contudo, cabe observar que não se trata de uma entre outras respostas positivas. Trata-se, ao contrário, da única resposta correta. Todas as respostas positivas são arbitrárias, pois pertencem ao polo positivo. O direito enquanto liberdade, ao contrário, consiste, como vimos, no direito absoluto e negativo. Assim, a lei e o Estado de direito não têm um fim próprio. Isso quer dizer que não compete nem ao direito nem ao Estado buscar, por exemplo, a felicidade dos homens. "Com relação à felicidade", diz Kant, com toda razão,

> [...] não é possível formular princípio algum válido universalmente para fazer leis porque tanto as condições do tempo quanto as representações contrastantes e sempre mutáveis daquilo em que uma pessoa coloca a sua felicidade (e ninguém pode prescrever onde deve colocá-la) tornam impossível qualquer princípio estável e, por si mesmo, apto para ser o princípio de uma legislação. A máxima: *salus publica suprema civitatis lex est* permanece em sua validez imutável e em sua autoridade; mas o bem público, que acima de tudo deve ser levado em consideração, é precisamente a constituição legal que garante a cada um a sua liberdade através da lei; com isso continua lícito para cada um buscar sua própria felicidade por meio do caminho que lhe pareça melhor, sempre que não viole a liberdade geral em conformidade com a lei e, portanto, o direito dos outros consorciados[62].

Longe de unificar os diversos fins e meios dos homens, a função da lei, portanto, é assegurar o desenvolvimento pacífico de todos os antagonismos.

É natural que o pensador que tenha ido mais longe na explicitação da apócrise seja também o que tenha ido mais longe na explicitação da lei

---

61. *Ibid.*, p. 119.
62. Immanuel Kant *apud* Norberto Bobbio, *op. cit.*, p. 214.

negativa absoluta. O filósofo Max Horkheimer comenta que o ceticismo inglês mostrara a Kant que a revolução que se anunciava na França era necessária, mas não suficiente. A crença filosófica em liberdade, justiça e paz eterna na terra lhe parecia capaz de uma fundamentação mais segura contra o ceticismo do que a que os atores da Revolução Francesa, Marat e Robespierre, poderiam conceber. Rousseau, por outro lado, havia-lhe mostrado que a finalidade incondicional do trabalho filosófico era a produção dos direitos da humanidade[63]. Kant realiza essa finalidade no processo de explicitação parcial da apócrise.

Neste ponto, considero importante frisar que, ao contrário do que reza um dogma comum à ideologia marxista e à neoliberal, a exigência da maximização da liberdade não implica, de maneira nenhuma, a defesa incondicional da propriedade privada. Como mostra Gerard Allan Cohen, a propriedade privada "é um modo particular de distribuir liberdade e não liberdade. É necessariamente associada à liberdade dos proprietários privados de fazer o que quiserem com o que possuem, mas não menos necessariamente retira liberdade dos que não a possuem"[64].

Sobre isso, Jean-Fabien Spitz comenta que "uma restrição do direito de propriedade não é uma limitação da liberdade, mas uma redistribuição dessa liberdade e do poder de coação"[65]. Tais restrições, limitando o poder de coação que a propriedade exerce sobre os não proprietários, conferem-lhes liberdade. Portanto, a exigência da maximização da liberdade é capaz de implicar exatamente o questionamento da propriedade privada irrestrita. Sendo assim, ela não pode ser associada à ideologia "neoliberal".

Ao exigir o máximo de liberdade, o civilizado entende que cada um pode ter as convicções particulares e positivas que bem entender, publicá-las e defendê-las. Ele sabe, entretanto, que possui os mesmos direitos, nem mais nem menos, que qualquer outro indivíduo ou grupo que tenha convicções particulares e positivas iguais ou diferentes da sua. Dado que nenhuma convicção particular e positiva pode ter certeza absoluta e universal, o princípio racional que tem validade absoluta e universal é

---

63. Max Horkheimer, "Kant und die Wissenschaften", em J. Kopper e R. Malter, *Immanuel Kant zu ehren*, Frankfurt am Main: Suhrkamp, 1974.
64. Gerard Allan Cohen, *On the Currencey of Egalitarian Justice, and Other Essays in Political Philosohy*, Princeton: Princeton U. Press, 2011, p. 151.
65. Jean-Fabien Spitz, "La valeur égalité. Leçons pour la gauche européennne", em *La vie des idées*, le 14 juin 2011, disponível em: <https://laviedesidees.fr/La-valeur-egalite.html>, acesso em: 13 nov. 2018.

o de que cada qual tem o direito de defender, questionar, criticar, atacar, satirizar ou desrespeitar as ideias que bem entender, sejam de origem laica, sejam de origem religiosa. Ora, o que acabo de dizer não é senão a aplicação da concepção civilizada da lei como dispositivo que zela pela compatibilização da maximização da liberdade de todos os indivíduos e de todas as manifestações culturais ao campo da expressão da opinião. Dessa concepção derivam os direitos humanos. O Iluminismo exerce-se em maior grau onde os direitos humanos sejam formalmente reconhecidos e materialmente respeitados, e na medida em que o sejam.

Para terminar, quero lembrar algumas das exigências inegociáveis da razão, tais como:

1. a defesa intransigente dos direitos humanos;
2. a receptividade crítica a novas ideias;
3. a abertura da sociedade, de modo que nenhuma ideologia ou religião goze de monopólio;
4. a maximização da liberdade individual compatível com a existência da sociedade;
5. a autonomia da arte e da ciência; e, em relação a essa última,
6. o reconhecimento de que a produção do conhecimento científico se dê num processo em princípio aberto à crítica, que seja público, baseado em premissas imanentes, e cujos resultados estejam – em última análise – sujeitos a ser revistos ou refutados.

Civilização e violência: sobre alguns usos contemporâneos do conceito de civilização
Marcelo Jasmin

Vivemos tempos sombrios. O século XXI, apesar das previsões que fizeram as ficções futuristas que vislumbravam um futuro prenhe de felicidade, tem sido marcado pela ameaça constante da guerra, da destruição, do terrorismo, do crescimento de desigualdades e conflitos. Parece não ser mais preciso justificar a necessidade de discutir o tema da violência. Basta assistir aos telejornais ou andar pelas ruas das grandes cidades para ter certeza de que a violência grassa entre nós e parece assumir ares crescentes de naturalização. Crimes, assassinatos, guerras, atos de terror etc. tornaram-se temas corriqueiros. Pessoas morrem assassinadas aos borbotões diariamente pelo mundo. A guerra, fria ou quente, ocupou todo o século XX e continua a nos ameaçar no XXI. São exemplos disso a guerra do Iraque, que se segue injustificadamente ao Onze de Setembro, a guerra permanente no Afeganistão, os conflitos na Síria, e a mais recente ameaça de um conflito nuclear, personificada em duas das figuras mais patéticas que a vida contemporânea foi capaz de produzir.

Há muitos sinais de catástrofe. A ascensão recente de uma direita agressiva em vários países do "Ocidente" nos quais não esperávamos mais uma recepção de discursos xenófobos e discriminatórios em relação aos "outros"; a eleição de Donald Trump ao cargo mais poderoso da geopolítica do planeta; os partidos fascistas e neonazistas revividos na Europa e a recente votação expressiva da extrema direita nas eleições alemãs parecem sintomas da vitalidade do que houve de pior no século XX; a emergência nas últimas décadas de movimentos autodenominados islâmicos radicais com resposta reversa e de tom semelhante – o ódio ao "Ocidente", o terror –; os atentados terroristas em Madrid, Cambrils, Paris, Londres, Bruxelas, Berlim...; o recrudescimento da radicalização de jovens marcada aparentemente menos por um compromisso religioso islâmico e mais por uma espécie de islamização de certo radicalismo niilista derivado da ausência de perspectiva de futuro no Velho Mundo; a resiliência dos assassinatos perpetrados pelo que se convencionou chamar, nos Estados Unidos, de "lobos solitários", que se mostra, mais uma vez, num atentado de 9 minutos, em Las Vegas, onde 59 morreram e 527 ficaram feridos num show de música... Todos parecem sinais de catástrofe.

Também poderíamos falar do poder do tráfico internacional de drogas e de armas, da desigualdade crescente de renda, da corrupção que ceifa vidas nos hospitais e deixa crianças sem escola e jovens sem perspectivas de vida digna, da intensificação dos conflitos intergrupais e interpessoais que parece acompanhar o aumento da velocidade das comunicações, da prática de só ouvir os que pensam do mesmo modo e a virtual simultaneidade de todas as notícias de quase todas as partes do mundo. E mesmo a natureza agredida pela colonização humana do ecúmeno parece não dar tréguas, com seus tsunamis, furacões, incêndios florestais e terremotos. Se ainda vislumbramos a continuidade da escassez de recursos básicos para a sobrevivência da vida na Terra, a água em particular, é razoável dizer que expectativas de futuros pacíficos estão se distanciando de nós.

A violência poderia parecer um tema óbvio, porque requer, além de repúdio, preocupação. Mas, na verdade, não é óbvio – nem no repúdio, nem na preocupação. Ou, para ser mais preciso, se olhamos em perspectiva histórica, podemos dizer que a violência da força bruta, do assassinato, da dor física, só na época moderna se tornou algo ilegítimo na esfera pública e como forma de resolução de todo tipo de conflito. "Na era pré-moderna, a violência estava por todo lado e podia ser vista no universo cotidiano; era uma parte constitutiva essencial da práxis e da comunicação social. Por isso, não era somente exercida, mas também focalizada e exposta"[1]. Para comprová-lo, bastaria lembrar da mitologia grega, carregada de sangue e mutilação, das lutas entre gladiadores e do

---

1. Byung-Chul Han, *Topologia da violência*, trad. Enio Paulo Giachini, Petrópolis: Vozes, 2017, p. 17 e ss.

circo romano, da encenação da violência, das guerras de religião, das muitas formas de vinganças de sangue etc.

É claro que a violência da força bruta continua ativa. Porém, a partir de certo momento da história conhecida, cada vez mais ela teve de ser justificada, legitimada racionalmente, argumentada. Podemos identificar aqui um processo de *desnaturalização* daquela violência que conhecíamos nas sociedades arcaicas e não modernas, processo que acompanha o caráter cada vez mais velado do uso público da violência. Mesmo no contexto da explicitação da violência bruta da Segunda Guerra Mundial, os campos de extermínio e os fornos nazistas esconderam sua infinita barbárie enquanto foi possível. E a justificativa do uso espetacular da violência da bomba atômica sempre foi a de interromper a violência que parecia não ter fim.

★ ★ ★

Ao mobilizar esses dados e fenômenos em uma introdução de tom apocalíptico, minha intenção não é dizer que estamos perdidos, nem que temos a expectativa de salvação. Pretendo apenas investigar brechas, talvez pensar a contrapelo da naturalização, e, por isso, retomar um tema que pareceu destinado às calendas iluministas, que é o tema da *civilização*. Certamente não se trata de proselitismo da esperança, pois a tenho muito pouca e posso dizer que a melancolia e a tristeza têm sido minhas companhias mais habituais quando inevitavelmente me lembro disso tudo. Contudo, se olhamos à volta, tanto para a história conhecida quanto para a experiência menos associada hoje ao político, ou melhor, às práticas conhecidas das elites políticas, é possível encontrar vida que vale a pena viver, e refletir sobre o que não parece ser próprio do aqui e agora talvez possa ter alguma relevância.

Relacionar o tema da violência com o da civilização é inscrevê-lo num contexto moderno, na maior parte das vezes "ocidental", pelo menos em suas origens. Assim, nós o remetemos às crenças iluministas que, desde finais do século XVII, e especialmente nos séculos XVIII e XIX, postularam que a violência física – a guerra, inclusive – era um fenômeno associado à barbárie ou à selvageria dos costumes, que estavam destinados ao desaparecimento com o progresso das luzes, da ciência, da urbanidade e do comércio. Provavelmente foi ali que pela primeira vez se formulou uma expectativa de que a violência bruta como forma de exercício do poder e de resolução dos conflitos interpessoais e intergrupais poderia ser extirpada, ou, pelo menos, tornada irrelevante. Ao mesmo tempo, essa relação entre violência e civilização exigiria também ser posta em um segundo contexto, que pode ser pensado como oposto a esse primeiro. Trata-se do contexto da Primeira Guerra Mundial, quando a descrença no progresso e a desilusão com o tipo de humanismo progressista que caracterizara os séculos anteriores levaram à difusão da crítica a tais modelos de pensamento e à denúncia de sua ingenuidade – psicológica, sociológica, histórica.

A pergunta que eu gostaria de fazer, mesmo sabendo que ela não tem uma resposta definitiva, é se ainda há sentido em se falar em "civilização" e se um investimento na perspectiva civilizadora pode ser pensado como antídoto, mesmo que precário ou simplesmente crítico, à violência que grassa desde o início do século passado e que, apesar de tão conhecidos os horrores da experiência vivida e transmitida, não arrefece.

Tal empreitada, devo dizer desde logo, parece-me bastante limitada, mas não inútil. O que pretendo fazer, neste contexto de assumida incerteza, é compreender como têm sido atualizados alguns usos contemporâneos do conceito de "civilização", especialmente por autores que defendem que o termo pode e deve ser usado no exame do mundo de hoje, de forma normativa e positiva, apesar das críticas advindas do conhecimento da história, das diversas formas de relativismo cultural (desde Lévi-Strauss) ou da tradição que concebe a civilização moderna como fonte de novas formas de barbárie (Paul Valéry, Adorno e Horkheimer e outros).

A minha hipótese básica é a de que tais usos contemporâneos do conceito de civilização creem que deixam de se referir a culturas, espaços ou períodos determinados, como era o caso dos usos tradicionais e modernos, e produzem agora um ideal regulatório que pretende servir para avaliar atos e padrões de conduta onde quer que estejam. Portanto, nesta mobilização contemporânea do termo "civilização", há certa pretensão de universalismo que não teria compromisso com suas origens europeias e que quer tornar-se independente das filosofias da história nas quais o conceito veio a se desenvolver, assim como dos crimes praticados em seu nome. Tais usos, que ocorrem na opinião pública difusa, na imprensa e em diferentes áreas das humanidades, exigem algumas operações políticas, teóricas e retóricas que os legitimem neste mundo que resultou das catástrofes do século xx e das denúncias do caráter eurocêntrico do conceito. Neste texto, pretendo buscar descrever e organizar algumas dessas operações teóricas e retóricas de usos contemporâneos do conceito[2].

VIOLÊNCIA, CIVILIZAÇÃO E BARBÁRIE

Como é sabido, o conceito "civilização" unificou, em sua origem, um conjunto de significados já disponíveis no século xviii europeu, como o "abrandamento dos costumes", a "educação dos espíritos", o "desenvolvimento da polidez", a "cultura das artes e das ciências", o "crescimento do comércio e da indústria" e a "aquisição de comodidades materiais e do luxo". Na síntese proposta por Jean Starobinski, o conceito reunia o *processo* que fazia dos homens seres "civilizados" (esse adjetivo já estava disponível na linguagem europeia), assim como o *resultado cumulativo* desse processo[3]. Como notou Émile Benveniste[4], o sufixo "-ação", acrescentado ao termo estático anterior, *civilidade*, veio dar-lhe o sentido do "longo processo de educação e de depuração" da humanidade, em contraste antinômico com um estado supostamente primevo ou primitivo, referido como "natureza", "rudeza", "selvageria" ou "barbárie". Para utilizar as categorias do historiador alemão Reinhart Koselleck, os usos do conceito "civilização" em fins do século xviii derivaram da *temporalização* de "civilidade", de sua inserção num processo histórico-temporal, e o conceito foi assim associado à perspectiva do *progresso* nas filosofias esclarecidas da história.

---

2. Duas observações se fazem necessárias aqui. A primeira diz respeito ao caráter preliminar deste estudo – que não tem nenhuma pretensão de abarcar a literatura contemporânea sobre o tema e se limita a trabalhar a perspectiva de alguns poucos textos escolhidos como amostra inicial, e variada, da presença dessas operações retóricas e teóricas na mobilização do termo "civilização". Nesse sentido, trata-se de apontar um sintoma, uma possível mutação que ocorre em certas posições do debate. A segunda observação é a de que a ideia de "descrever" é sabidamente suspeita quando tratamos de valores e conceitos fundamentais à existência social. Mas, o que quero "descrever", sem buscar avaliar neste trabalho se são procedentes ou não, se são "boas" ou "más", são as operações teóricas e retóricas que alguns autores realizam para tornar legítimos os usos do conceito e não a justeza ou não dos valores e das consequências políticas ou ideológicas destes mesmos usos.
3. Jean Starobinski, *As máscaras da civilização*, trad. Maria Lúcia Machado, São Paulo: Companhia das Letras, 2001.
4. Émile Benveniste, "Civilisation – Contribution à l'histoire du mot", em *Problèmes de linguistique générale*, v. 1, Paris: Gallimard, 1966, pp. 336-48.

Desde seus primeiros usos no livro de Mirabeau *L'ami des hommes*, de 1756, e em *An Essay on the History of Civil Society*, de Adam Ferguson, publicado em 1767, o conceito adquiriu uma pluralidade de outros significados correlatos, como a "ação de civilizar", a vida social conhecida pelas "nações ricas e poderosas" da Europa moderna (Stuart Mill), ou um télos projetado e desejado no futuro. No plural e de forma mais descritiva, o termo "civilizações" refere-se usualmente a diferentes culturas e equipamentos materiais (como "civilização asteca" ou "civilização medieval") e, mais recentemente, em sua forma singular, vem sendo utilizado para significar respeito pelo outro, "hospitalidade", reconhecimento da diferença e do direito igual à existência.

Modernamente, o tema da violência e seus associados estiveram vinculados aos contraconceitos de civilização que apontavam para certa insuficiência ou incapacidade de resolução de conflitos de modo "civil", num contexto de "civilidade", sugerindo um pertencimento ao campo do "rude", "bruto", por oposição ao "cultivado" ou "polido". Nesse sentido, o "civil", que deu origem ao conceito, foi desde sempre contraposto a termos bem mais antigos, especialmente ao "bárbaro", atualizando, talvez, a oposição antiga, étnica e linguística, entre gregos e bárbaros[5]. Seguindo as indicações de John Keane, os dicionários da língua inglesa mostram que no século XVI o adjetivo "incivil" foi usado para se referir ao comportamento "contrário ao bem-estar civil", isto é, "bárbaro", "inculto", "indecoroso", "impróprio", "descortês" e "grosseiro".

Ao longo do século XVIII, o problema da "incivilidade" foi tratado, em grande parte, com a mobilização do antigo sentido da palavra "civil" para referir-se a "uma comunidade politicamente bem regulamentada e alheia ao uso da força", como encontramos, por exemplo, na obra de Edmund Burke. Vale notar que, se tradicionalmente "incivilidade" remetia a uma sociedade onde vigia um mal governo, ou uma falta de governo, e "sociedade civil" referia-se a uma entidade política bem ordenada, assistimos a uma mutação na linguagem política e filosófica de fins do século XVIII e início do XIX, período de grande florescimento de discursos sobre

---

5. Ver, por exemplo, Reinhart Koselleck, "A semântica histórico-política dos conceitos antitéticos assimétricos", em *Futuro passado*, trad. Wilma Patrícia Maas e Carlos Almeida Pereira, Rio de Janeiro: Contraponto/PUC-Rio, 2006, pp. 191-232.

"sociedade civil" (*societas civilis, koinonia politiké, société civile, bürgerliche Gesellschaft, civil society, società civile*), que produziu uma alteração no significado tradicional do conceito. A sociedade civil, então "sinônimo de associação política pacífica e bem ordenada, sofreu um longo processo de desordem e subdivisão, e a sociedade e o Estado, tradicionalmente ligados pelo conceito relacional de *societas civilis*, começaram a ser considerados duas entidades distintas"[6]. É nesse contexto que apreendemos a temporalização do civil e a criação da civilização.

A espacialização da barbárie

Já na primeira parte do século XVIII inglês, as observações de John Keane sobre os diários de Jonathan Swift são preciosas para os estudos sobre civilidade e violência. Cito extensamente:

> O interesse do autor é particularmente evidente nas notas que ele fez em suas frequentes viagens ao campo irlandês, durante as quais muitas vezes observou o comportamento "incivil" da maioria de seus habitantes, quando comparado com aquelas refinadas ilhas de civilização anglófona [...]. As notas no diário de viagem de Swift evocam as jornadas incertas da época medieval, quando se fazia necessário um ato de vontade [...] para atravessar as estradas infestadas de vagabundos, bandidos e animais selvagens. Percebemos a fé de Swift na oligarquia inglesa como um modelo de nação civil em seus relatos dos verões que passaram na Dublin natal, geralmente na companhia de membros do clero ou baixa nobreza rural, naqueles santuários anglicanos de conforto e refinamento [...] Swift gostava de imaginar o seu tempo como o momento da batalha transcendental entre a antiga barbárie e a civilidade moderna. A luta se representava espacialmente, como uma hostil divisão geográfica, de modo que o viajante que passava da zona civilizada para o reino da incivilidade experimentava a curiosa sensação de regredir no tempo enquanto avançava no espaço[7].

---

6. John Keane, *Reflexiones sobre la violencia*, versión de Pepa Linares, Madrid: Alianza Editorial, 2000, pp. 22-3.
7. *Ibid.*, pp. 23-4.

Vemos, aqui, as associações tradicionais entre o bárbaro, o rústico e o grosseiro que imperavam nos costumes atribuídos ao âmbito rural e o camponês, enquanto o civilizado e o polido encontram-se na cidade, no mundo civil. É uma oposição eminentemente *espacial*, entre campo e cidade, aos quais correspondem os atributos ora violentos e rudes, ora amenos e civis. Os comentários de Swift sobre o campo irlandês e sua incivilidade incorporavam os ideais de civilidade que encontramos nas cortes italianas do século XVI e nos salões parisienses do século XVII. Trata-se de criticar e ultrapassar as tendências agressivas, tidas como *naturais*, dos seres humanos, por regras *artificiais* de conduta, convenções refinadas e boas maneiras no relacionamento interpessoal, assim como no comércio cotidiano com o público, substituindo-se o grosseiro e a ameaça permanente da violência pela civilidade, que, imaginava-se, levaria ao gozo do prazer nas relações humanas (daqui, também, as inúmeras regras de educação, de etiqueta e de vestimenta tão bem analisadas pelo já clássico livro de Norbert Elias, *O processo civilizador*, de 1939). Data desse período

> [...] o uso do verbo francês *civiliser* para nomear o fenômeno. *Civiliser* era "atrair a civilização; suavizar e civilizar os comportamentos" com o "bom governo" e as "boas leis". De acordo com o *L'Ami des hommes* ou *Traité de la population* (1756) [...] os homens civilizados se consideravam exemplares de "confraternidade" ou *sociabilidade*; eram homens "finos", com um coração mais brando, livres da tentação de empregar a força e a vingança contra os próximos[8].

A temporalização da civilidade

Dessa oposição *espacial* entre o civil e o incivil, o culto e o inculto, o refinado e o tosco, o conceito evoluirá para uma perspectiva *temporal*, em que a afirmação da civilidade implicará a superação *histórica* da barbárie e de seus correlatos. Barbárie e civilização passam a ser concebidas como estágios distintos de um *processo* único de desenvolvimento da história humana, que se universaliza e ganha uma direção – do bárbaro ao civilizado. Trata-se da afirmação de um *caminho*, que consistiria na eliminação

---

8. *Ibid.*, pp. 24-5.

progressiva, mesmo que com eventuais contratempos, da violência em todos os assuntos humanos, como Adam Ferguson, a partir das lições ministradas por Adam Smith em 1752, enfatizou ao usar a palavra *civilization* pela primeira vez em língua inglesa no seu *Essay*, de 1767.

O processo civilizador é descrito como um passo da rudeza ao refinamento, e dentro dele a "sociedade civil" contemporânea é considerada uma forma social "educada" e "refinada", em que se dão o "governo regular" e a "subordinação política". Segundo Ferguson, os "epítetos *civilizado* ou *educado*" só podem ser aplicados adequadamente às "nações modernas", em oposição àquelas outras "bárbaras ou rudes" que usaram a força a seu critério. Nas nações bárbaras, Ferguson insiste, "os conflitos não conhecem outras regras do que os ditames imediatos da paixão, que terminam em palavras de opróbrio, golpes e violência". As mesmas tendências violentas ensanguentavam o campo da prática política. "Quando tomam as armas durante os pleitos entre as diferentes facções, o partido vencedor se afirma expulsando os seus oponentes, através da proscrição e dos massacres. O usurpador mantém o seu posto recorrendo aos atos mais violentos, mas seus oponentes também recorrem à conspiração e ao assassinato, e os cidadãos mais respeitáveis não hesitam em usar a adaga". As nações bárbaras não se comportam com menos rudeza na guerra. "As cidades são saqueadas ou submetidas à escravidão; se vende, se mutila e se condena à morte o prisioneiro". Pelo contrário, observa Ferguson, pode-se dizer que as nações educadas ou civilizadas removeram do cenário da vida cotidiana as cenas cruéis de violência. "Progredimos nas leis da guerra e em métodos paliativos concebidos para suavizar os seus rigores", escreveu Ferguson. "Nós conseguimos combinar a educação com o uso da espada; aprendemos a fazer guerra de acordo com as estipulações de tratados e acordos e aprendemos a confiar na fé de um inimigo em cuja ruína pensamos duas vezes. O princípio que orienta as sociedades civilizadas é "o uso da força apenas para obter justiça e defender os direitos nacionais"[9].

---

9. *Ibid.*, pp. 27-8. É claro que, lidas após o que ocorreu desde então no cenário mundial, e no Ocidente em particular, seria impossível deixar de notar como tais afirmações nos chocam tanto por seu otimismo, para nós ingênuo, como pelos agora evidentes preconceitos em relação aos "outros" do europeu. Talvez ainda mais agressiva à nossa sensibilidade contemporânea seja a justificação dos modos europeus

CIVILIZAÇÃO HOJE?

Se voltamos agora nossos olhos para os modos pelos quais o conceito de civilização vem sendo usado por seus defensores, podemos observar um conjunto de operações intelectuais, retóricas e políticas que buscam legitimar seus usos num mundo já desencantado em relação àquela filosofia histórica da civilização que animou os iluminismos europeus. Procuro aqui analisar alguns desses usos conceituais em contribuições contemporâneas para o debate sobre o valor dos conceitos de civilização e de barbárie para o século XXI. Duas delas foram contribuições realizadas por autores que integram o elenco usual nos ciclos de Adauto Novaes: a primeira é a conferência "Quem é bárbaro?", pronunciada pelo filósofo francês Francis Wolff em 2004, no ciclo de debates intitulado "Civilização e barbárie"; a segunda é o texto "Sobre a atualidade do conceito de civilização", publicado pelo poeta e filósofo brasileiro Antonio Cicero em 2007, na coletânea portuguesa *A urgência da teoria*[10]. Além disso, gostaria de considerar, entre outras produções, o livro *O medo dos bárbaros*, do escritor búlgaro de língua francesa Tzvetan Todorov (2008), e o verbete "Barbárie", escrito pelo filósofo francês Jean-François Mattéi para o *Dictionnaire de la violence* (2011) – Mattéi também escreveu *A barbárie interior* (1999), traduzido no Brasil.

Ao ler essas fontes, vou me concentrar no que me parecem três operações conceituais principais: 1) a destemporalização e a desteleologização do conceito de civilização; 2) a separação entre a validade do conceito e a sua origem histórica europeia; e 3) a escolha daqueles significados que deveriam ser enfatizados hoje, de acordo com essas perspectivas. A minha

---

da guerra, que combinariam "a educação com o uso da espada", respeitariam "as estipulações de tratados e acordos" e confiariam "na fé de um inimigo em cuja ruína pensamos duas vezes". Entretanto, vale notar que tais elementos, constitutivos da crueldade que acompanhou a história da expansão da civilização europeia, foram amplamente aceitos, embora não sem críticas, pelo senso comum europeu pelo menos até a Primeira Guerra Mundial. Sobre isso, vale revisitar o juízo de Freud, em 1915, expresso nas suas "Considerações atuais sobre a guerra e a morte" (em: Sigmund Freud, *Introdução ao narcisismo: estudos de metapsicologia e outros textos (1914-1916)*, Obras Completas, v. 12, trad. Paulo César de Souza, São Paulo: Companhia das Letras, 2010, pp. 209-46).

10. Com a conferência que deu origem ao presente texto já montada, li "Nós, os bárbaros", de Newton Bignotto (publicado em Adauto Novaes (org.), *Mutações: entre dois mundos*, São Paulo: Edições Sesc São Paulo, 2017, pp. 237-56), que traz uma abordagem instigante e inspiradora do tema da barbárie contemporânea. Na impossibilidade de incorporar o texto à presente análise, e com a intenção de fazê-lo noutra oportunidade, fica a sugestão enfática de sua leitura.

exposição será breve sobre cada um desses tópicos, que por vezes se confundem na mesma formulação, de modo que essa divisão tripartida é apenas para fins de exposição. Como se verá, persigo a hipótese básica de que tais usos contemporâneos do conceito de civilização deixam de remeter a espaços ou a períodos determinados, levando à tentativa de tornar o conceito independente das bases tradicionais e modernas antes referidas.

Desteologização e destemporalização

Refiro-me à desteleologização e à destemporalização para expressar o duplo movimento de retirar o conceito de civilização do contexto de filosofias finalistas da história e de considerar que civilização e barbárie podem coabitar o mesmo espaço e o mesmo tempo sem que haja, nessa oposição, a perspectiva de superação definitiva, temporal, de uma pela outra. Se, em sua origem, o conceito de civilização implicava considerar um processo universal que, partindo da selvageria ou da rudeza, cumpria determinadas etapas sucessivas para alcançar o estágio civilizatório superior, agora presenciamos a concepção de que o processo civilizador, se houve de fato, não implicou necessariamente a ultrapassagem temporal e histórica da barbárie. Ou seja, a barbárie não ficou para trás, no passado, como supunham as filosofias iluministas da história (Kant, Condorcet, além do já citado Ferguson, entre outros). Deste modo, a barbárie, em sentido contemporâneo, parece não só poder conviver com a suposta civilização, como também é vista, muitas vezes, como fruto do próprio processo que constituiu essa mesma civilização. Aqui teríamos de observar os significados privilegiados contemporaneamente nos usos dos conceitos de civilização e de barbárie, algo que farei brevemente na parte final deste trabalho, mas deixo já adiantado que encontramos na literatura contemporânea vários indícios dessa alteração conceitual.

Em primeiro lugar, recorramos à referência a processos ou surtos "descivilizadores", como apontados no livro *Os alemães*, de Norbert Elias, e desenvolvidos por seus seguidores, o que implica que não há qualquer garantia teleológica para a realização da civilização. Nesse contexto, a civilização parece estar ameaçada, talvez de modo permanente, por seus próprios desdobramentos, aí incluída a barbárie e seus outros antípodas. Aceita-se, assim, o caráter ambíguo do processo civilizador, a dupla face de Jano, na lembrança das atrocidades da escravidão moderna, da Inquisição, da colonização europeia, dos genocídios, do imperialismo, das duas guerras mundiais, dos campos de concentração etc. Em segundo lugar, civilização torna-se uma espécie de tipo ideal ou de ideal regulatório que condensa, em seu uso, um conjunto de normas cujo respeito passa a caracterizar um estado social que pode existir em qualquer época ou lugar, ainda que se reconheça que o conceito teve origem no processo histórico social europeu moderno. Antonio Cícero, por exemplo, dirá que se "a selvageria é o estado de coisas em que o arbítrio individual tende a dilacerar a cultura, a barbárie é aquele em que a cultura tende a esmagar a liberdade individual". Ao mesmo tempo que o conceito ganha um ar mais abstrato de trans-historicidade, é notória a atualização de seus conteúdos, o que produz certo descolamento entre o uso atual do termo e a sua história. É o caso, por exemplo, do historiador Anthony Pagden em seu livro *O iluminismo e por que ele ainda importa*, de 2015. Diz Pagden: "Ninguém descreveria, hoje, como 'civilizado' qualquer povo, ou cultura, ou lei ou religião que se recusasse a estender os mesmos direitos legais às mulheres e aos homens"[11], algo que não era reconhecido pela maior parte dos proponentes do Iluminismo do século XVIII ou das filosofias esclarecidas do XIX, nem mesmo pelas autoproclamadas nações civilizadas em boa parte do século XX. Quando o uso do conceito de civilização é destemporalizado, exemplos de civilização e de barbárie podem encontrar-se simultânea e sincronicamente no contemporâneo, mas, para isso, seus conteúdos precisam ser atualizados e parte de sua história deixada para trás, esquecida ou criticada.

Separação entre gênese e validade do conceito

Aqui reúno proposições que sustentam, de maneiras diversas, que a origem europeia moderna do conceito de civilização não deve limitar sua validade normativa mais abrangente. Em primeiro lugar, pelo reconhecimento de que as ideias que fundam a perspectiva contemporânea da civilização, como a liberdade de expressão e o respeito à diferença, não são

---

11. Anthony Pagden, *The Enlightenment and Why it Still Matters*, New York: Oxford University Press, 2015, p. 233.

exclusivas do Ocidente (como argumentou, por exemplo, Amartya Sen em seu livro *Desenvolvimento como liberdade*). Em segundo, pela separação entre o que Montaigne chamava as "regras da razão" (ou as "regras externas" da razão, como prefere a formulação contemporânea de Jean-François Mattéi) e suas aplicações políticas e ideológicas – é o caso da colonização europeia. Ou então – o que parece estar na mesma direção – pela afirmação de que a razão crítica é "natural", "negativa" e "universal" e, portanto, não pode ser posta no mesmo nível dos elementos substantivos que caracterizam as culturas (argumento de Francis Wolff e Antonio Cicero).

A questão mais abrangente parece ser a da distinção entre "civilização" e "culturas"[12], a primeira expressa no singular, como um princípio abstrato, enquanto a última deveria ser usada no plural e substantivamente[13]. Na crítica de Antonio Cicero ao historiador britânico Timothy Garton Ash, é necessário distinguir a razão abstrata, negativa e universal, das crenças substantivas que caracterizam as diversas culturas em sua heterogeneidade:

> [...] a razão do civilizado não é uma crença. A razão do civilizado é (1) a capacidade de pôr em dúvida todas as crenças, (2) a certeza lógica de que qualquer crença pode ser falsa, e (3) a consequente certeza de que a afirmação de que uma crença determinada não possa ser falsa é logicamente falsa. Essa razão é infalível porque, identificando-se com a própria capacidade de duvidar, afirma-se no próprio ato de duvidar de si. É a partir desse infalível princípio falibilista – e não a partir de uma crença – que se constitui a civilização"[14].

---

12. A história das relações entre "civilização" e "cultura" é extremamente relevante, mas não pode ser aqui recuperada. Especialmente em língua alemã, desde a época do Esclarecimento o termo *Kultur* foi utilizado para criticar o que seria uma perspectiva universalista e abstrata de *Zivilization*, por exemplo em Herder. O historiador suíço Jacob Burckhardt, na segunda metade do século XIX, propôs uma história da cultura, em grande parte sincrônica, para distanciar-se da perspectiva civilizadora da história universal teleológica. Na primeira metade do século XX, o conceito de civilização foi distinguido, histórica e analiticamente, na extraordinária obra do sociólogo alemão Norbert Elias, *O processo civilizador*, de 1939, ao mesmo tempo que era usado indiferentemente como seu sinônimo, tal como o fez Freud em *O mal-estar da civilização* (assim traduzimos, para o português, o título alemão que fala em *Kultur*), de 1930. Como se vê, a discussão continua nos dias de hoje.
13. Ver, por exemplo, a crítica de Todorov à confusão entre esses significados e níveis no livro de Samuel Huntington, *O choque de civilizações e a recomposição da ordem mundial*, Rio de Janeiro: Objetiva, 1997.
14. Antonio Cicero, "Da atualidade do conceito de civilização", em Homi K. Bhabha, Marc Ferro, Mehdi Belhaj Kacem *et al.*, *A urgência da teoria*, Lisboa: Fundação Calouste Gulbenkian, 2007, p. 312.

Esse autor argumenta, inclusive, que a razão crítica, de validade universal, tal como formulada inicialmente por Descartes e Montaigne, emergiu "contra" as culturas tradicionais europeias nas quais esses autores estavam imersos. Por isso, suas obras "puderam ser impiedosamente críticas dessas mesmas culturas a que se quer reduzi-las"[15]. Outros autores, como Wolff e Mattéi, sublinham que a crítica da barbárie das nações pretensamente civilizadas foi operada com instrumentos dessa mesma razão crítica civilizadora que emergiu no Ocidente. "Não foram os índios, sobrecarregados por suas condições de trabalho, que defenderam a dignidade do homem, mas os pensadores europeus, filósofos, juristas ou missionários"[16]. Nesse sentido, o eurocentrismo como a forma política do logocentrismo foi criticado com instrumentos dependentes do modelo racional inventado pelos gregos, desenvolvido pelos romanos e transmitido pelos monges cristãos. Proposições semelhantes, que aqui não temos como desenvolver, foram adiantadas em relação à crítica do relativismo cultural que floresceu neste mesmo jardim da razão crítica de origem "ocidental"[17].

Seleção e atualização de significados

Finalmente, um último ponto diz respeito à seleção daqueles significados que, pertencentes às camadas históricas acumuladas pelo conceito, deveriam ser normativamente aceitos no mundo contemporâneo. De um modo ou de outro, eles já foram listados no presente ensaio. Talvez uma boa maneira de resumir esta seleção seja a partir de uma definição do contraconceito "barbárie" operada por Todorov: "A barbárie resulta de uma característica do ser humano; aparentemente, seria ilusório esperar que, um dia, ela possa ser definitivamente eliminada. Portanto, para nós, a barbárie não corresponde a um período específico da história da humanidade antiga ou moderna, nem a qualquer população que ocupasse uma região particular do planeta: ela está em nós, assim como nos

---

15. *Ibid.*, p. 311.
16. Jean-François Mattéi, *A barbárie interior. Ensaio sobre o i-mundo moderno*, São Paulo: Editora Unesp, 2002, p. 136.
17. Veja-se a longa exposição de Francis Wolff. "Quem é bárbaro?", em Adauto Novaes (org.), *Civilização e barbárie*, São Paulo: Companhia das Letras, 2004, pp. 19-44.

outros..."[18]. Em contraste com esse conceito de barbárie, que Todorov chama de "absoluto", formula-se um conceito – também "absoluto" – de civilizado: "o civilizado é quem sabe reconhecer plenamente a humanidade dos outros"[19]. Nesse sentido, os "atos e as atitudes é que são bárbaros ou civilizados, e não os indivíduos ou povos"[20]. A barbárie e a civilização seriam então caracterizadas, como na formulação de Antonio Cicero, como "disposições ante a cultura", e não como estágios numa escala de desenvolvimento. Na fala de Francis Wolff, a civilização caracteriza-se pelo respeito ao outro, pelo reconhecimento da diferença e do seu igual direito de existir ou, na sua própria síntese, "a humanidade no seu sentido moral". Aqui, a crítica política do relativismo cultural tem seu lugar especial: por um lado, reconhece-se, no relativismo, a força epistemológica de compreensão e sua necessidade ética na consideração da diferença dos valores; por outro, busca-se escapar da impossibilidade de hierarquização dos valores, atribuindo a alguns dentre eles um caráter mais abrangente, formal e, por vezes, universal.

---

18. Tzvetan Todorov, *O medo dos bárbaros*, trad. Guilherme João de Freitas Teixeira, Petrópolis: Vozes, 2010, pp. 31-2.
19. *Ibid.*, p. 32.
20. *Ibid.*, p. 33.

Dissonâncias e vicissitudes do humanismo nos tempos modernos[1]
Francis Wolff

Há um progresso dos conhecimentos científicos? Sim, com certeza. Há um progresso das técnicas? Sim, com certeza. Há um progresso da higiene, da medicina, da esperança de vida? Sim, com certeza. Mas há com isso um progresso social? A questão é clássica e não oferece resposta clara e unívoca. Em certo sentido, é evidente que o século xx foi o mais mortífero da história, com suas duas guerras mundiais, seu lote de massacres de massas, seus genocídios etc. Mas, em outro, pode-se dizer que desde o final do século xx, mais do que nunca, nasceu uma consciência humana universal.

Não discutirei essa questão de um ponto de vista geral. Meu interesse será apenas uma ideia moral, a de humanismo. Para o humanismo, a humanidade não é somente uma espécie de seres vivos, mas uma comunidade moral e um *valor*. Por um lado, isso significa que todo ser humano, pelo simples fato de ser humano, tem uma dignidade e deve ser respeitado, e, por outro, que a humanidade em seu conjunto – *sua existência e suas obras* (suas culturas, seus saberes, suas artes) – tem um valor absoluto. Quando e como nasce essa ideia? Com que outros valores ela esteve em conflito? Com que outros valores ela ainda concorre? O humanismo está hoje em progresso ou em regressão? E, finalmente: a humanidade tem um valor? Há valores superiores ao da humanidade? Ou nada tem valor?

1. Tradução de Paulo Neves.

NASCIMENTO DO HUMANISMO

A ideia de que o que é humano, simplesmente humano, é bom e merece existir não possui nada de evidente. Essa ideia tem uma data de nascimento no Ocidente. Pode-se mesmo assistir "ao vivo" a esse *nascimento* – se é possível chamar esse fenômeno dessa forma.

Entremos em um museu de arte. As primeiras salas são geralmente dedicadas à pintura medieval (gótica) ou bizantina. Os temas são religiosos e os quadros destinam-se à edificação dos fiéis: "Anunciação a Maria", "Virgem com o Menino", "Cristo na agonia", "descida da cruz", representações de santos etc. Esses temas são tratados de maneira convencional, as figuras são imponentes, magnificamente eretas em seu hieratismo; são outras tantas exortações a fugir deste mundo, o mundo da carne, da corrupção e do pecado, e a se voltar para o alto, o reino dos céus – o verdadeiro mundo, o mundo que importa.

Passemos às salas dedicadas ao Renascimento italiano. Os temas tratados não mudaram muito: "Anunciação a Maria", "Virgem com o Menino", "Cristo na agonia", "descida da cruz" e congêneres. No entanto, tudo se modifica, os seres passam a ser representados em sua humanidade. A Virgem, o Menino, o Cristo e todos os santos adotam agora posturas mais humildes, poses quase cotidianas, exprimindo emoções que revelam a simples humanidade dessas figuras: a compaixão, a ternura, a indulgência, o amor, a tristeza. Destinatários dessas imagens, os fiéis não estão apenas à espera da outra vida, a única que vale: sua vida terrestre também vale. Suas próprias emoções humanas, cotidianas, são as mesmas que as das figuras sagradas.

Numa sala adiante, aparecem figuras profanas, homens e mulheres de seu tempo, isto é, do nosso mundo. A humanidade mais humilde tem acesso à dignidade de ser representada. E também o corpo humano. Eis aí o nu, Adão e Eva, e depois Vênus, num eco à escultura antiga! O corpo não é mais a causa de todos os pecados, o lugar da concupiscência, o sinal do pecado original e da queda humana. Ele é belo. Ele é o próprio modelo da beleza.

É a chamada época do humanismo: editam-se, traduzem-se e popularizam-se os textos da literatura pagã e os da ciência grega, de tudo o que vai se chamar de "humanidades". Deus não deixou de existir.

Continua presente nos corações e nas almas. A fé não vacilou. Mas Deus está lá no alto. E, neste mundo, a partir de agora os homens são capazes *por si mesmos* de conhecimento, de saber, de verdade ou de beleza. Eles foram capazes disso sem a revelação cristã, como o provam as admiráveis obras dos antigos que a época do Renascimento busca traduzir e tomar como modelos.

Eis como podemos assistir ao vivo ao aparecimento do Homem como valor que substitui progressivamente a Deus nesse movimento geral dos tempos modernos que pôde ser chamado, em diferentes doutrinas e contextos, de laicização, secularização ou desencantamento do mundo.

O DRAMA DOS TEMPOS MODERNOS: O HOMEM, DEUS OU O NADA?

Não é porque se torna possível o valor da humanidade – portanto, o humanismo – que ele venceu o teocentrismo. Entre os séculos xv e xx, um conflito entre esses dois grandes valores absolutos agita o Ocidente. Não exatamente a questão "Deus ou o homem?", mas: quem vai tomar o poder sobre o homem, a vida celeste ou a vida terrestre?

Esse drama se desenrola em dois atos. Chamemos o primeiro ato de "Humanismo e cristianismo".

Ato 1. Humanismo e cristianismo?

Neste primeiro ato, a questão da existência de Deus, e mesmo a do Deus cristão, não é posta em dúvida. O que está em questão é saber se a humanidade tem valor em si ou apenas em função de sua destinação religiosa à salvação. Em outras palavras, se somos humanos antes de sermos cristãos ou se somos cristãos (ou suscetíveis de sê-lo) antes de sermos humanos.

Resumamos o conflito nestes termos: de um lado, o cristianismo tradicional, dominante, é anti-humanista. Ele se baseia mais ou menos no seguinte raciocínio: "O Deus dos Evangelhos é o único valor absoluto e a fonte de todo valor. Só valem, portanto, os humanos que O reconheceram e admitiram Sua palavra. *Nós* o reconhecemos, mas não é o caso de *todos*". Nós, os piedosos, os "que amam a Deus", os "tementes a Deus", estamos assim justificados a fazer a guerra aos descrentes para impor Sua lei, a "reduzir à servidão"² os infiéis, inimigos da Verdade, ou, pelo menos, a convertê-los, de boa vontade ou à força, à verdadeira fé para salvar-lhes a alma – algo de seu "próprio interesse".

Esse anti-humanismo teísta inspirou por muito tempo o cristianismo e ainda hoje inspira uma parte do Islã.

Por outro lado, há um cristianismo novo, humanista, que se baseia mais ou menos neste raciocínio: o Deus dos Evangelhos é o valor absoluto e a fonte de todo valor. Portanto, o mundo não é sem valor, já que é Sua obra; e as coisas deste mundo valem conforme seu lugar na hierarquia dos seres criados por Ele. No topo de Sua criação está o homem, feito à Sua imagem, o único ser a reconhecer Sua obra. Deus é o valor primeiro e absoluto; o homem, valor segundo, mas muito real. Por conseguinte, também, todos os homens se valem por Deus e diante de Deus, já que são todos igualmente Sua obra.

Trata-se do humanismo teísta, que continua a inspirar boa parte das religiões monoteístas.

E é nessas diversas frentes que o humanismo do século XV ao XVII deve combater. Contra o fanatismo cristão, pregar a tolerância nas guerras de religião. Assim, para Montaigne, convém respeitar as crenças de outrem, mesmo e sobretudo se são diferentes das nossas³.

Vamos a uma segunda frente, a da conquista da América. Contra Sepúlveda, que defende a tese de que a guerra de conquista e de evangelização na América é justa e de que os índios são "escravos por natureza", radicalmente inferiores aos espanhóis, Bartolomeu de las Casas afirma a igualdade de todos os homens e condena vigorosamente a guerra, a opressão e a servidão dos ameríndios feitas em nome do cristianismo⁴.

2. No *Divino amore communiti*, emitido em 16 de junho de 1452 pelo papa Nicolau V a Afonso V de Portugal, pode-se ler: "Os reinos, ducados, condados, principados e outros domínios, terras, lugares, campos, em posse dos acima mencionados sarracenos, pagãos, infiéis e inimigos do Cristo [...] pela autoridade apostólica nós vos conferimos a plena e livre faculdade de invadi-los, conquistá-los, tomá-los e subjugá-los, e de reduzir à perpétua servidão as pessoas que ali habitam". Citado por Daniel Rops, *L'Église de la Renaissance et de la Réforme*, t. II, *Une ère de renouveau: la Réforme catholique*, Paris: Fayard, 1955, p. 314.
3. "Não compartilho o erro comum de julgar um outro conforme o que sou. Concebo sem problema que há qualidades diferentes das minhas. [...] Concebo e creio que há mil boas maneiras de viver opostas; ao contrário do comum dos homens, admito em nós mais facilmente a diferença do que a semelhança." *Essais*, I, 27.
4. "São [os índios] as raças mais delicadas, frágeis e tenras, e que menos podem suportar os trabalhos pesados, e que morrem mais facilmente de qualquer doença. Não há entre nós filhos de príncipes e

Notemos de passagem que, se diversas vozes humanistas se elevam contra a escravidão dos índios, quase nada se ouve contra a escravidão dos africanos, cujo tráfico justamente foi possível em consequência da interdição da escravidão dos índios. Depois que os portugueses passam a tomar africanos como escravos, a partir de 1444, o papa Nicolau V publica, em 1454, a bula *Romanus pontifex*, que encoraja a "exploração" da África e a "servidão" dos "sarracenos" e "outros infiéis".

Eis, portanto, o primeiro conflito ligado ao humanismo em seu nascimento, e ele é interno ao cristianismo.

O segundo ato desse drama do humanismo dos tempos modernos começa quando, junto com a secularização do Ocidente, os valores cristãos vão se apagando. Trata-se menos de uma queda da fé que de uma diminuição da autoridade dos textos sagrados e do poder da Igreja sobre a vida dos homens, suas crenças e seus costumes. Um humanismo "puro", se assim podemos dizer, torna-se possível. Um humanismo não cristão e mesmo um humanismo sem Deus. O cristianismo havia se acomodado ao humanismo sem conseguir impedir os massacres de protestantes no dia de são Bartolomeu em Paris, 1572, o extermínio dos índios e o tráfico de dezenas de milhões de escravos africanos. O pensamento humanista havia tentado se enxertar no pensamento cristão e mesmo se fundamentar no universalismo cristão: todos os homens são iguais diante de Deus. Agora o humanismo deverá cada vez mais se defender sozinho, correndo então outro risco, o do niilismo. É o segundo ato da Modernidade.

Ato 2. Humanismo ou niilismo?

Vieram as Luzes do século XVIII. É dado mais um passo. Talvez Deus exista. Mas *talvez não*. Do mesmo modo, a revelação cristã talvez seja verdadeira. Mas *talvez não*. Nessa hipótese, não há nenhuma fonte de

---

de senhores, educados no luxo e mimados, que sejam mais delicados que esses índios, embora esses povos sejam pobres e não possuam nem queiram possuir bens materiais, o que lhes evita a soberba, a ambição, a inveja [...] Houve duas maneiras principais, para os que se chamam cristãos, de extirpar e de riscar assim da terra essas infelizes nações: a primeira foram as guerras cruéis, sangrentas, tirânicas; a segunda foi, após a morte de todos os que podiam aspirar à liberdade e combater por ela – pois todos os chefes e os homens indígenas são corajosos –, uma opressão, uma servidão tão dura, tão horrível, como nunca animais foram submetidos a ela." Bartolomé de las Casas, *Brevíssima Relación de la destrucción de las Indias* (1542).

valor transcendente. Tudo é dado *aqui neste mundo*. Portanto, é o homem o valor supremo. Poderia haver outro?

Quem, senão o homem, povoou a terra inteira, domesticou as plantas e os animais? Acaso foi Deus que o vestiu, a ele que nasceu nu, sem roupa de pele ou de couro? Não, ele é que se vestiu, fazendo com as próprias mãos as roupas de que naturalmente era desprovido. Foi o Céu que o armou contra os outros predadores, a ele que nasceu sem chifres, sem carapaça e sem presas? Não, foi ele que fabricou suas armas e se equipou. Somente ele construiu para si abrigos e moradias, transformou a natureza por suas maravilhosas técnicas. Quem dominou os rios, semeou as plantas, cavou a terra para extrair os metais e a energia? É ele, somente ele, que dá valor às coisas, quaisquer que elas sejam. Os seres técnicos (ferramentas, casas, relógios, instrumentos, máquinas) são obra dele: valem pela função que ele lhes dá. Quanto aos seres naturais, os rios, as montanhas, as florestas, ele pode conquistá-los para fazer deles seu *habitat*, tal é seu valor; as paisagens, as plantas, os animais, pode transformá-los para fazer deles sua obra: canais, pôlderes, espécies novas de plantas ou de animais domésticos. Também aí o valor das coisas depende apenas das funções que ele lhes atribui. Sim, se Deus não existe, o homem é a medida de todas as coisas. Sim, se Deus não existe, o homem é o único valor – e todos os homens têm a mesma "essência", a mesma natureza.

O que faz a força dessa segunda época do humanismo é o fato de o homem ser, doravante, a única fonte de valor. Mas isso também constitui sua fraqueza. Pois é o homem ou nada. O humanismo sem Deus corre o risco, desta vez, do niilismo.

De fato, se Deus não existe, que razão haveria de fazer do homem um novo deus? Não há essência humana eterna criada por Deus à Sua imagem. Assim, o humanismo é agora sem fundamento. Se Deus não existe, o mundo é desde sempre sem medida nem significação – portanto, sem valor.

O niilismo é o pensamento de que não há nada que valha. Não há um Além, não há Mestre nenhum, nenhuma Autoridade para proclamar o que é respeitável, santo, inviolável, sagrado, tabu. Não há nem Deus nem diabo, nem Céu nem Inferno, nem salvação nem condenação. Não há nem Bem nem Mal, nem vícios nem virtudes. Não há nada de rigorosamente obrigatório, nada de absolutamente proibido. Nada tem sentido, nada tem finalidade. Tudo é relativo, tudo é variável, tudo é convenção.

Pascal, no século XVII, certamente pressentiu isso. A questão atormenta seu pensamento. É verdade que, para Pascal, Deus existe, é o único valor absoluto. Mas ele permanece oculto para nós[5]. Suas vontades, ninguém pode entrevê-las. Quem serão Seus eleitos? Ninguém pode dizer. Como saber o que é justo quando tudo vacila? O que é bom, quando há somente convenções? O que é verdadeiro, se uma verdade deste lado dos Pirineus é um erro do outro lado? Assim, o que pode ter valor neste mundo? Tudo? Nada? Para Pascal, só se escapa do niilismo dos "libertinos" pela "aposta" teísta[6].

O mesmo niilismo atormentará Nietzsche, que verá em Pascal um dos que o pressentiram. Ele escreveu: "Sem a fé cristã, pensava Pascal, seríeis para vós mesmos, como a natureza e a história, um monstro e um caos: nós realizamos essa profecia depois que o século XVIII, débil e otimista, embelezou e racionalizou o homem"[7].

Para Nietzsche, este mundo não é senão "um mar de forças em tempestade e em fluxo perpétuo, eternamente a refluir"[8]. O que *vale* num mundo abandonado por Deus, onde os seres vivos, e mesmo os homens, não são mais que o efeito precário e efêmero de forças inertes e cegas? Nada. Há somente "matéria", relações de força. Eternamente. Nem sentido, nem finalidade, nem objetivo.

O dilema trágico da Modernidade agora é: Deus ou o homem. Kant diagnosticou lucidamente esse dilema. O valor "homem", por mais alto que o elevemos ou o exaltemos, é demasiado frágil para se sustentar por si só. Suponhamos, dizia Kant, que no mundo houvesse apenas seres inanimados ou seres vivos sem razão. Esse mundo não teria *valor nenhum*: não seria mais "que um simples deserto, inútil e sem objetivo final"[9], porque

---

5. Sobre o tema do Deus oculto em Pascal, ver *Pensées*, ed. Lafuma 781, e Henri Gouhier, *Commentaires*, Paris: Vrin, 1966: "Le Dieu qui se cache" [O Deus que se oculta].
6. Sobre a aposta da existência de Deus contra os libertinos, ver Pascal, *Pensées*, Lafuma 418 a 426.
7. Nietzsche, *Volonté de puissance*, livro II, § 38 (trad. Henri Albert, Paris: Livre de Poche, 1991, p. 72. Cf. Giorgio Colli e Mazzino Montinari, NF 1887, 9 [182], *Nachgelassene Fragmente*, Herbst, 1887).
8. Friedrich Nietzsche, *Fragments posthumes. Automne 1884 – Automne 1885*, trad. Michel Haar, Marc B. de Launay. Paris: Gallimard, 1982, pp. 343-4.
9. Immanuel Kant, *Critique de la faculté de juger*, § 86, "De la théologie éthique", trad. Alexandre Delamarre, Paris: Gallimard (Pléiade, tome II), 1985, p. 1247.

nele não haveria nenhum ser que possuísse o menor *conceito* de um valor. De fato, a própria ideia de *valor* só tem sentido por e para um ser racional. Em outras palavras, um mundo sem o homem não vale nada, não tem sentido algum, ele existe assim, por nada.

Afirmemos, portanto, que há homens neste mundo. Dir-se-á então que o valor da natureza depende daquele que os homens atribuem a ela, à medida de suas necessidades ou de seus interesses. Assim, a natureza pode ter um valor estético com a condição de que haja alguém para contemplá-la. O mundo pode valer como objeto de curiosidade e de investigação: pode ser admirável a partir do momento em que existe alguém para conhecê-lo e compreender seu funcionamento. A natureza e o mundo escapam ao niilismo se houver homens.

Mas isso não é suficiente, pois não mudaria nada, continuaríamos correndo o risco de não poder sair do círculo: as coisas da natureza seriam apenas *meios* a serviço da existência humana, que seria, ela própria, sem finalidade, isto é, sem *valor* absoluto e intrínseco.

Portanto, para Kant, é preciso tentar escapar ao niilismo reencontrando no próprio homem um meio de sair do círculo. Lembremos como o humanismo teísta fazia: "Deus tem valor absoluto, em vista disso o homem tem valor absoluto por ser a obra absoluta de Deus etc.". Kant postula um círculo virtuoso semelhante ao fundar o humanismo... no humanismo. Há um objetivo final no mundo *se* o homem for esse objetivo final (mesmo sem Deus!). Mas isso só é possível *se* o homem for capaz de obras que tenham um valor absoluto, um valor em si, e não um simples valor de meio: não se trata das mais belas obras de arte, nem das descobertas científicas mais admiráveis, nem das invenções técnicas mais úteis, mas das ações morais que são *boas* absolutamente, isto é, desinteressadas, feitas sem outra razão senão agir bem. Em outras palavras, é o homem ou nada. Mas nada vale no homem se não for o Bem que ele pode realizar.

Tais são, portanto, os dois dilemas da Modernidade. Recordemos.

Primeiro ato: Deus ou o homem. Se Deus existe, todos os homens são Sua obra e o humanismo tem fundamento. Mas se Deus existe, todo valor vem d'Ele, cujas vontades são impenetráveis, e a humanidade como tal é nada, e o humanismo não tem razão de ser.

Segundo ato: o homem ou nada. Se Deus não existe, somente o homem é fonte de valores e o humanismo tem fundamento. Mas se Deus não existe, o mundo não tem sentido, tudo é necessário ou tudo é absurdo; em todo caso, nada vale.

AS DUAS SAÍDAS DOS TEMPOS MODERNOS: O HOMEM E SEUS RIVAIS

Não podemos, contudo, nos limitar a essas alternativas (Deus ou o homem, ou nada) em que a dúvida moderna nos mergulhou. A precariedade do humanismo tem outras fontes, pois agora a humanidade tem rivais. Se Deus não existe, se tudo está submetido ao dinamismo cego do mundo ou à inelutabilidade da história – portanto, se não há essência humana eterna –, talvez haja, mesmo assim, alguma coisa que valha absolutamente. Algo que evitaria o "sem fundo" do niilismo, algo de "sagrado". Não necessariamente no sentido religioso, mas no sentido de que algo deste mundo seria intocável e obrigaria quem quer que seja a um respeito absoluto. É aí que a Modernidade abriu, de fato, dois tipos de caminhos para as duas espécies de concorrentes da humanidade, à sombra do Deus em via de extinção – pelo menos no Ocidente. Alguns desses caminhos estão aquém dos homens; outros, além.

Ato 1. Aquém dos homens: os caminhos do pior

De um lado, há o caminho que dominou o século XX. Ele diz: não há valor senão o humano, mas não a humanidade em si mesma. Pois "homem" é uma palavra vaga, que não abrange nenhuma natureza própria, nenhuma *identidade*. Tudo depende de *quem* são esses seres humanos: *quem* são eles, isto é, *de onde* são, qual é sua proveniência *natural*. A humanidade não existe porque não pertence a nenhuma parte. Não há homens em geral, há somente "nós" e "eles". São duas "naturezas" que em tudo se opõem. Ora, nós somos "nós", isto é, somos daqui (prova disso: "estamos em nossa casa"), enquanto eles são somente "eles", são os de fora. É verdade que são animais bípedes, mas não são verdadeiros homens, não são brancos, ou arianos, ou cristãos, ou turcos, ou hutus, ou muçulmanos. "Eles" são sub-homens, a escória da terra, agentes do mal; invadem nosso espaço vital, contaminam o ar que respiramos, sugam o sangue que corre em nossas veias e poluem o solo onde estão nossas raízes imemoriais. Portanto, é preciso absolutamente – é uma questão de vida ou morte – expulsá-los do nosso corpo social, deportá-los para longe daqui, condená-los a trabalhos forçados ou exterminá-los como piolhos ou ratos.

Aquém da humanidade, que não existe, há muitos valores *absolutos* que, no entanto, são humanos por serem nossos. Valores a defender *custe o que custar*, e, portanto, sempre à beira do niilismo. Salvar a "civilização branca", a "raça ariana", o espaço vital – senão o mundo acaba! Já que o Céu está vazio, ninguém pode nos censurar nem nos condenar. A fim de fazer triunfar os únicos valores sagrados, os "nossos", é possível, portanto necessário, assassinar milhões de homens, ou reduzi-los à fome, ou aproveitar industrialmente montes de cadáveres.

Apresentemos uma variante. Pode-se também dizer: a humanidade não existe porque nenhum ser humano está fora da classe ou fora da história. Tudo depende de quem são esses seres humanos: *quem* são eles, isto é, qual é sua proveniência *histórica*. Não há homens, há somente burgueses ou proletários, exploradores ou explorados. São duas naturezas opostas, duas histórias contrárias. Aquém da humanidade, que é apenas uma vã abstração, há valores absolutos, a ditadura do proletariado, a vitória definitiva do comunismo, o sentido da história, que exigem o sacrifício de uma geração ou a eliminação, definitiva embora interminável, dos inimigos de classe.

Tal é o primeiro caminho, *aquém* do universal, no qual se precipitou a busca moderna do Absoluto a fim de escapar às alternativas do teocentrismo e do humanismo. Deus está morto. O Homem não existe; há somente origens naturais ou identidades históricas. Foi para escapar ao niilismo? Ou, ao contrário, para nele mergulhar a Modernidade?

Esses caminhos, como sabemos, conduziram ao pior.

O que vale, então? E aonde chegamos hoje, no século XXI? Se Deus não existe, tampouco o Homem, Sua criatura, então nada há de "sagrado" que obrigue a um respeito absoluto? Acontece que não há somente o homem na vida. Há também, justamente, a vida!

Tal é o segundo caminho para salvar a Modernidade do niilismo. Caminho necessariamente mais promissor: não a morte, mas a vida. Salvar a vida.

A vida? Ou a vida humana?

Entreato. O cristianismo: um caminho intermediário

Dar à "vida *humana*" o valor absoluto, como o faz hoje a dogmática cristã desorientada, é algo que pertence ainda ao espírito da Modernidade. É um efeito da dúvida moderna. Nem fé humanista nem desilusão anti-humanista.

Para o cristianismo, hoje, a vida *humana* tornou-se o único valor sagrado. Nem a vida, como em certas religiões orientais, nem a humanidade, como em sua própria tradição, mas a "vida humana". Não mais os homens reconhecidos como criaturas singulares – enquanto *pessoas* que possuem uma alma ou um livre-arbítrio, responsáveis por seus atos e assim abertos à fé, à possibilidade do Bem, à salvação, ou mesmo ao Reino de Deus, enfim, a tudo o que, na tradição cristã, definia a humanidade –, mas a *vida* no sentido mais biológico do termo. Um dos efeitos da Modernidade sobre o cristianismo é a sacralização nova, e recente, da vida como tal, mesmo no que ela comporta de menos evidentemente humano – tome-se como exemplo o valor absoluto dado à vida pré-embrionária do óvulo a partir da concepção[10]. Desde o final do século XIX (mais precisamente desde Pio IX, em 1869), assistimos a uma inversão de toda a dogmática cristã de tradição tomista: a surpreendente obsessão de proibição do aborto, que se tornou um dos grandes dogmas contemporâneos para os cristãos do mundo, bem como o valor absoluto dado à *sobrevivência* vegetativa, mesmo que, por exemplo, o pensamento (e, portanto, a "alma") esteja irreversivelmente destruído. Em contrapartida, observaremos que, na época teocentrista, os grandes teólogos e Pais da Igreja defendiam a concepção hilemórfica (a alma depende da estrutura do corpo) da natureza humana, e, portanto, a doutrina da "animação mediata" (a alma – e, consequentemente, a pessoa – insinua-se no embrião

---

10. Com frequência se observou que a vida, enquanto humana, não pode começar na fecundação, já que o óvulo fecundado não tem nenhuma das características da humanidade; e que a vida, enquanto vida, tampouco pode começar com o embrião, já que ela é anterior à própria fecundação, o espermatozoide e o ovócito sendo tão vivos quanto o zigoto pré-embrionário (ver, por exemplo, Anne Fagot-Largeault, "Les droits de l'embryon", em *Revue de métaphysique et de morale*, n. 3, 1987, pp. 361-85). É o que reconhecem as religiões orientais que dão um valor absoluto à vida como tal (o primeiro preceito é "não destruir criaturas vivas"). Disso se concluirá que, sob a denominação de "vida humana", o dogma cristão atual consiste paradoxalmente em não atribuir valor absoluto nem ao ser humano nem à vida em si mesma, mas a algo de tão físico e determinista quanto é o "patrimônio genético".

durante a gravidez)¹¹. O humano era sagrado somente na medida em que fosse dotado de uma alma. Paradoxalmente, a sacralização recuou um grau e aplica-se posteriormente à vida biológica. É como se a Igreja tivesse se tornado materialista ao professar o humanismo.

O humanismo cristão talvez seja uma forma de resistência contra o niilismo. Mas, por não ser claramente humanista, isto é, por não se estender universal e exclusivamente às pessoas morais enquanto tais, ele é muito frágil para nos proteger da tentação niilista, assim como já era frágil em sua forma antiga, na época da aposta de Pascal contra os ateus; e hoje ele é impotente diante da concorrência de outros valores que negam qualquer valor à humanidade como tal, assim como não pôde resistir outrora à evangelização forçada dos índios, à escravidão dos africanos ou às guerras de religião. Precariedade do humanismo teísta – ou seja, de todo caminho intermediário.

Outros, atualmente, vão bem mais longe. Para exorcizar o niilismo, pretende-se hoje ultrapassar tanto o humanismo quanto o teísmo.

Ato 2. Para além dos homens, os caminhos da natureza

De fato, por que ficar na metade do caminho e limitar-se à vida *humana*?

Voltemos à ideia do humanismo ateu: se não há *fonte* transcendente dos valores, não há valor transcendente, portanto há somente valores imanentes. O homem seria, assim, a única fonte de valor. Que seja. Mas, nesse caso, é justo que ele conceda valor apenas a si próprio? Não é a própria definição da injustiça instituir-se como juiz e parte na mesma causa? Com isso, o antropocentrismo torna-se o novo adversário desde a tomada de consciência dos desastres ecológicos. E eis aqui os termos da nova luta de gigantes contemporânea: não mais Homem *versus* Deus, mas Homem *versus* Natureza.

---

11. Em outras palavras, para são Tomás de Aquino, de acordo com Aristóteles, num primeiro momento se forma a alma (a vida) vegetativa, que se torna a seguir uma alma sensitiva (animal), para enfim ser uma alma intelectiva (humana). Afirmada pelo concílio de Viena em 1312, a doutrina da "animação mediata" exclui que o aborto nos três primeiros meses seja um crime. Em 1588, o papa Sisto v publica a bula *Effraenantum*, que afirma que todos os abortos são crimes, mas ela foi anulada três anos depois por seu sucessor, Gregório XIV. De 1591 a 1869, a Igreja romana ensinou como artigo "de fé" que a teoria da animação mediata era a única válida. Foi somente com o papa Pio IX, em 1869, que se voltou à posição de Sisto v da "animação imediata", confirmada em 1968 por Paulo VI na encíclica *Humanae vitae*.

Tal é a nova problemática desde o começo do século XXI, após a "morte de Deus" e após o eclipse dos "valores absolutos" que arrastaram ao abismo o século XX. De agora em diante, os valores não devem mais ser buscados aquém do humano (as raças, as classes), mas além do humano: a Natureza, o planeta, a vida.

No tempo de Deus (na época pré-moderna), a humanidade já não valia grande coisa. Mas, num mundo sem Deus, na época pós-moderna, ela certamente vale menos ainda. Por que se deveria insistir em valorizar essa humanidade e, portanto, defendê-la e salvaguardá-la? O processo de julgamento está na ordem do dia, e a acusação é pesada. Contra o retrato progressista do homem das Luzes, vemos o retrato que se faz hoje do homem – na época das graves crises ecológicas que enfrentamos.

Conhece-se outro ser vivo que se dedica não só a destruir os outros seres vivos (é preciso viver bem!), mas a tornar cada vez mais difícil qualquer vida na Terra? Eis um ser que polui seu *habitat* a ponto de torná-lo inabitável. Que fez das terras, dos ares e dos oceanos seu cesto de lixo. Que cresce em número de maneira descontrolada e desmedida. Eis uma espécie, a humana, que submeteu várias outras espécies para colocá-las a seu serviço, que sequestra outras para abatê-las em série, e que é a responsável direta da diminuição crescente da biodiversidade. Que esgotou o solo e o subsolo em busca de extrair metais e energias fósseis para servir suas conquistas. Cuja temível técnica se revela capaz de fazer explodir o planeta. Humanidade, quantos crimes cometidos em teu nome! Contra as outras espécies, contra a vida, contra a natureza, contra a Terra! Isso sem contar os vícios constitutivos dessa corja: sua arrogância em acreditar-se intelectual e moralmente superior a todos os outros seres vivos; sua soberba em arrogar-se mestre e possuidora da natureza; sua *húbris* em inventar deuses à sua imagem para imaginar-se a eleita deles e justificar seus empreendimentos de dominação; sua presunção de julgar-se dotada do privilégio da sensibilidade, da emoção e da compreensão do mundo, e portanto de atribuir a si só o direito de nele viver. Em suma, o *anthropos* está doente de antropocentrismo.

Que seja. Mas qual seria, perguntar-se-á, o substituto desse "humanismo" mortífero?

É preciso, respondem, descentrar nosso ponto de vista, romper com o humanismo que não é senão outro nome do antropocentrismo.

Assim, algumas vozes afirmam hoje: "não é nem Deus nem o homem, é a *vida* enquanto tal que é sagrada, como o admitem desde sempre as grandes sabedorias orientais. O Ocidente deveria se inspirar nelas". É a tese do "biocentrismo" que se expande hoje cada vez mais contra o humanismo.

No entanto, isso não é algo evidente. Um animal é um ser vivo heterótrofo, isto é, um ser que se alimenta de substâncias orgânicas, ou seja, de vegetais ou de animais. Isso torna contraditória e absurda a ideia de "respeito absoluto à vida" ou de respeito igual a todas as formas de vida, já que um animal só pode viver destruindo outro ser vivo. A vida alimenta-se sem cessar da vida. Sacralizar a vida é proibi-la. Em todo caso, é tornar a existência humana impossível, a julgar pelas contorções permanentes a que devem se entregar os defensores dessa venerável sabedoria do respeito absoluto à vida, os fiéis da seita indiana do jainismo, a fim de evitar esmagar ou engolir por descuido veneráveis mosquitos. Ah! Se esses sábios soubessem quantos milhões de seres vivos invisíveis, micróbios, bactérias, microorganismos de todas as espécies, todos essenciais à manutenção da vida de outros seres vivos e mesmo da deles, sacrificam-se em cada um de seus gestos ou de seus suspiros! E isso para o bem da própria vida!

Portanto, não se pode respeitar ao mesmo tempo a vida e o homem. É preciso escolher.

É preciso colocar nossos biocentristas anti-humanistas contra a parede e lhes perguntar: "É a *vida* em si que deve ser respeitada, a vida como força cega e anônima, indiferente aos seres vivos?". A vida é um processo cego que busca apenas se manter incessantemente, crescer e se desenvolver. Mas como isso seria desejável, ou mesmo apenas possível, se é verdade que a vida se alimenta sem cessar dela mesma e que, portanto, vive da morte dos seres? A melhor imagem da vida, da vida como tal, da dinâmica perpétua e proliferante da vida, é o câncer.

Se não for a vida, seriam então os *seres vivos* que deveríamos respeitar? Certo, mas quais? É preciso escolher entre eles, já que a vida de todos não pode ser preservada sem contradição. Teríamos que hierarquizar, mas de que maneira? Por que a vida humana valeria mais que a vida de um macaco? E por que a vida de um macaco valeria mais que a de uma víbora, de uma sardinha ou de um mosquito? Alguns seres vivos mereceriam ser mais respeitados do que outros[12]?

Também aí é preciso escolher. Ou todo ser vivo (mas isso é contraditório), ou apenas alguns deles.

E eis a resposta que dão hoje alguns desses filósofos anti-humanistas, a exemplo de Tom Regan[13]. Alguns seres vivos, dizem eles, por serem conscientes, estão no centro de uma experiência, têm um *"interesse"* em viver e buscam permanentemente resistir o quanto podem ao que ameaça destruí-los. São eles, portanto, que devemos respeitar, pois têm um "valor intrínseco". A vida não está apenas *neles*, é *deles*: assim, ninguém pode se permitir tirá-la. Do mesmo modo, "nossa vida" é "nossa" (já que não pertence a Deus), e por isso o assassinato é a interdição maior entre os homens. Seria preciso hierarquizar os seres vivos conforme seu grau de consciência, pois o que tem valor absoluto não é a vida, mas os seres, que só são seres se forem "sujeitos de sua própria vida".

Mas tomemos nossos pensadores pós-humanistas ao pé da letra: "vocês não continuam sendo 'antropocêntricos'? Não permanecem valorizando as espécies conforme sua semelhança com o que somos? Por que privilegiar os organismos individualizáveis como você e eu? Por que privilegiar o interesse, a vida (supostamente) vivida ou os (pretensos) sujeitos de 'sua' própria vida, como nós? Isso não é ainda privilegiar a humanidade?".

Eis outra resposta: "será que não devemos", dizem outros anti-humanistas – por exemplo, Paul W. Taylor –, "atribuir igual 'valor intrínseco' a *todos* os organismos vivos individuais (animais, vegetais, organismos monocelulares), que são outros tantos 'centros teleológicos de vida', finalizados para a perpetuação de si mesmos e de sua espécie, vida que depende deles tanto quanto eles dependem dela?"[14].

---

12. Não se trata de maneira nenhuma de discutir aqui problemas ditos de ética animal (dos quais tratamos noutra parte), isto é, de como devemos tratar os animais e, de maneira mais geral, os limites da "comunidade moral" (o critério mais frequentemente proposto é o do sofrimento), mas sim de avaliar o que tem valor intrínseco e absoluto.
13. Tom Regan, *The Case for Animal Rights*, 2. ed. com novo prefácio, Berkeley: University of California Press, 2004; *Les Droits des animaux*, trad. Enrique Utria, Paris: Hermann, 2013.
14. Paul W. Taylor, *Respect for Nature: A Theory of Environmental Ethics*, New Jersey: Princeton University Press, 2011.

Esse critério de valor é plausível? Afinal, ele não é muito ecológico, não dá a devida importância à vida em si mesma. Pois a vida dos organismos "superiores" (segundo essa hierarquia "moral") depende muito amplamente da vida dos organismos "inferiores", e mesmo de seres vivos que não são organismos. Sem vegetais, não há abelhas, não há polinização e, de grau em grau, não há mamíferos. Sem bactérias (que são seres vivos dotados de metabolismo), não há vida humana. E, sem os seres vivos que não são "sujeitos de sua vida", não há os que o são; logo, não haverá seres vivos nem nenhuma forma de vida. Também aí é possível não escolher?

Vejamos ainda outra resposta, a de um dos principais teóricos da ecologia, J. Baird Callicott. Em síntese, Callicott afirma que não são os seres vivos que são sagrados, mas sim, e convém insistir, é a própria vida, ou melhor, sua condição geral, a chamada "biosfera". É a vida enquanto tal que vale, e não os seres vivos dos quais ela se serve para se realizar e se perpetuar: eles não fazem senão passar por ela. Portanto, é ao conjunto da comunidade biótica que se deve dar um valor *intrínseco* absoluto (ecocentrismo), enquanto a de todos os indivíduos vivos só tem, no fundo, um valor *instrumental* em relação a ela. A vida, ou o que às vezes se chama pelo termo muito vago "natureza", é o *fim* do qual os seres vivos são os meios e, portanto, o único valor absoluto.

Assim, a natureza é o último recurso contra o niilismo após a (pretensa) morte do Homem, consecutiva à morte de Deus. A natureza está acima do homem, dizem, pois o homem não está fora da natureza como acredita estar, quando a explora e a coloca a seu serviço; ele depende dela. Ele está *dentro da* natureza, é somente uma pequena parte de um todo que o ultrapassa, que existiria sem ele, que existia antes dele e que existirá depois dele. Na melhor das hipóteses, ele é um "companheiro de viagem das outras criaturas na odisseia da evolução"[15]. Portanto, a natureza tem um "valor intrínseco", enquanto o homem, em sua cegueira e seu orgulho, crê que ela não tenha outro "valor instrumental" senão servir a seus interesses e seus fins. A natureza aparece hoje como a única alternativa ao niilismo, que é o risco a que pode levar o humanismo.

---

15. Aldo Leopold, *Almanach d'un comté des sables (A Sand County Almanac)*, Paris: GF Flammarion, 2016.

A QUESTÃO DO "VALOR INTRÍNSECO" DA NATUREZA

Falar de "valor intrínseco" da natureza é esbarrar em uma contradição. Não é contraditório supor um mundo sem homem e, no entanto, *avaliado*? Mas por quem? Façamos a experiência de pensamento: imaginemos a natureza sem homens. Por um olhar humano sub-reptício – ou melhor, por uma espécie de olho divino, se Deus, quem sabe, não estiver tão morto assim! –, estamos ao mesmo tempo *no mundo* para vê-lo e *fora do mundo* para não estar nele. Para o homem, é querer-se presente lá de onde se ausentou. É medir uma natureza a partir de onde foi tirado o instrumento de medida. Isso é contraditório: não se pode impedir de imaginar a si mesmo no mundo ao imaginar esse mundo do qual se está ausente.

No entanto, é preciso entender um argumento em favor do "valor intrínseco" da natureza. É falso que o homem seja o único a poder avaliar a natureza e que, sem o ser humano, ela não teria valor. Há outros seres vivos, os animais, por exemplo, que *valorizam* necessariamente a parte de seu ambiente natural indispensável a sua sobrevivência (a água, o ar, a vegetação, a flora etc.); mesmo se não for de maneira racional e refletida, essa valorização se dará pelo menos por seus atos, por sua própria vida. E, sucessivamente, toda parte da natureza valoriza, na medida em que está nela, outras partes, de modo que a natureza em seu conjunto tem, de fato, um valor como um todo, e portanto um valor *intrínseco* – e isso tanto mais, e tanto melhor, quanto não há nela um pretenso "centro" para decidir o que vale e o que não vale em função de seu próprio "ambiente", muito menos um "olhar exterior" para medi-la com a régua de suas necessidades, ou um mestre e possuidor para colocá-la a seu serviço. Por que fazer do ser humano o único avaliador e, mais uma vez, o centro do mundo?

A objeção parece forte, mas é sem alcance. Pois, se cada ser vivo pode ser considerado como um centro de *valorização* de seu próprio ambiente, esses ambientes, longe de se adicionar de maneira harmoniosa, não cessam de se opor. A natureza não é um reino de fadas. O que vale para um ser vivo não vale para outro, e com frequência o lesa ou o aniquila. O que faz um viver faz outro morrer. A vida, repetimos, alimenta-se da vida. Assim, estamos diante de uma nova alternativa. De fato, das duas, uma: ou o valor intrínseco está na *totalidade* da natureza, isto é, em sua perpetuação – o que nos traz de volta, no melhor dos casos, à vida como tal, independentemente dos seres vivos. Mas em quê teria ela um valor, sobretudo um valor positivo, se ela não é mais que uma dinâmica interna, proliferante, descontrolada e anárquica, o movimento cego de sua própria continuação acontecendo em detrimento dos seres que ela atravessa?

Ou o valor intrínseco seria o de algumas "partes" da natureza? Mas quais? Quais organismos? Quais seres vivos, e por que não outros? Quais predadores e quais presas? E, sobretudo, nessa hipótese, por que não o homem? Afinal de contas, seria apenas a escolha natural feita por qualquer espécie viva, seja ela qual for. Por que a espécie humana seria a única a querer não estar no centro do seu ambiente? Não vive todo animal num ambiente "zoocentrado", ou melhor, "espécie-centrado"?

Em todos os casos em questão, não há valor intrínseco da natureza. Com efeito, o homem é necessariamente o avaliador *canônico*. Ou se afirma, como Kant, que toda avaliação supõe a razão e que não há outra criatura racional senão o homem, disso se deduzindo que o valor da natureza é extrínseco e depende daquele que o homem lhe atribui, ou se afirma, contra Kant, que toda espécie viva avalia seu ambiente com a régua de suas necessidades vitais e, portanto, valoriza-o a sua maneira; mas, visto que toda espécie animal está centrada em si mesma, a avaliação humana vale *pelo menos* tanto quanto a das outras espécies. Na verdade, vale necessariamente mais e melhor, porque somente ela é capaz de considerar os espaços naturais não mais apenas como simples ambientes locais, mas do ponto de vista do equilíbrio das espécies, isto é, de um ponto de vista global: é o que se chama ecologia.

Se for esse o caso, pode-se então chegar a uma conclusão. Atribuir um valor à natureza só pode ser feito de um ponto de vista humano, explícita ou implicitamente. Crer que ela tem um valor *em si mesma* é reintroduzir sub-repticiamente uma espécie de sujeito humano que, do exterior, a avalia: é um antropocentrismo implícito. Em realidade, a existência deve sua existência a si mesma, mas deve seu valor *a nós*, humanos; seu valor é o que atribuímos a nosso ambiente globalmente considerado como um todo: é o antropocentrismo explícito – em outras palavras... o humanismo. Isso não diminui em nada nossa obrigação em relação a ela; ao contrário, é o que lhe dá um sentido. *Se* a humanidade tem um valor absoluto, a natureza tem um valor relativo à humanidade, a qual tem o dever absoluto, portanto, de salvaguardar o planeta, de defender os equilíbrios ecológicos e mesmo de melhorar, tanto quanto possível, as condições a longo prazo da biosfera, a fim de que a humanidade enquanto tal, não a humanidade presente, mas toda a humanidade futura, continue sendo possível nas melhores condições. Isso se, e somente se, a humanidade tiver valor absoluto.

Portanto, é a humanidade ou nada.

Mas é necessário esclarecer: não só a humanidade presente, mas toda a humanidade por vir. Kant definia a humanidade como "a *totalidade* de uma linhagem de gerações que se estendem ao infinito (no indeterminável)"[16]. Assim, temos o dever de preservar o futuro do planeta, os equilíbrios ecológicos, a manutenção da biosfera, para que a humanidade permaneça possível. Pois depende de nós, hoje, de nossa ação ou de nossa inação, que haja humanidade amanhã[17]. Não dependeu de nós termos nascidos brancos ou negros, aqui ou alhures, agora ou mais tarde. E já que toda discriminação fundada no nascimento é injusta, seria injusto que os que viverão depois de nós sofram por viver depois de nós. Formamos uma única comunidade moral, não apenas com todos os humanos no espaço, mas com todos os humanos no tempo. Ser humanista, hoje, é se esforçar por preservar a humanidade em toda parte e sempre.

Compreendido assim, o humanismo tem fundamento e tem um futuro. Hoje, quando o homem é descrito, com razão, como o grande predador dos outros animais, o poluidor do planeta, o destruidor do clima, da natureza e da biosfera, ele talvez não pareça um valor muito exaltante. Mas todo o resto é pior.

---

16. Kant, "Compte-rendu de l'ouvrage de Herder", em *Idées pour une philosophie de l'histoire de l'humanité* (1785), *Opuscules sur l'histoire*, Paris: GF Flammarion, 1990, p. 121.
17. Esse é o tema principal do livro de Hans Jonas, *O Princípio Responsabilidade – Ensaio de uma ética para a civilização tecnológica*, trad. Marijane Lisboa, Luiz Barros Montez, Rio de Janeiro: Contraponto, PUC-RJ, 2006 (cf. *Le Principe responsabilité. Une éthique pour la civilisation technologique*, Paris: Cerf, 1990).

Progresso e barbárie civilizada
Oswaldo Giacoia Junior

Com "Dissonâncias do Progresso", *Mutações* conduz-nos novamente, e mais uma vez sob uma perspectiva diversa de suas edições anteriores, ao núcleo pulsante das experiências cruciais do presente, na tentativa de nos orientar no espaço aberto entre aquilo que ainda somos, e que já começamos a deixar de ser, e aquilo em que estamos nos transformando – ou seja, em meio àquilo que acontece conosco, àquilo que fazemos de nós mesmos. Hoje, o nome desse espaço aberto é "progresso". O que pode significar progresso, para nós? Ora, se não podemos mais compreendê-lo senão a partir da formatação de nossa existência pelo desenvolvimento hiperacelerado das tecnociências, então é necessário que o pensamento se ocupe dos elementos que estão implicados nessa modificação. Poderia o progresso abrigar as sementes da regressão? Seria possível, por outro lado, transfigurar em progresso a reação? Eis algumas das perguntas que o tema suscita.

A determinação de nossa existência pelas ciências e pelas técnicas há muito deixou de se limitar a um problema para pesquisadores, tornando-se uma preocupação geral, correspondente à mudança de estatuto do conhecimento científico ocorrida no mundo contemporâneo. E, se é verdade que o progresso das ciências altera substantivamente a vida humana e incrementa o poder do homem, expandindo-o para além de limites antes inimagináveis, é possível que algo nesse processo, situado justamente em limiares de intensificação, abra-nos para alguma compreensão a respeito de certo "mal-estar" que o acompanha, e que hoje se acentua de modo opressivo: o mal-estar oriundo de uma suspeita de regressão gestada no próprio seio do progresso científico.

Hoje, o progresso do saber é acompanhado pelo primado da operacionalização, da "operatividade", exigindo um trânsito acelerado da pesquisa teórica para as urgências econômicas, políticas e tecnológicas de nossas sociedades. Essa é a marca distintiva da era da *"Machenschaft"* – da produtibilidade ou da fabricabilidade, que se desdobra em predominância do imperativo de funcionalidade, *operacionalidade* e produtividade. As condições de sobrevivência de uma sociedade desenvolvida passaram a depender fundamentalmente de um tripé formado por *operatividade*, produtividade e mobilização, restando à racionalidade científica o trabalho incessante de investigar e disponibilizar recursos estratégicos, explorar energias suscetíveis de extração, armazenamento ou estocagem, distribuição e comutação, tornando-as produtos tecnológicos disponíveis para consumo.

Heidegger elaborou um diagnóstico que corresponde ponto por ponto ao cenário que acabamos de descrever:

> A ciência corresponde a essa regência objetivada do real à medida que, por sua atividade de teoria, explora e dispõe do real na objetidade. A ciência põe o real. E o dispõe a propor-se num conjunto de operações e processamentos, isto é, numa sequência de causas aduzidas que se podem prever. Dessa maneira, o real pode ser previsível e tornar-se perseguido em suas consequências. É como se assegura do real em sua objetividade. Desta decorrem domínios de objetos que o tratamento científico pode, então, processar à vontade. A representação processadora, que assegura e garante todo e qualquer real em sua objetividade processável, constitui o traço fundamental da representação com que a ciência moderna corresponde ao real. O trabalho, que tudo decide e que a representação realiza em cada ciência, constitui a elaboração que processa o real e o expõe numa objetidade. Com isso, todo real se transforma, de antemão, numa variedade de objetos para o asseguramento processador das pesquisas científicas[1].

---

1. Martin Heidegger, "Ciência e pensamento do sentido", em *Ensaios e conferências*, trad. Emmanuel Carneiro Leão, Gilvan Fogel, Marcia Sá Cavalcante Schuback, Petrópolis: Vozes; Bragança Paulista: Editora Universitária São Francisco, 2012, pp. 47-8.

Esse processo obedece à lógica da utilidade, responde às estratégias do cálculo logístico e tem como meta final o consumo do que é produzido. A razão tornou-se essencialmente pragmático-instrumental. Sob a pauta dessa lógica, as tecnociências preparam e disponibilizam a natureza, objetivando suas forças e recursos, integrando-os como operadores de um processo em espiral crescente, numa circularidade retroalimentável, na qual, contraditoriamente, a exploração visa assegurar a permanência do desgaste constante de tudo o que é produzido. A essência da técnica mostra-se como o dispositivo que realiza a transformação da totalidade dos entes em variáveis de cálculo, com vistas à sua disponibilização integral. Esse é o dispositivo chamado *"Gestell"*, ou seja, "armação". Nele se opera a dissolução da realidade própria de todos os entes particulares, objetivando o asseguramento exclusivo e incondicional do movimento, da progressão reiterativa de um mesmo dispositivo: a produtividade voltada ao desgaste e ao consumo.

Segundo a significação corriqueira, a palavra *armação* significa um objeto, como a prateleira de livros [*Büchergestell*]. Um esqueleto também é uma armação. Mais horripilante ainda do que isso nos parece agora ser o impertinente emprego da palavra *armação*, para não falar do arbítrio com o qual nos permitimos maltratar antigas palavras da língua. Podemos ainda levar adiante essa extravagância? Com certeza, não. No entanto, essa extravagância é um antigo expediente do pensamento. E, na verdade, os pensadores fazem justamente uso dela lá onde deve ser pensada a questão suprema [*das Höchste*]. Nós, contemporâneos, não somos capazes de medir o que significava para Platão ousar empregar a palavra *"eidos"* para designar o que impera em tudo e em cada coisa. Pois *"eidos"* significa, na linguagem cotidiana, o aspecto que uma coisa visível oferece aos nossos olhos sensíveis[2].

Ou seja, como teoria, a ciência seria justamente "visão contemplativa", especulação, reflexão, reprodução do real na reflexão, e não intervenção no real, elaboração e alteração do mesmo.

2. Martin Heidegger, *A questão da técnica*, trad. Marco Aurélio Werle, *Cadernos de Tradução*, n. 2, São Paulo: Departamento de Filosofia da Universidade de São Paulo, 1997, p. 65. Tradução ligeiramente modificada.

Conhecemos de longa data a acepção que assume essa contemplação na história das ciências e da filosofia. Nessa linha de tradição, a ciência, assim como a filosofia, seria uma atividade especulativa, isto é, contemplativa, desinteressada, que produz um puro conhecimento objetivo. Esse sentido de contemplação já é problemático a partir de um ponto de vista etimológico. O que diz *Betrachtung*, "contemplação", "observação", pergunta-se Heidegger? Quer dizer: *"trachten,* pretender, aspirar. Diz o latim *tractare,* tratar, empenhar-se, trabalhar. Pretender e aspirar a alguma coisa diz empenhar-se todo para alcançá-la, diz persegui-la e correr atrás para dela se apossar. Neste sentido, a teoria, como observação, seria uma elaboração que visa apoderar-se e assegurar-se do real"[3].

É nesse contexto que avulta o significado próprio do conceito de *Gestell*. Ora, no núcleo desse conceito, entendido como armação, encontra-se o verbo *stellen* (pôr, dispor, colocar). Em perspectiva heideggeriana, as diferentes acepções desse verbo configuram um campo de sentido no qual se inscrevem as variações como representar, disponibilizar, dispor, assegurar, produzir, tornar subsistente, estocar, providenciar, extrair, que, em conjunto, sintetizam o conceito-chave que unifica essencialmente a ciência e a técnica moderna: *Machenschaft*. Produtividade total é a outra face da armação. Para Heidegger, a moderna tecnociência instala e dispõe a natureza para a intervenção extrativa do fazer humano, sob a forma de um representar (*vorstellen*) que assegura (*sicherstellt*) e persegue/rastreia (*nachstellt*) a realidade efetiva (*das Wirkliche*) para fins de objetivação e aproveitamento. "O representar rastreador/persecutório (*nachstellendes Vorstellen*), que assegura o efetivo em sua objetividade passível de rastreamento/perseguição, é o traço fundamental do representar pelo qual a ciência moderna corresponde à realidade efetiva"[4].

Juntamente com esse traço persecutório, hostil, inerente à ação verbal designada pelo verbo *nachstellen* – com o sentido de seguir a pista, pôr-se no encalço de, perseguir –, convém destacar também o cálculo como o núcleo íntimo da moderna tecnociência, e isso em um grau tão elevado que transforma o pensamento em atividade de processamento, investigação e planificação.

---

3. Idem, "Ciência e pensamento do sentido", em *Ensaios e conferências, op. cit.*, pp. 47-8.
4. Idem, "Wissenschaft und Besinnung", em *Vorträge und Aufsätze*, Pfullingen: Verlag Günther Neske, 1985, p. 52.

Tal pensamento continua sendo um cálculo, ainda quando não opere com números, nem se coloque em funcionamento nenhuma grande máquina calculadora automática. Esse pensamento que conta, calcula. Calcula com possibilidades continuamente novas, com possibilidades a cada vez mais promissoras e, ao mesmo tempo, mais baratas. O pensamento calculador nunca se detém, não para para refletir, não é um pensamento que medite sobre o sentido que impera em tudo quanto existe[5].

Esse dispositivo de produção, armazenamento, distribuição, comutação e desgaste torna indiscerníveis os entes naquilo que até então era concebido como sua essência. Quando mais nenhum ente tem realidade e subsistência, eles se tornaram indistinguíveis em sua diferença. Portanto, só podem ainda vigorar como fatores, como elementos que integram os dispositivos que estruturam a armação – como parcelas aproveitáveis para a mobilização, *operatividade* e utilidade, a saber, como estoque ou equipamento, de modo tal que Heidegger insiste em que a palavra *subsistente-estoque (Bestand)* assume na modernidade o *status* de título metafísico, para designar nada menos que o modo como vige tudo aquilo que é tocado pela armação em um tempo em que a metafísica tornou-se cibernética[6].

Como corolário de tais *insights*, só o que é útil é também necessário, ou melhor, em sociedades como as nossas, somente o útil mostra-se, em si e por si, como necessidade. Ora, nos marcos histórico-culturais de uma exigência de superprodução que sustente a compulsão a um consumo tornado exponencial, a aceleração do ritmo, em todas as esferas da vida, é inevitável. Urge produzir cada vez mais e cada vez mais rápido, o que exige tanto o incremento e a atualização compulsória do potencial tecnológico da sociedade quanto a correspondente capacitação dos agentes humanos para colocar-se à altura das exigências operacionais dessa tecnologia. Essa correspondência se torna cada vez mais dramática quando considera a perspectiva, bastante concreta, de que as máquinas de inteligência venham a superar largamente a capacidade mental do cérebro humano.

5. *Idem, Gelassenheit*, Pfulingen: Verlag Günther Neske, 1992, p. 11s.
6. Cf. Martin Heidegger, *Die Frage nach der Technik*, 5. ed., Pfullingen: Neske Verlag, 1982, p. 16. A tradução dessa passagem é de minha responsabilidade.

Gostaria de afirmar, ou antes de suspeitar, que o autoasseguramento do homem produz o perigo da autodestruição. O que vemos nós, em verdade? O que é que domina hoje, ao determinar a realidade efetiva da terra inteira? A compulsão ao progresso (*Progressionszwang*). Essa compulsão ao progresso determina uma compulsão à produção, que está sempre acoplada com uma compulsão a cada vez novas carências. E a compulsão a sempre novas carências é de uma espécie tal que tudo que é compulsoriamente novo já é também, do mesmo modo, imediatamente envelhecido e superado, sendo recalcado (*verdrängt*) por aquilo que é "novo outra vez", e assim por diante. Essa perseguição (*Bedrängung*) como acontecimento culmina em particular na ruptura com toda possibilidade de tradição. O que foi não pode mais ser presente – a não ser na forma do superado, o que, por conseguinte, não entra mais em questão, em geral[7].

Armação (*Gestell*) é o nome desse acontecimento no qual se compendia o elemento comum, coligador, em todas as carências e necessidades constringentes que oprimem, afligem e coagem o homem contemporâneo: o homem, que se autocompreende e age como produtor de toda realidade efetiva, encontra-se aprisionado nas malhas dessa rede de necessidades e coerções cada vez mais constringentes, cada vez mais estreitas, que são também de natureza socioeconômica. Nesse acontecimento, que é também uma destinação (*Geschick*),

> [...] o homem da época da objetidade transitou para a condição de ser requisitado como estoque subsistente (*Bestellbarkeit*); nessa nossa época vindoura, tudo e cada coisa é permanentemente disponível por meio do calculação que requisita e providencia. Dito de modo rigoroso, não existem mais objetos (*Gegenstände*), mas somente "bens de consumo à disposição de todo consumidor", que, ele mesmo, está instalado no empreendimento da produção e do consumo[8].

---

7. Martin Heidegger, "Seminar in Zähringen", em *Seminare*, Gesamtausgabe, Band 15, Frankfurt/M: Vittorio Kolstermann, p. 387s.
8. *Idem*, "Seminar in Zähringen", em *Seminare, op. cit.*, p. 388.

Tais considerações de Heidegger são tão carregadas de sentido e se situam num horizonte tão amplo de pensamento que autorizam até mesmo a tentativa de aproximação arriscada que empreendo aqui. Consciente das enormes diferenças entre os empreendimentos teóricos que tento colocar em relação, a partir, portanto, da distância e da diferença, não deixa de ser digno de nota – como aquilo que dá a pensar – que o diagnóstico de Heidegger toca questões da mesma natureza daquelas consideradas na *Dialética do esclarecimento* de Horkheimer e Adorno.

A imbricação dialética entre mito e esclarecimento, emancipação e opressão, tal como pensada pelos frankfurtianos, também é um processo "epocal", no qual vem à luz um traço de hostilidade, de dominação e destrutividade desde sempre presente no próprio conceito de esclarecimento. Se o programa do esclarecimento era o desencantamento do mundo, com o propósito de dissolver os mitos e substituir a imaginação excitada pela razão e por seus fundamentos, a pretendida humanização da natureza e a naturalização das relações humanas foram "recalcadas" pela hegemonia da racionalidade instrumental, com a promoção justamente das tendências contrárias, reeditando a violência mítica e a barbárie e suscitando o pesadelo do infortúnio triunfal.

É o que podemos acompanhar, com toda clareza, na ascendência do positivismo, considerado por Horkheimer e Adorno como exemplo de uma idolatria mítica do factual e do positivo, que resulta em destrutividade e regressão mental. É certo que Adorno e Horkheimer relacionam a hegemonia da racionalidade instrumental com as condições socioeconômicas e políticas de produção, distribuição e consumo do capitalismo monopolista – uma relação que é estranha e incompatível com a ontologia heideggeriana. Nem por isso, no entanto, a razão instrumental deixa de indiciar um puro formalismo, no qual o cálculo logístico torna-se o fator dominante (senão exclusivo) de um processo de administração e planejamento de todos os entes, no qual a eficácia dos meios para o alcance (o mais rápido, eficiente e econômico possível) de fins arbitrariamente escolhidos assemelha-se à mobilização total. Também para Adorno e Horkheimer, os fins podem ser *fins quaisquer*, inclusive os fins mais irracionais – desde que calibrados à funcionalidade e operacionalidade dos meios, de acordo com ponderações utilitárias e pragmáticas.

Nos pensadores da Escola de Frankfurt – particularmente em Theodor Adorno e Max Horkheimer –, o conceito de razão instrumental adquire relevância cardinal e desempenha um papel predominantemente crítico de uma mentalidade instrumentalizadora, que considera os seres humanos como meios para o incremento da produtividade, da rentabilidade, da utilidade e do consumo, reduzido-os à condição de simples ferramenta e objeto de exploração total.

Ora, em tais condições, o que se perde é precisamente o pensamento – e o tempo do pensamento, que sempre foi lento, e a paciência do conceito, que tende a desaparecer. A hiperaceleração da vida corresponde a uma indigência do pensamento, justamente sob a aparência de uma abundância de bens culturais. Portanto, o cenário é de regressão do espírito, que passa a estar confinado à unidimensionalidade da razão calculatória.

> A crescente ausência de pensamento reside por isso num processo que consome a medula mais íntima do homem atual. O homem atual está *em fuga do pensar*. Essa fuga do pensamento é a causa da falta de pensamento. Mas a essa fuga pertence o fato de que o homem não quer vê-la, nem confessá-la. O homem de hoje chegará a negar redondamente essa fuga do pensamento. E afirmará o contrário. Dirá – e isso com inteira razão – que em tempo algum planejou-se com tanta amplitude nem se investigou tanto ou tão apaixonadamente como em nossos dias[9].

Heidegger chega a ponto de sustentar que essa obliteração da visão, essa cegueira, não pode ser superada pelos recursos e pelas virtualidades do agir humano, assim como a armação (*Gestell*) é mal-entendida quando considerada como "obra humana". Antes disso, ela é o elemento que desafia e instala o homem na condição de explorar e transformar em estoque toda realidade efetiva, tanto que a *Machenshaft* insere em si, no interior de seu processo, o próprio homem e dele dispõe, ainda que mediante a ilusão de ser aquele que o leva a efeito. Esse é, portanto, o elemento de coligação que concentra o homem na atividade e no circuito permanente da requisição e do providenciamento (*bestellen*) dos entes para torná-los estoque subsistente, disponível (*Bestand*).

---

9. Idem, *Gelassenheit*, Pfulingen: Verlag Günther Neske, 1992, p. 11s.

Mais importante que concordar ou discordar dessa tese de Heidegger é recolher dela os impulsos para o pensamento que ela proporciona e oferece. Impulsos que, no meu caso, levam de volta a Nietzsche, que já tinha em vista a barbárie civilizada em que se transformou a modernidade cultural ao denunciar a selvageria e a violência sublimada que nela se oculta – e isso sob uma perspectiva que nos conecta de modo privilegiado com a questão das mutações, tal como a coloca este ciclo:

> Há uma selvageria pele vermelha, própria do sangue indígena, no modo como os americanos buscam o ouro: e a asfixiante pressa com que trabalham – o vício peculiar ao Novo Mundo – já contamina a velha Europa, tornando-a selvagem e sobre ela espalhando uma singular ausência de espírito. As pessoas já se envergonham do descanso; a reflexão demorada quase produz remorso. Pensam com o relógio na mão, enquanto almoçam, tendo os olhos voltados para os boletins da bolsa – vivem como alguém que a todo instante poderia "perder algo". "Melhor fazer qualquer coisa do que nada" – esse princípio é também uma corda, boa para liquidar toda cultura e gosto superior[10].

Aí reside a importância de um pensamento que reivindica de novo sua temporalidade própria, que se articula a partir da pergunta pelo sentido, que se coloca as questões: para quê? Para onde? Para quem? E depois disso? – o que se apresenta como uma tentativa de recuperação de sua própria força espiritual. Somente na perspectiva da pergunta pelo sentido é que se torna possível ver e avaliar o declínio do pensamento como tal. Um elemento decisivo nesse diagnóstico é constituído da percepção e da análise da *intranquilidade moderna*, tão mais agitada quanto mais se anda para o Ocidente, de modo que no conjunto os habitantes da Europa se apresentam aos americanos como amantes da tranquilidade e do prazer, embora se movimentem como abelhas ou vespas em voo. Essa agitação se torna tão grande que a cultura superior já não pode amadurecer seus frutos; é como se as estações do ano se seguissem com demasiada rapidez.

---

10. Friedrich Nietzsche, *A gaia ciência*, 329, trad. Paulo César de Souza, São Paulo: Companhia das Letras, 2001, p. 218.

Por falta de tranquilidade, a civilização ocidental transforma-se em uma nova barbárie.

> Em nenhum outro tempo, os ativos, isto é, os intranquilos, valeram tanto. Logo, entre as correções que é preciso fazer no caráter da humanidade, está o fortalecimento, em grande medida, do elemento contemplativo. Mas desde já o indivíduo que é tranquilo e constante de cabeça e coração tem o direito de acreditar que possui não apenas um bom temperamento, mas uma virtude de utilidade geral, e que, ao preservar essa virtude, está realizando uma tarefa superior[11].

Porém, como seria possível esse resgate do tempo do pensamento se hoje a filosofia não pode mais exibir quaisquer títulos de préstimo em concorrência com os demais saberes especializados, que integram a realidade social como setores funcionais e prestantes do sistema? Se ela nem sequer se situa mais na vanguarda política de um movimento destinado a subverter o curso tradicional da história, ou se já é passado o momento em que o inferno existente poderia ter sido transformado em paraíso, em que o pensamento do verdadeiro poderia ser realizado?

É justamente a partir dessa fraqueza e aparente impotência que a filosofia continua necessária. Em virtude dessa sua condição, ela pode manter aberto o espaço para o pensamento, justamente porque não tem função, porque não foi inteiramente reduzida a uma dimensão funcional e prestante. E, caso permaneça fiel a si mesma, não pode ser funcionalizada, mobilizada nem instrumentalizada. Nisso consiste sua radical extemporaneidade. Por causa disso, ela pode ainda hoje ser a instância crítica do existente, já que persistem e se intensificam a dor, a carência, a angústia e a ameaça de infortúnio, porque ainda é sempre preciso saber por que o mundo pode se tornar amanhã um inferno ainda mais assustador do que o de hoje. Como escreveu Nietzsche,

> [...] cada vez mais quer me parecer que o filósofo, sendo *por necessidade* um homem do amanhã e do depois de amanhã, sempre se achou,

---

11. Idem, *Humano, demasiado humano*, I, 285, trad. Paulo César de Souza, São Paulo: Companhia das Letras, 2000, p. 192.

sempre *teve* de se achar em contradição com o seu hoje: seu inimigo sempre foi o ideal de hoje. Até agora todos esses extraordinários promovedores do homem, a que se denominam filósofos, e que raramente viram a si mesmos como amigos da sabedoria, antes como desagradáveis tolos e perigosos pontos de interrogação – encontraram sua tarefa, sua dura, indesejada e inescapável tarefa, mas afinal também a grandeza de sua tarefa, em ser a má consciência de seu tempo[12].

Esse ideal contrasta drasticamente com nossa condição atual. No apogeu do progresso tecnocientífico, dominam os últimos homens; e, precisamente por causa disso, tornamo-nos também, em essência, bárbaros; e – o que é ainda muito pior – a barbárie em nós é o resultado intestino e necessário da marcha triunfal da civilização, que transforma os paladinos do pressuroso labor em seres privados de solo e raiz, incapazes de encontrar uma resposta para a questão do sentido: uma pergunta que, por mais que nos anestesiemos, não se deixa calar. Somos mulheres e homens cuja derradeira e insana virtude consiste em tentar recolher em retrospecto, num plano de conjunto dotado de sentido, os cacos e fragmentos das experiências vividas, irremissivelmente desprovidas de conexão autêntica. O tempo de nossa existência social encontra-se tão privado de sentido quanto o escravo se encontrava alienado do produto de seu próprio trabalho – nós, os herdeiros da Ilustração, que nos orgulhamos de ser os sujeitos da civilização e do progresso, que nos instituímos herdeiros e destinatários do fim da história.

A urgência do pensamento deve ser pensada à luz desta diretriz: vivemos num tempo de transformações profundas na compreensão da própria condição humana. Nosso solo é o das mutações. Tendo atingido o limiar da completa autonomia – o ideal que orientou as esperanças emancipatórias da modernidade –, somos hoje assediados pela incerteza quanto ao que estamos fazendo de nós mesmos; a utopia libertária arrisca transformar-se em pesadelo autodestrutivo, à sombra do crescente processo de desertificação da Terra e da humanidade.

---

12. *Idem, Além de bem e mal*, Aforismo 212, trad. Paulo César de Souza, São Paulo: Companhia das Letras, 2005, p. 106s.

Tornou-se hoje urgente uma retomada reflexiva do próprio sentido de urgência, em sua relação essencial com a consciência da necessidade; a razão instrumental e técnica equaciona urgência e pressa, açodamento compulsivo em busca de renovadas opções de hedonismo, multiplicação de bens de consumo. A palavra *urgentia*, porém, tem seu etmo em *urgeo/urgere*, que originariamente significa operar, trabalhar. Trata-se, pois, de um encargo, não de um conforto. De uma tarefa e missão do pensamento que, fiel à sua origem, não se distingue da ação; nada parecido com ativismo frenético e com loquacidade vazia.

Experimentar a urgência significa entrar em correspondência com aquilo que urge, com a necessidade constringente, que pressiona e oprime, que faz o cerco ou o sítio, onera, sobrecarrega, mas também impele, impulsiona, convoca – essa força é também o compromisso com o dar-se tempo para pensar a respeito da condição do homem no mundo; enfim, do compromisso com sua liberdade e sua dignidade ensombrecidas.

A *hybris* de nosso tempo mostra-se naquilo que perdemos com a unilateralidade da figura humana em que estamos nos transformando. Por exemplo, na paradoxal regressão do trans-humano. Os seres humanos e as coisas perdem a essência em que repousam, não podem mais se conciliar com aquilo que são e passam a ser tragados na voragem devastadora do desgaste dos materiais. A malignidade desse desgaste alcança seu ponto extremo precisamente na aparência enganadora de seu oposto, a saber: "Quando ela se instalou na aparência irrefletida de um estado do mundo assegurado para colocar diante do homem, como meta suprema de sua existência, um *standard* de vida satisfatório, cuja efetivação tem de ser garantida"[13].

Na era da escalada planetária da tecnociência, não há como deixar de reconhecer, tanto no plano das nações quanto da ordem internacional, a persistência da vontade de poder e da subjetividade, da qual irrompe a "laboração naquela forma de vida por meio da qual prepara-se a devastação da Terra, que, finalmente, é instalada como o incondicionado"[14]. A garantia de realização desse pretenso ideal de bem-estar, prosperidade, segurança e conforto parece ter como condição um estado de paz consolidada.

---

13. Martin Heidegger, "Abendgespräch in einem Kriegsgefangenenlager", em *Feld-weg-Gespräche*, Gesamtausgabe, Band 77, Frankfurt/M: Vittorio Klostermann, 2007, p. 214.
14. *Ibidem*.

No entanto, o que efetivamente acontece é que, em nosso tempo, a paz é apenas a perpetuação da guerra por meio da política, de modo que a própria paz constitui uma peça integrante da dinâmica inexorável da devastação, "cujo único credo reza que só o útil é o supremamente útil, e o unicamente útil"[15]. A unanimidade a esse respeito é universal.

Em vista disso, é indispensável levar a sério o diagnóstico feito por Nietzsche ainda no tempo de seu livro *Humano, demasiado humano*, o qual contém um fecundo paradoxo, a saber, aquele que se enuncia na fórmula *reação como progresso*. Não se pode esquecer que esse livro atesta uma pronunciada inclinação de Nietzsche em direção aos ideais da *Aufklärung* e do progresso intelectual e ético que esse movimento traz à luz, isto é, no sentido da cultura científica e de seus pressupostos. Ora, é precisamente nesse contexto que Nietzsche mobiliza o conceito que ocupa um lugar estratégico no conjunto de sua filosofia: o conceito de justiça.

A irrupção, no seio de uma cultura científica e do avanço por ela representada, de uma figura reacionária, desempenha, nos termos de Nietzsche, uma dupla função: em primeiro lugar, tais figuras nos servem como poderosos auxiliares para tomar consciência e apreciar devidamente o vigor e a importância das potências culturais que nelas fazem seu ressurgimento – é o caso do Cristianismo medieval e seus aparentados orientais, com as respectivas visões de homem e mundo que vêm à tona na tendência restaurativo-reacionária da filosofia de Schopenhauer ou com a intervenção de Lutero na crise do catolicismo, no século XVI. Em segundo lugar, esses casos extraordinários de "regressão" do espírito dão ensejo a um movimento em direção contrária àquela em que atuam, pois favorecem o progresso e impelem em sua direção ao tornar possível que o pretérito e o arcaico possam se tornar objeto de questionamento e problematização, ao mesmo tempo que se torna objeto de questionamento também o modo de nossa relação com eles. Nos termos da filosofia de Schopenhauer, por exemplo, torna-se então possível interpretar a religião e a moral – e também o modo de relacionamento do próprio presente com elas – sob uma perspectiva científica, que permite compreender a fase religiosa da humanidade e seus sucedâneos presentes à luz de uma

---

15. *Ibid.*, p. 235s.

"necessidade metafísica", ínsita à natureza, uma constante antropológica, passível de explicação graças ao progresso das Luzes.

Sem dúvida, o próprio Schopenhauer sustentava a pretensão de que seu sistema teria elevado a metafísica à altura das ciências mais desenvolvidas de seu tempo – e Nietzsche, por sua vez, também reconhece haver muita ciência no sistema filosófico de Schopenhauer. Contudo, o que nele domina é a velha e tradicional metafísica, com seu conjunto de "necessidades" e "faculdades", de modo que o grande proveito dessa reação, representada pela filosofia de Schopenhauer e pela Reforma de Lutero, consiste em, por algum tempo, promover o acesso no presente a formas antigas e potentes de ver o mundo e os homens, às quais nenhum outro caminho levaria tão direta e facilmente.

Na aurora da *Aufklärung*, suas potencialidades eram ainda incertas, incipientes, juvenis, claudicantes, e foram reforçadas justamente pelas reações desencadeadas por tipos como Lutero e Schopenhauer. É nessa conjunção que Nietzsche pode julgar que a vigorosa oposição representada por Lutero ou Schopenhauer ao desenvolvimento das Luzes produz, por um lado, justiça histórica em relação ao passado e, por outro, confere mais energia às potências do presente, ao tornar mais autoconscientes as forças em jogo, atualizando suas virtualidades. É nesse sentido que se pode ler o final do aforismo número 26 de *Humano, demasiado humano*:

> O ganho para a história e a justiça é muito grande, creio que ninguém hoje conseguiria facilmente, sem a ajuda de Schopenhauer, fazer justiça ao cristianismo e seus parentes asiáticos: o que é impossível, sobretudo, partindo do terreno do cristianismo existente. Somente após esse grande *êxito da justiça*, somente após termos corrigido, num ponto tão essencial, a concepção histórica que a era do Iluminismo trouxe consigo, poderemos de novo levar adiante a bandeira do Iluminismo — a bandeira com os três nomes: Petrarca, Erasmo, Voltaire. Da reação fizemos um progresso[16].

O que esse aforismo nos recorda é que a autoafirmação das forças do presente, pela via da autoconsciência, demonstra-se no confronto e na

---

16. Friedrich Nietzsche, *Humano, demasiado humano, op. cit.*, 1. Aforismo 26, p. 34s.

luta com aquilo que a elas resiste. Em nosso caso, a reação, em todo seu vigor, toma a forma ameaçadora dos arcaísmos abrigados na dinâmica do progresso tecnológico. Para poder superá-los, é necessário, portanto, ultrapassar a regressão para que se possa caminhar à frente, no sentido do progresso. Ora, não há dúvida de que persiste ainda muito arcaísmo e fetiche no estado atual do progresso tecnológico. E justamente por causa disso torna-se necessário e imprescindível um passo atrás, no sentido da recuperação de algo poderoso no passado histórico do Ocidente. Talvez tenhamos tocado o limiar em que se torna imperativo recuperar um sentido positivo na renúncia que nos proporciona uma potência de segundo grau: um poder-não; um poder-não-poder.

Ao despojar-se da arrogância de uma vontade de poder que se pretende onipotente, ao abandonar-se com inteira confiança ao poder-não-querer, a uma liberdade plena, talvez o homem moderno possa reaprender a não carecer nem depender mais de ter sempre algo ou alguém abaixo de si, algo ou alguém sobre cuja base possa firmar-se e manter-se, conservar-se sempre numa segurança ilusória.

Na morada do pensamento, na clareira do presente, vige também o tempo do *desnecessário*, e, de posse de sua essência como mortal, é possível manter-se em correspondência com os prenúncios dos destinamentos que sempre se encontram a caminho. Mas será que tal consolo é prerrogativa única, privilégio de poetas? Será que aos homens do conhecimento científico não restaria outra saída senão o "desespero como conclusão pessoal e uma filosofia da destruição como conclusão teórica?"[17]. Com efeito, como poderia o homem, que entrementes empreende a fabricação de si mesmo, sendo ele mesmo produtor e produto instalado no dispositivo da produção, renunciar à fabricação, sem renunciar à sua própria determinação como produtor?

Numa tentativa de resposta a tais questionamentos, um filósofo como Hans Jonas – um cuidadoso leitor da obra de Nietzsche – pode nos emprestar valiosa ajuda. Jonas apreendeu numa fórmula a terrível agrura de nossa situação: o que se tornou necessário para nós, antes de tudo, é a superação da impotência em que estamos colocados (ou em que nos colocamos) pela compulsão ao poder. Depois que o poder humano se

---

17. Friedrich Nietzsche, *Humano, demasiado humano, op. cit.*, I. Aforismo 34, p. 40s.

apropriou da natureza de forma tal que esse poder se tornou autárquico, então ele submete a si a própria instância do sujeito (que aparentemente teria de controlá-lo). Nessa condição, o poder passa a alimentar-se de si mesmo, de sua utilização e de seu desdobramento progressivo e inexorável. Desse modo, a dinâmica do poder torna-se autônoma, escapando ao controle humano, de modo a fazer necessária a elevação a uma potência superior, de terceiro grau.

> O que se tornou necessário é [...] a superação da impotência em face da compulsão do poder, que se alimenta de si mesma para sua progressiva utilização. Depois que o poder de primeiro grau, que se voltou diretamente para uma natureza aparentemente inesgotável, transitou para um poder de segundo grau, que afastou aquele poder do controle por parte daqueles que dela se aproveitam, a autolimitação do domínio que tritura consigo o dominador, antes de se quebrar nas limitações da natureza, é coisa de um poder de terceiro grau: portanto, um poder sobre aquele poder de segundo grau, que já não é mais o poder dos homens, mas o poder do próprio poder, de ditar seu uso ao seu pretenso proprietário, torná-lo executor, desprovido de vontade, de seu poder; portanto, ao invés de libertar o homem, torná-lo servo[18].

Essa potência de terceiro grau é a figura paradoxal de um poder não poder, de uma reconquista, pela renúncia, à compulsão ao poder, uma recuperação do autodomínio em face do delírio de onipotência do poder.

Nietzsche também não nos deixa lançados no abandono em meio a esse perigo. Para ele, é sempre possível que nossa têmpera possa descortinar a possibilidade de outro horizonte. Isso exigiria um temperamento bom, ou seja, uma segurança da alma e uma alegria de fundo, que fossem fortes o suficiente para evitar que as reações necessárias ao amadurecimento se transformassem em pérfidas "irrupções repentinas", carregadas de ressentimento, resmungo, bílis venenosa e teimosia.

Um temperamento dessa natureza é ainda possível, mas tem de ser forte o suficiente para a renúncia:

---

18. Han Jonas, *Das Prinzip Verantwortung. Versuch einer Ethik für die technologische Zivilisation*, Frankfurt/M: Suhrkamp, 1984, p. 254.

Um homem do qual caíram os grilhões da vida, a tal ponto que ele só continua a viver para conhecer sempre mais, deve poder renunciar, sem inveja e desgosto, a muita coisa, a quase tudo o que tem valor para os outros homens... Com prazer ele comunica a alegria dessa condição, e talvez *não tenha* outra coisa a comunicar – o que certamente envolve uma privação e uma renúncia a mais. Se não obstante quisermos mais dele, meneando a cabeça com indulgência ele indicará seu irmão, o livre homem de ação, e ocultará talvez um pouco de ironia: pois a "liberdade" deste é um caso à parte[19].

Conclusão resignada? Não penso que seja assim. Aquilo para o que Nietzsche aponta é a possibilidade de resgatar e justificar, com nosso empenho e comprometimento, o esforço do passado e as virtualidades do presente. A ativação da reação pode ser um caminho para a conquista desta liberdade: a transfiguração do que é regressivo, de maneira que a crítica e a recusa do arcaico, da reificação e do fetiche não culminam em um repúdio defensivo e condenatório daquilo a que nos opomos, não compele a que se destrua e mate aquilo a que nos contrapomos, mas que o assimilemos e o metabolizemos, de modo a levar a efeito uma reversão e uma transvaloração que tornem mais forte justamente aquilo que, hoje, promete e compromete o futuro. Creio que esse é um sentido de mutação para o qual Nietzsche nos convoca. Ele pode ser extremamente fecundo na busca de novos horizontes para o pensamento em tempos de penúria espiritual.

---

19. *Ibid.*

Humanismo moderno: integração entre teoria e prática
Franklin Leopoldo e Silva

O humanismo moderno retoma a ideia de totalidade sistemática do saber, cultivada na Idade Média, muito embora Descartes, fundador da Modernidade, pretenda colocar em dúvida todo o saber legado pela tradição, bem como os fundamentos das práticas elaborados no passado. Totalidade e sistema derivam, em Descartes, da ideia de unidade da razão: embora esta sirva para conhecer vários objetos, a razão é una e única, o que significa que as ciências, as técnicas e a moral estão enraizadas nos mesmos princípios racionais.

O diagrama da árvore ilustra esta configuração sistêmica.

Ressalte-se o aspecto do chamado "grande racionalismo" (Merleau-Ponty) ou a convivência entre ciência e metafísica, que, no século XVIII – e posteriormente –, sofrerá significativas mudanças.

Note-se que, sendo as raízes da árvore constituídas de metafísica, todo o saber que sobre ela se constrói depende dos mesmos princípios e não pode haver qualquer conhecimento no tronco e nos ramos da árvore que possa contrariar tais princípios, pois seria ilógico que algo assentado sobre princípios dos quais retira seu teor de verdade seja contrário aos mesmos princípios.

Assim, da metafísica à moral e às técnicas, o edifício do saber se constitui com um duplo propósito: dotar o homem das verdades teóricas que ele possa vir a atingir e lhe proporcionar os meios para a ação correta e o bem-estar da vida material.

Esse ideal que totaliza as possibilidades da teoria e da prática representa o humanismo em sua versão moderna, já comprometido com a ciência e a técnica sistematicamente incorporadas ao saber e constitutivas da cultura.

A unidade da razão garante a certeza imanente a todas as partes do saber assim constituído. A grande bandeira da modernidade é a razão, considerada em sua total independência de todos os fatores que lhe sejam extrínsecos.

Por sua vez, a liberdade da razão é a condição fundamental da teoria e da prática. Nisso, a Idade Moderna difere da época medieval, universo teocrático em que a religião desempenhava papel importante do ponto de vista institucional – Igreja – e do ponto de vista da vida individual e coletiva – fé.

A expressão "homens puramente homens", empregada por Descartes, visa indicar que a razão não pode se submeter a instâncias transcendentes, a não ser que ela própria as reconheça a partir de si mesma (Cf. prova da existência de Deus).

Isso implica a grande mudança do fundamento e do eixo constituinte da filosofia e de todo o saber: o sujeito ou a subjetividade, que agora detém o poder e a função de constituir a verdade por via da certeza a que o sujeito deve chegar por via da condução metódica da razão. É a partir do método que se constitui o objeto de conhecimento, de acordo com a precedência da ideia ou representação. O sujeito é ponto de partida e fundamento metódico de qualquer conhecimento e se põe também como a base teórica das práticas (Moral) e das técnicas. É nesse sentido que o espírito (sujeito) constitui a primeira verdade, base e paradigma para todas as outras que por meio dele se puder atingir. Eu pensante; substância; realidade primordial.

A metafísica no início da modernidade apresenta muitas afinidades com o pensamento cristão, não tanto por se subordinar a ele quanto por seguir a configuração tradicional dos temas e das questões. Assim vemos em Descartes: Alma, Deus, Mundo. Observe-se a ordem: a alma está antes de Deus, pois será por meio do espírito humano (sujeito) que a existência de Deus será demonstrada, a partir da ideia de Deus, que é a ideia de infinito.

Assim, o homem reconhece seu lugar no universo primeiramente a partir da realidade incontestável do espírito (consciência, alma, sujeito) e depois por meio da prova da existência de Deus como o infinito transcendente. Desse modo, a substância pensante, cuja existência é demonstrada em primeiro lugar, é principalmente constituída de intelecto, de acordo com a concepção do pensamento como essência e como verdadeira definição do ser humano. *Cogito, ergo sum.* Isso implica a total autonomia da substância pensante e sua separação da substância extensa, que constitui a essência da matéria, o que torna possível ter inteira certeza da substância pensante antes de provar a existência do mundo material – ou das coisas cuja essência ele é a extensão.

O humanismo moderno inaugura-se, pois, com o dualismo (separação entre o espírito e o corpo) e a hierarquia definida entre as duas substâncias. Do ponto de vista material ou físico, o corpo é constituído mecanicamente, como todas as realidades físicas. É possível conhecê-lo teoricamente como uma *máquina*, que é como se definem os animais. O mecanicismo é, então, o grande princípio do conhecimento físico no início da modernidade.

A separação rígida entre corpo e espírito suscita problemas que Descartes constata, mas que não pode resolver a partir de seus recursos metódicos e princípios metafísicos. No caso do ser humano, a separação teórica é desmentida pela experiência prática: as duas substâncias interagem de forma íntima e constante, a ponto de se poder dizer que seriam uma única substância, embora composta de realidades antagônicas. Descartes reconhece esse problema na metáfora do piloto em seu navio. Não há resolução teórica possível (método e metafísica o impedem), mas deve-se aceitar a realidade da experiência.

Portanto, o humanismo moderno já em seu início encontra um problema crucial, que é a própria compreensão do homem. A compreensão e utilização racional das paixões.

Entre o mecanicismo e o espírito, qual deve ser o modo de vida? A posteridade se dividirá quanto a essa resposta, mas é certo que a ciência moderna e as possibilidades técnicas que se apresentam influirão decisivamente sobre o modo de vida dos homens. Do ponto de vista ético, a unidade da razão e a ideia de objetividade suscitarão questões e linhas de pensamento divergentes. O chamado "pequeno racionalismo", com tendências positivas e positivistas, reduzirá o alcance do conhecimento – cientificismo.

Em sua correspondência, respondendo a questões colocadas pela princesa Elizabeth, Descartes desenvolve uma noção de sabedoria a partir da ligação orgânica de todas as partes do saber, do conhecimento e da ética.

Mais tarde, o século XVIII aprofundará as conquistas da modernidade clássica: liberdade de pensamento e autonomia moral. São tarefas que o Iluminismo assume conscientemente. Esta é a grande característica daquele que na França ficou conhecido como século das Luzes: o sujeito está deliberadamente empenhado em *esclarecer-se*, isto é, em representar a si e ao mundo a partir da luz da razão, que para tanto deve ser cultivada como o único instrumento válido para o cumprimento desse *dever* de ser racional, isto é, de ser emancipado. A liberdade de uma razão esclarecida é a única forma de alcançar a verdade e a felicidade. O humanismo iluminista vê-se como uma atitude madura, não apenas em relação às épocas antiga e medieval, mas também relativamente à primeira fase da Modernidade (Descartes e o pensamento clássico), em que a independência do pensamento estaria ainda comprometida com fatores extrínsecos.

Nesse sentido, a personagem que se destaca é Kant, não apenas pelo conjunto de sua obra, que se tornou marco histórico do período e de toda a história da filosofia, mas também por ter sido quem formulou de modo claro a definição do esclarecimento como característica distintiva da época. Daí a importância do texto "Resposta à pergunta: 'O que é o esclarecimento?'". Esse pequeno artigo publicado na imprensa nos ajuda a entender não apenas como os iluministas se representavam historicamente, mas também o sentido de um humanismo claramente fundamentado na relação entre liberdade e responsabilidade.

Na verdade, essas são as principais noções desenvolvidas no texto. "Esclarecimento é a saída do homem da menoridade pela qual ele é inteiramente responsável". A designação de "menoridade" como a razão tutelada, isto é, o pensamento orientado por condições extrínsecas a ele mesmo, é significativa do modo como Kant vê sua própria época, pois, em contrapartida, a *maioridade* significa precisamente o uso esclarecido da razão. É notável ainda que Kant atribua tanto à menoridade quanto à passagem à maioridade a *responsabilidade* do sujeito. Assim se delineiam duas características: 1) o homem foi o responsável pela longa permanência no estado de menoridade, em que a liberdade da razão encontrava-se tolhida; 2) o homem é agora o responsável pelo estado de maioridade, em que a liberdade da razão será utilizada a partir de um discernimento fruto do esclarecimento.

Do ponto de vista histórico, trata-se de um *progresso*. Essa ideia é central e uma das grandes contribuições do século XVIII. Assim como o indivíduo evolui da infância para a idade adulta, passando de uma condição tutelada para uma vida livre, assim também a humanidade progride no mesmo sentido, passando por épocas em que a tradição, as instituições, as crenças etc. governam o pensamento e a conduta, e chegando a um período histórico em que a razão se apresenta como o único critério de teoria e de ação. Essa relação entre o microcosmo e o macrocosmo permite entender o progresso como eixo da história, e leva a colocar a liberdade esclarecida como o fim a ser almejado. O percurso da humanidade é uma história da emancipação.

Contudo, a constatação clara do sentido desse itinerário não permite concluir que o esclarecimento *já* tenha sido alcançado. A época não *realizou* o esclarecimento, mas é nela que o *processo* aparece nitidamente, ou que o progresso aparece como o sentido da história. O caráter ainda inacabado do esclarecimento tem uma significação positiva: ele é obra humana, isto é, cabe ao ser humano tomar nas mãos o seu destino porque essa é a sua *responsabilidade*. Isso faz que o pensador do século XVIII se sinta historicamente comprometido com os fins a serem alcançados e que refletem a realização humana.

Para que essa finalidade se cumpra, é preciso que a responsabilidade pelo uso da razão se manifeste na *atitude crítica*. Por isso a filosofia de Kant será denominada, por ele mesmo, como uma filosofia crítica. Pelo termo *crítica* deve-se entender o exame da razão em seus usos teórico e prático: daí as duas grandes obras de Kant, que são a *Crítica da Razão Pura* e a *Crítica da Razão Prática*, nas quais serão examinadas, respectivamente, as condições de possibilidade do conhecimento e da moralidade. Tal exame é essencial para a compreensão do uso livre e responsável da razão em cada um desses domínios, e uma das tarefas principais da crítica será justamente distinguir rigorosamente entre eles. Assim se chegará à finalidade mais importante de uma razão amadurecida: compreender que as possibilidades e os limites do uso da razão são igualmente relevantes e, assim, inseparáveis na articulação do conhecimento e da vida moral.

Isso significa que uma razão que faz uso de suas possibilidades sem a consideração de seus limites não procede de modo responsável e não possui uma visão clara de suas possibilidades, já que estas são sempre inseparáveis dos limites inerentes à finitude humana. Portanto, a crítica desempenhará uma dupla tarefa: de um lado, indicará a extensão do conhecimento teórico como tudo aquilo a que ele pode chegar, mas também o que ele não pode ultrapassar. De outro, indicará com a mesma precisão formal a extensão da moralidade – a possibilidade dos juízos morais –, bem como as condições em que ele deve ser formulado.

O sujeito plenamente consciente de suas possibilidades e limites, intrinsecamente relacionados, é o sujeito autônomo. Ele sabe como deve conhecer, a partir de seu entendimento, e como deve agir a partir de sua vontade. Assim ele será capaz de responder às quatro perguntas fundamentais da filosofia:

1. O que *posso* saber?
2. O que *devo* fazer?
3. O que *me é permitido* esperar?
4. O que é o homem?

Não é difícil notar que a quarta questão corresponde a uma articulação das três primeiras. Essa articulação se realiza em termos críticos em um sistema de filosofia no qual a razão teórica, a razão prática e a antropologia encontram cada uma o seu lugar e a sua significação com respeito aos fins humanos. Condições do conhecimento; da moralidade; dos postulados possíveis que deem sentido à vida prática; e, finalmente, disposições que me permitem definir o homem e sua posição no universo.

A resposta *esclarecida* a essas questões remetem o homem à condição emancipada, nos termos das possibilidades e dos limites. Por exemplo, o exame das condições de conhecimento concluirá pela legitimidade do conhecimento teórico que é característico da ciência, mas não admitirá a possibilidade teórica da metafísica, uma vez que o exame crítico da pretensão a esse conhecimento revela que ele não cumpre os requisitos de objetividade próprios do entendimento. A metafísica é um pensamento racional, e é mesmo o pendor mais natural da razão, mas não corresponde às condições e aos limites por extrapolar precisamente os *limites* de validade das possibilidades objetivas. Como se a razão tivesse uma vocação para o absoluto, mas que não pode se transformar em conhecimento teórico, o qual é sempre *relativo*.

Isso significa que o reconhecimento dos limites, tão importante quanto o reconhecimento das possibilidades, é sinal de liberdade e é exercício de autonomia, já que corresponde à utilização responsável da razão. Por isso se designa o pensamento crítico de Kant como uma *análise da finitude*. À extensão das faculdades humanas, responsável pelo progresso teórico e prático, correspondem os limites inerentes à condição finita do ser humano. É essa constatação que fundamenta a recusa da metafísica, tida como um pretenso conhecimento que extrapolaria a finitude, dentro da qual é possível um conhecimento relativo, mas de modo algum verdades absolutas.

É preciso notar, no entanto, que essa limitação teórica não impede que a razão, exercendo um pensamento que não está comprometido com a validade teórica, possa avançar na direção das questões metafísicas. Ela o faz no domínio da moralidade.

O humanismo esclarecido implica também a consideração das condições históricas de sua ocorrência, o que é tematizado por Kant em sua concepção da diferença entre uso público e uso privado da razão, e também na consideração do contexto histórico-político – o despotismo esclarecido de Frederico II da Prússia. Trata-se de uma difícil articulação entre liberdade e obediência, que tem seus antecedentes naquilo que Foucault propõe como distinção entre soberania e governamentalidade.

Ora, a relação entre liberdade e obediência é o tipo de articulação em que está em jogo a felicidade.

A CRISE CONTEMPORÂNEA E A IDEIA DE HUMANISMO

A ideia de progresso como eixo da história sofreu duras críticas a partir da avaliação da experiência histórica contemporânea. O ideal iluminista de emancipação pela via da razão encontrou motivos de refutação na contradição vista como intrínseca ao processo civilizatório. Os episódios de barbárie que caracterizaram o século XX teriam mostrado, segundo a

Teoria Crítica da Escola de Frankfurt (notadamente Adorno, Horkheimer e Marcuse), que o progresso convive com a regressão, e a civilização, com a barbárie. Assim, a emancipação, no sentido do progresso da razão, não traz necessariamente a felicidade, isto é, não realiza o "reino dos fins" a que o homem estaria destinado.

Tudo parece indicar que a abundância dos meios derivada do aprimoramento da ciência e da técnica gera a impossibilidade do discernimento dos fins. Assim, o progresso da razão é na verdade o aprimoramento de seu sentido instrumental, que acaba prevalecendo e afastando a razão da representação da finalidade. As guerras e os genocídios seriam testemunhos dessa situação[1].

Isso põe em dúvida a vocação humanista da razão, tão enfaticamente afirmada no início da Modernidade, e o sentido ético da emancipação proclamada no Iluminismo. Descartes, no século XVII, bem como os filósofos do século XVIII teriam projetado um mundo que não veio a existir. Uma das grandes preocupações da filosofia na atualidade seria examinar essa situação e entender os motivos da crise contemporânea e do fracasso moral que parece ter acontecido.

Uma vez que a ciência e a técnica se mostram como os grandes vetores do desenvolvimento histórico, seria principalmente nesse campo que se deveriam procurar as causas do fracasso e as razões pelas quais o mal-estar e o niilismo parecem prevalecer sobre o estado de felicidade que se previu. Nesse sentido, a descrição e o exame feitos por Heidegger no texto *Questão da técnica*, escrito originalmente em 1949 e publicado em 1954, podem ajudar a esclarecer o problema.

Não se trata de afirmar uma visão negativa da técnica a partir de suas consequências, mas de investigar a sua essência para compreendê-la em sua origem e significação. Dentre os resultados desse trabalho, dois são particularmente interessantes para a questão do humanismo contemporâneo:

1. A técnica não é simplesmente derivada da ciência, mas está em relação íntima com ela, de tal modo que não pode ser considerada um

---

1. O livro *Dialética do esclarecimento*, de Adorno e Horkheimer, trata da dualidade emancipação/regressão tal como ela se realizou na fase atual da modernidade.

produto acidental. Ela está essencialmente incluída na tarefa humana de desvelar os existentes e fazer aparecer sua verdade.
2. Essa tarefa, à qual o ser humano estaria destinado, adquire na modernidade um sentido específico: de acordo com os parâmetros matemáticos da ciência moderna, a técnica aborda as coisas a partir de uma definição prévia de seu caráter de objeto de cálculo, que é a forma moderna de representação do mundo.

Quanto à primeira característica, no limite temos de considerar a técnica como aquilo *em vista de que* se organiza o conhecimento. Não apenas devido às afirmações de Francis Bacon acerca do domínio da natureza, mas sobretudo em relação aos programas de pesquisa contemporâneos, nos quais o produto técnico da investigação científica é a verdadeira causa e o impulso inicial, e não apenas uma decorrência ocasional. Nesse sentido é que se coloca a relação técnica com a natureza, a partir da qual o ser natural é visto como um reservatório de produção tecnológica.

Quanto à segunda característica, a representação matemática da natureza, que se inicia na modernidade, com Galileu, supõe que todas as coisas se prestam ao cálculo elaborado pelo sujeito em vista de suas necessidades. A partir daí, a natureza é tecnicamente representada como fornecedora da matéria-prima da tecnologia, o que supõe o controle da natureza para fins de extração e transformação dessa matéria. A isso se costuma chamar de *fundo de reserva* manipulado de modo calculado. É dessa forma que um rio já não é mais um processo natural, mas a matéria-prima para o processo técnico de extração e distribuição de energia. De modo análogo, uma floresta é vista a partir do cálculo do que ela pode fornecer de madeira para a fabricação de objetos.

O homem deveria ser o sujeito desse processo, mas na verdade é requerido por ele, tornando-se também objeto da técnica e de sua expansão indefinida. Nesse sentido, as ciências humanas e mesmo as artes encontram-se concernidas pelo vasto campo da técnica. E o homem não aparece apenas como aquele que calcula, mas também como objeto de cálculo e manipulável segundo as exigências da técnica. Isso é perceptível nas expressões "capital humano" e "material humano", que aparecem com frequência no vocabulário atual – e não por acaso. O ser humano faz parte do campo de disponibilidade que constitui o fundo de reserva da técnica. Ele não domina a técnica, mas é dominado por ela. A técnica detém o controle do homem.

De forma geral, a técnica define-se como um *dispositivo* porque ela mesma nos leva a definir o mundo como um dispositivo: tudo que existe é suscetível de ser calculado em vista do que se possa tornar em termos de artefato técnico. É necessário notar que a noção de dispositivo não se aplica somente à fabricação de objetos, mas também ao controle da vida, tanto biológica quanto social e política. A sociedade é tecnicamente administrada por via de dispositivos que colocam em funcionamento mecanismos de poder que afetam não apenas o comportamento, mas também o pensamento e o desejo. A política tornou-se um conjunto de técnicas de administração da vida. E os sujeitos também incorporaram a técnica em suas vidas, não apenas do ponto de vista dos objetos e dos *gadgets* de que dispomos para viver, mas, sobretudo, nos termos da existência como um empreendimento a ser administrado em função dos resultados.

Isso nos leva a dizer que, assim como o modo de vida já foi filosófico e religioso, a Modernidade gerou em seu desenvolvimento um outro modo de vida, que se revela na contemporaneidade como *técnico*. E não é surpreendente que assim seja, dada a hegemonia da tecnologia em todos os aspectos da vida. Isso confere à tecnologia um alcance muito maior do que o de um "instrumento em vista de um fim". A presença da técnica é um fenômeno histórico decisivo e ao qual se pode inclusive atribuir uma importância metafísica, em termos de redefinição do mundo e do ser humano. Ela passou a ser um modo de existir a partir do qual todos os aspectos da vida são postos em perspectiva, como um critério universal.

Esse fenômeno se deve ao fato de que o domínio técnico sobre as coisas e o homem parece não ter limites. Na Antiguidade e na Idade Média, a técnica ainda tinha de se conformar a certas exigências e ritmos naturais. A atividade agrícola, por exemplo, devia seguir o ritmo das estações. A técnica moderna tornou essa atividade independente dos ciclos naturais. A produção passou a depender da técnica, que consegue se sobrepor à natureza.

As descobertas da engenharia genética anunciam que o mesmo se dará em relação ao ser humano, sob os pontos de vista físico e psicológico. O domínio técnico da existência já é uma possibilidade em vias de realização.

A questão ecológica também está vinculada à técnica e ao modo de vida. A esse respeito, são importantes as observações de Hans Jonas em *O Princípio Responsabilidade*[2] e a reformulação do imperativo ético: "age de forma que a tua ação não impeça a vida das gerações futuras".

Colocam-se novas questões fundamentais: o modo técnico de vida é ainda uma forma de humanismo? Em que sentido a felicidade poderia ser vista como o horizonte do modo técnico de vida?

---

2. Hans Jonas, *O Princípio Responsabilidade – Ensaio de uma ética para a civilização tecnológica*. Trad. Marijane Lisboa, Luiz Barros Montez. Rio de Janeiro: Contraponto, PUC-RJ, 2006.

Não lugar, cidade genérica, planeta favela, cidade post-it
Guilherme Wisnik

Serão as nossas cidades a realização material da ideia de progresso tão acalentada ao longo da modernidade? Serão suas estruturações físicas a expressão dos inúmeros avanços técnicos ocorridos nos últimos duzentos anos? São essas as perguntas iniciais que orientam esta minha reflexão. Mas as cidades hoje não são mais entidades fisicamente delimitadas ou formalmente reconhecíveis. Daí o surgimento, quase que consecutivo, de novas perguntas: como cartografar um mundo sem fronteiras, medidas ou limites? Como figurar mentalmente as grandes aglomerações urbanas contemporâneas, conurbações gigantescas chamadas megacidades, que parecem se espraiar como líquido por todos os lados? Será que vivemos, do ponto de vista fenomenológico, um momento de ruptura na relação perceptiva entre o nosso corpo e o ambiente construído que nos rodeia[1]?

Parece-me que a dificuldade para se responder tais questões não provém apenas do tamanho gigantesco e do aspecto informe de muitas das cidades atuais, mas também do fato de elas serem atravessadas por dinâmicas caóticas, em permanente processo de reconfiguração. Esse é o tema do ensaio "Informe", de Nelson Brissac Peixoto[2]. Diferentemente do que se pensava na primeira metade do século XX, observa o autor, as cidades

---

1. Segundo Fredric Jameson, o hiperespaço pós-moderno conseguiu "ultrapassar a capacidade do corpo humano de se localizar, de organizar perceptivamente o espaço circundante e mapear cognitivamente sua posição em um mundo exterior mapeável". Fredric Jameson, *Pós-modernismo: a lógica cultural do capitalismo tardio*, São Paulo: Ática, 1997, p. 70.
2. Nelson Brissac Peixoto, "Informe: urbanismo e arte nas megacidades", em *Paisagens urbanas*, São Paulo: Senac, 2003.

não se tornaram imagens ordenadas do progresso, mas sim organismos turbulentos e entrópicos. Com o agravante de que, nas últimas décadas, sob o impulso da globalização econômica, passaram a se configurar como arquipélagos de enclaves modernizados – aquilo que Sharon Zukin denominou de "paisagens de poder"[3] – rodeadas por massas informes de ocupações transitórias e clandestinas. Assim, frequentemente as cidades têm seus recursos públicos drenados para dotar de infraestrutura essas cidadelas-enclaves, entregando o resto do tecido urbano à total precariedade. Construídas pelo e para o automóvel, as megacidades de hoje desertificaram as calçadas e os seus espaços públicos tradicionais.

Depois da Segunda Guerra Mundial, em boa parte das grandes cidades no mundo, desfez-se a clássica contraposição dual entre um centro urbano organizado e uma periferia entrópica. Ou seja, em muitos casos o que se vê é justamente uma situação em que os centros históricos se degradam à medida que os subúrbios se tornam afluentes, abrigando as classes médias e as elites que lá se refugiam em busca de maior tranquilidade e segurança. No fundo, há pelo menos sessenta anos, o que ocorre como dinâmica global em muitas das grandes cidades do mundo é a dissolução da relação hierárquica entre centro e periferia, assim como entre a cidade e o campo. A propósito, como bem notou o arquiteto holandês Rem Koolhaas, a "cidade genérica" é "a cidade libertada da clausura do centro, do espartilho da identidade"[4]. Imensamente expandida, a cidade genérica tornou-se, ela toda, um grande subúrbio, um aglomerado sem caráter inteiramente construído pelas leis da entropia, tal como se pode ver exemplarmente na voraz urbanização chinesa.

Assim, se durante séculos de história humana, como bem definiu Adam Smith ainda no século XVIII[5], o motor da relação social esteve alicerçado na clara divisão de trabalho entre a cidade e o campo, hoje essa realidade mudou inteiramente. Trata-se, no fundo, de uma enorme transformação, no mundo atual, tanto daquilo que entendíamos por cidade[6], por um lado, quanto daquilo que considerávamos ser o campo, ou o

---

3. Ver Sharon Zukin, *Landscapes of Power: from Detroit to Disney World*, Berkeley: University of California Press, 1991.
4. Rem Koolhaas, "A cidade genérica", em *Três textos sobre a cidade*, Barcelona: Gustavo Gili, 2010, p. 35.
5. Ver Adam Smith, *A riqueza das nações*, 1776.
6. Tal como faz Giulio Carlo Argan, por exemplo, em "L'Europa delle capitali, 1964" (em: *La riscoperta del Seicento. I libri fondativi*, a cura di A. Bacchi e L. Barroero, Gênova: Sagep Editore, 2017). Para Argan, a

mundo rural, por outro. Uma leitura instigante dessa nova situação é oferecida pelo geógrafo português Álvaro Domingues, que, ao analisar o desaparecimento do campo em Portugal – o último bastião rural da Europa –, formula o conceito de "paisagem transgênica", que pode ser entendido como o espelho complementar da "cidade genérica" de Koolhaas.

Assim, a morte do campo, este entendido como entidade avessa e impermeável à cidade, dá-se pela sua definitiva incorporação ao domínio do urbano, atravessado pelos serviços e pelo consumo, transformando-se em uma paisagem técnica. Fato que ocorre a partir da generalização da estrada, da tecnificação da agricultura, com a emergência do agronegócio e das *commodities*, e da banalização da paisagem colonizada pelo consumo e pela propaganda. Assim, segundo Domingues, tanto a cidade quanto o campo foram incorporados à ordem mais ampla e difusa do urbano, dissolvendo desse modo as antigas polaridades duais. Em suas palavras,

> A passagem da cidade para o urbano arrastou uma metamorfose profunda: de centrípeta, passou a centrífuga; de limitada e contida, passou a coisa desconfinada; de coesa e contínua, passou a difusa e fragmentada; de espaço legível e estruturado, passou a campo de forças organizado por novas mobilidades e espacialidades; de contrária ou híbrida do "rural", passou a transgênico que assimila e reprocessa elementos que antes pertenciam a um e outro, rurais ou urbanos; de organização estruturada pela relação a um centro, passou a sistema de vários centros; de ponto num mapa, passou a mancha etc.[7]

★ ★ ★

Fazendo um recuo histórico, verificamos que nos anos 1980 o mundo viveu a retomada de um otimismo urbano, em que a grande moda entre arquitetos, urbanistas e pensadores das ciências humanas foi o resgate do espaço público. Sob o impulso de um urbanismo participativo e em pequena escala, de uma arte feita nas ruas e da afirmação de comunidades multiétnicas e multiculturais, renasceu um culturalismo cidadão baseado na fruição urbana e na reconquista do espaço público, tanto pela

cidade é a unidade fundamental da civilização e da história, um agrupamento concreto de pessoas que moram no mesmo espaço, compartilham os mesmos símbolos e veem a mesma paisagem.
7. Álvaro Domingues, *A rua da estrada*, Porto: Dafne Editora, 2009, p. 13.

sociedade civil quanto pelo mercado, em detrimento do Estado, que àquela altura encarnava todo o espírito tecnocrático do planejamento urbano moderno. O retrato (e base conceitual) desse momento é o livro *Tudo que é sólido desmancha no ar* (1982)[8], de Marshall Berman, diretamente inspirado na *flânerie* baudelairiana – e, por metonímia, no *boulevard* da Paris novecentista, criado pelo barão Haussmann.

Acontece que as grandes transformações econômicas dos anos 1990 – a derrocada do Estado de bem-estar social, a globalização econômica e cultural, a difusão da internet, o predomínio da especulação financeira e, sobretudo, o crescente *apartheid* social – em pouco tempo soterraram as boas intenções daquele momento histórico. Diante da nova escala de operações urbanas que surgiram para dar suporte à competição mundial entre as "cidades globais", ou a uma Europa unificada e pronta a se renovar sob o espírito do *city marketing* e da espetacularização arquitetônica, outro contexto ideológico se impôs, deixando claro que a nova centralidade da cultura na economia urbana acompanhava um processo de esgarçamento social crescente, onde a fantasia do espaço público neutro já não era mais que uma bravata ou um fetiche.

Nesse momento, passou a ocorrer uma expressiva mudança de paradigma. A partir de então, a emergência da cultura digital, com a internet, somada ao processo de globalização das economias, permitindo um aumento exponencial da acessibilidade a informações e produtos, alimentou a ideia – ora apresentada de modo eufórico, ora catastrofista – de que o antigo espaço público havia migrado das praças e dos mercados para as telas de televisão e os monitores de computador, desespacializando-se. E não se tratava apenas de redefinir a natureza do espaço público, uma vez que este era tomado, via de regra, como uma metonímia da própria cidade como um todo. Cidade que, na condição de agrupamento físico e simbólico, parecia a muitos autores uma entidade decrépita e conceitualmente superada diante da nova ordem global, mais virtualizada que material.

Em um ciclo de seminários na universidade de Rice (Houston) em 1991, ainda antes da proliferação da internet, Rem Koolhaas dirigiu palavras incômodas à classe dos arquitetos, que, em geral, havia se empenhado

---

8. Marshall Berman, *Tudo que é sólido desmancha no ar: a aventura da modernidade*, São Paulo: Companhia das Letras, 1986.

de corpo e alma nesse movimento de "volta à cidade" a partir do resgate bem-intencionado do lugar público como espaço democrático. Disse ele provocativamente:

> Acho que ainda estamos presos à ideia da rua e da praça como o domínio público, mas o domínio público está mudando radicalmente. Eu não quero responder com clichês, mas, com a televisão, a mídia e uma série de outras invenções, pode-se dizer que o domínio público desapareceu; por outro lado, pode-se dizer também que se encontra atualmente tão difuso que não precisa mais de uma articulação física. Acho que a verdade está no meio-termo. Mas, nós arquitetos ainda olhamos isso como um modelo nostálgico e, de uma certa maneira incrivelmente moralista, recusamos os sinais de que o domínio público está sendo reinventado em termos mais populistas ou mais comerciais[9].

Suas estocadas virulentas aos urbanistas aprofundam-se no texto "O que aconteceu com o urbanismo?", escrito em 1994, no qual ele faz uma autópsia da profissão: "Como explicar o paradoxo que é o desaparecimento do urbanismo, como profissão, no momento em que a urbanização, após décadas de constante aceleração, está a caminho de estabelecer um triunfo global, definitivo, da condição urbana?", pergunta. E, buscando respostas para a questão, afirma que a culpa por essa situação não é só do mercado, ou do neoliberalismo, como costumamos afirmar. Ela é também dos próprios arquitetos e urbanistas, que, durante a voga pós--moderna, pretenderam redescobrir a cidade clássica em um momento impróprio, retirando-se assim da discussão sobre os problemas reais da cidade no capitalismo avançado. Desse modo, enquanto os arquitetos desenhavam vielas e belas pracinhas para o passeio de pedestres, observa, as cidades explodiam em favelas e subúrbios cada vez mais distantes, induzidos pela mobilidade do automóvel individual. Esse foi o "ponto de não retorno", afirma Koolhaas, o "momento fatal de desconexão", que transformou os urbanistas em "especialistas em dores fantasmas: doutores discutindo as complicações médicas de um membro amputado"[10].

---

9. Rem Koolhaas, *Conversa com estudantes*, Barcelona: Gustavo Gili, 2002, p. 43.
10. Rem Koolhaas, "What Ever Happened to Urbanism?", em *S, M, L, XL*, Nova York: The Monacelli Press, 1995, p. 963.

Como explica o teórico italiano Bernardo Secchi, a experiência moderna na cidade foi marcada pela preocupação em se distanciar e separar seus elementos constitutivos, o que se traduziu na noção de zoneamento e na obsessão higienista pela eficiência e pela funcionalidade. Separando os espaços de moradia e trabalho, o urbanismo moderno substituiu a afetividade difusa da cidade antiga pela intimidade da família, ao mesmo tempo elevando a fábrica a local da sociabilidade cotidiana, em substituição à rua e ao mercado. Ocorre que já há algum tempo a experiência urbana se desenvolve em um espaço absolutamente distinto e mais dilatado, cuja tônica é dada pela dispersão espacial e pela mescla de pessoas e serviços. Instável por definição, a cidade contemporânea vive da obsolescência e desativação de edifícios – fábricas, penitenciárias, quartéis – e conjuntos urbanos – centros históricos, portos, leitos e pátios ferroviários –, desterritorializando atividades e criando novas centralidades que desfazem as antigas hierarquias espaciais[11].

Pela própria escala desses conglomerados, muitos dos lugares de sociabilidades das novas massas urbanas – *shoppings centers*, estádios e ginásios esportivos, aeroportos, discotecas, parques de diversão – são equipamentos ruidosos que, graças à mobilidade proporcionada pelo automóvel, acabam se dispersando no território expandido das cidades. Assim, se durante todo o período industrial o transporte foi uma força agregadora, na cidade pós-industrial ele atua como pulverizador de hierarquias e valores posicionais.

É certo que hoje as grandes concentrações de serviços em espaço urbano não ocorrem mais nas praças, nos mercados ou nas galerias comerciais, mas nos nós de circulação de massa, como os terminais intermodais de transporte, ou nos trechos de cidade em que se circula a pé para trocar de condução, que são tomados por precárias bancas de ambulantes. Ou ainda, em última análise, nos novos complexos aeroportuários, que se configuram como gigantescas cidades de serviços transnacionais pousadas indiferentemente em diversos lugares do mundo. Com a aceleração das comunicações e dos transportes, uma enorme quantidade de pessoas está permanentemente em trânsito, seja trabalhando, seja fazendo turismo ou negócios. O que faz que novos destinos de deslocamento em

---

11. Ver Bernardo Secchi, *Primeira lição de urbanismo*, São Paulo: Perspectiva, 2006.

grande escala possam ser inventados quase que do dia para a noite, como no caso emblemático de Dubai.

Um projeto que descreve perfeitamente essa situação de um mundo que tende à generalização a partir da mobilidade é o de Euralille (1994), coordenado justamente por Koolhaas. Com a unificação europeia e a nova rede de circulação que se estabeleceu nesse território continental ressignificado, a pequena cidade de Lille, no norte da França, de repente apareceu como um ponto estratégico no mapa, por situar-se a meio caminho entre Paris, Londres e Bruxelas/Amsterdã. Portanto, nada pareceu mais lógico à administração continental que transformá-la em um novo polo europeu – note-se que Euralille já não é mais francesa, e sim europeia –, conectado a redes rápidas de transporte (trem, TGV, ônibus, avião) e servido de hotéis, centros de convenção e congressos, diversão, *shoppings centers* e edifícios empresariais: um autêntico "não lugar".

Tido como uma figura lúcida e desencantada, Koolhaas adota um ponto de vista antinostálgico, procurando encontrar uma estratégia teórica que aceite positivamente a mutação em curso em vez de se reportar aos antigos paradigmas humanistas, em sua opinião já anacrônicos. Sua posição, nesse sentido, é contrária à do sociólogo norte-americano Richard Sennett, que já no final dos anos 1970 criticava o percurso histórico de crescente desmontagem da esfera pública no mundo ocidental, evidenciada pelo abandono – espontâneo ou programado – dos espaços coletivos, que foram se tornando, dessa maneira, simbolicamente fracos e residuais. Segundo sua perspectiva, esse esgarçamento dos valores (e espaços) públicos em detrimento de uma hipertrofia da dimensão privada, que ele chama de "tiranias da intimidade", põe a perder séculos de herança cultural, ganhando os contornos dramáticos de uma grave decadência da civilização ocidental[12]. Sua avaliação segue o modelo traçado previamente por Hannah Arendt, que, baseando-se na Atenas clássica, associou o espaço público ao mundo da liberdade (política, *polis*), em contraposição ao mundo doméstico, entendido como o domínio da necessidade (economia, *oikos*)[13]. Segundo essa interpretação, a nossa sociedade promove

---

12. Richard Sennett, *O declínio do homem público: as tiranias da intimidade*, São Paulo: Companhia das Letras, 1989.
13. Ver Adrián Gorelik, "El romance del espacio público", *Block n. 07*, Buenos Aires: Universidad Torcuato di Tella, 2006.

uma crescente colonização da esfera pública pela privada – originalmente o lugar da privação –, fazendo do consumo (labor) um bem supremo.

Através dos textos do filósofo e urbanista francês Paul Virilio, nos anos 1980 e 1990, o tema da virtualização do urbano ganha um real estatuto acadêmico. Sobretudo no artigo "A cidade superexposta", ele toma o impacto das novas mídias eletrônicas como motor de uma transformação profunda e inevitável na sociabilidade urbana. Pois, no mundo interconectado através de um espaço virtual que se mostra mais como duração temporal do que como espaço propriamente dito, afirma o autor, a superfície deixa de ser um limite e passa a se configurar como interface, inaugurando uma forma de relação em que se apaga o face a face humano, o antigo contato urbano, em detrimento de um aumento da relação homem-máquina. Assim, observa Virilio, em tom ao mesmo tempo desencantado e profético: "Graças ao material imperceptível do tubo catódico, as dimensões do espaço tornam-se inseparáveis de sua velocidade de transmissão. Unidade de lugar sem unidade de tempo, *a Cidade desaparece então na heterogeneidade do regime de temporalidade das tecnologias avançadas*. A forma urbana não é mais expressa por uma demarcação qualquer, uma linha divisória entre aqui e além, tornou-se a programação de um 'horário'"[14].

No entanto, essa visão da cidade como algo ultrapassado, antiquado e fadado ao desaparecimento não se resume à discussão acadêmica recente. Também no plano de uma vivência cotidiana mais imediata, em particular nos anos 1990, a rápida expansão dos sistemas de entrega do tipo *delivery* e dos serviços de *telemarketing*, bem como a flexibilização crescente dos regimes de trabalho, que foram passando da formalidade à informalidade, davam de fato a impressão de que aquela diminuição da necessidade de compromisso presencial nos lugares esvaziaria rapidamente o sentido historicamente herdado do espaço urbano como ambiente de encontro, conflito, choque de diferenças e produção de contrastes e riquezas culturais. Diante do inevitável ocaso do *flâneur* baudelairiano, parecia que o urbano se converteria, assim, em um lugar de passagem, e que toda a sociabilidade se desenvolveria doravante de modo controlado, segregado e intramuros. Afinal, não tinha sido essa a aposta do urbanismo moderno, quando este propôs retirar todas as atividades das ruas – que

---

14. Paulo Virilio, *O espaço crítico – e as perspectivas do tempo real*, São Paulo: Editora 34, 1993, p. 11. Grifo meu.

Le Corbusier chamava jocosamente de "caminhos de burros" – e as deslocar para dentro de edifícios, transformando todo o chão da cidade em um espaço verde e bucólico destinado ao lazer? Sintomaticamente, no final do século xx, a aposta geral parecia estar na criação de uma nova cultura sedentária, pós-urbana e transnacional, paradoxalmente situada em megalópoles cada vez maiores – porém destituídas de qualquer sentido coletivo de agregação – e baseada em um aumento vertiginoso dos fluxos reais e virtuais.

Ao mesmo tempo, o crescente protagonismo da imagem publicitária em substituição à vivência real das coisas, representando um processo de aumento da reificação fetichista da vida – que observamos como sintoma tanto no impulso neurótico das pessoas, em geral turistas, de fotografar e armazenar tudo o que lhes aparece na frente, quanto no voyeurismo que alimenta o sucesso dos *reality shows* televisivos –, aponta para o que se chamou de conversão da realidade em simulacro, fato que parece confirmar aquilo que Walter Benjamin havia caracterizado, já nos anos 1930, como o desaparecimento da "experiência" do mundo em sentido forte, a partir da modernidade[15].

Um livro que marcou época, lançado em 1992, trata exatamente de caracterizar a natureza dos espaços cada vez mais presentes e invisíveis nas cidades contemporâneas. São eles os ditos "não lugares", isto é, os espaços destituídos de qualquer sentido de história ou pertencimento, como as margens das vias expressas urbanas, os terrenos invadidos, os acampamentos de refugiados, os complexos de hotéis, resorts e colônias de férias, os grandes terminais de transporte e consumo etc. Segundo a caracterização do autor, o antropólogo francês Marc Augé, os "não lugares" compõem a essência da urbanidade no final do século xx, período chamado por ele de supermodernidade. De acordo com Augé, o usuário do não lugar estabelece com ele uma relação eminentemente contratual, cifrada no bilhete de embarque, no tíquete de pedágio, ou no carrinho que empurra nos supermercados... Só se conquista o direito ao anonimato após apresentar a prova de identidade, comprovando assim sua "inocência", afirma. "O passageiro dos não lugares só reencontra sua identidade

---

15. Ver Walter Benjamin, "O narrador. Considerações sobre a obra de Nikolai Leskov" (1936), em: *Obras escolhidas vol. 1*, São Paulo: Brasiliense, 1985, pp. 197-221.

no controle da alfândega, no pedágio ou na caixa registradora. Esperando, obedece aos mesmos códigos que os outros, registra as mesmas mensagens, responde às mesmas solicitações. O espaço do não lugar não cria nem identidade singular nem relação, mas sim solidão e similitude"[16].

Essa conceituação certamente está muito próxima da investigação teórica de Rem Koolhaas sobre a cidade contemporânea, particularmente nos textos "A cidade genérica" (1994), já referido, e "Espaço-lixo" (2001) – esse último, uma espécie de atualização do conceito de não lugar. Pois o "espaço-lixo" nada mais é, segundo Koolhaas, do que o correspondente urbano aos objetos de consumo industrializados e descartáveis. É, portanto, aquilo que a princípio se considera uma aberração, mas que, afinal de contas, termina sendo a essência das nossas cidades. O produto construído da modernização "não é a arquitetura moderna, mas antes o espaço-lixo", anota. "O espaço-lixo é o que resta depois da modernização seguir o seu curso, ou, mais concretamente, o que se coagula enquanto a modernização está em marcha, o seu resíduo"[17].

Portanto, o "não lugar" e o "espaço-lixo" podem ser vistos como o ponto terminal de um processo que começou na segunda metade do século XIX, com a descoberta do urbano na Paris dos impressionistas e de Baudelaire: o grande caldeirão onde se fermentava a modernidade, num ambiente de excitação, libertação, alteridade e contradição. Hoje, ao que tudo indica, estamos no polo oposto àquele, sendo a ascensão do espaço-lixo e dos não lugares um sinal indelével da morte do urbano. Algo que percebemos ao ver as paisagens de monumentos históricos da humanidade dominadas pela presença predatória do turismo na série fotográfica *Small world* (1995), de Martin Parr. São fotos em que a violência existencial da cena é contradita, com grande tensão artística, pelo sentido de anestesiamento e normalidade que a banalidade da mesma cena sugere.

Não por acaso, já há algum tempo os não lugares se tornaram centrais nos trabalhos de muitos fotógrafos contemporâneos, como na perturbadora série *Lost in transition* (2007), de Peter Bialobrzeski. Registrando cenas de cidades em continentes diversos, Bialobrzeski flagra situações em que novos edifícios globais – altos, com vidros espelhados e uniformemente

---

16. Marc Augé, *Não-lugares: introdução a uma antropologia da supermodernidade*, Campinas: Papirus, 1994, p. 95.
17. Rem Koolhaas, "Espaço-lixo", *op. cit.*, 2010, p. 69.

iluminados – surgem em territórios ainda aparentemente pré-urbanos, ou semirrurais, normalmente precários e com baixos índices de urbanidade. E o resultado que vemos nas fotos, normalmente, é a produção de uma desertificação em dose dupla. Pois, à urbanidade rarefeita inicial, é sobreposto um padrão de ocupação ainda mais rarefeito e esterilizador. Grandes equipamentos-enclave pousam nessas áreas sem estabelecer com elas qualquer conexão real, mas apenas disjunção aversiva. Daí a aversão congênita a qualquer sentido de identidade nos chamados não lugares. Ao contrário do "lugar", entendido como uma entidade física e cultural enraizada historicamente e constantemente ressignificada pela apropriação das pessoas através do estar, isto é, do uso permanente, o não lugar é um ambiente residual voltado à efemeridade, à circulação e ao consumo. Ele não produz relações de pertencimento. Ao contrário, as vai erodindo.

★ ★ ★

A questão da dispersão urbana contemporânea, com a correlata criação de paisagens homogêneas e banais, como que clonadas e replicadas de um lugar para o outro de modo indiferenciado e arbitrário, tem sido um tema cada vez mais forte de pesquisa nas áreas de urbanismo e sociologia urbana. E, por trás dessa questão, está a noção de "cidade global"[18], que desponta num contexto de ascensão mundial das cidades perante a mundialização da economia, o agigantamento das empresas e o declínio dos Estados nacionais. Ou seja, na situação atual, as cidades vão se tornando mônadas dos pontos de vista econômico, cultural, ideológico e, às vezes, até político. Isto é: tornam-se unidades quase autônomas e desligadas de seu contexto nacional de origem, o que evidentemente as coloca no centro do problema contemporâneo, filtrando toda a história pretérita a partir de uma nova ótica.

As cidades globais surgem exatamente como centros de negócios, serviços e turismo, no contexto de uma economia pós-industrial, mundializada e dominada pelo capital financeiro. Assim, elas se afirmam como "bases hospedeiras" locais para o capital transnacional, isto é, para as grandes empresas que desejam habitar um território contínuo e uniforme (sem

---

18. Ver Saskia Sassen, *The Global City: New York, London, Tokyo*, New Jersey: Princeton University Press, 1991.

riscos) ao redor do mundo, que possa lhes fornecer o máximo de liquidez e mobilidade no espaço[19]. Daí que essas cidades tendam a minimizar as suas antigas particularidades de formação histórica, suas identidades (de extração nacional), tendendo também a uma progressiva generalização morfológica. No limite, uma cidade como Tóquio, por exemplo, terá (ou já tem) muito mais afinidade com Nova York ou Londres do que com qualquer outra cidade japonesa. Mas afinidade, nesse caso, não quer dizer cooperação. As cidades globais, ou "urbanais"[20], homogeneízam-se para melhor equalizar suas pequenas diferenças e assim competir de modo mais eficiente pela atração de capitais na economia global.

Em *Cidade de quartzo*[21], o historiador e ativista norte-americano Mike Davis toma a cidade de Los Angeles como um privilegiado *locus* da explosiva situação urbana contemporânea. Dada a sua história turbulenta e singular, a grande cidade californiana funciona como uma espécie de câmera de decantação antecipada dos conflitos mundiais dentro dos Estados Unidos. Marcada por violentos conflitos raciais e sociais (como os de 1965 e 1992), a cidade foi se tornando palco de uma não nomeada "guerra fria urbana", opondo brutalmente as "células fortificadas" da sociedade afluente e os "lugares de terror" onde a polícia guerreia contra o pobre criminalizado: os guetos. Assim, como mostra Davis, a crescente paranoia da segurança urbana alimentou, ali, uma destruição programada dos espaços públicos, fazendo coincidir a ascensão dos serviços de segurança privada com a privatização de ruas, praças e praias. Isso fez com que a cidade fosse se caracterizando progressivamente como um conjunto esparso de fortalezas separadas por uma massa urbana desimportante que se estende infinitamente pelo território, consumindo-o. Paradoxalmente, a cidade que se afirmou como o sonho da mobilidade individual (a realização espacial da iniciativa privada) vive hoje o pesadelo do encarceramento coletivo.

Em um livro mais recente, intitulado *Planeta favela*[22], Davis expande seu modelo analítico para a urbanização mundial contemporânea, mantendo, no entanto, o mesmo núcleo interpretativo. Sob esse prisma, o

---

19. Ver Mariana Fix, *São Paulo cidade global: fundamentos financeiros de uma miragem*, São Paulo: Boitempo, 2007.
20. Ver Francesc Muñoz, *Urbanalización: paisajes comunes. Lugares globales*, Barcelona: Gustavo Gili, 2008.
21. *Cidade de quartzo: escavando o futuro em Los Angeles*, São Paulo: Scritta, 1993.
22. Mike Davis, *Planeta favela*, São Paulo: Boitempo, 2006.

planeta inteiro torna-se o palco – ainda mais pauperizado e violento – do processo de dualização que ele havia percebido e analisado antes em Los Angeles: os enclaves fortificados e conectados a uma rede transnacional, por um lado, e os guetos favelizados e abandonados pelo andamento global da economia, por outro. Apoiado em pesquisas das Nações Unidas, o autor descreve um cenário alarmante para o futuro próximo, no qual a favelização deverá crescer em ritmo galopante, combinando-se à precarização do trabalho e à proliferação dos fundamentalismos religiosos. É que a lógica excludente do atual estágio do capitalismo ("tardio", ou "avançado") constrói – por sobre o cadáver já exumado do urbanismo moderno – cidades profundamente dualizadas, isto é, marcadas pela divisão cada vez maior entre os setores ricos (os condomínios de luxo e as áreas de negócios), conectados a redes globais de serviços, e a massa informe de pobreza que permeia esses enclaves cada vez mais fechados e fortificados.

Davis lembra-nos de que, com a entrada em cena do FMI nos anos 1980, houve uma urbanização acelerada no mundo, num momento em que a indústria parava de crescer. Foi realmente naquela época que as grandes megalópoles do Terceiro Mundo explodiram demograficamente, sem o acompanhamento de uma industrialização equivalente. Isso ocorreu porque as pessoas migravam para as cidades não mais movidas pelas ofertas reais de empregos, mas porque eram expulsas do campo por fome, secas, e pelo impacto do agronegócio. Foi um fenômeno massacrante não só no Brasil, mas também na África e na Ásia, gerando enormes cidades desprovidas de infraestrutura, como é o caso emblemático de Lagos, na Nigéria. A análise de Mike Davis é ao mesmo tempo muito realista e catastrófica, mostrando que as favelas são endêmicas, e revelam uma nova dinâmica de desintegração estrutural do capitalismo tardio, que cancelou de roldão todos os projetos anteriores de desenvolvimento e "formação" nacional. Nesse novo quadro, não parece haver mais comunidades autônomas e organizadas lutando por seus direitos. O que há, em contrapardida, é um fanatismo religioso crescente, substituindo qualquer embrião de consciência de classe ou visão materialista do processo histórico.

Chegando aqui, voltamos à pergunta inicial: o que aconteceu com a ideia de progresso? Por quais descaminhos históricos ele se desviou e subverteu? Certamente, no frigir dos ovos, se a progressiva substituição dos lugares (antropologicamente praticados) pelos não lugares, estéreis e desertificados, representa um declínio evidente da urbanidade no raiar do século XXI, a proliferação avassaladora de um "planeta favela" à margem desses chamados não lugares representa uma realidade ainda mais preocupante. Pois, desse ponto de vista, o não lugar, ou a cidade genérica, representa mal ou bem o espaço do capital, as paisagens de poder no mundo urbano contemporâneo, enquanto o planeta favela encarna, por sua vez, a exclusão total. Guiados por uma prosa letárgica e alucinatória, que mimetiza a própria forma da cidade genérica e do espaço-lixo, os textos de Koolhaas ocultam a existência desse planeta favela, fazendo-nos pensar que o mundo inteiro está colonizado pela banalização generalizante e consumista.

Assim, na busca de outra conclusão para esse problema, proponho que olhemos de outra forma para essa realidade da exclusão e da informalidade. Pois, como lembra Nelson Brissac, a lógica destrutiva da globalização oferece também possibilidades insuspeitadas de integração às cidades que ficaram à margem dos grandes investimentos, como no caso paradigmático de Lagos, na Nigéria, em que os baixos de um grande viaduto colapsado foram ocupados por uma enorme feira informal (e pirata) de produtos eletrônicos, que passou a dominar o mercado da África Ocidental e do Oriente Médio, sendo responsável por parte expressiva do movimento econômico da cidade e do próprio país[23]. Isto é, certas deficiências congênitas de formação urbana são capazes, às vezes, de gerar sistemas alternativos engenhosos, já que, nas palavras de Brissac, "a globalização provê uma vasta gama de novas oportunidades para operar fora dos sistemas regulatórios"[24].

Como fica claro, em tal contexto explosivo e de intensa mudança de paradigmas, a vitalidade das cidades contemporâneas não se expressa exatamente em sua forma física, e sim no transitório campo de forças que as atravessam, e que aparece sobretudo em suas áreas intersticiais, marginais, secretadas pelo processo de modernização e planejamento. Exemplo disso é a apropriação de obras de infraestrutura viária por populações de sem-teto ou camelôs, por exemplo, que parecem indicar novas compreensões do que seja o espaço público. "Vastos espaços residuais

---

23. Vf. Rem Koolhaas *et al.*, "Lagos", em *Mutations*, Bordeaux: Actar/Arc en rêve, 2000, pp. 650-719.
24. Nelson Brissac Peixoto, *op. cit.*, p. 433.

que", segundo Brissac, vêm a "ser ativados por inovação programática"[25]. Trata-se, assim, de aprender com essa importante dimensão informal das cidades – espaços amorfos ocupados mais por acontecimentos do que por formas.

Evitando os riscos da estetização da pobreza, a visão defendida por Nelson Brissac, com evidentes traços deleuzianos, enxerga na figura do nômade urbano – o sem-teto, o ambulante, o migrante, o refugiado – o personagem capaz de introduzir rugosidades no "espaço liso" da cidade capitalista, habitando suas dobras e fissuras. Movendo-se permanentemente, ele cria dispositivos informais dinâmicos e flexíveis, que vão redesenhando a cidade em novos espaços heterogêneos.

A vitalidade e a importância desses dispositivos efêmeros nas cidades contemporâneas é também assunto de uma das mais interessantes exposições sobre o universo urbano feitas nas últimas décadas. Refiro-me a *Post-it city: cidades ocasionais*, uma pesquisa em andamento iniciada em 2005 em Barcelona. Trata-se de um conjunto impressionante de exemplos acerca do papel das estruturas efêmeras e informais nas cidades no mundo, tais como mercados instalados em estádios abandonados, cemitérios habitados, acampamentos de refugiados e assentamentos temporários de peregrinos em locais de culto, carros abandonados usados como moradia por sem-tetos, copas de árvores usadas como cabides de roupas ou academias de boxe instaladas sob viadutos.

Post-it city cataloga ocupações temporárias do espaço público, identificadas como estratégias de resposta tanto ao espaço disciplinado da cidade planejada quanto aos apelos consumistas e publicitários que dominaram os espaços públicos tradicionais, quase sempre excludentes. Ações ora de sobrevivência, ora de explícita divergência, com forte potencial de denúncia política. Em resumo, nas palavras do seu criador, a exposição é "um arquivo de práticas desobedientes". Pois, "se o espaço público tradicional invocava uma espécie de pacto entre o interesse privado e o bem comum, a esfera pública contemporânea está infectada por tal multiplicidade de exclusões que a desobediência já não pode ser considerada alheia ao juízo do justo"[26].

25. *Ibid.*, p. 420.
26. Martí Peran, *Post-it city: cidades ocasionais*, Barcelona: Centre de Cultura Contemporània de Barcelona, 2008, p. 45.

Pós-fatos, pós-imprensa, pós-política: a democracia e a corrosão da verdade[1]
Eugênio Bucci

> *Além disso, como os fatos e os acontecimentos – que são sempre engendrados pelos homens vivendo e agindo em conjunto – constituem a própria textura do domínio político, é, naturalmente, a verdade de fato que nos interessa mais aqui*[2].
>
> Hannah Arendt

1. Palestra para o Ciclo Mutações em 2017 (Rio de Janeiro, 3 out. 2017, e Belo Horizonte, 4 out. 2017). A presente conferência beneficiou-se da pesquisa realizada pelo autor para a sua prova de erudição em concurso para o cargo de professor titular no Departamento de Informação e Cultura (CBD), da Escola de Comunicações e Artes da Universidade de São Paulo (ECA-USP), em junho de 2017. Para a elaboração do texto final, foi de enorme valia a colaboração da jornalista Ana Helena Rodrigues.
2. Hannah Arendt, "Verdade e política", em *Entre o passado e o futuro*, tradução de Manuel Alberto, Lisboa: Relógio D'Água Editores, 1995, disponível em: <http://abdet.com.br/site/wp-content/uploads/2014/11/Verdade-e-pol%C3%ADtica.pdf>, acesso em: 17 nov. 2018. No original, publicado em primeira mão na revista *The New Yorker* (ver edição de 25 de fevereiro de 1967): "Moreover, since facts and events – the invariable outcome of men living and acting together – constitute the very texture of the political realm, it is, of course, factual truth that we are most concerned with here". O texto foi posteriormente publicado ao lado de outros ensaios no livro *Between Past and Future* (ver a edição americana da Penguin Books de 2006, com prefácio de Jerome Kohn) e também está disponível na internet: <https://idanlandau.files.wordpress.com/2014/12/arendt-truth-and-politics.pdf>, acesso em: 17 nov. 2018. Na tradução brasileira, de Mauro W. Barbosa, a expressão "verdade de fato" (do original "factual truth") aparece como "verdade factual", que soa mais direta aos ouvidos brasileiros. Ver em Hannah Arendt, "Verdade e política", em *Entre o passado e o futuro*, 8. ed., São Paulo: Perspectiva, 2016, p. 287. Eis a íntegra da frase na tradução brasileira: "Mais ainda, visto que fatos e eventos – o resultado invariável de homens que vivem e agem conjuntamente – constituem a verdadeira textura do domínio político, é evidentemente com a verdade factual que nos ocupamos sobretudo aqui". Mesmo assim, embora a expressão "verdade factual" seja mais corrente do que a expressão "verdade de fato" no português do Brasil, em diversas outras passagens a tradução portuguesa encontrou soluções mais claras aos objetivos do presente trabalho. Por isso, deu-se preferência a ela nas citações que serão feitas a seguir.

NOTA INTRODUTÓRIA

A proclamação

"A arte da mentira: a política da pós-verdade na era das redes sociais"[3]. Com essa chamada de capa, o semanário inglês *The Economist*, em sua edição de 10 de setembro de 2016, proclamou o ocaso da verdade factual e pautou um debate que se estendeu por meses na Europa e nas Américas. Segundo a revista, o divórcio entre o discurso político e os fatos teria se agravado violentamente. A campanha de Donald Trump para a presidência dos Estados Unidos, em grande parte abastecida por notícias fraudulentas[4], e a propaganda mais do que enganosa que levou à vitória do "Brexit" no Reino Unido foram apontadas como sintomas. As democracias mais estáveis do planeta estariam ingressando numa era em que os relatos sobre os acontecimentos perderam referência na verdade factual (ou "verdade de fato", ou, ainda, a verdade que se extrai da verificação honesta e do relato fidedigno dos fatos e dos acontecimentos).

Dois meses depois dessa capa de *The Economist*, o termo "pós-verdade" foi declarado "a palavra do ano" pelo *Dicionário Oxford*. Em inglês, *"post-truth"* é um adjetivo que "qualifica um ambiente em que os fatos objetivos têm menos peso do que apelos emocionais ou crenças pessoais em formar a opinião pública"[5]. Também segundo o *Dicionário Oxford*, hoje é muito mais fácil, para um agente político e para as pessoas em geral, manipular dados conforme sua vontade[6].

O neologismo foi usado pela primeira vez num artigo do dramaturgo sérvio Steve Tesich, publicado em 1992 no jornal americano *The Nation*[7]. Em 2004, a expressão foi título de um livro de Ralph Keyes, "The

---

3. No original: "Art of the lie: Post-truth politics in the age of social media".
4. A expressão *"fake news"*, em inglês, costuma ser traduzida como "notícia falsa" ou "notícias falsas". Na tradução sugerida pelo professor Carlos Eduardo Lins da Silva, adotada aqui, é "notícias fraudulentas". O sentido do adjetivo *"fake"*, em inglês, envolve intenção do agente de enganar o interlocutor, o público ou o destinatário. O adjetivo "falsa", em português, não implica esse dolo, essa intenção maliciosa. Desse modo, a expressão "notícias falsas" é fraca para traduzir o sentido da expressão *"fake news"*.
5. No original: *"Relating to or denoting circumstances in which objective facts are less influential in shaping public opinion than appeals to emotion and personal belief"*.
6. Verbete original no *Dicionário Oxford*: *"In this era of post-truth politics, it's easy to cherry-pick data and come to whatever conclusion you desire"*.
7. A história é contada em: <https://www.oxforddictionaries.com/press/news/2016/12/11/woty-16>, acesso em: 17 nov. 2018.

Post-Truth Era"[8]. A expressão "política da pós-verdade" parece ter sido cunhada por um blogueiro, David Roberts, no dia 1 de abril de 2010, para nomear uma cultura política em que a política propriamente dita, ou seja, a opinião pública e as narrativas mediáticas, se desconectou inteiramente das *policies* – ferramentas pelas quais são debatidas, estruturadas e implementadas as políticas públicas e, ao fim e ao cabo, a própria substância da legislação em estados democráticos de direito[9].

Roteiro desta conferência

A expressão "pós-verdade" talvez induza a equívocos ou a desconfortos intelectuais legítimos. Alguém de boa-fé poderá indagar se, por acaso, antes de 2016, a política sempre foi rigorosamente fiel aos fatos. E quanto à imprensa, encarregada de narrar os acontecimentos, será que ela só começou a mentir depois de 2016, quando teria tido início a era da "pós-verdade"?

Em função dessas indagações, a primeira parte desta conferência vai se ocupar de uma nota preliminar. É óbvio que a mentira faz parte do repertório dos jornais desde que eles foram inventados. É óbvio, também, que os políticos, mesmo os melhores, não costumam primar pela postura transparente e sincera. Sendo assim, é preciso especificar de modo menos vago qual verdade (ou inverdade) a imprensa e a política procuram mobilizar. Veremos que essa verdade nada tem de metafísica, de religiosa; não é uma verdade que se manifeste em epifania: ela é simplesmente a verdade dos fatos.

Hannah Arendt, em "Verdade e política", publicado pela primeira vez em 1967 num veículo jornalístico, a revista *The New Yorker* (edição de 25 de fevereiro de 1967), sustenta que a verdade que conta para a política – bem como para o jornalismo, os relatos históricos e, de resto, para a

---

8. Ralph Keyes, *The Post-Truth Era: Dishonesty and Deception in Contemporary Life*, New York: St. Martin's Press, 2004.
9. Trecho de David Roberts no original: *"We live in post-truth politics: a political culture in which politics (public opinion and media narratives) have become almost entirely disconnected from policy (the substance of legislation). This obviously dims any hope of reasoned legislative compromise. But in another way, it can be seen as liberating. If the political damage of maximal Republican opposition is a fixed quantity – if policy is orthogonal to politics – then there is little point to policy compromises. They do not appreciably change the politics"*. Disponível em: <http://grist.org/article/2010-03-30-post-truth-politics/>, acesso em: 17 nov. 2018.

comunicação entre os seres humanos – é a verdade factual. Trata-se de uma noção essencial, formulada com cinquenta anos de antecedência, para compreender o mal-estar causado pela era da "pós-verdade".

Mas, se tanto a imprensa quanto a política devem se contentar com uma verdade menos pretensiosa, apoiada estritamente nos acontecimentos, de onde teria vindo o mito de uma outra verdade menos modesta, uma verdade libertadora, quase absoluta, que tantas vezes é invocada por políticos e jornalistas? Para tratar disso, a segunda parte deste ensaio começará relembrando o tema da verdade que iluminava, numa breve recapitulação do lugar da ideia de verdade no ideário iluminista, uma verdade que floresceria da razão e que levaria os homens ao progresso e à felicidade.

Com a eclosão da Primeira Guerra Mundial, as bandeiras do Iluminismo caíram em relativa desmoralização. A razão filosófica e a razão científica, que deveriam conduzir a humanidade à superação das misérias, da brutalidade e da ignorância, foram desnaturadas, invertidas, abrindo caminho para a destruição e a barbárie. A "verdade" que iluminaria deu lugar à treva, à guerra e ao sofrimento.

A verdade heroica, tão cara ao iluminismo, perde sua aura. Em seu lugar, em meados do século xx, nasce o conceito matemático de informação. Entraria em cena, então, um sinal eloquente das "dissonâncias do progresso", tema norteador deste ciclo de conferências. As ciências exatas e a computação, ainda embrionária, engendraram esse novo conceito de informação – que dispensa ligações com a semântica e o sentido. O significado da informação é irrelevante para o conceito matemático de informação. A verdade e a mentira são também irrelevantes, como se o progresso já não precisasse se afinar com o humano, suas verdades e suas razões. A "informação" poderia ser demonstrada por meio de teoremas, dispensando qualquer filosofia. Sua unidade mais elementar foi proclamada como sendo o *bit*, ou o "dígito binário" (0 ou 1). A isso se seguiriam a revolução digital e a inteligência artificial que, em nossos dias, anuncia-se capaz de substituir o cérebro humano.

Chegamos assim à era das redes sociais, do *big data*, dos algoritmos frios e insensíveis. Nesse mundo, haveria elementos que autorizem alguma esperança para a verdade factual? Esse será o tema da terceira parte do presente trabalho. Discrepando das equações da engenharia computacional, estudiosos da ciência da informação passam a preconizar que só pode ser chamado de "informação" o dado, o conteúdo ou o enunciado que produz sentido *para* seres humanos e *entre* seres humanos. Voltaremos, assim, ao ensaio "Verdade e política", de Hannah Arendt.

Na perspectiva aqui adotada, as razões do Iluminismo, abaladas por traumas e dissonâncias, não deveriam ser declaradas extintas ou meramente fracassadas. Existiria, ainda, um fio de luz para a democracia tal como ela foi sonhada pelos herdeiros do Século das Luzes, que somos nós.

PRIMEIRA PARTE: NOTA PRELIMINAR SOBRE A VERDADE NA IMPRENSA E NA POLÍTICA

Uma das presunções mais vãs do século xx foi a promessa dos diários de entregar a seus leitores nada menos que "a verdade". O jornal dos bolcheviques na Rússia revolucionária de 1917, depois transformado em órgão oficial da União Soviética, tinha o nome de *Pravda*, que, em russo, quer dizer "a verdade", e resultou no que sabemos.

A imprensa, ao menos na visão de seus praticantes menos pernósticos, nunca teve a missão de entregar "a" verdade às pessoas, muito menos a verdade com "v" maiúsculo. Não foi sem um toque de sarcasmo que, em 1922, o jornalista Walter Lippmann percebeu que o mesmo público que costuma idolatrar a verdade, atribuindo a ela uma aura sacrossanta, não quer dispender um centavo para remunerá-la:

> Esperamos que o jornal nos entregue a verdade. [...] Para este serviço difícil e muitas vezes perigoso, que reconhecemos como fundamental, esperávamos, até outro dia, pagar a moeda de menor valor emitida pelo Tesouro. Agora, aceitamos pagar dois ou, talvez, três centavos nos dias de semana; aos domingos, por uma enciclopédia ilustrada e uma revista de variedades que vêm encartadas no diário da nossa preferência, estamos dispostos a pagar cinco ou até, quando muito, dez centavos. Ninguém pensa por um momento que deveria pagar pelo jornal[10].

---

10. Walter Lippmann, *Public Opinion*, New York: Free Press Paperbacks, 1997, p. 203. Vale pena ler a íntegra do parágrafo original (o trecho traduzido e citado acima está em grifo, a seguir, na transcrição do original em inglês): "*This insistent and ancient belief that truth is not earned, but inspired, revealed, supplied gratis, comes out very plainly in our economic prejudices as readers of newspapers. We expect the newspaper*

Descrente das verdades exageradamente triunfais, Lippmann afastava-se desse tipo de pretensão e, mais ainda, não misturava a função da imprensa com a função da verdade. "A função da notícia é sinalizar um evento. A função da verdade é trazer luz para fatos ocultos, relacioná-los a outros, e traçar um retrato da realidade a partir do qual os homens possam atuar"[11].

"Sinalizar um evento" quer dizer noticiá-lo, promover um primeiro conhecimento dos fatos – conhecimento transitório e precário. Um bom órgão de imprensa avisa sobre o que se passa e, com isso, ajuda o cidadão a modular suas expectativas em relação ao futuro próximo. A questão filosófica da verdade, por ele entendida como uma categoria que se situa além do registro dos fatos, escaparia ao jornalismo.

Não obstante, profissionais da imprensa não se cansam de trombetear a verdade para todos os gostos. Na maior parte das vezes, essa promessa não passa de pretexto para condutas duvidosas. Vale reler o parágrafo de abertura do livro *O jornalista e o assassino*, escrito pela jornalista norte-americana Janet Malcolm:

> Qualquer jornalista que não seja demasiado obtuso ou cheio de si para perceber o que está acontecendo sabe que o que ele faz é moralmente indefensável. Ele é uma espécie de confidente, que se nutre da vaidade, da ignorância ou da solidão das pessoas. Tal como a viúva confiante, que acorda um belo dia e descobre que aquele rapaz encantador e todas as suas economias sumiram, o indivíduo que consente em ser tema de um escrito não ficcional aprende – quando o artigo ou livro aparece – a sua própria dura lição. Os jornalistas justificam a própria traição de várias maneiras, de acordo com o temperamento de cada um. Os mais

---

to serve us with truth, however unprofitable the truth may be. For this difficult and often dangerous service, which we recognize as fundamental, we expected to pay until recently the smallest coin turned out by the mint. We have accustomed ourselves now to paying two even three cents on weekdays, and on Sundays, for an illustrated encyclopedia and vaudeville entertainment attached, we have screwed ourselves up to paying a nickel or even a dime. Nobody thinks for a moment that he ought to pay for his newspaper. He expects the fountains of truth to bubble, but he enters into no contract, legal or moral, involving any risk, cost or trouble to himself. He will pay a nominal price when it suits him, will stop paying whenever it suits him, will turn to another paper when that suits him". Observação: a exemplo desta, todas as traduções de textos citados em inglês nesta conferência foram feitas pelo autor.

11. *Ibid.*, p. 226. Em inglês: *"The function of news is to signalize an event, the function of truth is to bring to light the hidden facts, to set them into relation with each other, and make a picture of reality on which men can act"*.

pomposos falam de liberdade de expressão e do "direito do público a saber"; os menos talentosos falam sobre a Arte; os mais decentes murmuram algo sobre ganhar a vida[12].

Em nome do tal "direito de saber" – de saber nada menos que "a" verdade –, o profissional outorga-se a prerrogativa de escarafunchar as misérias humanas para depois escancará-las sem cerimônias. Janet Malcom, tão atenta quanto seca, define o jornalista como um cínico de duas caras. Com a primeira cara ele entrevista as pessoas, fazendo pose de ser tão bondoso quanto uma mãe. Enquanto ouve as respostas, nada recrimina, tudo aceita. A segunda cara aflora quando o mesmíssimo jornalista, já de posse das declarações que queria extrair de sua fonte, publica a história: então, o que assume a cena é o pai severo, que tudo condena, nada perdoa e nada esconde: "O indivíduo [aquele que é retratado por um autor para ser, depois, personagem de um livro de não ficção] torna-se uma espécie de filho do escritor, considerando-o como uma mãe permissiva, que tudo aceita e tudo perdoa, e esperando que o livro seja escrito por ela. Evidentemente, o livro é escrito pelo pai severo, que percebe tudo e não perdoa nada"[13].

A verdade, nesses casos, nada mais é que uma desculpa, um salvo-conduto para a vilania.

A ausência de escrúpulos, que se esconde por trás de uma alegação fingida de que se fala em nome de uma tal "verdade", vem de longa data. Assim como a mentira é tão antiga quanto a fala, a mentira de imprensa é tão antiga quanto a imprensa. Quando olhamos os jornais da virada do século XVIII para o século XIX na Europa e nos Estados Unidos, vemos um festival de calúnias e xingamentos sem nenhum compromisso com o equilíbrio, a ponderação e a objetividade. Os diários que conquistaram na prática a liberdade de imprensa primavam pela violência da linguagem e mentiam à vontade. A qualidade jornalística, não custa lembrar, só veio como consequência do exercício da liberdade, não o contrário.

Também em livros, a mentira dolosa é tão velha quanto a invenção de Gutenberg. *Os protocolos dos sábios do Sião* talvez seja o exemplo

---

12. Janet Malcom, *O jornalista e o assassino*, São Paulo: Companhia das Letras, 2011, p. 11. A propósito, vale ler o posfácio de Otavio Frias Filho, cuja leitura influencia a interpretação exposta nesta conferência.
13. *Ibid.*, p. 38.

mais conhecido disso. De origem obscura – provavelmente foi forjada nos bastidores do czarismo, na Rússia, já em seus estertores –, a obra desencadeou ondas de antissemitismo pela Europa e difundiu preconceitos que levariam a perseguições genocidas, como se viu no Holocausto. Inteiramente falso, o livro arregimentou adeptos fanáticos, para os quais os problemas da civilização se deviam à ganância de usurários judeus.

Agora, no século XXI, ainda um pouco antes de as redes sociais terem se convertido nessa epidemia totalizante, as falsificações seguiam em ritmo intenso. A campanha de invencionices movida em proveito de George W. Bush para preparar a invasão do Iraque ficou na história recente como outra evidência do estrago que as notícias fraudulentas acarretam.

Foi em 2003. Manchetes mentirosas – orientadas, toleradas ou induzidas pelo Pentágono – davam conta de que o ditador do Iraque, Saddam Hussein, fabricava armas químicas de destruição em massa. Jornais de boa reputação e de altas tiragens deram destaque para essa história, o que ajudou a convencer a opinião pública de que era acertada a decisão de enviar tropas lideradas pelos Estados Unidos, com o apoio entusiástico de Tony Blair, primeiro ministro inglês, para invadir o Iraque.

Anos mais tarde, George W. Bush e Tony Blair admitiram que a acusação era uma fraude, mas o dano já estava feito. Uma pesquisa divulgada no final de 2016 mostrou que 53% dos norte-americanos ainda acreditavam que a acusação de que o Iraque produzia armas químicas de destruição em massa fosse autêntica[14].

Portanto, faz tempo que relatos inverídicos embaralham a política e as comunicações humanas. Quando Hannah Arendt, como vimos na epígrafe, faz o elogio da verdade factual como a substância que constitui "a própria textura do domínio político", ela não ignora que as coisas sejam como são. Ao contrário, ela descreve longamente o comparecimento da mentira na política, desde a Antiguidade. Platão, que execrava reiteradamente o vício da mentira, admitia que, "no interesse da própria cidade", o governante poderia mentir (a ele "compete mentir"), desde que mentisse

---

14. A pesquisa foi realizada de 17 a 20 de dezembro de 2016, em parceria entre a revista *The Economist* e o *site* You Gov: <https://today.yougov.com/news/2016/12/27/belief-conspiracies-largely-depends-political-iden/>, acesso em: 17 nov. 2018.

para proteger a cidade, mais ou menos como o médico pode recorrer à mentira piedosa para preservar o ânimo de um paciente[15].

Além de saber que a dissimulação comparece à oratória de políticos bons ou ruins, e mesmo dos estadistas, Hannah Arendt toma cuidados adicionais antes de declarar sua aposta na vigência da verdade factual. Esclarece que a verdade factual não se confunde – nem deve se confundir – com outras verdades, aquelas que se pretendem transcendentes ou simplesmente monumentais. A filósofa ressalta que a verdade factual é pequena, frágil, efêmera. Como um primeiro registro dos acontecimentos, um primeiro – e precário – esforço de conhecer o que se passa no mundo, a verdade factual é mais vulnerável a falsificações e manipulações. Mesmo assim, a verdade factual é facilmente reconhecível por todos, por homens e mulheres normais, comuns (como os jornalistas profissionais, que são e devem ser homens e mulheres comuns). Hannah Arendt diz que "podemos permitir-nos negligenciar a questão de saber o que é a verdade, contentando-nos em tomar a palavra no sentido em que os homens comumente a entendem"[16].

No nível dos fatos, dos acontecimentos, dos eventos que todos vemos e que todos temos condições de verificar e comprovar no uso das habilidades e das faculdades comuns dos seres humanos comuns, não há ninguém que não saiba divisar as distinções entre a verdade factual e a invenção deliberada de falsidades com o objetivo de esconder os fatos.

A partir daí, a filósofa separa o lugar da verdade – mesmo dessa verdade menos grandiosa, como é a verdade factual – do lugar da ação política. Trata-se de uma desvinculação categórica, uma cisão de método: uma coisa é a esfera abrangida pela política; outra, bem distinta, é aquela em que os fatos são apurados, investigados, pesquisados, narrados, historiados. Reside na política o engenho especial de se apropriar dos fatos a partir de representações ou relatos elaborados em outros domínios, inclusive no jornalismo, mas a função de localizar e apontar a verdade bem como a função de difundi-la não têm seu lugar no domínio político. A política se vale – e deve mesmo se valer – da verdade factual, mas, para tanto, precisa ir buscá-la fora de seus domínios.

---

15. Platão. Livro III de *A República*.
16. Hannah Arendt, "Verdade e política", em *Entre o passado e o futuro, op. cit.*

Enquanto a política – ainda que lide com o conflito de expectativas e de interesses – supõe o coletivo, o comunitário, o gregário, as confraternizações afetivas, as aglutinações associativas e as concertações em regime de interdependências, a função de "dizer a verdade" requer a independência radical. Fica evidente que, no pensamento da filósofa, aqueles que pretendem trabalhar com a busca da verdade factual devem se situar fora do domínio político. Fica evidente, também, que confiar à política o papel de estabelecer a verdade dos fatos é flertar com o autoritarismo, ou mesmo com o totalitarismo.

Viver fora do domínio político, na perspectiva da busca da verdade, é viver solitariamente. Quando trata da demarcação entre a política e a função de "dizer a verdade", Hannah Arendt enfatiza esse distanciamento dos espaços coletivos, falando em "estar só", em "solidão" e em "isolamento".

> A posição no exterior do domínio político – no exterior da comunidade à qual pertencemos e da companhia dos nossos pares – é claramente caracterizada como um dos diferentes modos de estar só. Eminentes entre os modos essenciais de dizer-a-verdade são a solidão do filósofo, o isolamento do sábio e do artista, a imparcialidade do historiador e do juiz, a independência do descobridor de fato, da testemunha e do repórter[17].

Há nessas palavras um indicativo de dor vivida, que não pode passar sem registro. Hannah Arendt conheceu de perto os "modos de estar só". Judia-alemã, fugiu do nazismo em 1933, indo abrigar-se em Paris. Quando Hitler invadiu a França, foi presa. Em 1941, emigrou para os Estados Unidos. Poucos anos antes de escrever o ensaio "Verdade e política", onde reflete sobre esses "modos de estar só", recebeu uma missão jornalística de extrema dificuldade: cobrir, como enviada especial da revista *The New Yorker* a Jerusalém, o julgamento do nazista Adolf Eichmann, um dos responsáveis pela execução em massa de prisioneiros judeus civis, incluindo

---

17. *Ibidem*. No segundo parágrafo da parte v do original de 1967, publicado nos EUA, lê-se: *"The standpoint outside the political realm – outside the Community to which we belong and the company of our peers – is clearly characterized as one of the various modes of being alone. Outstanding among the existential mode of truthtelling are the solitude of the philosopher, the isolation of the scientist and the artist, the impartiality of the historian and the judge, the independence of the fact-finder, the witness, and the reporter"*.

mulheres e crianças, em campos de concentração. Trabalhando como repórter (*"reporter at large"*, como era creditada nas páginas da revista), teve de lidar com o isolamento dos que procuram enxergar e narrar a verdade dos fatos.

O julgamento de Eichmann começou em abril de 1961 e terminou com a sentença de morte, executada em 31 de maio de 1962. A filósofa-repórter cobriu o evento com rigor. Intuía que a verdade dos fatos costuma se esconder de quem tem olhos politicamente engajados e só se revela ao observador que se dispõe a trocar o calor de uma turma partidária pelo frio da independência crítica. Isso posto, foi assim que trabalhou: em independência e isolamento.

Depois, ela conheceria uma solidão pior. Sua reportagem, publicada em cinco capítulos sequenciais (um por semana) na *The New Yorker* a partir de 16 de fevereiro de 1963[18], foi aclamada como uma combinação genial de investigação jornalística com reflexão filosófica, mas também foi repudiada por muita gente. Em vez de retratar um ser demoníaco, um vilão, um facínora fanático e totalitário, a *"reporter at large"* apresentou ao mundo um burocrata obediente e disciplinado que cumpria diligentemente as ordens recebidas. Ela viu naquela figura o que chamou de "banalidade do mal", expressão que se tornaria clássica. Eichmann não era um monstro satânico, era um mero funcionário. Alguns de seus amigos judeus viram no texto um ato de traição e passaram a tratar a repórter como adversária, trânsfuga, ou mesmo inimiga, alguém sem fibra que fora condescendente com aqueles que tinham tentado exterminar o povo judeu. Desse modo, sua reportagem lhe valeu uma condenação de ordem afetiva: ela foi exilada de suas amizades.

Visto a partir desse episódio de solidão imposta, o ensaio "Verdade e política" – também publicado originalmente em *The New Yorker*, é bom não esquecer, como um trabalho de valor jornalístico – costura um acerto de contas com essa dor. Além de uma reflexão de alcance universal, "Verdade e política" é um testemunho. Hannah Arendt aprendeu existencialmente o valor do trabalho do repórter e anotou que, por mais limitado que esse trabalho seja para descobrir "toda" a verdade, ele é indispensável

---

18. Foram, ao todo, cinco reportagens sequenciais, a primeira delas publicada na edição de 16 de fevereiro de 1963, sob o título de "Eichmann in Jerusalem – I". Depois, as cinco foram reunidas no livro *Eichmann em Jerusalém – um relato sobre a banalidade do mal* (São Paulo: Companhia das Letras, 1999).

para que tomemos conhecimento do que se passa e, mais ainda, para que a própria política se efetive.

O fato de dizer a verdade de fato compreende muito mais que a informação cotidiana fornecida pelos jornalistas, ainda que sem eles nunca nos pudéssemos situar num mundo em mudança perpétua, e no sentido mais literal, não soubéssemos nunca onde estávamos. Isso é, certamente, da mais imediata importância política; mas, se a imprensa se tornasse alguma vez realmente o "quarto poder", deveria ser protegida contra todo o governo e agressão social ainda mais cuidadosamente do que o é o poder judicial. Porque essa função política muito importante que consiste em divulgar a informação é exercida do exterior do domínio político propriamente dito; nenhuma ação nem nenhuma decisão política estão, ou deveriam estar, implicadas[19].

A democracia teria então o dever de zelar permanentemente por "essa função política muito importante que consiste em divulgar a informação", sem a qual o sistema democrático não poderia existir. De sua parte, a política, mesmo para se proteger de si mesma e evitar que as crenças que normalmente cultiva se transformem em fanatismos irracionais, precisa buscar ancorar suas decisões nos fatos e, dessa maneira, encontrar sua textura adequada.

Se não houvesse esses graus de separação que depuram e revigoram a textura de seu domínio, a política não seria propriamente a política, mas uma articulação nos moldes das conspiratas palacianas, das guerras corporativas, do tráfico de influência transformado em rotina, ou, ainda, da corrupção transformada em *ethos*. Para que a política seja mesmo a política nos marcos da democracia, seus agentes não haverão de dispensar as vozes problematizadoras da imprensa, que rabisca impressões ou flagrantes passageiros sobre os eventos e estimula os debates em torno da interpretação dos mesmos eventos. O que parece importar a Hannah Arendt é que a imprensa seja compreendida como um domínio que não está contido naquele outro, o domínio político, embora não deixe de ter um olho ali dentro. De outra parte, a política define-se como um domínio

---

19. Hannah Arendt, "Verdade e política", *op. cit.*, Parte v.

que não deve ser inquilino do domínio da imprensa, embora viva tentando lhe pôr o pé na porta.

Um pouco mais para lá, um pouco mais para cá, a imprensa e a política guardam isso em comum. Em ambas, ao menos segundo os pressupostos da democracia, persiste certa filiação a um plano discursivo de registro dos fatos. E é isso que vem se perdendo, velozmente.

SEGUNDA PARTE: DA VERDADE LUMINOSA QUE EMANCIPA À INFORMAÇÃO ELETRÔNICA SEM VERDADE

O Iluminismo legou-nos a certeza de que o saber e a razão constituem a cidadania. Em termos mais tópicos, a educação pública e universal, a instituição da imprensa livre e o funcionamento das bibliotecas públicas (acervos de cultura e conhecimento franqueados a todos) formariam cidadãos capazes de julgar. O público letrado sepultaria o absolutismo e seria o beneficiário da verdade, o burilador da verdade, a plataforma irrecorrível da verdade – por isso, deveria ser também a fonte do poder[20].

A liberdade foi concebida, então, como pré-requisito ou mesmo como predeterminação da verdade: sendo livres, os cidadãos certamente a alcançariam. O receituário iluminista vinha em formação desde o século XVII. Em 1644, em Londres, veio a público a "Areopagítica", uma longa carta em que o poeta e polemista inglês John Milton pleiteou ao Parlamento Inglês o "direito de imprimir" independentemente de qualquer licença das autoridades. No mesmo ano, na França, saiu a segunda edição do livro "Conselhos para formar uma biblioteca" (a primeira edição é de 1627), escrito pelo francês Gabriel Naudé, que serviu como bibliotecário tanto a Richelieu, em Paris, como à rainha Cristina da Suécia. Naudé apresentava a biblioteca como instituição "necessariamente pública e universal": "pública no sentido de aberta a todos e universal por conter todos os

---

20. Milton Meira do Nascimento, *Opinião pública e revolução*, São Paulo: Edusp/Nova Stella, 1989, p. 23: "Por que teria Rousseau escrito as *Confissões* senão para encontrar o reconhecimento de um público capaz de melhor julgá-lo? Ou então, por que teria Voltaire insistido tanto no caso Calas, ou mesmo, por que Diderot e d'Alambert teriam se lançado num empreendimento como o da *Enciclopédia*, e assim por diante, senão pela esperança de encontrarem uma resposta ao seu trabalho? Já não se prefigurava aí uma tendência forte no sentido de se afirmar o papel essencialmente pedagógico do intelectual? Já não estaria ali o pressuposto da existência de um público capaz de julgar?".

autores"[21]. A biblioteca pública propriamente dita, contudo, só apareceria bem depois, no século XIX, no bojo da Revolução Industrial, para cumprir uma "função educativa"[22].

A verdade do Iluminismo não tinha nada de pequena. Como nos mostra o professor Milton Meira do Nascimento em seu precioso livro *Opinião pública e revolução*, os iluministas viam nela uma força emancipadora invencível. Honoré Gabriel Riqueti, o conde de Mirabeau, acreditava na epifania como o processo de revelação da verdade. Chamado de "orador do povo", o jornalista e político Mirabeau dizia que "a verdade já está dada, mesmo que se admita o combate livre das doutrinas contrárias". O debate aberto, amparado na liberdade, culminaria necessariamente com a epifania. Se a discussão fosse realmente livre, a mentira não teria chance. "Deixemos que se batam [as doutrinas contrárias] e veremos de que lado estará a vitória", acreditava Mirabeau. "Por acaso a verdade alguma vez foi derrotada quando atacada abertamente e quando teve a liberdade para defender-se?"[23]

Havia uma segunda corrente, para a qual a verdade não estava previamente dada, mas deveria ser processada (fabricada) por obra do debate. Para essa corrente, em lugar da epifania, um constructo coletivo seria gerado por obra dos enfrentamentos entre as muitas opiniões. Um adepto dessa segunda corrente foi Guillaume-Chrétien de Lamoignon de Malesherbes, que em 1750 atuou como o diretor da Biblioteca Nacional de Luís XV. Malesherbes não foi um revolucionário inflamado como Mirabeau, mas colaborou com os iluministas em participações discretas – ajudou direta e pessoalmente a livrar Diderot da perseguição do *ancien régime* e chegou a esconder alguns dos originais da *Enciclopédia* que ele preparava. Malesherbes dizia: "A discussão pública das opiniões é um meio seguro para se fazer brotar a verdade. E talvez seja o único"[24].

Mirabeau e Malesherbes concordavam em relação a um ponto essencial: a liberdade funcionava como o ponto de partida para que a verdade ou bem se revelasse, ou bem se produzisse. Para os dois, a razão, a

---

21. José Teixeira Coelho Netto, *Dicionário crítico de política cultural*, São Paulo: Iluminuras, 1997, p. 77.
22. Luís Milanesi, *O que é biblioteca*, 3. ed., São Paulo: Brasiliense, 1985, p. 22.
23. Honoré Gabriel de Riqueti, conde de Mirabeau, *Sur la liberté de la Presse, imité de l'anglais*, Londres, 1788, *apud* Milton Meira do Nascimento, *op. cit.*, 1989, p. 61.
24. Guillaume-Chrétien de Lamoignon de Malesherbes, *Mémoires sur la librairie et sur la liberté de la Presse*, datado de 1788, mas só publicado em 1809, p. 266, *apud* Milton Meira do Nascimento, *op. cit.*, p. 62.

filosofia, as Luzes, o poder do povo e os direitos universais teriam como referencial mais alto, sempre, a verdade – que, uma vez encontrada, iluminaria os destinos comuns, na direção do futuro feliz para todos e para cada um.

Mais tarde, as revoluções liberais abriram caminho para o Estado de direito e para o que chamamos hoje de democracia. Contudo, quando a utopia parecia decolar, veio o inesperado. As coisas não progrediram como Mirabeau e Malesherbes queriam. As grandes revoluções liberais não trouxeram apenas luzes. Ainda no século XVIII, em Paris, as guilhotinas e o terror produziram rios de sangue, num paroxismo de monstruosidade que implodiu em autofagia. No século XX, viria a desilusão mais traumática. Na Primeira Guerra Mundial, os jovens franceses morriam nas trincheiras enlameadas, não como heróis, não por terem sido atingidos por bombas ou balas, mas morriam de doenças, de inanição, de disenteria. Era a barbárie que consumia as nações ditas civilizadas. Onde estariam os frutos da razão e da verdade?

O desencanto ampliou-se. A burocracia estatal, em vez de promover o ideal da impessoalidade no Estado de direito, gerava máquinas totalitárias de diferentes matizes. A ciência, em vez de abrir as vias para a plenitude da vida, investia na produção de forças destrutivas, como a bomba atômica. A razão não cumprira o seu papel civilizatório, parecia degradar-se em seu oposto. A liberdade, a fraternidade e a igualdade se perdiam, enquanto o mundo virava de cabeça para baixo, como observa Adauto Novaes no capítulo "Oito notas dissonantes":

> Acontece que a instrumentalização deste [o Iluminismo] e da razão trabalhou contra os ideais humanos e, por estranha ironia, por uma ambivalência intrínseca, levou ao seu oposto, ao declínio, que na mesma época também surge como conceito, lado a lado ao de progresso, o que, para muitos, já era o signo de um inevitável destino. Estaria aí também um ato inaugural da má consciência dos nossos tempos?

A técnica vence o espírito. Com o progressivo desprestígio do humanismo, a verdade deixou de ser invocada com tanta insistência – ou com tanta vibração. Foi aí que a mesma sociedade que desistia de pronunciar essa palavra começou a se afeiçoar a outra: "informação". Enquanto a curva da verdade escorria para baixo, a linha da informação rumou para o alto. Nessa troca de guarda entre duas palavras, escondem-se algumas pistas que nos ajudam a entender esse "ato inaugural da má consciência dos nossos tempos", no dizer de Adauto Novaes.

Embora o vocábulo "informação" não tenha sido uma das estrelas da retórica iluminista e só tenha se tornado mais corrente no século XX, sua origem remonta à Antiguidade. Recorramos a Rafael Capurro e Birger Hjorland, expoentes da ciência da informação, que esmiuçaram sua etimologia: "Muitas palavras gregas foram traduzidas, para o latim, por *informatio* ou *informo*, como *hypotyposis* (que significa modelo, especialmente em um contexto moral) e *prolepsis* (representação), mas a maioria dos usos de nível mais elevado são explicitamente relacionados a *eidos*, *idea*, *typos* e *morphe*; isto é, a conceitos-chave da ontologia e epistemologia gregas"[25].

Os dois pesquisadores contam que os termos latinos *informatio* e *informo*, que aparecem em Virgílio (70-19 a.C.), têm relação com o ato de dar forma a alguma coisa. Tertuliano (160-220) vai se referir a Moisés como o *populi informator*, isto é, o educador ou modelador de pessoas[26].

Já o sentido que a palavra adquiriu no jornalismo só começou a se estabelecer ao final do século XIX, quando uma sequência de inovações industriais (como as máquinas impressoras e as ferrovias) fez disparar a tiragem dos diários e ampliou as distâncias da distribuição dos exemplares. Foi então que os editores se deram conta de que a notícia (ou a informação jornalística) tinha valor comercial. Os leitores pagavam pela informação que lhes fosse útil. O mercado explodiu. Entendia-se por informação, nesse momento, o relato confiável e verificável dos acontecimentos, ou seja, entendia-se por informação algo bem próximo daquilo a que temos denominado como verdade factual. A separação entre os dois conceitos, bastante drástica, só ocorreria mais tarde.

A noção de informação que desaguaria no jornalismo começou a ganhar uma forma definida nas correspondências que os comerciantes trocavam entre si ainda no século XIV. As cartas regulares entre os agentes

---

25. Rafael Capurro e Birger Hjorland, "O conceito de informação", em *Perspectivas em ciência da informação*, v. 12, n. 1, pp. 148-207, jan./abr. 2007. Tradução do capítulo publicado no *Annual Review of Information Science and Technology*, Ed. Blaise Cronin, v. 37, cap. 8, pp. 343-411, 2003, autorizada pelos autores. Tradutores: Ana Maria Pereira Cardoso, Maria da Glória Achtschin e Marco Antônio de Azevedo, p. 155.
26. *Ibid.*

de comércio da Europa constituíam uma rede para as informações econômicas que orientavam o mercado nascente: eram cotações de preços, estimativas de safras, volumes de cargas em transporte, datas previstas para entregas de especiarias etc. Essas informações econômicas, além de vitais para os negócios que se comunicavam, eram também mercadorias, já que tinham, elas mesmas, o seu próprio valor comercial. Nesse período, portanto, a informação econômica dizia respeito a mercadorias, mas era também uma mercadoria à parte.

Jürgen Habermas flagra a imbricação entre mercadorias e informações já nesse período de pré-capitalismo, quando redes de comunicações financeiras, que antecederam a imprensa e os correios públicos, embasavam as decisões dos agentes mercantis. Aí estariam, em germe, os "elementos do novo sistema de trocas: a troca de mercadorias *e de informações* engendrada pelo grande comércio pré-capitalista"[27].

> A troca de informações se desenvolve na trilha da troca de mercadorias. [...] A partir do século XIV, a troca antiga de cartas comerciais foi transformada numa espécie de sistema corporativo de correspondência. [...] Mais ou menos contemporâneos ao surgimento das bolsas, o correio e a imprensa institucionalizaram contatos permanentes de comunicação[28].

A informação econômica do pré-capitalismo, trafegando em circuitos estritamente privados, quase sigilosos, foi uma das matrizes do que depois viria a ser a informação jornalística. Esta, porém, nutriu-se também de outras fontes: incorporou os modos de narrar da literatura, as exaltações retóricas da política, os aspectos metodológicos das ciências, entre outras inspirações, e, ao contrário da tradição das cartas entre os comerciantes, que se pautavam pelo sigilo, iria se definir por transformar o assunto privado em matéria pública.

Na virada do século XX, a imprensa tornou-se uma indústria poderosa, cuja mercadoria era a informação. Em suas edições dominicais, jornais como o *World*, de Joseph Pulitzer, em Nova York, aproximavam-se da

---

27. Jürgen Habermas, *Mudança estrutural da esfera pública*, Rio de Janeiro: Tempo Brasileiro, 1984, p. 28.
28. *Ibid.*, p. 29.

tiragem de um milhão de exemplares, enquanto o *The New York Times* ganhava mais e mais leitores. Magnatas como William Randolph Hearst ergueriam seus impérios logo em seguida[29]. A informação jornalística – entendida então como o registro factual verificável, razoavelmente objetivo (no sentido comum e superficial do termo) e preciso – incrementava seu valor de troca e adensava seu caráter de portadora da verdade factual.

Nesse tempo, os editores de jornais orgulhavam-se de dizer que zelavam pela verdade – e os melhores tinham plena consciência de que falavam não de qualquer verdade, mas da verdade factual. Em 1923, o Comitê de Ética da American Society of Newspaper Editors (ASNE) publicou os seus "Cânones do Jornalismo", onde se lê com clareza como os jornalistas viam a si mesmos como guardiães da verdade (factual), em oposição a partidarismos e expressões de natureza mais opinativa: "Partidarismo em comentário editorial que sabidamente se afasta da verdade constitui violência ao melhor espírito do jornalismo americano; em colunas noticiosas é subversivo de um princípio fundamental da profissão (Art. III, inciso 2)"[30].

O bom jornal deveria separar opinião de reportagem. Os Cânones da ASNE preconizavam: "A prática sadia estabelece clara distinção entre reportagens noticiosas e expressões de opinião. As reportagens noticiosas devem ser livres de opinião ou de preconceito de qualquer espécie (Art. 5, caput)"[31].

A função informativa dos noticiários, que se estabelece no final do século XIX, não escapou aos olhos dos estudiosos da ciência da informação da segunda metade do século XX. Adriano Duarte Rodrigues afirma:

> Também se entende muitas vezes por informação o conjunto dos acontecimentos selecionados pelas agências de notícias e pelos profissionais das mídias. [...] A informação é, então, qualquer acontecimento, a partir do momento em que é selecionado pelos agentes das organizações que gerem as mídias como dotado de valor informativo. [...] Deste

---

29. Sobre o desenvolvimento da imprensa industrial, que gerou o reinado dos jornais diários que viriam depois da era da imprensa de opinião (em que a reportagem praticamente não tinha lugar, e que persistiu até meados do século XIX), ver Bernard Miège, "L'espace public: perpétué, élargi et fragmenté", em: Isabelle Paillart (org.), *L'espace public et l'emprise de la communication*, Grenoble: Ellug, 1995, pp. 163-175.
30. Citado em Philip Meyer, *Ética no jornalismo: um guia para estudantes, profissionais e leitores*, São Paulo: Forense Universitária, 1989, p. 353.
31. *Ibid.*, p. 353.

ponto de vista, um ataque terrorista, um terremoto ou uma catástrofe natural são evidentemente acontecimentos dotados de indiscutível valor informativo, uma vez que são inesperados, alteram as expectativas habituais, os projetos e os investimentos das pessoas ou das instituições. É o critério da sua natureza inesperada que leva alguns autores a relacionarem sentido de informação noticiosa com o sentido que lhe é dado na "teoria matemática da comunicação", segundo a qual é a probabilidade relativa da sua ocorrência que define o valor informativo de um acontecimento[32].

Antes de nos ocuparmos da "teoria matemática da informação" – que mudará tudo –, tratamos de sublinhar a constatação de que a informação jornalística tem essa especificidade na composição de seu valor de troca (e de uso): a característica essencial da notícia reside em contar para as pessoas algo que elas não esperavam que estivesse ocorrendo, ou seja, o valor de troca da informação aumenta na medida em que cresce a improbabilidade do que ela dá a saber.

Passemos com isso à "teoria matemática da comunicação", que veio, mudou realmente tudo, e venceu. Durante a Segunda Guerra Mundial e pouco depois dela, dois gênios redefiniram o que se entendia por informação. O britânico Alan Turing conseguiu montar uma máquina de fazer cálculos complexos e, com ela, decifrou a criptografia da comunicação entre os nazistas. O norte-americano Claude Shannon enxergou a informação na forma de um evento matemático. A obra de Shannon é mais seminal: é dele o mérito pelo surgimento de uma teoria matemática não apenas da informação, mas da comunicação.

Shannon não estava interessado no conteúdo dessa comunicação ou dessa informação. Para ele, a semântica não interessava, não importava se uma informação significasse A ou B. Seu desafio era equacionar a troca de informação eficaz (ou efetiva) entre sistemas distintos – podendo esses sistemas ser humanos ou não. Seus estudos – ao lado dos de Turing – abriram o horizonte para a era do computador e para a "sociedade da informação".

---

32. Adriano Duarte Rodrigues, "A natureza pragmática da comunicação e a informação", em Valdir Morigi; Nilda Jacks; Cida Golin, *Epistemologias, comunicação e informação*, Porto Alegre: Sulina, 2016, p. 39.

Desplugada de qualquer conteúdo semântico, desligada da ideia de sentido ou de significado, desconectada da pretensão de verdade e, também, de conotações éticas, a palavra "informação", depois de Shannon, ganhou uma arquitetura teórica e científica só para si. Com esse delineamento purista, asséptico e – em boa medida – aético, o conceito matemático da informação ganhou reverberações e reflexos em outros campos do saber. O inglês Gregory Bateson, também antropólogo e epistemólogo da comunicação, passou a dizer que informação é uma "diferença que faz a diferença"[33]. Apenas isso. Nos anos 1990, o cientista britânico Richard Dawkins, um dos evolucionistas mais celebrados da atualidade, escreveu que a vida no planeta Terra poderia ser explicada como uma "explosão de informação", isto é, uma incessante e crescente multiplicação de comandos genéticos numa escalada exponencial viajando no tempo através de corpos, tecidos, ossos, fibras, plantas[34]. Em 2015, o israelense Yuval Noah Harari, doutor em História pela Universidade de Oxford e professor na Universidade Hebraica de Jerusalém, além de adepto da meditação Vipassana, anotou em seu *best-seller Homo Deus*: "O dogma atualmente em vigor sustenta que organismos são algoritmos e que algoritmos podem ser representados por meio de fórmulas matemáticas"[35].

Na imprensa, coube ao jornalista norte-americano Richard Saul Wurman, o criador dos guias Access e especialista consagrado em apurar, editar e vender informações jornalísticas, recepcionar com elegância os postulados de Shannon:

> A grande era da informação é, na verdade, uma explosão da não informação – uma explosão de dados. Para enfrentar a crescente avalanche dos dados, é imperativo fazer a distinção entre dados e informação. Informação deve ser aquilo que leva à compreensão. Cada um precisa dispor de uma medida pessoal para definir a palavra. O que constitui informação para uma pessoa pode não passar de dados para uma outra. Se não faz sentido para você, a denominação de informação não se aplica. No tratado "The Mathematical Theory of Communication"

---

33. Gregory Bateson, *Steps to an Ecology of Mind*, New York: Ballantine Books, 1972, p. 459.
34. Richard Dawkins, *River out of Eden – a Darwinian View of Life*. New York: BasicBooks, 1995, p. 144 e ss.
35. Yuval Noah Harari, *Homo Deus: uma breve história do amanhã*, São Paulo: Companhia das Letras, 2016, p. 120.

[A teoria matemática da comunicação], publicado em 1949, e que constitui um marco no assunto, Claude Shannon e Warren Weaver definem a informação como aquilo que reduz a incerteza[36].

Wurman acertou ao descrever como os jornalistas enxergam – e devem enxergar – a informação. Mas, quanto ao conceito de Shannon propriamente dito, ele incorre em imprecisões, por dois motivos. Em primeiro lugar, porque, para Shannon, o fato de uma informação ter um significado (A, B, C ou qualquer outro) era apenas irrelevante, não importava nada, como logo veremos. Ele não ligava para o "sentido" que uma informação tem ou deixa de ter. Em segundo lugar, Wurman parece perder de vista uma ambiguidade constitutiva da "teoria matemática da comunicação": para Shannon, a informação reduz a incerteza, sim, mas também pode aumentá-la.

Comecemos por esclarecer a ambiguidade. Há um tipo de incerteza que a informação tende a reduzir – e nisso Wurman tem toda a razão. Esse tipo de incerteza é aquele que decorre de erros, de imprecisões, de verificações malfeitas ou de falhas diversas, seja na apuração de um dado, seja na edição confusa, seja até mesmo nos defeitos técnicos de processamento, transmissão ou difusão. A essas falhas, Shannon dá o nome de "ruído". Quanto menos "ruído" na comunicação, melhor fica a informação e menor é a margem para as incertezas. A essa incerteza, Shannon qualificou como "indesejável". Nesse sentido, sim, a informação *reduz* a incerteza.

Existe também o outro tipo de incerteza, que pode ser expandido conforme aumentam as possiblidades informativas. Quanto mais numerosas forem as possibilidades de os emissores enviarem mensagens distintas, maior será a incerteza sobre qual mensagem será enviada. E, se as chances de um mesmo emissor enviar a mensagem "A" forem iguais às chances de ele enviar a mensagem "B", que por sua vez são iguais às chances de ele enviar a mensagem "C", a "D" e assim sucessivamente, maior a incerteza em relação à informação que poderá vir dele. Segundo Shannon, essa é a incerteza "desejável", pois indica uma espécie de imprevisibilidade salutar da comunicação.

---

[36]. Richard Wurmanm *Ansiedade de informação: como transformar informação em compreensão*, São Paulo: Cultura Editores Associados, 1991, p. 43.

Em 1948, Shannon publicou um artigo científico, "The Mathematical Theory of Communication" (A teoria matemática da comunicação). No ano seguinte, em 1949, ele escreveu, em parceria com o também matemático Warren Weaver, um livro com o mesmo nome. A citação a seguir foi tirada do livro assinado pelos dois: "A incerteza que aumenta conforme aumenta a liberdade de escolha da parte do emissor é desejável. Já a incerteza que cresce em decorrência de erros ou de ruídos é a incerteza indesejável"[37].

A formulação que eles apresentam é claríssima. Se diminuirmos o nível de erro, de "ruídos", reduziremos a "incerteza indesejável", a incerteza que indica o caos no sistema. Na outra ponta, se não formos capazes de prever o que determinada pessoa – ou determinado sistema, que não precisa ser uma pessoa – dirá sobre um assunto qualquer, temos a incerteza "desejável". Nesse ponto, a teoria matemática presta um tributo à liberdade, ainda que uma liberdade enunciada matematicamente: quanto mais livres – em termos, digamos, combinatórios – forem os emissores, mais eles gozam da condição de poder falar o que bem entendem e maior será a possibilidade de surpreender.

No mais, como já foi antecipado, Shannon e Weaver não estão preocupados com o sentido que a informação possa transportar, ou com a verdade que ela ocasionalmente carregue ou deixe de carregar. Eles são peremptórios.

> A palavra informação, nesta teoria, é usada em um sentido especial que não deve ser confundido com seu uso comum. Em particular, a informação não deve ser confundida com o significado. [...] Na verdade, duas mensagens, uma das quais é fortemente carregada de significado e a outra apenas absurda, podem ser exatamente equivalentes, do ponto de vista aqui adotado, no que diz respeito à informação. É isso, sem dúvida, que Shannon [aqui os autores se referem ao artigo científico original, publicado anteriormente por Shannon] quer dizer quando ele diz

---

37. Claude E. Shannon e Warren Weaver, *The mathematical Theory of Communication*, Urbana-Champaign: The University of Illinois Press, 1964, p. 19. Isso já era a décima reimpressão de uma obra em capa dura. As primeiras edições, em brochura (*paperbound* ou *paperback*), apareceram em 1963. No original: "*Uncertainty which arises by virtue of freedom of choice on the part of the sender is desirable uncertainty. Uncertainty which arises because of errors or because of the influence of noise is undesirable uncertainty*".

que "os aspectos semânticos da comunicação são irrelevantes para os aspectos de engenharia". Mas isso não significa que os aspectos de engenharia são necessariamente irrelevantes para os aspectos semânticos[38].

O descompromisso metodológico em relação aos aspectos semânticos e com o sentido é o que promove a desvinculação entre a "teoria matemática da comunicação" e a questão da verdade. Os dois autores não queriam, não precisavam e, no fundo, não podiam trazer para seu estudo o problema do sentido, do significado e, logo, a questão da verdade. Se ficassem ligados a isso, não isolariam, como era necessário em sua teoria, o conceito matemático – e, na perspectiva deles, científico – da informação.

Não há como negar: eles tinham sua razão, ainda que puramente matemática. Se um *bit* (o dígito binário, que só pode ser 0 ou 1, a menor unidade possível de informação) diz a verdade ou não diz, pouco importa: continuará sendo um *bit* de um jeito ou de outro. Um *bit* não precisa inspirar-se na retidão normativa ou na honestidade intelectual para ser um *bit*, apenas um *bit*. Logo, a verdade pode ser deixada de lado.

O que movia a imaginação de Shannon e Weaver eram números e símbolos. Nessa empreitada, beneficiaram-se do trabalho de outros que, de conta em conta, foram transformando a matemática numa linguagem autônoma. Um desses gigantes foi o matemático e filósofo George Boole, um dos maiores nomes da álgebra. Boole escrevia coisas surpreendentes com fórmulas matemáticas. Vejamos como ele explica o que são animais sujos:

$$1 - x = y(1 - z) + z(1 - y) + (1 - y).(1 - z)$$

Traduzindo: "Animais sujos são todos aqueles que têm o casco fendido e não ruminam, todos os que ruminam sem ter o casco fendido, e todos aqueles que não têm o casco fendido nem ruminam"[39].

---

38. Claude E. Shannon e Warren Weaver, *op. cit.*, p. 8. No original: *"The word information, in this theory, is used in a special sense that must not be confused with its ordinary usage. In particular, information must not be confused with meaning. [...] In fact, two messages, one of which is heavily loaded with meaning and the other of which is pure nonsense, can be exactly equivalent, from the present viewpoint, as regards information. It is this, undoubtedly, that Shannon means when he says that 'the semantic aspects of communication are irrelevant to the engineering aspects.' But this does not mean that the engineering aspects are necessarily irrelevant to the semantic aspects"*.
39. George Boole, *An Investigation of the Laws of Thought, on Whtich Are Founded the Mathematical Theories of Logic and Probabilities*, London: Walton & Maberlh, 1854, p. 88, *apud* James Gleick, *A informação: uma história, uma teoria, uma enxurrada*, São Paulo: Companhia das Letras, 2013, p. 173.

Shannon e Weaver aplicaram ao estudo da comunicação e da informação fórmulas que a física usa para estudar a entropia de um sistema[40] e, nessa trilha, deram à linguagem matemática um alcance que Boole talvez não imaginasse. Realizaram proezas no universo da matemática. No entanto, ao deixar de lado a verdade, secretaram um sutil sintoma do mal-estar do nosso tempo, esclarecendo que a questão da verdade é, ela mesma, um fator de perturbação do raciocínio científico. Graças a Shannon, Weaver e também a Turing, a indústria da computação decolou.

Os esforços para depurar os objetos de cada ciência não constam das invenções de Shannon e Weaver. Esses esforços, que já vinham de muito antes, ganharam impulso com o Iluminismo e estiveram presentes no percurso de outros cientistas e filósofos. No século XVIII, Immanuel Kant – cuja obra firmou o princípio da humanidade como fim – separou a filosofia moral, ou a ética, do ideal de felicidade. Contrariando gregos como Platão, Aristóteles e Epicuro, Kant sustenta que ética e felicidade constituem esferas estranhas entre si, não coincidentes[41].

Há de ser ilustrativo ainda lembrar ao menos um caso mais recente, entre tantos outros. O austríaco Hans Kelsen (1881-1973), filósofo neokantiano e positivista, elaborou sua Teoria Pura do Direito com o objetivo de separar a noção de direito da noção de justiça. Kelsen formulou as regras do direito em uma construção sistemática que independe da noção de justiça. Em *O problema da justiça*, ele diz:

> A norma fundamental de uma ordem jurídica positiva não é de forma alguma uma norma de justiça. Por isso, o direito positivo, isto é, uma ordem coativa criada pela via legislativa ou consuetudinária e globalmente eficaz, nunca pode estar em contradição com a sua norma fundamental, ao passo que esta mesma ordem pode muito bem estar em contradição com o direito natural, que se apresenta com a pretensão de ser o direito justo[42].

---

40. "$H = -\Sigma\, p_i \log p_i$". Claude E. Shannon e Warren Weaver, *op. cit.*, pp. 14-5.
41. Essa sustentação está em Immanuel Kant, *Fundamentação da metafísica dos costumes*, Lisboa: Edições 70, 2005.
42. Hans Kelsen, *O problema da justiça*, São Paulo: Martins Fontes, 2. ed., 1996, p. 117.

Em sua obra principal, *Teoria pura do Direito*, publicada originalmente em 1934, Kelsen reafirma o mesmo princípio:

> Se a ordem moral não prescreve a obediência à ordem jurídica em todas as circunstâncias e, portanto, existe a possibilidade de uma contradição entre a Moral e a ordem jurídica, então a exigência de separar o Direito da Moral e a ciência jurídica da Ética significa que a validade das normas jurídicas positivas não depende do fato de corresponderem à ordem moral, que, do ponto de vista de um conhecimento dirigido ao Direito positivo, uma norma jurídica pode ser considerada como válida ainda que contrarie a ordem moral[43].

A "Teoria pura do Direito" foi enaltecida e combatida. O mérito do filósofo austríaco foi ter fechado as portas para as elucubrações demagógicas. Ao mesmo tempo, sua obra abasteceu inadvertidamente obscurantismos que consagravam ordens jurídicas não solidárias, insensíveis e mesmo desumanas. É claro que podemos conceber um entendimento do direito além da moral e da justiça, e nisso Kelsen foi convincente, mas será democrático formular e aplicar a lei sem levar em conta esses valores?

Guardadas as proporções, Shannon e Weaver adotaram conduta análoga ao procurar isolar o objeto de sua ciência. Sem prejuízo de seu grande feito, os mesmos questionamentos que foram dirigidos a Kelsen poderiam se voltar contra eles, com poucas adaptações. Com sua teoria, viabilizaram a fabricação não apenas de computadores, mas também de *smartphones*, *chips*, algoritmos, além do *big data*. Mas uma concepção de informação e comunicação que despreze a questão da verdade traz benefícios para a democracia? Em que medida a democracia perde vitalidade pela ação de sistemas comunicacionais e informacionais que, como as redes sociais na atualidade, propulsionam sem critério a mentira e sabotam qualquer parâmetro que se possa ter de verdade, mesmo que seja a modesta verdade factual? Pode haver coesão política no âmbito de uma esfera pública democrática sem que a comunicação social ponha em marcha informações dotadas de validade e de veracidade? A despeito de aplicabilidade comprovada em teorias e sistemas circunscritos às

---

43. Idem, *Teoria pura do Direito*, São Paulo: Martins Fontes, 5. ed., 1996, p. 77.

tecnologias ou aos modelos computacionais que sustentam essas tecnologias, será que conceitos puramente matemáticos de comunicação e de informação bastam para pensarmos o peso da informação e da comunicação no domínio da política?

Essas interrogações nos ajudam a entender por que Rafael Capurro e Birger Hjorland – os mesmos que recuperaram a evolução linguística do termo "informação", a partir do grego antigo e do latim – tendem a se afastar dos conceitos puramente matemáticos ao tratar dessa matéria tão complexa. Eles lembram que a informação é aquilo que gera sentido para seres humanos. Para eles, "a coisa mais importante em CI [Ciência da Informação] (como em política de informação) é considerar a informação como uma força constitutiva na sociedade e, assim, reconhecer a natureza teleológica dos sistemas e serviços de informação"[44]. Em seguida, os dois sustentam que "quando usamos o termo 'informação' em CI, deveríamos ter sempre em mente que informação é o que é informativo para uma determinada pessoa"[45].

Na perspectiva de uma comunicação entre seres humanos, mesmo que mediada por *hardwares*, *softwares*, *chips* e algoritmos, a veracidade não se reduz a um detalhe irrelevante, contrariando a "teoria matemática da comunicação". Capurro e Hjorland recordam que, para o inglês Francis Bacon, nos séculos XVI e XVII, até mesmo as informações imediatas fornecidas pelos sentidos "devem ser submetidas a um roteiro rigoroso que separará o verdadeiro do falso"[46]. Eles também citam o filósofo norte-americano Fred Dretske, para quem "informação é o que é capaz de produzir conhecimento e, uma vez que o conhecimento requer verdade, a informação também a requer"[47]. E, então, concluem: "Em nossa percepção, a distinção mais importante é aquela entre informação como um objeto ou coisa (por exemplo, número de *bits*) e informação como um

---

44. Rafael Capurro e Birger Hjorland, "O conceito de informação", em *Perspectivas em Ciência da Informação*, v. 12, n. 1, jan./abr. 2007, pp. 148-207. Tradução do capítulo publicado no *Annual Review of Information Science and Technology*, Ed. Blaise Cronin, v. 37, 2003, cap. 8, pp. 343-411, autorizada pelos autores. Trad. Ana Maria Pereira Cardoso, Maria da Glória Achtschin e Marco Antônio de Azevedo, p. 151. [Nessa passagem, Capurro e Hjorland fazem referência a Sandra Braman, Full Professor da Texas A&M University. "Defining Information: An Approach for Policymakers", em *Telecommunications Policy*, v. 13, n. 1, 1989, pp. 233-42.]
45. *Ibid.*, p. 154.
46. *Ibid.*, p. 158.
47. Frederick Irwin Dretske, *Knowledge and the Flow of Information*, Cambridge: MIT, 1981, p. 45.

conceito subjetivo, informação como signo; isto é, como dependente da interpretação de um agente cognitivo"[48].

Tudo isso mostra que, mesmo de dentro dos muros da ciência da informação, em território habitado por matemáticos e engenheiros, além de comunicólogos, o sentido conta, e conta muito. Surge, assim, uma reconvocação do humanismo, em novas bases. A cultura da paz, a tolerância, a justiça social e a democracia são valores que dependem direta e intensamente da qualidade *ética*, mais do que técnica, da comunicação social. A Unesco (Organização das Nações Unidas para a Educação, a Ciência e a Cultura) aprovou a sua "Declaração de Princípios sobre a Tolerância", em 1995, para valorizar as virtudes do respeito e do cultivo da paz como expressão maior da qualidade da comunicação nas sociedades democráticas. O nexo entre democracia e ética da informação resulta cristalino.

A "Declaração de Princípios sobre a Tolerância" já diz a que veio logo em seu início:

> No Preâmbulo da Constituição da Unesco, aprovada em 16 de novembro de 1945, se afirma que "a paz deve basear-se na solidariedade intelectual e moral da humanidade", que a *Declaração Universal dos Direitos Humanos* proclama que "toda pessoa tem direito à liberdade de pensamento, de consciência e de religião" (art. 18), "de *opinião* e de *expressão*" (art. 19) e que a educação "deve favorecer a compreensão, a tolerância e a amizade entre todas as nações e todos os grupos étnicos ou religiosos" (art.26)[49].

A opinião, a expressão, a compreensão e mesmo a tolerância se efetivam no horizonte em que as pessoas se comunicam. Portanto, a Unesco tematiza a comunicação e, já em seu primeiro artigo, define a virtude da tolerância como um valor produzido *pela comunicação*. Vale a pena ir ao original:

> A tolerância é o respeito, a aceitação e o apreço da riqueza e da diversidade das culturas de nosso mundo, de nossos modos de expressão e

---

48. Rafael Capurro e Birger Hjorland, "O conceito de informação", *op. cit.*, p. 193.
49. Declaração de Princípios sobre a Tolerância, aprovada pela Conferência Geral da Unesco em sua 28ª reunião. Paris, 16 nov. 1995.

de nossas maneiras de exprimir nossa qualidade de seres humanos. É fomentada pelo conhecimento, a abertura de espírito, a *comunicação* e a liberdade de pensamento, de consciência e de crença. A tolerância é a harmonia na diferença. Não só é um dever de ordem ética; é igualmente uma necessidade política e jurídica. A tolerância é uma virtude que torna a paz possível e contribui para substituir uma cultura de guerra por uma cultura de paz[50].

Da lógica interna da Declaração da Unesco, resulta que a qualidade da comunicação e da informação é diretamente proporcional à qualidade da democracia e à densidade da cultura de paz. A comunicação é *fato social*, exatamente como, nas palavras de Ferdinand de Saussure, "a linguagem é um fato social"[51]. Na sua dimensão de fato social, a comunicação proporciona coesão às comunidades, mobilizando informações de diversas extrações – e, se assim é, a comunicação não tem como escapar a algum grau de compromisso entre informação e verdade factual.

Nenhuma linguagem subsistiria se se resumisse a um sistema de difusão de enunciados que nunca encontram algum nível de correspondência com fatos e ideias ou, ainda, com alguma forma de interpretação dos fatos e das ideias. Computadores e redes funcionam muito bem sem que seus engenheiros se preocupem com isso; sociedades, não. Um *bit*, um *bit* sozinho, considerado isoladamente, pode conter um dado verdadeiro ou um dado falso (qualquer que seja a apreensão que tenhamos do significado de "verdadeiro" ou "falso"), mas o domínio político não tem como ficar indiferente à condição de "verdadeiro" ou "falso" do conjunto das informações que o embasam. Um conceito de informação que não guarde vínculos com a verdade é eficiente para fabricar computadores, mas não basta, nem de longe, para a construção da democracia. Curiosamente, nessa perspectiva uma ordem social justa não tem como sobreviver se lhe falta ao menos um pouco de Iluminismo.

É essa falta que a expressão "pós-verdade" veio pôr em evidência. A disseminação da mentira passou dos limites, como se viu com a máquina eleitoral de Trump, que espalhou absurdos como as "notícias" de que

---

50. *Ibid.*
51. Ferdinand de Saussure, *Curso de linguística geral*, organizado por Charles Bally e Albert Sechehaye, São Paulo: Cultrix, 1969, p. 14.

Barack Obama não era americano e de que o Papa Francisco apoiava a candidatura do bilionário. A invencionice foi tamanha e tão cheia de ramificações enigmáticas que ainda hoje, em outubro de 2017, o FBI segue investigando uma possível ação de *hackers* russos na difusão de *fake news* que interferiram no resultado eleitoral do ano passado[52]. Os gigantes monopolistas globais Google e Facebook admitiram a presença de dinheiro da Rússia na distribuição de mensagens, *posts* e relatos inverídicos favorecendo Trump[53].

Em fevereiro de 2017, um seminário em Harvard concluiu pela preconização de fortalecimento do vínculo entre informação e verdade: "Nós temos que investigar quais são os ingredientes necessários para os sistemas informativos que encorajam uma cultura da verdade"[54].

Parece se alastrar um sentimento de que, assim como o conceito de informação deu certo para fabricar servidores de rede, a verdade é indispensável para construir democracia. Estará em curso uma onda de nostalgia do Iluminismo? Ou estará se tecendo uma percepção difusa de que o Iluminismo, assim como a Modernidade, ainda não cumpriu seu ciclo?

TERCEIRA PARTE: UMA ESPERANÇA PARA A VERDADE FACTUAL

Ninguém discorda de que ao menos um pedaço da responsabilidade pela desvalorização da verdade factual cabe às redes sociais e à internet,

---

52. No dia 1º de junho, pela primeira vez, Vladimir Putin admitiu a possibilidade da ação de *hackers* "patriotas" russos para prejudicar a candidatura dos democratas nos Estados Unidos. Disponível em: <https://www.publico.pt/2017/06/01/mundo/noticia/putin-diz-que-ataque-informatico-pode-ter-sido-feito-por-russos-com-mentes-patriotas-1774227>, acesso em: 20 nov. 2018.
53. "O Google admitiu pela primeira vez que operadores russos exploraram as plataformas da empresa para interferir na eleição presidencial dos EUA de 2016." Ver na *Folha de S.Paulo*, versão *on-line*, de 9 de outubro de 2017: <http://www1.folha.uol.com.br/mundo/2017/10/1925583-google-descobre-anuncios-comprados-por-russos-no-youtube-e-no-gmail.shtml>, acesso em 20 nov. 2018. Ver também "Facebook vai entregar ao Congresso dos EUA anúncios pagos por russos", também na *Folha de S.Paulo*, versão *on-line*, de 21 de setembro de 2017: <https://www1.folha.uol.com.br/mundo/2017/09/1920544-facebook-vai-entregar-ao-congresso-dos-eua-anuncios-pagos-por-russos.shtml>, acesso em 20 nov. 2018.
54. "Combating Fakenews: An Agenda for Research and Action". Conference held February 17-18, 2017. Organized by Matthew Baum (Harvard), David Lazer (Northeastern), and Nicco Mele (Harvard). Final report written by David Lazer, Matthew Baum, Nir Grinberg, Lisa Friedland, Kenneth Joseph, Will Hobbs and Carolina Mattsson. Disponível em: <https://shorensteincenter.org/combating-fakenews-agenda-for-research/>, acesso em 20 nov. 2018. No orginal: "*We must investigate what the necessary ingredients are for information systems that encourage a culture of truth.*"

onde se acomodaram confortavelmente as forças dedicadas à produção das notícias fraudulentas.

Não que as redes sociais devam ser interpretadas como um "mal" em si, como se fossem uma tecnologia opressiva. Elas não são isso. Bem ao contrário, trouxeram arejamentos para o mundo da vida e para as esferas públicas, abriram novos canais para diálogos e mobilizações e desempenharam um papel bastante positivo, contra Estados pouco sensíveis e pouco abertos ao diálogo, em episódios como a Primavera Árabe. Vistas nessa perspectiva, as redes ajudaram a destampar demandas do público, ajudaram a viabilizar a expressão de reivindicações populares, deram mais vigor ao mundo da vida e trouxeram muito mais velocidade para os entendimentos espontâneos entre cidadãos na esfera pública. Mais ainda, tornaram mais do que evidentes, escancaradas, as debilidades e as limitações do Estado em se comunicar com a sociedade, e impuseram agendas de mais transparência e melhores níveis de *accountability* à máquina pública. No Brasil, nas grandes manifestações de rua de 2013, os protestos articularam-se pelas redes sociais, o que foi amplamente documentado, registrado e reconhecido[55].

Como se viu, há nas redes uma vocação para desalinhar os confortos do poder estatal, o que acarretou reprimendas autoritárias contra elas, além de reações de matiz conservador. A ditadura chinesa, por exemplo, preferiu amordaçá-las e enquadrá-las desde a primeira hora. As autocracias do mundo árabe opuseram-se a elas ao acusá-las de gerar indisciplina e desagregação social. No Brasil, tivemos discursos governistas que se empenhavam em demonizá-las, imputando a elas a culpa por supostas ações orquestradas pelo "imperialismo" ou por outras entidades análogas e, com isso, desestabilizar uma presidência da República que seria "popular" e "de esquerda". Nesses casos, as redes sociais foram atacadas por seus méritos, e foram atacadas por forças cultural e politicamente retrógradas, avessas à expansão da liberdade.

Não é por esse ângulo que as redes são criticadas aqui. O problema delas não está na tecnologia ou nas interações intensas que elas propiciam, mas em questões relacionadas à concentração de propriedade, à exploração industrial do olhar do desejo que essas relações engendram

---

55. Ver, a esse propósito, Eugênio Bucci, *A forma bruta dos protestos*, São Paulo: Companhia das Letras, 2016.

e aos moldes monopolistas com os quais elas se apossaram do fluxo das comunicações digitais em todo o planeta. O problema está nas relações sociais (relações de produção da indústria do imaginário) e no fato de que, tendo se enraizado no mundo da vida e na esfera pública, elas não são públicas em seus controles e em sua propriedade. Sob a malha tecnológica, elas promovem a tecnociência e o capital como substitutos da própria política.

Vistas por esse ângulo, fica nítido como o Facebook e o Twitter, além dos *sites* de busca, a exemplo do Google, aceleraram e fortaleceram a pós-verdade. Isso se deu por pelo menos dois motivos. O primeiro tem a ver com um incremento de velocidade, de alcance, de eficácia e de escala. Vários levantamentos mostram que as notícias fraudulentas repercutem mais do que as verdadeiras. E mais rapidamente. E arrebatam as amplas massas de um modo acachapante, num grau jamais atingido pelos meios jornalísticos mais convencionais. Em questão de um dia ou dois, a campanha de Trump conseguiu fazer com que metade dos Estados Unidos acreditasse que Barack Obama nasceu no Quênia. A mesma coisa se verifica no Brasil. Manchetes malucas, como a que, no final de 2016, anunciava diariamente a prisão de Lula para o dia seguinte, foram replicadas e disseminadas com extrema rapidez[56].

O segundo fator é econômico. Notícias fraudulentas dão lucro. Dentro do ambiente virtual do Google e do Facebook, a fraude compensa. Quanto maior o número de *clicks*, mais o autor fatura. E, como a mentira é fácil de produzir (é barata) e desperta o furor das audiências, um dos melhores negócios da atualidade é noticiar acontecimentos que nunca aconteceram de verdade – e que, mesmo assim, despertam emoções fortes nos chamados internautas[57].

---

56. O *site* Consultor Jurídico noticiou uma das medições que foram feitas na época: "Notícias falsas sobre a operação 'lava jato' causam maior repercussão do que as verdadeiras. A constatação foi feita pelo site *BuzzFeed*, que mediu o engajamento gerado no Facebook por textos verdadeiros ou não sobre a investigação na Petrobras. As interações com as dez notícias falsas mais comentadas chegam a quase 4 milhões, contra 2,7 milhões com o *ranking* das verdadeiras." Disponível em: <http://www.conjur.com.br/2016-nov-22/noticias-falsas-lava-jato-repercutem-verdadeiras>, acesso em 20 nov. 2018.
57. O caderno "Ilustríssima", publicado pelo jornal *Folha de S.Paulo* aos domingos, trouxe, na edição de 19 de fevereiro de 2017, duas reportagens e um artigo analítico sobre o tema da pós-verdade e das *fake news*. Escrita por Fábio Victor, a reportagem "Como funciona a engrenagem das notícias falsas no Brasil" mostra os meandros da atividade altamente lucrativa dos grupos apócrifos que confeccionam e distribuem notícias fraudulentas. Na mesma edição, o jornalista Nelson de Sá, em "Como os grandes jornais e as mídias sociais tentam responder à invenção deliberada de fatos", relata as estratégias das

As redes sociais acrescentam à paisagem globalitária um pacote inédito de perversidades. Agora, as notícias circulam segundo os ditames do entretenimento, que se orientam exclusivamente por fontes pulsionais, sem as mediações da razão. Bem sabemos que a indústria do entretenimento nunca apreciou a razão, e isso desde suas origens, à época das revistas de amenidades e *fait divers*, cujas raízes remontam ao século XVII. Agora, o quadro é pior. Nas redes sociais, diferentemente do que acontecia na televisão ou no cinema, a propagação das mensagens depende diretamente da ação das audiências, nas quais o desejo leva vantagem sobre o pensamento. Uma notícia (pouco importa se falsificada, fraudulenta ou mesmo verdadeira) só se difunde à medida que corresponda a emoções, quaisquer emoções, "positivas" ou "negativas". Sobre o factual, predomina o sensacional – daí o sensacionalismo –; sobre o argumento, o sentimento ou o sentimentalismo. Esses registros da percepção e do sensível, que passam pelo desejo, pelo sensacional, pelo sentimental, proporcionam conforto psíquico aos indivíduos enredados em suas fantasias narcisistas. A receita revelou-se infalível.

Na era das redes sociais, o indivíduo encontra-se encapsulado em multidões que o espelham e o reafirmam ininterruptamente – são as multidões de iguais, as multidões especulares, as multidões de mesmos. Vêm daí as tais "bolhas" das redes sociais, cujo traço definidor é a impermeabilidade ao dissenso, a ponto de uma comunidade de uma determinada bolha mal tomar conhecimento da outra.

Os algoritmos das redes sociais estimulam e fortificam as bolhas, espessando as muralhas que separam umas das outras – com a agravante de que esses algoritmos são fechados em códigos proprietários, de tal maneira que os sistemas que regulam na prática o fluxo de informações não são públicos. A rede tecnológica por onde trafegam as informações, que deveria ser neutra, não o é.

Vistas dessa perspectiva, as redes sociais mais segregam do que integram a sociedade. Elas não põem as pessoas em rede; põem as muralhas em rede, muralhas privatizadas. Dentro das muralhas, o que impulsiona a circulação dos relatos é a dinâmica própria dos boatos, bastante passional,

---

redações profissionais para enfrentar as ondas de boatos programadas com finalidades políticas. Por fim, o filósofo Osvaldo Giaccoia reflete sobre o tema da verdade no artigo "E se o erro, a fabulação, o engano revelarem-se tão essenciais quanto a verdade?".

e não mais a dinâmica de prestação de serviços de informação de interesse público, segundo pontos de vista plurais. A função pública de mediar o debate social, de investigar e relatar os acontecimentos de interesse geral com fidedignidade e de fazer circular ideias e opiniões divergentes, função essa que se fixou como o papel central da instituição da imprensa, corresponde apenas a uma franja marginal dentro das interações da era digital. Agora, os protocolos classicamente observados pela imprensa e pelas redações profissionais se confinam a ilhas que são minúsculas quando comparadas ao todo. O que é a carteira de assinantes de um jornal, algo em torno dos 250 mil leitores, como no caso dos maiores diários do Brasil, perto da escala de um Facebook, que tem perto de 2 bilhões de usuários com perfis ativos, quase um terço da humanidade[58]? As práticas comunicacionais adotadas nas redes sociais, que não se pautam pela verificação criteriosa dos fatos ou pelos critérios de veracidade e de pluralidade, soterram e comprimem as ilhas que observam os protocolos clássicos da imprensa.

Também são perversas as relações de propriedade das novíssimas empresas ditas "de tecnologia" ou de "inovação", como Google e Facebook. Essas duas são monopólios globais. Podemos vê-las, também, como um duopólio mundial que controla a maior parcela do tráfego das pessoas comuns na internet. Não obstante, seus usuários não costumam manifestar preocupação com os efeitos nefastos das práticas monopolistas sobre a circulação das ideias. Discursos contra alegados monopólios da informação – que costumam ter a Rede Globo como alvo no Brasil –, difundidos profusamente no Facebook, não emitem o menor sinal de que se deram conta do monopólio mundial exercido pelo próprio Facebook.

Essas empresas registram taxas de crescimento espantosas. O Google é a segunda marca mais valiosa do mundo. Com seu preço estimado em 141,7 bilhões de dólares em setembro de 2017, a marca Google fica atrás apenas da marca Apple[59]. O valor da empresa Apple – e não apenas a

---

58. "O Facebook informou que atingiu a cifra de 2,01 bilhões de usuários por mês entre os meses de abril e junho, o que representa alta de 17% em comparação ao mesmo período do ano anterior." Ver em "Facebook registra salto no lucro 71% no 2 trimestre de 2017". Disponível em: <https://g1.globo.com/tecnologia/noticia/facebook-registra-salto-no-lucro-71-no-2-trimestre-de-2017.ghtml>, acesso em 20 nov. 2018.
59. Disponível em: <http://www.valor.com.br/empresas/5132310/apple-e-google-sao-marcas-mais-valiosas-do-mundo>, acesso em 20 nov. 2018.

marca Apple – alcançou o patamar de 900 bilhões de dólares em novembro de 2017, tornando-se a empresa mais valiosa a ser negociada na Bolsa de Nova York. A Alphabet (empresa controladora da Google) chegou ao valor de 700 bilhões[60].

O Facebook, embora não lidere o *ranking* das marcas mais caras, é um caso impressionante. Seu valor de mercado, como empresa (não apenas como marca, portanto), bateu na casa dos 499,8 bilhões de dólares. Sua receita em publicidade, em 2017, deve ultrapassar os 36 bilhões de dólares, num crescimento de 35% em relação ao ano anterior[61].

A fórmula de fabricação de valor na indústria do imaginário implementada por empresas como Facebook e Twitter é tão genial quanto devastadora. Nelas, os usuários entram no jogo como mão de obra (gratuita e, logo, escrava), como matéria-prima (também gratuita) e, por fim, como mercadoria. Graças a esse modelo originalíssimo, o Facebook não precisa gastar um centavo para "gerar conteúdo" (no jargão horroroso da indústria), pois seus usuários atuam como digitadores, fotógrafos, locutores, atores, sonoplastas, escritores e tudo o mais. Os usuários são os operários que confeccionam ou extraem a matéria-prima, da qual são também os beneficiadores e empacotadores. E, embora se vejam como "clientes" de um "serviço" que imaginam gratuito, esses usuários são também a mercadoria final. São seus olhos que são vendidos aos anunciantes, o que parece alegrá-los enormemente.

O regime das muralhas em rede recortando o imaginário em bolhas também concorreu para acentuar a percepção (ilusória, fictícia) de que as notícias que vão e vêm são gratuitas ou deveriam ser. Incrível como, nos anos 1920 do século passado, o jornalista Walter Lippmann já registrara esse fetiche econômico do público de supor que os noticiários caem do céu e, portanto, não valem um centavo. Relembremos o que Lippmann disse (num trecho que, em parte, já foi citado aqui):

---

60. Ver <http://www.valor.com.br/empresas/5186711/apple-atinge-valor-de-mercado-de-us-900-bilhoes-na-bolsa-de-nova-york>, acesso em 20 nov. 2018.
61. "Facebook registra salto no lucro 71% no 2º trimestre de 2017". Disponível em: <https://g1.globo.com/tecnologia/noticia/facebook-registra-salto-no-lucro-71-no-2-trimestre-de-2017.ghtml>, acesso em 20 nov. 2018.

Esta convicção insistente e antiga de que a verdade não é conquistada ou construída, mas revelada, fornecida gratuitamente, aparece muito claramente nas fantasias econômicas que nós, como leitores de jornal, costumamos ter. Esperamos que o jornal nos entregue a verdade, por menos lucrativa que seja a verdade. Para este serviço difícil e muitas vezes perigoso, que reconhecemos como fundamental, esperávamos, até outro dia, pagar a moeda de menor valor emitida pelo Tesouro[62].

Um século depois de essas palavras terem sido publicadas, não há dúvidas de que a "convicção insistente e antiga" de que a "verdade" é fornecida gratuitamente ficou muito mais forte – em grande parte, graças às redes sociais, que banalizaram o sentido de palavras como "notícia", "informação" e, claro, "verdade".

O estrago não ficou só nisso. Esse grau de monopólio, esse modelo de exploração que consegue extrair valor de trabalho das massas humanas que pensam estar apenas se divertindo fez das redes sociais uma usina de produção e distribuição de notícias fraudulentas numa escala que não tem nenhum precedente. Uma sucuri de silício – uma das múltiplas e simultâneas encarnações do capital – tritura e engole a sociedade civil globalizada.

A sucuri de silício não liga para a verdade factual, que virou uma espécie de fóssil pré-histórico.

Dos fatos soterrados à Comissão da Verdade

A figura do fóssil pré-histórico vai além da retórica. A tarefa de encontrar a verdade factual, especialmente quando o que está em pauta são fatos menos imediatos, menos recentes, parece uma estranha arqueologia do simbólico, num movimento de revolver e remover camadas de tempo enrijecido que contrariam a gramática cibernética das redes e perfuram os chãos imaginários. Isso tem a ver com o ofício dos historiadores, assim como tem a ver com a lida diária dos jornalistas (Hannah Arendt,

---

62. Walter Lippmann, *Public Opinion*, New York: Free Press Paperbacks (Simon and Schuster), 1997, p. 203. Texto original: *"This insistent and ancient belief that truth is not earned, but inspired, revealed, supplied gratis, comes out very plainly in our economic prejudices as readers of newspapers. We expect the newspaper to serve us with truth, however unprofitable the truth may be. For this difficult and often dangerous service, which we recognize as fundamental, we expected to pay until recently the smallest coin turned out by the mint".*

como vimos, falou tanto da "imparcialidade" dos historiadores como da "independência" dos repórteres): trata-se de revolver com delicadeza e objetividade as camadas do passado, por mais presente que ele esteja.

Buscar fragmentos de memórias traumáticas de um país inteiro para restabelecer o entendimento presente desse mesmo país, investigando fósseis do passado, é uma das funções implicadas na busca da verdade factual. Sem um entendimento comum dos fatos (recentes ou menos recentes), as identidades – sejam elas identidades nacionais, seja a identidade primeira, a básica, que é a identidade de pessoa humana – perdem sua consistência, dissolvem-se. Ora, é claro que não se faz isso sem vazar as muralhas das bolhas das redes sociais, dentro das quais as identificações fantasmáticas borbulham de modo carnavalesco. Não por acaso, nos nossos tempos, a missão de furar muralhas, numa arqueologia do simbólico, tornou-se uma operação indispensável para o estabelecimento do presente.

A Comissão da Verdade, que se instalou no Brasil há poucos anos, ilustra com toques de drama e tragédia o quadro descrito no parágrafo anterior. Falemos um pouco mais sobre o lugar da verdade na política a partir dessa comissão, cujo nome, Comissão da Verdade, nos interessa tão de perto.

No dia 16 de maio de 2012, a presidente do Brasil, Dilma Rousseff, instalou a Comissão Nacional da Verdade (CNV), com o objetivo de apurar as violações de direitos humanos praticadas no Brasil entre 18 de setembro de 1946 e 5 de outubro de 1988. Passados pouco mais de dois anos, no dia 10 de dezembro de 2014, a mesma presidente da República recebeu oficialmente o relatório final da Comissão. Com 4.328 páginas, o documento apontou 377 responsáveis por tortura e assassinatos e outras graves violações dos direitos humanos durante o período investigado. Foram ouvidas cerca de 1.200 testemunhas e coletadas provas materiais e documentais em papel timbrado. O relatório apresentou 29 recomendações – como a desmilitarização da Polícia Militar – e pleiteou a punição dos agentes do Estado que praticaram as violações relatadas (detenções ilegais, execuções, desaparecimentos forçados e ocultação de cadáveres, além de tortura).

São fatos. O relatório procura se ater à descrição dos fatos, sem desdobrar-se em narrativas. São relatos quase técnicos sobre fatos comprovados. A ninguém ocorreu a ideia de chamar a Comissão Nacional da

Verdade de "Comissão Nacional da Informação". Seria um tanto esdrúxulo. Por esse episódio vemos que, por mais que tenha se desgastado, a palavra "verdade" carrega um sentido que nenhuma outra é capaz de repor. Por mais que esteja mais na moda, a palavra "informação" é tênue demais para dar conta da incumbência que pesou sobre aquela comissão.

O relatório final foi publicado em seis grandes tomos de letras miúdas. O texto integral também foi aberto no site da CNV[63]. A pesquisa contou com o apoio de uma equipe integrada por servidores nomeados pela CNV, com outros colaboradores cedidos por órgãos da administração pública, com especialistas contratados por meio do PNUD, o Programa das Nações Unidas para o Desenvolvimento, e com a ajuda de outras comissões da verdade criadas em universidades e outras unidades federativas. Todos trabalharam para identificar e descrever os fatos e trouxeram à tona uma história que, em linhas gerais, era conhecida, com algumas revelações inéditas.

O número de mortos e desaparecidos não é novidade: 434. Desses, 224 foram comprovadamente assassinados e 210 estão "desaparecidos". O relatório reconhece que o contingente pode ser maior (o texto sobre índios, por exemplo, no volume 2, páginas 203 a 262, estima um total de sete mil vítimas), mas os casos que foram individual e integralmente comprovados de violações dos direitos humanos praticadas por agentes do Estado se restringem à contagem de 434 vítimas.

Há elementos novos sobre os "desaparecimentos" do deputado socialista Rubens Paiva (páginas 561 e seguintes do primeiro tomo do primeiro volume) e do militante Stuart Edgard Angel Jones (páginas 571 e seguintes), ambos de 1971[64]. Outra novidade surge com a responsabilização direta e indireta de agentes públicos com nome e sobrenome pelas graves violações de direitos humanos durante a ditadura militar. São 377 indivíduos (páginas 841 e seguintes do segundo tomo do primeiro volume), num rol encabeçado por militares que ocuparam a presidência da República.

O trabalho comprovou que a repressão no Brasil não foi um conjunto de excessos pontuais praticados por uns ou outros, mas um empreendimento planejado. Já se sabia que cerca de vinte mil pessoas foram

---

63. Disponível em: <www.cnv.gov.br>, acesso em 20 nov. 2018.
64. Vale consultar, também, as biografias dos mortos e desaparecidos no terceiro tomo do Volume III.

torturadas, mais de sete mil foram julgadas pela Justiça Militar e, dessas, nada menos que 2.800 foram condenadas. O que a CNV demonstrou, com os fatos, foram as linhas de comando estatal e as instalações físicas de um aparato repressivo meticuloso e seletivo, que matou criteriosamente. Esses fatos tinham se perdido nas acomodações sedimentares da memória nacional e, como fósseis encontrados, voltaram à luz do Sol. Verdade factual.

Também pelo que deixa ver do incômodo do poder com a verdade factual, essa breve recapitulação da Comissão Nacional da Verdade interessa bastante a esta conferência. Tristemente, o mesmo governo federal que deu posse à CNV não levou a sério as recomendações que essa mesma CNV lhe endereçou. O Palácio do Planalto demorou mais de nove meses para oficializar o recebimento do relatório. Somente no dia 29 de setembro de 2015, ou seja, nove meses e 19 dias depois de a presidente ter recebido de fato o relatório, veio a oficialização, por meio de uma portaria interministerial (n. 1.321-A), publicada no *Diário Oficial* uma semana mais tarde[65]. Detalhe factualmente relevante: a portaria não foi assinada pela chefe de Estado, mas por ministros (da Casa Civil, da Justiça, da Secretaria Geral da Presidência da República e da Secretaria de Direitos Humanos da Presidência da República), o que rebaixou em um grau o tratamento dado ao tema. Também aí, o valor oficial da verdade desceu um degrau.

Alguns dos integrantes da comissão talvez tenham experimentado, tanto durante o trabalho árduo como depois da finalização desse trabalho, o sabor do "isolamento", da "solidão" e dos "modos de estar só" de que falou a filósofa e *"reporter at large"* Hannah Arendt em seu ensaio de 1967. Como encarregados de apurar os fatos que, no dizer de Hannah Arendt, "constituem a própria textura do domínio político", eles talvez tenham repelido engajamentos partidários, por entender que a busca da verdade factual requer mais isolamento que confraternização.

Poderes avessos aos fatos (e uma conclusão)

Assim, rememorando a experiência da CNV no Brasil, começamos a entrever o segundo polo que completa e fecha a fórmula constitutiva da era política chamada de pós-verdade. O primeiro polo se cumpre com os

---

65. Publicado no *Diário Oficial da União*, de 7 de outubro de 2015, Seção 1, página 5.

algoritmos (de código fechado) que o duopólio mundial (privado) adota para gerenciar todo o mundo virtual. O segundo polo é o poder – o poder que se beneficia das ferramentas proporcionadas pelas tecnologias digitais, mas não se reduz a elas.

Hannah Arendt não se furtou a apontar o poder como inimigo da verdade factual. Quanto mais se afasta da democracia, diz ela, mais o poder tende a rechaçar relatos sobre os acontecimentos. Vivemos isso no Brasil – e ainda estamos vivendo, como numa ditadura que persiste. Enquanto durou, a ditadura militar não admitiu que fatos sobre a tortura gerenciada por sua hierarquia fossem expostos. Enquanto pôde, pôs o Estado a serviço do ocultamento. Agora, findo o regime autoritário, seus agentes e defensores enviuvados, armados ou não, fardados ou não, ainda estão por aí a combater a hipótese de que a verdade apareça. Agem para impedir também as consequências da revelação dos fatos e, no mais das vezes, têm conseguido inibir que governos eleitos democraticamente deem curso às recomendações elaboradas pela CNV.

Qual verdade eles temem? Que verdade querem deixar para sempre escondida? A verdade dos fatos. Hannah Arendt adverte que essa verdade factual, que é tão fácil de entender, é também frágil. Pode ser ferida com facilidade.

> Se pensamos agora em verdades de fato – em verdades tão modestas como o papel, durante a revolução russa, de um homem de nome Trotsky que não surge em nenhum dos livros da história da revolução soviética –, vemos imediatamente como elas são mais vulneráveis que todas as espécies de verdades racionais tomadas no seu conjunto[66].

A menção ao nome de Leon Trotsky é ainda mais esclarecedora. Embora tenha sido um dos dois maiores líderes da Revolução de Outubro, Trotsky foi banido dos livros de história e das fotografias, graças a trucagens grosseiras que adulteraram a iconografia oficial soviética. Ainda na época em que o ensaio "Verdade e política" foi publicado, em 1967, a burocracia stalinista mantinha as falsificações que expeliram o nome de Trotsky dos livros de história e das fotografias. Fazer com que Trotsky

---

66. Hannah Arendt, "Verdade e política", em *Entre o passado e o futuro, op. cit.*

desaparecesse não apenas da face da Terra como da própria história foi um trabalho gigantesco de prestidigitação que retroagiu no tempo – e que, por décadas, foi bem-sucedido.

Um regime de força até convive bem com livros de Platão, com os teoremas de Einstein, e mesmo com pensadores cujas ideias lhe sejam indigestas, mas não consegue suportar uma reportagem sobre um surto de meningite ou um perfil de um delegado torturador. A tirania não lida bem com fatos. Por isso, a verdade factual é tão bombardeada. Por isso, é tão vulnerável. Diz a filósofa:

> Os fatos e os acontecimentos são coisas infinitamente mais frágeis que os axiomas, as descobertas e as teorias – mesmo as mais loucamente especulativas – produzidas pelo espírito humano; ocorrem no campo perpetuamente modificável dos assuntos humanos, no seu fluxo em que nada é mais permanente que a permanência, relativa, como se sabe, da estrutura do espírito humano. Uma vez perdidos, nenhum esforço racional poderá fazê-los voltar. Talvez as possibilidades de que as matemáticas euclidianas ou a teoria da relatividade de Einstein – já para não falar da filosofia de Platão – fossem reproduzidas com o tempo se os seus autores tivessem sido impedidos de as transmitir à posteridade também não fossem muito boas. Mas mesmo assim são infinitamente melhores que as possibilidades de um fato de importância esquecido ou, mais verossimilmente, apagado ser um dia redescoberto[67].

Vale repetir: "os fatos e os acontecimentos são coisas infinitamente mais frágeis que os axiomas, as descobertas e as teorias". Quando vitimados, os fatos e os acontecimentos demoram para se reerguer, para se recompor – outras vezes, não se recuperam jamais. A aversão dos tiranos aos relatos factuais mais elementares sobrevive aos próprios tiranos, subsiste mesmo quando suas tiranias não existem mais. Por seu lado, a democracia, submetida ao medo que a leva a não revelar os fatos que ditadores soterraram no passado, torna-se, ela mesma, serviçal remota de tiranos mortos.

67. Ibid.

Portanto, ao dizer que fatos e acontecimentos são frágeis, Hannah Arendt quer enfatizar que eles são frágeis não em geral, mas frágeis *diante do poder*, ditatorial ou democrático. Não é apenas Donald Trump que orienta seus assessores a buscar "fatos alternativos"[68]. Qualquer poder, dada a sua natureza, padece da tentação de falsificar os acontecimentos, seja em países mais livres, seja em países menos livres, como Rússia e Turquia, onde as garantias individuais e a segurança dos cidadãos se dissolveram no ar. Particularmente na Rússia, desponta um novo requinte da era da pós-verdade. Não satisfeito com as notícias meramente falsas ou fraudulentas, Vladimir Putin passou agora a inaugurar as *redações falsas* (que poderíamos apelidar de *"fake newsrooms"*). Seu governo investe cada vez mais em agências noticiosas que, com a aparência de veículos jornalísticos independentes, não passam de máquinas de propaganda governamental. A agência de notícias Sputnik, lançada em 2014, com serviços em trinta línguas diferentes, inclusive o português (há uma sucursal no Brasil[69]), é o caso mais nítido dessa onda de *fake newsrooms*.

Trump, ao menos por enquanto, não chegou ao ponto de investir nas *fake newsrooms*, mas já mandou expulsar jornalistas das coletivas promovidas pelo porta-voz na Casa Branca. No fundo, partilha com Putin das mesmas convicções contrárias à verdade. Lembremos que a suspeita, cada vez mais confirmada, de que houve dinheiro russo nas redes sociais e em *sites* de busca para gerar notícias fraudulentas que interferiram na campanha eleitoral dos Estados Unidos com o objetivo de favorecer Donald Trump inclui a hipótese nada corriqueira de que Vladimir Putin teria tomado parte na fraude[70].

O poder mais obscuro se beneficia da tecnociência mais reluzente em prol de mais obscurantismo. A tecnologia que tateia o pós-humano por meio da inteligência artificial flerta com o poder obscuro, e o equivalente geral para as relações entre os dois polos é o capital. As idas e vindas dos

---

68. Essa expressão "fatos alternativos" (*alternative facts*) foi empregada pela conselheira de Donald Trump, Kellyanne Conway, numa entrevista para a rede de TV NBC em 22 de janeiro de 2017. A assessora, secundando o então porta-voz da Casa Branca, Sean Spicer, dizia ser "fatos alternativos" uma estimativa completamente irreal do número de pessoas que tinham comparecido à posse do presidente.
69. O endereço eletrônico da agência no Brasil é <https://br.sputniknews.com/>.
70. Basta lembrar que, no final de outubro de 2017, o chefe da campanha eleitoral de Trump se entregou ao FBI. Ver <https://noticias.uol.com.br/internacional/ultimas-noticias/2017/10/30/ex-chefe-da-campanha-de-trump-se-entrega-ao-fbi-em-investigacao-sobre-complo-com-a-russia.htm>, acesso em 20 nov. 2018.

acordos e desacordos que o Facebook e o Google fazem e desfazem com as autoridades chinesas atestam que essas aproximações se modulam e se assentam na lógica das relações de produção, não nos princípios democráticos. A verdade factual corre risco e, com ela, a textura do domínio político na democracia perde o tônus.

Há esperança? Hannah Arendt parece querer dizer que sim.

> A verdade, ainda que sem poder e sempre derrotada quando choca de frente com os poderes existentes quaisquer que eles sejam, possui uma força própria: sejam quais forem as combinações dos que estão no poder, são incapazes de descobrir ou inventar um substituto viável.
> A persuasão e a violência podem destruir a verdade, mas não podem substituí-la. Isto vale para a verdade racional e religiosa, tanto como, de um modo mais evidente, para a verdade de fato[71].

No nosso tempo, a informação dotada de sentido, de veracidade e de verdade – tal como ela vem sendo compreendida nos domínios da imprensa, da educação universal e dos equipamentos de cultura e de política cultural voltados ao fomento e à partilha do saber – corresponde, ainda, àquela velha Razão que se ergueu para emancipar os cidadãos e promover a liberdade, com igualdade de direitos e fraternidade de espírito. Frente ao poder, a verdade factual atua como um fator limitador; diante das tecnologias, como um fator civilizador. Sem ironia, e também sem trocadilho, o respeito à verdade factual ilumina e humaniza o conceito matemático de informação e a "teoria matemática de comunicação".

No mais, não menosprezemos a combinação entre as pulsões que emanam do poder e as bolhas da internet que confinam as opiniões. Essa combinação, ao pressupor a informação como um conceito puramente matemático (cibernético) ou mercadológico, só faz disseminar o oposto: a desinformação. O poder embrutecido, desilustrado, conjugado com a tecnociência, difunde as mentiras de muitos níveis, de muitos tipos, que desinformam – e desinformam para despolitizar, num ciclo em espiral que substitui a política por formas primárias de crenças e fanatismos.

---

71. Hannah Arendt, "Verdade e política", *op. cit.*, Parte v.

A era da pós-verdade poderia também ser descrita como a era da desinformação que despolitiza. Essa era introduz travos na esfera pública que quebram os elos de sentido pelos quais se processa a ação política democrática. Note-se a quantidade de recursos retóricos que adulteram a textura do domínio político para prometer a antipolítica como solução para a política. Note-se a profusão de personagens que, aspirando assumir a frente no universo político, apressam-se em se proclamar "não políticos". Observe-se também como as mensagens preconceituosas, carregadas de ódio e desabridamente reacionárias perderam a inibição e se alçaram, excitadas, em estridência inaudita, a dominar toda a extensão das esferas interconectadas. As tecnologias, que tinham sido vistas por alguns como o portal para um futuro libertário e quase lisérgico (lembremos Timothy Leary), por vezes parecem querer transportar a humanidade para os calabouços do passado. Foi assim que o conservadorismo mais atroz encontrou seu ambiente ideal em selos como o Twitter, o Instagram e o WhatsApp.

Vista por esse ângulo, a era da pós-verdade, ou a era da desinformação que despolitiza, favorece as compactações populistas, em que há menos espaço para o pensamento e mais convites para a adesão subserviente, enquanto desfavorece ou mesmo bloqueia a ação política de perfil crítico. A era da desinformação que despolitiza vitima bem mais os discursos à esquerda do que os discursos à direita, e, ao menos na experiência brasileira e sul-americana, concorre para reconfigurar proposições que se reivindicam de tradições de esquerda em fisiologismos cujos moldes remetem aos métodos da direita patrimonialista.

E quanto às esperanças? Bem, se existem, elas passam pelas redações formadas por jornalistas profissionais – como aquela redação que, nos anos 1960, contratou uma *"reporter at large"* chamada Hannah Arendt – com novas configurações em seu modelo social (mesclando soluções comerciais com soluções sem fins de lucro) e em seu ambiente tecnológico. Nessas redações novas, como naquelas dos anos 1960, a verificação dos fatos é um exercício vigoroso, constante e opositor: contra as maiorias consolidadas, contra o conforto das multidões, contra o gregarismo das torcidas, contra o poder. Entre os "modos de estar só" de que Hannah Arendt falou, homenageemos o modo de ser do jornalista que volta seu olhar para os acontecimentos mesmo onde nada acontece – e que tem energias para buscar, nos fatos, uma verdade despretensiosa, modesta, cambiante, que, no entanto, não pode ser revogada, ignorada ou mesmo mudada, uma vez que nela, efêmera, precária e frágil, germina o começo das demais.

Entre desilusões e crenças
Jorge Coli

Até o século XVIII, a história fundava-se numa referência ao passado. Essa afirmação tem os defeitos da generalidade, mas, em suas linhas principais, é verdadeira. Pensava-se o presente em relação a uma idade do ouro perdida: a Antiguidade clássica. Servindo-me de uma terminologia que Mircea Eliade, em *O mito do eterno retorno*, empregou num outro contexto, é possível dizer que o presente era sentido como um "tempo fraco", que se tornava "tempo forte" apenas quando um feito contemporâneo atingia a grandeza dos antigos gregos e romanos. Para que isso ocorresse, havia um sistema de ascensão no qual a arte representava um papel muito importante, porque elevava os grandes homens do presente à dignidade antiga. Andrea Doria, o *condottiere* lígure, grande marinheiro, é retratado como Netuno, senhor dos mares; Luís XIV é o novo Apolo, rei sol; o guerreiro Heitor de Villars é figurado numa escultura como o Heitor da *Ilíada* – e uma inscrição dirá que esse novo Heitor não teve Aquiles que pudesse se opor a ele.

O presente vinculava-se, portanto, ao passado. É o oposto do que ocorre a partir do século XVIII, quando se opera um deslocamento teleológico e um vetor indica que mais uma vez somos inferiores, não mais em relação ao passado, mas em previsão do futuro. Trata-se de uma inferioridade otimista, porque amanhã será melhor que hoje. A escuridão irá aos poucos se dissipar, e a humanidade atingirá uma sonhada plenitude.

O instrumento dessa reversão foi a utopia racional auxiliada por sua aplicação concreta que conduziu ao progresso científico e técnico. Nesse sentido, a ideia mais importante se baseia no princípio de que o mundo é caótico por não ser governado pela razão. Basta que sua desordem seja corrigida por parâmetros racionais e teremos uma humanidade bela e feliz.

O fato de essa utopia racional haver sido contradita por tantos tremendos fracassos não impediu sua força de convicção até bem recentemente, já que seus frutos tecnológicos surgiam palpáveis com o triunfo da sociedade industrial.

Ocorre que a razão é simplificadora. Ela opera pelo desbaste autoritário. Harmoniza apenas por meio de constantes estritas, perfeitamente eficazes no campo do conhecimento exato, mas incapazes de controlar a entropia das pulsões humanas. Há, sem dúvida, um progresso técnico e científico. Sendo otimistas, diríamos que o progresso humano se faz por caminhos infinitamente mais lentos e tortuosos.

Tomo aqui um exemplo extraído de *Em busca do tempo perdido*, a grande obra de Marcel Proust. Swann está perdidamente apaixonado por Odette, mulher indigna dele, que o trai constantemente. O narrador nos diz que Swann

> Algumas vezes esperava que ela morresse sem sofrimentos num acidente, ela, que vivia fora, nas ruas, nas estradas, da manhã à tarde. E como ela voltava sã e salva, ele admirava que o corpo humano fosse tão flexível e tão forte a ponto de continuamente vencer, desviando de todos os perigos que o envolvem (e que Swann achava inumeráveis, depois que seu secreto desejo os supusera), e permitisse assim aos seres de se entregarem cada dia e mais ou menos impunemente às suas tarefas de mentira, de busca do prazer. E Swann sentia, muito próximo de seu coração, esse Maomé II, de quem ele amava o retrato por Bellini e que, sentindo que ele tinha se tornado louco de paixão por uma de suas mulheres, apunhalou-a a fim, diz ingenuamente seu biógrafo veneziano, de reencontrar sua liberdade de espírito[1].

É um velho tema clássico a definição da liberdade como o domínio sobre si mesmo, sobre nossas pulsões e ímpetos. Paixão vincula-se etimologicamente a passivo: aquele que é dominado. Se as minhas paixões me

---

1. Marcel Proust, *O caminho de Guermantes*, tradução de Mário Quintana, 5. ed., Porto Alegre: Globo, 1981, p. 295.

dominam, para eu reconquistar a liberdade racional, preciso me livrar delas.

Somos obrigados a aceitar, portanto, que o ato de Maomé II foi racional. A solução era lógica. Minha paixão é causada por aquela mulher. Se eu matá-la, a paixão acaba, e estou livre novamente, senhor de meu espírito.

O caráter abominável desse caso individual demonstra bem os limites do triunfo da razão. Seus encadeamentos límpidos e implacáveis ignoram as dimensões de humanidade. Quando um general escolhe, num plano estratégico, os batalhões que deve sacrificar, não procede de outro modo. No caso de Maomé II, a razão torna-se instrumento do irracionalismo passional; no caso do militar, ela é a ferramenta do supremo irracionalismo, o maior de todos, que é a guerra.

Temos hoje um instrumento técnico fabuloso, com o qual ninguém sequer podia sonhar há 40 anos, a internet. Não preciso fazer aqui o elogio da internet: significou de fato um prodigioso avanço nas comunicações humanas.

Significou também o aparecimento das chamadas "redes sociais". Tomemos o Facebook, excelente meio de circular informações entre as pessoas. Ocorre, porém, que sua imediatez suscita reações impulsivas, emocionais. Adéqua-se perfeitamente, pelos estímulos constantes, às mais baixas pulsões de vingança, sendo ótima ferramenta para linchamentos morais.

Pulsões brotam mais facilmente que a reflexão. Se devemos desenhar uma utopia, ela não deveria ser racional – já que, para retomar Goya, o sono da razão produz monstros –, mas sim reflexiva. Porque a reflexão implica a mim mesmo e ao outro.

Refletir pressupõe não apenas ter a consciência de si mesmo, mas também a consciência do outro. Com a reflexão, o pensamento inclui, para exame, para consideração, aquilo que o outro é. Ao levar o outro e suas razões em conta, eu me modifico, desviando-me da direção primitiva: a etimologia ensina que *flexus*, em latim, de onde vem a palavra, quer dizer vergar, dobrar. Ou seja, abandonar a linha reta na qual minhas convicções caminhavam.

A reflexão pertence ao domínio da consciência e do conceito. Por exemplo, se eu vivesse no século XVII, estaria convencido de que a Terra é fixa no centro do universo. Mas alguém, no caso Galileu, apresenta-me argumentos e provas contrárias a essa ideia. Ele demonstra que os planetas giram em torno do Sol, e entre esses planetas está a Terra. Então reflito, mudo minha concepção e se, depois de conhecer as razões de Galileu eu me mantiver na convicção anterior, permanecerei num erro.

Existe, porém, um modo de reflexão que não é abstrato e vai além das argumentações claras. Esse modo, bem mais complexo que o primeiro, é proporcionado pela arte.

A arte não estimula em nós apenas as faculdades racionais. Ela causa impactos, provocando modificações em nossa sensibilidade e em nossas emoções. Atua de modo profundo em nosso cerne, em nossas entranhas, em nossas contradições, desejos e medos. Nunca é simples e nítida. Pode ser bela, sinistra, erótica, repulsiva e muito mais. Ultrapassa sempre as intenções do artista, que são racionais; as obras podem mesmo negá-las e contradizê-las.

A arte, tantas vezes, nos choca. Abrigávamos um conjunto de sentimentos pacificados dentro de nós e, de repente, uma obra vem perturbá-los. Nós então a recusamos, e permanecemos imóveis em nós mesmos. Ou a aceitamos, e ampliamos os poderes compreensivos de nossa sensibilidade.

Há mais ou menos 2400 anos, os habitantes da ilha de Cos encomendaram a Praxíteles uma estátua para o templo de Vênus. Praxíteles figurou a deusa despida, preparando-se para o banho de purificação. Tomou como modelo, diz-se, a linda cortesã Frineia, que era sua amante. Ora, a escultura grega não tinha o hábito de figurar mulheres sem roupa, e os sacerdotes do templo recusaram a obra por lhes parecer inconveniente. Está aí um caso antigo, e muito célebre, de escândalo moralista.

Mais lúcidos, os habitantes de Cnido compraram a estátua, que se impôs como obra-prima absoluta. Tornou-se atração turística na Antiguidade. O original teria desaparecido num incêndio, no século V, em Constantinopla: ela fazia parte do acervo de um colecionador rico e poderoso, Lausus, eunuco a serviço do imperador Teodósio II.

Era erótica, a *Vênus* de Praxíteles? Era. Conta-se que um jovem grego, alucinado pela beleza da escultura, escondeu-se no templo para gozar solitariamente daquela soberba sensualidade.

Todas as obras de arte são eróticas. Foram feitas para os sentidos e para a imaginação. Estão lá para nos dar prazer, seja de forma direta, seja de forma oblíqua, seja de forma perversa.

Não preciso aqui enumerar os escândalos, sexuais ou não, que as obras de arte provocaram, nem seria possível contar todos. É o papel delas: assim como o conhecimento, a arte é subversiva.

Sabemos que os regimes totalitários, os fundamentalismos religiosos, não gostam de inquietações que perturbem o pensamento único. Odeiam contradições e dúvidas. Por isso, controlam o conhecimento e submetem a arte à censura.

Há cinco anos, numa conferência promovida por Adauto Novaes no ciclo "Mutações: o futuro não é mais o que era", eu denunciava o conservadorismo destes nossos novos tempos. Esse conservadorismo foi confirmado no momento mesmo em que eu falava, já que a transmissão de minha palestra via Internet foi censurada, não pelo caro Adauto, mas pela Academia Brasileira de Letras.

Eu gostaria de não ter sido tão bom profeta. Tudo vai caminhando em direção desse mau sentido com uma rapidez que eu não esperava.

O que vem ocorrendo hoje no Brasil é muito grave. As censuras no campo das artes consistem em algo maior do que alguns episódios isolados. Pessoas que se recusam a pensar o outro, que se negam a entender o que lhes escapa, invadem museus em nome de um moralismo torpe (o MAM-SP, investido por uma horda de trogloditas; no Palácio das Artes, em Belo Horizonte, uma exposição de Pedro Moraleida, com obras complexas que necessitam leitura atenta, sofreu ataques de um deputado pastor que incitou e levou uma multidão consigo) e atacam exposições que incomodam. Pior ainda, instauram a autocensura, pois financiadores e instituições temem escândalos. Isso já ocorreu: não apenas a exposição "Queermuseu" foi abreviada em Porto Alegre, como o Museu de Arte do Rio, o MAR, que deveria recebê-la, renunciou, cedendo às pressões da prefeitura carioca. A censura cultural tornou-se lei, já que, sob pressão da bancada religiosa, o Ministério da Cultura alterou a assim chamada "Lei Rouanet", decidindo que não serão aprovadas propostas que "vilipendiem a fé religiosa, promovam a sexualização precoce de crianças e adolescentes ou façam apologia a crimes ou atividades criminosas". O puritanismo hipócrita, assim armado, cerceará tudo o que quiser.

O Ministério da Cultura já não reconheceu este ciclo de palestras, organizado por Adauto Novaes, como atividade cultural! Ao mesmo tempo, o Theatro Municipal do Rio de Janeiro, entidade pública, em princípio laica, anuncia um programa com o seguinte conteúdo: "O Renascer Praise nasceu de duas vontades que combinaram: a de Deus, em querer abençoar o povo e habitar no meio dele (porque a Bíblia diz que Deus habita no meio dos louvores), e a vontade da Igreja Renascer e da Bispa Sonia em adorar ao Senhor de todas as formas, com todos os instrumentos e ritmos". Lembro que isso ocorre quando se multiplicam as perseguições às religiões afro-brasileiras.

Em nome do moralismo e da fé, essas pessoas entendem eliminar a reflexão e neutralizar os poderes da arte. Quanto mais submissos, melhor. Têm uma base política impressionante e um poder gigantesco, e aceleraram suas ações de dois anos para cá. Em meio à corrupção desenfreada, utilizam-se de instintos conservadores primários para manipulações e alianças políticas que lhes permitem subir cada vez mais.

Parece-me claro: se nada for feito, logo viveremos sob uma teocracia fundamentalista, cujo obscurantismo característico se iguala à sem-vergonhice mais sórdida e oportunista.

As artes são feitas de diálogos, trocas, contaminações. Nossos receios levam a sentir um futuro apocalíptico no qual se perdeu uma estabilidade, talvez mais sonhada que real. Ganhou-se, em troca, uma rede em que as comunicações são imediatas, em que as facilidades de deslocamento para todo o planeta são prodigiosas. Isso tudo deveria provocar fecundações extraordinárias nos processos de criação. Tomara.

Mas está claro que assistimos nas últimas décadas a comportamentos coletivos intensamente regressivos. Comportamentos cuja intensidade irracional é propriamente espantosa. As questões históricas, ancestrais, da iconolatria e da iconoclastia testemunham quão dramáticas e nucleares elas se mostraram, e se renovaram agora, dentro das crenças humanas.

A noção de arte, como o Ocidente a concebe, é atacada de várias formas: pode ser destruída fisicamente por razões religiosas ou morais, pode ser acossada pela censura que brota em nome de um ataque nocivo à dúvida, à crítica, à irreverência, pode ser mesmo dissolvida em sua alma, pelo *marketing*.

Ante esses ataques, e justamente por eles, a arte revela seu papel sempre inconformista, manifestando-se ali onde não se espera. Nesse sentido, tornou-se uma necessidade urgente.

A arte e a complexidade da cultura baseiam-se na liberdade reflexiva. Elas foram e são instrumentos de agentes ideológicos de toda ordem. A história ensina que, em consequência, elas nunca devem ser reduzidas a instrumentos. Possuem a natureza de uma rede intrincada, que necessita do respeito à complexidade, e não da violência redutora instrumental e utilitária. Transformações sociais se fazem com ou sem cultura, e a cultura pode ser domesticada, simplificada, reduzida a nada, ou modificada até tornar-se o contrário de si mesma, empregada apenas como uma aparência para que essas transformações ocorram nos piores dos sentidos. Há aqui uma dimensão ética: a exigência para todos nós de um comportamento desconfortável, difícil, mas o único capaz de preservar a complexidade que faz a consciência do conhecimento e a ação da sensibilidade algo além de um mero desejo incapaz de se realizar.

Se quisermos uma cultura que preserve a ideia de liberdade, de serenidade, de paz coletiva, necessitamos de um comportamento mental sempre em guerra, em guerra consigo mesmo, desconfiando dos próprios preconceitos e parcialidades, em guerra contra as certezas, em guerra contra as verdades, duvidando das convicções, interrogando, sem capitular nunca, e sabendo que as respostas nunca virão de modo definitivo.

Acrescento um pequeno "rabicho" às ideias que expus aqui. Assustamo-nos com o destino de nosso pequeno planeta, no qual proliferamos, cada vez mais numerosos. Sentimo-nos parasitas destruidores sobre um globo que, graças a nossas atividades, ou apenas, a nossas presenças, caminha para o apocalipse ecológico. Julgamo-nos impotentes para aliviar as mazelas de uma humanidade marcada pelas mais horrendas injustiças, em sua maioria condenada a uma vida de miséria.

Tudo isso é verdadeiro, e a arte, nessa perspectiva, pode parecer frívola. Mas seu campo infinito de sugestões, ao contrário, conduz à percepção complexa, por vezes contraditória, deste nosso único mundo que temos e que parece tão ameaçado.

Talvez o apocalipse chegue mesmo. Talvez os oceanos invadam as terras, talvez o planeta morra, talvez nós consigamos exterminar a nós mesmos.

Quando isso acontecer, a arte, enfim – mas só então –, não terá mais sentido.

Sobre os autores

ADAUTO NOVAES é jornalista e professor. Foi diretor do Centro de Estudos e Pesquisas da Fundação Nacional de Arte, Ministério da Cultura, por vinte anos. Em 2000, fundou a empresa de produção cultural Artepensamento e, desde então, organiza ciclos de conferências que resultam em livros. Pelas Edições Sesc São Paulo, publicou: *Ensaios sobre o medo* (em coedição com a editora Senac São Paulo); *Mutações: ensaios sobre as novas configurações do mundo* (em coedição com a editora Agir); *Vida, vício, virtude* (em coedição com a editora Senac São Paulo); *A condição humana* (em coedição com a editora Agir); *Mutações: a experiência do pensamento; Mutações: a invenção das crenças; Mutações: elogio à preguiça* (ganhador do Prêmio Jabuti, 2012); *Mutações: o futuro não é mais o que era; Mutações: o silêncio e a prosa do mundo; Mutações: fontes passionais da violência* (ganhador do Prêmio Jabuti, 2015) e *Mutações: o novo espírito utópico*.

ANTONIO CICERO é autor, entre outras coisas, dos livros de poemas *Guardar, A cidade e os livros, O livro de sombras*, em parceria com artísta plástico Luciano Figueiredo, e *Porventura*; é também autor dos livros de ensaios filosóficos *O mundo desde o fim, Finalidades sem fim* e *Poesia e filosofia*. Além disso, várias entrevistas suas foram reunidas no livro, organizado por Arthur Nogueira, *Encontros: Antonio Cicero*. Organizou o livro de ensaios *Forma e sentido contemporâneo: poesia* e, em parceria com Waly Salomão, o volume de ensaios *O relativismo enquanto visão do mundo*. Em parceria com Eucanaã Ferraz, organizou a *Nova antologia poética de Vinícius de*

Morais. É também autor de numerosas letras de canções, em parceria com compositores como Marina Lima, Adriana Calcanhotto e João Bosco, entre outros. Em 2012 foi agraciado com o Prêmio Alceu Amoroso Lima – Poesia e Liberdade. Em 2013 recebeu o Prêmio de Poesia da Academia Brasileira de Letras por seu livro *Porventura*. Em 2017 lançou o livro *Poesia e crítica: ensaios*.

CÉLINE SPECTOR é professora de moral e política na Universidade de Paris-Sorbonne. Estuda, em especial, a filosofia francesa do século XVIII e a filosofia política contemporânea. Publicou, entre outros, *Montesquieu: Liberté, droit et histoire*; *Rousseau: Les paradoxes de l'autonomie démocratique* e *Éloges de l'injustice: La philosophie face à la déraison*.

CHARLES GIRARD é aluno da Escola Normal Superior. Foi professor de filosofia na Universidade de Paris-Sorbonne e atualmente é professor de filosofia política, moral e jurídica na Universidade Jean Moulin em Lyon. Seus trabalhos concentram-se nas teorias contemporâneas de democracia, espaço público, liberdade de expressão e discursos do ódio, assim como os direitos fundamentais. Organizou, com Alice Le Goff, *La démocratie délibérative: Anthologie de textes fondamentaux* e, com Florence Hulak, *Philosophie des sciences humaines: Volume 1, Concepts et problèmes* e *Volume 2, Méthodes et concepts*. Dirige a coleção O advogado do diabo, nas edições Hermann.

DAVID LAPOUJADE é coordenador de conferências na Universidade Paris I (Panthéon-Sorbonne). É editor póstumo de Gilles Deleuze com os livros: *L'Île déserte* e *Deux Régimes de fous*. Escreveu livros sobre o pragmatismo: *William James: empirisme et pragmatisme*; *Fictions du pragmatisme: William et Henry James* e *Puissances du temps: versions de Bergson*. Pelas Edições Sesc São Paulo participou com um ensaio nas obras: *Mutações: o futuro não é mais o que era*; *Mutações: o silêncio e a prosa do mundo*; *Mutações: fontes passionais da violência* e *Mutações: o novo espírito utópico*.

EUGÊNIO BUCCI é professor livre-docente da Escola de Comunicações e Artes (ECA) e assessor sênior do reitor da Universidade de São Paulo (USP). Escreve quinzenalmente na "Página 2" do jornal *O Estado de S. Paulo*. É colunista quinzenal da revista *Época*. Ganhou o Prêmio Luiz Beltrão de Ciências de Comunicação, na categoria Liderança Emergente (2011); Excelência Jornalística 2011, da Sociedade Interamericana de Imprensa (SIP); e o Prêmio Esso de Melhor Contribuição à Imprensa (2013), concedido à *Revista de Jornalismo* ESPM, da qual é diretor de redação. Publicou, entre outros livros e ensaios: *Brasil em tempo de TV*; *Sobre ética e imprensa*; *Do B: crônicas críticas para o Caderno B do Jornal do Brasil*; e *O Estado de Narciso: a comunicação pública a serviço da vaidade particular*. Pelas Edições Sesc São Paulo, participou com ensaios nas obras: *A condição humana* (em coedição com a editora Agir); *Mutações: a experiência do pensamento*; *Mutações: a invenção das crenças*; *Mutações: o silêncio e a prosa do mundo*, *Mutações: fontes passionais da violência* e *Mutações: o novo espírito utópico*.

FRANCIS WOLFF é professor de filosofia na Escola Normal Superior, em Paris. Foi professor na Universidade de Paris-Nanterre e na Universidade de São Paulo (USP). É autor de artigos e livros dedicados à filosofia antiga, à filosofia da linguagem e à metafísica contemporânea, entre os quais se destacam: *Socrate* (edição portuguesa: *Sócrates*); *Aristote et la politique* (edição brasileira: *Aristóteles e a política*); *Dire le monde* (edição brasileira: *Dizer o mundo*); *L'être, l'homme, le disciple*; *Notre humanité, d'Aristote aux neurosciences*. Publicou ensaios em *A crise da razão*; *O avesso da liberdade*; *Muito além do espetáculo*; *Poetas que pensaram o mundo*; *O silêncio dos intelectuais*; *O esquecimento da política*. Pelas Edições Sesc São Paulo, contribuiu para as coletâneas: *Ensaios sobre o medo* (em coedição com a editora Senac São Paulo); *A condição humana* (em coedição com a editora Agir); *Vida, vício, virtude* (em coedição com a editora Senac São Paulo); *Mutações: a experiência do pensamento*; *Mutações: elogio à preguiça*; *Mutações: o futuro não é mais o que era*; *Mutações: o silêncio e a prosa do mundo* e *Mutações: o novo espírito utópico*.

FRANKLIN LEOPOLDO E SILVA é professor aposentado do Departamento de Filosofia da USP e professor visitante no Departamento de Filosofia da Universidade Federal de São Carlos (Ufscar). Tem diversos livros publicados e, pelas Edições Sesc São Paulo, publicou ensaios nos livros: *Mutações: ensaios sobre as novas configurações do mundo* (em coedição com a editora Agir); *Vida, vício, virtude* (em coedição com a editora Senac São Paulo); *A condição humana* (em coedição com a editora Agir); *Mutações: a experiência do pensamento*; *Mutações: a invenção das crenças*; *Mutações: elogio à preguiça*; *Mutações: o futuro não é mais o que era*; *Mutações: o silêncio e a prosa do mundo*; *Mutações: fontes passionais da violência* e *Mutações: o novo espírito utópico*.

GUILHERME WISNIK é crítico de arte e arquitetura. Doutorou-se pela FAU-USP, onde atualmente é professor. Foi curador da 10ª Bienal de Arquitetura de São Paulo (2013) e do projeto de Arte Pública Margem (2010), pelo Itaú Cultural. É autor de *Lucio Costa*; *Caetano Veloso* e *Estado crítico: a deriva nas cidades*, além de organizador do volume 54 da revista espanhola *2G* sobre a obra de Vilanova Artigas. Suas publicações também incluem o ensaio "Modernidade congênita", em *Arquitetura moderna brasileira*, "Hipóteses acerca da relação entre a obra de Álvaro Siza e o Brasil", em *Álvaro Siza modern redux*, e "Brasília: a cidade como escultura", em *O desejo da forma*. É colaborador do jornal *Folha de S.Paulo*. Pelas Edições Sesc São Paulo, participou das coletâneas: *Mutações: elogio à preguiça*; *Mutações: o futuro não é mais o que era*; *Mutações: o silêncio e a prosa do mundo*; *Mutações: fontes passionais da violência* e *Mutações: o novo espírito utópico*.

JORGE COLI é professor titular em história da arte e da cultura da Universidade Estadual de Campinas (Unicamp). Formou-se em história da arte e da cultura, arqueologia e história do cinema na Universidade de Provença. Doutor em estética pela USP, foi professor na França, no Japão e nos Estados Unidos. Foi também colaborador regular do jornal francês *Le Monde*. É autor de *Música Final*; *A Paixão segundo a ópera*; *Ponto de fuga* e *O corpo da liberdade*. Traduziu para o francês *Os sertões*, de Euclides da Cunha, e *Memórias do cárcere*, de Graciliano Ramos. Pelas Edições Sesc São Paulo, participou de *Ensaios sobre o medo* (em coedição com a editora Senac São Paulo); *Mutações: a experiência do pensamento*; *Mutações: a invenção das crenças*; *Mutações: elogio à preguiça* e *Mutações: o novo espírito utópico*.

LUIZ ALBERTO OLIVEIRA é físico, doutor em cosmologia, pesquisador do Instituto de Cosmologia, Relatividade e Astrofísica (ICRA) do Centro Brasileiro de Pesquisas Físicas (CBPF/MCT), onde também atua como professor de história e filosofia da ciência. É ainda curador de ciências do Museu do Amanhã e professor convidado da Casa do Saber, no Rio de Janeiro, e do

Escritório Oscar Niemeyer. Escreveu ensaios para os livros *Tempo e história*; *A crise da razão*; *O avesso da liberdade*; *O homem-máquina*; *Ensaios sobre o medo*; *Mutações: ensaios sobre as novas configurações do mundo*; *A condição humana*; *Mutações: a experiência do pensamento*; *Mutações: elogio à preguiça* e *Mutações: o futuro não é mais o que era*.

MARCELO JASMIN é historiador, mestre e doutor em ciência política. É professor no Departamento de História da Pontifícia Universidade Católica do Rio de Janeiro (PUC-Rio), onde leciona disciplinas de Teoria da História, e no Programa de Pós-Graduação em Ciência Política do Instituto de Estudos Sociais e Políticos da Universidade Estadual do Rio de Janeiro (Iesp-Uerj), onde ensina teoria política e história do pensamento político. Publicou os livros *Alexis de Tocqueville: a historiografia como ciência da política*; *Racionalidade e história na teoria política*; *Modernas tradições: percursos da cultura ocidental (séculos XV-XVII)*, com Berenice Cavalcante, João Masao Kamita e Silvia Patuzzi, e *História dos conceitos: debates e perspectivas*, com João Feres Júnior, além de ensaios sobre as relações entre história e teoria política em periódicos e livros, como *Ensaios sobre o medo*; *O esquecimento da política*; *Mutações: a invenção das crenças*; *Mutações: elogio à preguiça*; *Mutações: o futuro não é mais o que era*; *Mutações: o silêncio e a prosa do mundo* e *Mutações: o novo espírito utópico*. É pesquisador do Conselho Nacional de Desenvolvimento Científico e Tecnológico (CNPq).

NEWTON BIGNOTTO é doutor em filosofia pela École des Hautes Études en Sciences Sociales, Paris, e ensina filosofia política na Universidade Federal de Minas Gerais (UFMG). Publicou: *As aventuras da virtude: as ideias republicanas na França do século XVIII*; *Republicanismo e realismo: um perfil de Francesco Guicciardini*; *Maquiavel*; *Origens do republicanismo moderno*; *O tirano e a cidade* e *Maquiavel republicano*. Participou como ensaísta dos livros: *Ética*; *Tempo e história*; *A crise da razão*; *A descoberta do homem e do mundo*; *O avesso da liberdade*; *Civilização e barbárie*; *A crise do Estado-nação*; *O silêncio dos intelectuais*; *O esquecimento da política*; *Mutações: ensaios sobre as novas configurações do mundo*; *A condição humana*; *Mutações: a experiência do pensamento*; *Mutações: a invenção das crenças*; *Mutações: o futuro não é mais o que era* e *Mutações: o silêncio e a prosa do mundo*.

Oswaldo Giacoia Junior é professor do Departamento de Filosofia da Unicamp. Doutor em filosofia com tese sobre a filosofia da cultura de Friedrich Nietzsche pela Universidade Livre de Berlim. Publicou, entre outros livros: *Os labirintos da alma*; *Nietzsche como psicólogo* e *Sonhos e pesadelos da razão esclarecida*. Pelas Edições Sesc São Paulo, participou com um ensaio nas coletâneas: *Mutações: ensaios sobre as novas configurações do mundo*; *A condição humana*; *Mutações: a experiência do pensamento*; *Mutações: a invenção das crenças*; *Mutações: elogio à preguiça*; *Mutações: o futuro não é mais o que era*; *Mutações: o silêncio e a prosa do mundo*; *Mutações: fontes passionais da violência* e *Mutações: o novo espírito utópico*.

Pedro Duarte é mestre e doutor em filosofia pela puc-Rio, onde atualmente é professor na graduação, na pós-graduação e na especialização em arte e filosofia. Ainda como professor, colabora para o mestrado em filosofia da arte na Universidade Federal Fluminense (uff). Autor do livro *Estio do tempo: romantismo e estética moderna*. Tem diversos artigos publicados em periódicos acadêmicos e na grande mídia com ênfase de pesquisa em estética, filosofia contemporânea, cultura brasileira e história da filosofia. Pelas Edições Sesc São Paulo, participou das coletâneas: *Mutações: o silêncio e a prosa do mundo*; *Mutações: fontes passionais da violência* e *Mutações: o novo espírito utópico*.

Vladimir Safatle é professor livre-docente do Departamento de Filosofia da usp, professor visitante das Universidades de Paris vii, Paris viii, Toulouse e Louvain, bolsista de produtividade do cnpq. Autor de *Fetichismo: colonizar o outro*; *La Passion du négatif: Lacan et la dialectique*; *Cinismo e falência da crítica*; *Lacan* e *A paixão do negativo: Lacan e a dialética*. Desenvolve pesquisas nas áreas de epistemologia da psicanálise, desdobramentos da tradição dialética hegeliana na filosofia do século xx e filosofia da música. Pelas Edições Sesc São Paulo, participou das coletâneas: *A condição humana*; *Mutações: a experiência do pensamento*; *Mutações: a invenção das crenças*; *Mutações: elogio à preguiça*; *Mutações: o futuro não é mais o que era*; *Mutações: o silêncio e a prosa do mundo*; *Mutações: fontes passionais da violência* e *Mutações: o novo espírito utópico*.

Índice onomástico

Adorno, Theodor: 83, 84, 92, 93, 110, 170, 196, 235, 236, 254
Adverse, Helton: 130
Alain (Émile-Auguste Chartier): 12, 15, 18, 29, 33, 36
Ames, José Luiz: 130
Agamben, Giorgio: 117, 174
Agostinho, Santo (Agostinho de Hipona): 79, 81
Andress, David: 115
Aquino, Tomás de: 220
Arendt, Hannah: 60, 136, 265, 275, 277, 279, 282, 283, 284, 285, 286, 309, 312, 313, 315, 316, 317
Aristóteles: 81, 149, 176, 220, 298
Arquimedes: 184
Ash, Timothy Garton: 205
Augé, Marc: 267, 268
Bacon, Francis: 91, 255, 300
Badinter, Elisabeth: 114, 115
Badinter, Robert: 114, 115
Badinter (casal): 115
Baker, Keith Michael: 115
Bateson, Gregory: 294
Baudelaire, Charles: 13, 268
Becker, Carl: 92
Benjamin, Walter: 20, 83, 84, 267
Bentham, Jeremy: 144, 145
Benveniste, Émile: 197

Béranger, Pierre Jean de: 13
Bergson, Henri: 23, 24, 74, 328
Berman, Marshall: 262
Bialobrzeski, Peter: 268
Bignotto, Newton: 202
Blair, Tony: 282
Bobbio, Norberto: 189, 190
Bonaparte, Napoleão: 63, 81
Bonneuil, Christophe: 66
Bossuet, Jacques-Bénigne: 100, 106
Bouveresse, Jacques: 15, 21
Brissac, Nelson: 259, 272, 273
Brucker, Gene: 131
Bruni, Francesco: 129
Bruno, Giordano: 184
Burke, Edmund: 145, 172, 198
Bush, George W.: 282
Callicott, J. Baird: 224
Capurro, Rafael: 290, 300, 301
Cardoso, Sérgio: 128, 130
Casas, Bartolomeu de las: 212, 213
Cassirer, Ernst: 92
César, Caio Júlio: 63
Chamayou, Grégoire: 71
Chaplin, Charlie: 51, 74
Cicero, Antonio: 204, 205, 207
Cléro, Jean-Pierre: 139, 143, 144
Clifford, Jo: 172
Crivella, Marcelo: 172

Cohen, Gerard Allan: 191
Comparato, Fábio Konder: 62
Condillac, Étienne Bonnot de: 101
Condorcet, Marquês de (Marie Jean Antoine Nicolas de Caritat): 16, 94, 98, 99, 100, 104, 106, 109, 113, 114, 115, 116, 117, 129, 135, 136, 203
Constant, Benjamin: 37
Cortéz, Hernán: 61
D'Alembert, Jean le Rond: 95, 96, 105
Darwin, Charles: 79
Dati, Gregorio: 131
Da Vinci, Leonardo: 14
Davis, Mike: 270, 271
Dawkins, Richard: 294
Debray, Régis: 32
D'Hondt, Jacques: 82
D' Argenson, Marquês (René Louis de Voyer de Paulmy): 99
Deleuze, Gilles: 68, 72, 73, 74, 76
Delvaille, Jules: 98
Derrida, Jacques: 32, 159
Descartes, René: 79, 108, 173, 176, 180, 181, 182, 183, 184, 185, 186, 187, 206, 247, 248, 249, 250, 254
Diderot, Denis: 23, 24, 287, 288
Domingues, Álvaro: 261
Doria, Andrea: 319
Dubos, Jean-Baptiste (Abade Du Bos): 97
Duncan, Graeme: 150
Elias, Norbert: 200, 203, 205
Einstein, Albert: 314
Engels, Friedrich: 26, 82, 169
Ehrlich, Paul: 46
Eichmann, Adolf: 284, 285
Fabricius, Johan Christian: 103, 104
Fagot-Largeault, Anne: 219
Ferguson, Alex: 100
Fix, Mariana: 270
Fontenelle, Bernard de: 16, 98
Foucault, Michel: 32, 67, 173, 174, 253
Francisco I de França: 96
Frase, Peter: 60, 61
Frederico II da Prússia (Frederico, o Grande): 175, 253

Fressoz, Jean-Baptiste: 66
Freud, Sigmund: 84, 165, 169, 202, 205
Fumaroli, Marc: 97
Gaède, Édouard: 27, 32
Galileu: 184, 255, 322
Gellner, Ernest: 182
Giacoia Junior, Oswaldo: 31
Gilding, Paul: 54
Godwin, William: 100
Gouhier, Henri: 186
Gould, Stephen Jay: 63
Greenblatt, Stephen: 177
Grimm, Friedrich Melchior: 104
Guattari, Félix: 72, 73, 74, 76
Gutenberg, Johannes: 177, 281
Habermas, Jürgen: 291
Han, Byung-Chul: 194
Hamann, Johann Georg: 172
Harari, Yuval: 57, 58, 59, 294
Haussmann, barão: 262
Hawking, Stephen: 41, 42, 44, 46
Hearst, William Randolph: 292
Hegel, Georg Wilhelm Friedrich: 14, 20, 35, 36, 76, 80, 81, 82, 83, 86, 93, 106, 332
Heidegger, Martin: 11, 19, 29, 32, 87, 88, 173, 174, 230, 231, 232, 233, 234, 235, 236, 237, 240, 254
Herder, Johann Gottfried von: 172, 205
Hjorland, Birger: 290, 300, 301
Hitler, Adolf: 83, 284
Hobbes, Thomas: 121, 122, 125
Hölderlin, Friedrich: 19
Höffe, Otfried: 175
Horgan, John: 38, 39, 40, 41, 61
Horkheimer, Max: 83, 84, 92, 93, 110, 191, 196, 235, 236, 254
Hussein, Saddam: 282
Jesus: 149
Juvenal: 145
Kafka, Franz: 71
Kant, Immanuel: 14, 80, 81, 82, 86, 100, 165, 175, 180, 181, 189, 190, 191, 203, 215, 216, 226, 227, 250, 251, 253, 298
Keane, John: 198, 199
Kelsen, Hans: 119, 298, 299

Keyes, Ralph: 272, 277
Khan, Gengis: 63
Kharpal, Arjun: 56
Kierkegaard, Søren: 30
Koolhaas, Rem: 260, 261, 262, 263, 265, 268, 272
Koselleck, Reinhart: 101, 197, 198
Koyré, Alexandre: 176
Kraus, Karl: 15, 29
Lacan, Jacques: 165
Leary, Timothy: 317
Le Corbusier (Charles-Edouard Jeanneret-Gris): 267
Lefort, Claude: 117, 118
Leibniz, Gottfried Wilhelm: 14, 71, 110
Liedman, Sven-Eric: 109
Lippmann, Walter: 279, 280, 308, 309
Linhart, Robert: 68
Lévi-Strauss, Claude: 177, 196
Leopold, Aldo: 224
Loraux, Nicole: 123, 124, 125, 126
Lovejoy, Thomas: 44, 45
Lucrécio, Tito: 175, 177
Luís XIV de França: 97, 100, 319
Luxemburgo, Rosa: 60
Lyotard, Jean-François: 92
Machado de Assis, Joaquim Maria: 79
MacIntyre, Alasdair: 91
Macron, Emmanuel: 21
Madison, James: 141, 142
Magno, Alexandre III (Alexandre, O Grande): 63
Magno, Carlos: 95
Maiakovski, Vladimir: 168
Maistre, Joseph de: 172
Malcolm, Janet: 280, 281
Malesherbes, Guillaume-Chrétien de Lamoignon de: 288, 289
Maomé II: 320, 321
Maquiavel, Nicolau: 128, 129, 130, 131, 132, 133, 134
Marcos, Imelda: 50
Marx, Karl: 14, 49, 50, 74, 79, 80, 81, 82, 83, 86, 106, 169, 170
Mattéi, Jean-François: 202, 205, 206

Matos, Olgária: 32
Médici, Casa dos: 96
Médici, Lourenço de: 131
Meira, Milton: 288
Merleau-Ponty, Maurice: 18
Millar, John: 106
Mill, John Stuart: 139, 140, 141, 142, 143, 144, 145, 147, 148, 150, 151, 152, 153, 154, 155, 198
Milton, John: 287
Mirabeau, Honoré Gabriel Riqueti de: 106, 198, 288, 289
Moisés: 290
Molière, Jean-Baptiste Poquelin de: 13
Montaigne, Michel Eyquem de: 20, 33, 34, 35, 176, 177, 178, 179, 180, 181, 182, 183, 205, 206, 212
Montesquieu, Barão de La Brède e de (Charles-Louis de Secondat): 94, 100, 101, 102, 103, 106, 107, 108, 109
Morin, Edgar: 36
Mumford, Lewis: 72, 73
Münchhausen, Barão de (Karl Friedrich Hieronymus von Münchhausen): 49
Muñoz, Francesc: 270
Musil, Robert: 20, 29
Musk, Elon: 56, 57
Nicolau v, papa (Tommaso Parentucelli): 212, 213
Niemeyer, Oscar: 51, 331
Nietzsche, Friedrich: 25, 27, 29, 30, 31, 35, 36, 84, 168, 215, 237, 238, 241, 242, 243, 244, 245, 332
Nisbet, Robert: 173
Neves, Paulo: 65, 91, 137, 209
Novaes, Adauto: 37, 65, 118, 123, 156, 202, 206, 289, 290, 323, 324
Obama, Barack: 303, 305
Ostrensky, Eunice: 121, 122
Pagden, Anthony: 109, 204
Pancera, Gabriel: 128
Parr, Martin: 268
Pascal, Blaise: 98, 180, 215, 220
Paul, Jean-Marie: 92
Paz, Octavio: 88, 89
Peixoto, Nelson Brissac: 259, 272

Praxíteles: 322
Regnaud, Paul: 180
Pedro I da Rússia (Pedro, o Grande): 99
Péricles: 40
Piketty, Thomas: 47
Pio IX, papa (Giovanni Maria Mastai-Ferretti): 219, 220
Pitti, Buonaccorso: 131
Pizarro, Francisco: 108
Platão: 79, 81, 231, 282, 283, 298, 314
Pomeau, René: 95
Pons, Alain: 100, 114
Pope, Alexander: 110
Popper, Karl: 189
Proust, Marcel: 320
Putin, Vladimir: 303, 315
Regan, Tom: 223
Ribeiro, Renato Janine: 122
Roberts, David: 277
Rouanet, Sérgio Paulo: 171
Rousseau, Jean-Jacques: 13, 94, 99, 101, 103, 104, 105, 106, 110, 191, 287, 328
Rushkoff, Douglas: 48
Saint-Pierre, Charles-Irénée Castel de (Abade de Saint-Pierre): 94, 98, 99
Sassen, Saskia: 268
Scheidel, Walter: 61
Schmitt, Carl: 117, 118, 119, 120, 121, 132, 135, 145, 146, 147, 148, 151
Schopenhauer, Arthur: 29, 241, 242
Schwartz, Wagner: 172
Secchi, Bernardo:
Sen, Amartya: 205
Sennett, Richard: 265
Sepúlveda, Juan Ginés de: 212
Serres, Michel: 41
Sève, Bernard: 33
Sieyès, Emmanuel-Joseph: 141, 142
Sócrates: 81, 98, 103, 149, 177
Smith, Adam: 106, 201, 260
Smith, Gustavus Woodson: 145

Spector, Céline: 95, 107, 156
Spengler, Oswald Arnold Gottfried: 33
Spitz, Jean-Fabien: 191
Staël-Holstein, Anne-Louise Germaine de (Madame Staël): 98, 100, 101
Stalin, Josef: 83, 167, 168
Starobinski, Jean: 24, 106, 197
Steiner, George: 85
Strauss, Leo: 110
Streeck, Wolfgang: 52, 53
Swift, Jonathan: 199, 200
Taylor, Charles: 93, 94, 110
Taylor, Paul W.: 223
Tertuliano: 290
Thompson, Denis: 140
Tocqueville, Alexis de: 138
Todorov, Tzvetan: 202, 205, 206, 207
Tönnies, Ferdinand: 172, 173
Trexler, Richard: 133
Trump, Donald: 163, 193, 276, 302, 303, 305, 315
Turing, Alan: 293, 298
Turgot, Anne Robert Jacques: 94, 99, 100, 106
Shannon, Claude: 293, 294, 295, 296, 297, 298, 299
Valéry, Paul: 12, 13, 14, 17, 18, 20, 25, 26, 27, 28, 29, 30, 31, 33, 34, 35, 182, 196
Veyne, Paul: 73
Villars, Heitor de: 319
Virilio, Paul: 266
Virgílio, Públio: 290
Voltaire (François-Marie Arouet): 95, 109, 110, 242, 287
Waal, Frans de: 62
Weaver, Warren: 295, 296, 297, 298, 299
West, Geoffrey: 47
Wittgenstein, Ludwig: 20, 21, 22, 23, 29, 33, 35
Wolff, Francis: 202, 205, 206, 207
Wright, Georg von: 15, 22
Wurman, Richard Saul: 294, 295
Zukin, Sharon: 260
Zweig, Stefan: 111, 112

Índice onomástico   **335**

Fontes Dante e Univers | *Papel* Pólen Soft 70 g/m²
Impressão Eskenazi Indústria Gráfica | *Data* Março 2019